应用型本科金融学

蔡鸣龙 ◆ 主　编

林　兴 ◆ 副主编

商业银行
信贷管理

SHANGYE YINHANG XINDAI GUANLI

（第四版）

厦门大学出版社
XIAMEN UNIVERSITY PRESS
国家一级出版社
全国百佳图书出版单位

图书在版编目(CIP)数据

商业银行信贷管理/蔡鸣龙主编;林兴副主编.—4 版.—厦门:厦门大学出版社,
2022.7

(应用型本科金融学系列教材)

ISBN 978-7-5615-8652-5

Ⅰ.①商⋯　Ⅱ.①蔡⋯　②林⋯　Ⅲ.①商业银行—信贷管理—高等学校—教材
Ⅳ.①F830.33

中国版本图书馆 CIP 数据核字(2022)第 119063 号

出 版 人	郑文礼
责任编辑	施建岚
封面设计	蒋卓群
技术编辑	许克华

出版发行　厦门大学出版社

社　　址	厦门市软件园二期望海路 39 号
邮政编码	361008
总　　机	0592-2181111　0592-2181406(传真)
营销中心	0592-2184458　0592-2181365
网　　址	http://www.xmupress.com
邮　　箱	xmup@xmupress.com
印　　刷	厦门集大印刷有限公司

开本	787 mm×1 092 mm　1/16
印张	21.25
字数	505 千字
印数	1～3 000 册
版次	2014 年 7 月第 1 版　2022 年 7 月第 4 版
印次	2022 年 7 月第 1 次印刷
定价	52.00 元

本书如有印装质量问题请直接寄承印厂调换

厦门大学出版社
微信二维码

厦门大学出版社
微博二维码

前　言

　　本教材紧密联系我国商业银行信贷业务实际,以新出台的商业银行信贷法律法规为导向,全面系统地介绍了我国商业银行信贷业务的基础知识、基本原理、基本技能。通过本课程的学习,可以使学生掌握商业银行信贷的基本理论、基本方法和基本技能,完善学生商业银行信贷方面的知识结构,增强其商业银行信贷业务操作能力,为今后从事商业银行信贷工作打下坚实的基础。

　　本教材在内容、体系、体例等方面力求体现以下特点:

　　1.在内容的处理上,遵循“基础知识——业务操作——案例解析”的思路,力求对商业银行的各项授信业务知识进行全面介绍。在基本理论方面,努力吸取我国理论界的最新研究成果,力求体现理论和实践的新发展,但对其广度和深度作了必要的限制,按照教学的基本规律,由简入繁。在各项授信业务操作方面,采用案例教学的方式,精选国内商业银行授信业务操作中的具体案例,对各项授信业务进行生动的解释和说明,使学生通过学习就能够全面了解商业银行授信业务并掌握商业银行授信业务操作技能。

　　2.在体系的编排上,力求符合教学规律的要求,并结合课程特点,做到总分结合、详略得当、循序渐进。本教材共十二章。第一章“信贷概述”,主要介绍信贷、授信、信贷资金的概念与特点。第二章“信贷业务种类”,从定义、特点、操作步骤等方面介绍商业银行各项信贷业务。第三章“贷款基本原理”,主要介绍贷款当事人、贷款当事人的权利与义务。第四章“贷款操作规程”,详细介绍商业银行贷款业务的各项具体步骤与操作规范。第五章“个人信用分析”,介绍个人信用、个人信用制度内容与作用、个人信用评估的方法、我国个人信用征信系统。第六章“企业信用分析”,主要介绍企业信用分析中的财务比率分析方法。第七章“贷款项目评估”,主要介绍商业银行如何对投资建设项目必要性、可行性、建设条件、生产条件、产品市场需求、工程技术、财务效益、经济效益和社会效益、贷款风险性等进行分析、论证、评估。第八章“个人信贷业务”,主要介绍商业银行开办的各种个人住房贷款、个人汽车贷款、个人助学贷款、信用卡业务。第九章“公司信贷业务”,主要介绍商业银行开办的各种流动资金贷款、固定资产贷款等信贷业务。第十章“外汇贷款”,介绍外汇贷款种类。第十一章“贷款风险管理”,探讨商业银行贷款风险的概念、五类贷款特征,重点介绍贷款风险(五级)分类的方法。第十二章“信贷授权授信管理”,主要介绍商业银行授权、授信的方式,授信工作人员所承担的工作责任。由于信贷资金来源中资本金、各项存款、借款、发行金融债券,信贷资金运用中证券投资、现金资产业务在银行业务经营管理教材中有详细介绍,因此,本教材侧重探讨信贷资金运用中以贷款为重点的各项授信业务。

3.在体例设计上,为了适应培养学生自学能力和实际操作能力的需要,本教材每章正文前有"学习目的与要求",概述本章的教学目的和学习要求;正文后有"本章小结"、"练习题","练习题"按照每一章应当掌握的考核知识点出题,并按考试题型编写,以便学生扎实、准确地掌握本章的重点、难点内容。

本教材由蔡鸣龙担任主编,林兴担任副主编。编写组由 6 人组成,具体分工如下:

蔡鸣龙:第一章、第二章、第三章;

林兴:第五章、第六章;

陈杰:第七章、第八章;

周道圣:第四章、第十一章;

穆红梅:第九章;第十章;

李良雄:第十二章。

全书由蔡鸣龙、林兴进行总纂和定稿。

本教材主要作为应用型本科金融类专业课程教材,也可作为金融类本专科函授、自学考试的参考教材。

在编写过程中,我们参阅了大量有关资料,借鉴和吸收了一些相关的研究成果,听取了许多专家、同仁的意见,并得到出版社的大力支持,在此一并表示衷心的感谢!

本书第四版,在第三版的基础上,全面更新了资料,尤其是相关监管条例和我国征信体系建设的内容。

由于编者的水平有限,疏漏和错误在所难免,恳请同行、专家和读者批评指正。

编者

2022 年 7 月

目　录

第1章
信贷概述

学习目的与要求

了解信贷与授信的概念；

掌握授信与贷款的区别；

了解信贷资金的概念；

掌握信贷资金的特点；

了解信贷资金的运动过程；

掌握中央银行对信贷资金宏观管理的任务和内容；

掌握银行监管部门对商业银行的信贷资金管理内容；

掌握商业银行内部信贷资金管理内容。

导入案例

中信银行综合授信 30 亿元支持北药集团发展

新华网　北京 2010 年 1 月 19 日电（记者岳瑞芳）：中信银行总行营业部 19 日与北京医药集团有限责任公司（简称北药集团）在京签署战略合作协议，中信银行总行营业部将为北京医药集团提供总额 30 亿元的综合授信额度。

根据此项协议，中信银行总行营业部将为北药集团提供总额 30 亿元的综合授信额度，并依托中信集团的综合金融平台，为北药集团的生产经营和项目建设提供高效、优质、个性化、全方位、多层次的一揽子金融服务，以支持我国医药事业的发展。

中信银行总行营业部与北药集团一直视对方为重要战略合作伙伴，近年来双方在流动资金贷款、账户结算、企业年金等方面开展了全方位、深层次的合作。

资料来源：新华网，http://www.bj.xinhuanet.com/bjpd_sdzx/2010-01/19/content_18811600.htm。

上述案例中中信银行为北京医药集团有限责任公司提供总额 30 亿元的综合授信额度，并且与北药集团建立战略合作关系。那么，什么是银行授信业务？综合授信包含哪些内容？授信额度如何确定？信贷与授信有什么不同？我们先从信贷与授信的定义开始学习。

第一节　信贷与授信

一、信贷定义

(一)信贷定义

信贷是体现一定经济关系的不同所有者之间的借贷行为,是以偿还为条件的价值运动特殊形式,是债权人贷出货币,债务人按期偿还并支付一定利息的信用活动。信贷有广义和狭义之分。广义的信贷是指以银行为中介、以存贷为主体的信用活动的总称,包括存款、贷款和结算等业务。狭义的信贷通常指银行的授信业务。

(二)授信定义

授信即银行向客户直接提供货币资金支持,或对客户在有关经济活动中的信用向第三方作出保证的行为。授信业务包括贷款、贴现等表内业务,以及票据承兑、开出信用证、保函、担保、贷款承诺等表外业务。

(三)授信与贷款的区别

授信不等同于贷款。贷款是银行向借款人所发放的贷款,借款人必须在一定期限内归还,并支付利息。贷款是授信业务的一种。而客户对银行的需求不仅包括贷款,还有票据承兑、贴现、担保、贷款承诺、信用证等,因此,授信是从风险控制的角度对银行信贷业务的概括,授信业务包括了上述银行的贷款以及票据承兑等表内、表外业务。

二、信贷资金及其特点

(一)信贷资金

信贷资金是银行用于发放贷款的资金,是银行从事业务活动的营运资金。信贷资金的筹集和运用,采取有偿的方式,其特点是有借有还和按期支付利息。这是信贷资金区别于财政资金的地方。银行信贷资金包括信贷资金的来源和运用两个方面。

1.信贷资金的来源

信贷资金的来源主要由四部分组成:银行资本金、各项存款、借款、发行金融债券。各项存款是信贷资金的主要来源。

2.信贷资金的运用

信贷资金的运用主要用于发放各种贷款,较少的部分用于证券投资和现金资产。

由于银行资本金、各项存款、借款、发行金融债券、证券投资、现金资产业务在银行业务经营管理教材中有详细介绍,因此,本教材侧重探讨信贷资金运用中以贷款为重点的授信业务。

(二)信贷资金的特点

1.信贷资金商品化

市场经济的发展,要求社会劳动的成果——产品,以及生产要素(劳动力、资金、信息、技术等)均采用商品的形式,并形成各自的市场。信贷资金商品化正是这种要求的体现,信贷资金的商品化要求资金的位移要通过"买卖"形式来实现,在信贷资金市场上,资金的供应方和需求方按照市场经济规律进行信贷资金交易。

2.资金运动增值化

信贷资金的货币形式成为信贷资金运动的出发点和复归点。信贷资金作为资金的一种特殊形态,本质上要求增值。在市场经济条件下,利润最大化已成为各经济行为主体的直接追逐目标,利润最大化原则成为社会主义市场经济条件下宏观与微观经济运行的共同原则,成为提高经济效益的具体内容。因此,信贷资金在市场经济的过程中追逐自身量的增加和追求利润的最大化,是符合市场经济规律的。

3.资金配置市场化

市场经济要求建立统一的、平等的、公开的、竞争性的市场体系,这个市场体系既包括商品市场,也包括要素市场。从培育和发展市场体系的要求考察,作为要素市场组成部分的资金市场是市场体系的重要组成。市场经济中信贷资金筹集、使用应该按照市场经济内在的规律和要求运行。市场经济的竞争机制、价值规律在信贷资金市场中起到一定的调节作用,资金配置的市场化是发展和培育市场体系的客观要求。

第二节 信贷资金运动

一、信贷资金运动

(一)信贷资金运动过程

马克思在分析资本主义经济中生息资本的运动形式时曾指出:"把货币放出即贷出一定时期,然后把它连同利息(剩余价值)一起收回,是生息资本本身所具有的运动的全部形式。"如果抽去资本所反映的经济关系,这一论述同样适用于描述社会主义条件下信贷资金的运动形式。

信贷资金的运动过程,是从银行吸收资金开始,通过银行内部的资金配置、客户使用资金、银行收回贷款本息、银行归还负债所完成的。

信贷资金运动的形式,可简单表述为:

$$G - G'(G + \Delta g)$$

其中,G 代表贷出的资金,G' 代表收回的资金,Δg 则代表利息。

信贷资金收支运动的全过程具体可表述为图 1-1。

$$G - G - W \begin{cases} A \\ Pm \end{cases} \cdots P \cdots W' - G' - G'(G + \Delta g)$$

贷出　　　　　　　　收回

图 1-1　信贷资金的运动过程

其中,$G - G$ 表示信贷资金的贷出(第一次支出);$G - W$ 表示资金第二次支出,用以购买生产资料和劳动力;$W' - G'$ 表示销售产成品和收回资金(第一次回流);$G' - G'(G +$

Δg)表示收回贷出的本金和一定的利息(第二次回流)。

信贷资金收支运动表现为两次支出、两次回流,说明信贷资金运动与物质生产和流通过程的结合。

(二)信贷资金需求与供给的数量取决于社会再生产状况

在一定时期内,信贷资金需求与供给的数量,从根本上取决于社会再生产状况。

1.从信贷资金的供给方面看,信贷资金来源于社会各方面暂时闲置的货币资金,但归根结底都是由企业销售收入分解而形成的。因此,没有生产的增长,没有企业产品销售收入的扩大,就没有信贷资金供给量的增长。信贷资金供给规模受生产规模和社会资金周转速度这两个再生产因素制约。在资金周转速度既定的条件下,生产规模越大,信贷资金可供量越大。在生产规模既定的条件下,社会资金周转速度加快,则游离出来的货币资金就越多,从而信贷资金来源也扩大。而社会资金周转速度的快慢,又取决于包括生产时间和流通时间在内的再生产周期的长短,这又要受再生产中诸多因素的制约。

2.从信贷资金的需求方面看,在社会资金周转速度既定的条件下,生产规模扩大,在原材料、在制品和产成品储备上的资金占用一般要相应增加,同时在流通领域占用的成品资金和结算资金也要增加。这些都表明,资金占用规模扩大,对信贷资金的需求量就增长。

总之,信贷资金的供给和需求都要受再生产状况制约,即生产发展了,信贷资金需求一般会相应扩大,信贷资金供给也更为充裕。

(三)信贷资金正常周转取决于再生产过程中资金能否顺利周转

信贷资金能否灵活周转,关键在于贷出的资金能否及时收回。但是,由于贷出和收回之间存在一个再生产过程,因此,它又取决于再生产过程中资金能否顺利周转。

社会再生产资金实现顺利周转需要满足以下几个条件:

1.从个别企业看,供产销衔接使资金能顺利完成各种形态的转化

企业资金循环一次,要依次经历货币资金、生产资金和成品资金三种形态,包括生产时间和流通时间之和。其周转取决于合理组织生产,如提高生产效率、合理安排和衔接工序等,以及平衡好供产销,疏通流通渠道,确保原材料有来路,产成品有销路。

2.从全社会看,两大部类比例、产业部门间比例协调

两大部类比例、产业部门间比例的协调,从实物形态上,意味着各生产部门所生产的使用价值在质和量上恰为社会所需要,彼此的产品可以顺利转换;从价值形态上,意味着各部门产品都可以实现其价值,在价值上得到补偿;从实物形态和价值形态相互联系的角度上,就是货币流向与实物构成能够吻合。只有在这种条件下,企业生产所需的原材料才能有所保证,才能顺利转化为生产资金;同时,企业产成品确有销路,产成品资金才能顺利复原为货币资金;进而,企业原先借入的货币资金就可以及时归还。但是,当两大部类比例和产业部门间比例失调,企业本身的供产销失去衔接的外部条件,或是本身所需原材料得不到保证,或是产成品销售不出去时,资金就不能从商品形态转化为货币形态,贷款便无法偿还,从而信贷资金也难以继续周转。

二、信贷资金运动过程中各阶段的主要作用

信贷资金的一般运动过程,可以划分为:筹集资金阶段、配置资金阶段、使用资金阶

段、资金归流阶段和资金返还阶段。这五个阶段在信贷资金运动的全过程中处于不同的地位,发挥着不同的作用。

(一)筹集资金阶段

银行在筹集资金阶段主要的作用是数量上的不断扩大与期限上的稳定。数量的扩大,使信贷资金能够不断地壮大自身的力量;期限的稳定,使银行获得了长期、可靠的资金来源。银行筹集资金的过程,实质上是银行向客户"购买"资金的过程。市场经济要求,商品的买卖应当遵循等价交换的原则。银行在"购买"资金时,也应当在购买价格(利率)上遵循等价交换原则。但是,银行所"购买"的资金,不是一般商品,它所购买的只是资金的使用价值,即能够带来价值增值的特殊使用价值。同时,这种"购买"仅表现为使用价值的让渡,即客户将资金在一定时期的使用权让渡给银行。因此,银行筹集资金所付出的利息,应当与资金的时间价值相关联,与资金在使用过程中创造出来的新价值挂钩。利率低于物价上涨率的做法,资金高价买进、低价卖出,即利率上的倒挂,都是不符合市场经济要求的。

(二)资金配置阶段

在市场经济条件下,信贷资金的配置作用主要表现在趋利性和借贷性上。所谓趋利性,是指信贷资金的投向受价值规律支配,流向能够带来较高资金利润率的行业、部门或企业。在市场经济条件下,信贷资金作为资金的一种类型,追逐利润是本性。借贷性,是指信贷资金的配置方式,由过去的供给制,转化为"借贷制"。信贷资金配置的实质,是银行将资金"卖给"资金需求者。这种"卖出"活动,也要符合市场经济的法则,价格公道、买卖合理。

(三)资金使用阶段

信贷资金的使用阶段,是信贷资金与企业经营活动的结合,信贷资金转化为企业的经营资金。在这个阶段,资金运动的主体发生了变换。如果说,资金的吸收阶段和资金的配置阶段,银行是信贷资金运动的主体的话,那么,此时的信贷资金已经脱离了银行,转化成经营资金,由资金的使用者支配和掌握了。在这个阶段,信贷资金运动的主要作用是,保持资金的正常循环周转与价值的增值。

(四)资金归流阶段

资金的归流阶段,包含两个过程。第一个过程,是资金的使用者通过销售商品,使资金由商品形态还原为货币形态,完成资金在形态上的归流,并实现价值的增值。第二个过程,是资金使用者向银行归还贷款本息,资金由使用者归流到银行。这两个过程,在时间上可以分离,在资金量上也可以有所不同。但是,前一个过程是后一个过程的基础和前提。

第一个过程,是顺利地实现资金在形态上的归流,即资金由商品形态顺利地完成"惊险地跳跃"还原为货币形态。在市场经济条件下,这种归流能否实现,直接决定着企业的生存。商品能否顺利销售不但决定着资金使用者的命运,也决定着资金提供者的命运。

第二个过程,是资金使用者在完成商品销售之后,按期归还资金的本息。这里的限定条件有二:一是及时归还,确保信贷资金的及时归流;二是足额归还本金,以实现信贷资金的增值。时间上和数量上的限定,是信贷资金运动的本质要求。

(五)资金返还阶段

资金返还阶段,是银行归还借入的各种资金的业务活动。在这个阶段,同样也有时间和数量上的限定,也强调及时、足额地归还本息,这是银行的信誉所在,也是信贷资金能够继续运动的保证。

从信贷资金的主要来源存款来看,银行如果资金调度有误,或是资产出现损失,就不能保证客户的随时支取,会直接影响银行的信誉和生存。

第三节　信贷资金管理

信贷资金管理包括三个层次:中央银行对信贷资金的宏观管理、银行监管部门对商业银行的信贷资金管理、商业银行内部的信贷资金管理。

一、中央银行对信贷资金宏观管理的任务和内容

中央银行对信贷资金的宏观管理是指中央银行对整个金融体系信贷资金总量的控制和信贷资金结构的调节与监管。这项工作是由中央银行完成的。中央银行作为最主要的宏观调节机构之一,对信贷资金实行宏观管理是其重要的任务之一。

(一)信贷资金宏观管理的基本任务

1.调节货币流通,实现物价稳定

稳定物价是中央银行货币政策的首要目标,而物价稳定的实质是币值的稳定。所谓币值,原指单位货币的含金量;在现代信用货币流通条件下,衡量币值稳定与否,已经不再是根据单位货币的含金量,而是根据单位货币的购买力,即在一定条件下单位货币购买商品的能力。它通常以一揽子商品的物价指数,或综合物价指数来表示。目前通常采用综合物价指数来衡量币值是否稳定。物价指数上升,表示货币贬值;物价指数下降,则表示货币升值。稳定物价是一个相对的概念,就是要控制通货膨胀,使一般物价水平在短期内不发生急剧的波动。

2.实现信贷资金最佳社会效益和良性循环

社会效益是指银行利用金融手段合理地聚集和分配信贷资金支持企业生产的增长和流通的扩大,这时企业的单位消耗最低,投入产出比最高,对各种资源利用最佳。与此同时,银行利用金融手段合理地聚集和分配信贷资金也促进和调节社会经济,使社会经济不断发展,实现信贷资金良性循环。

(二)信贷资金宏观管理的基本内容

1.信贷资金总量管理

信贷资金总量又称信贷规模,表现为三个层次:一是中央银行的信贷规模;二是金融体系的信贷规模;三是全社会的信用总量。全社会的信用总量是指一定时期内银行和非银行金融机构向社会提供贷款的总量。目前中国人民银行对信贷资金总量的统计主要有社会融资规模(见表 1-1)、人民币贷款结构(见表 1-2)等。

表 1-1　2018 年社会融资规模

指　标	2018 年年末		2018 年	
	存量(万亿元)	同比增速(%)	增量(亿元)	同比增减(亿元)
社会融资规模	200.75	9.8	192 584	−31 386
其中:人民币贷款	134.69	13.2	156 712	18 280
外币贷款(折合人民币)	2.21	−10.7	−4 201	−4 219
委托贷款	12.36	−11.5	−16 067	−23 837
信托贷款	7.85	−8.0	−6 901	−29 456
未贴现的银行承兑汇票	3.81	−14.3	−6 343	−11 707
企业债券	20.13	9.2	24 756	20 335
地方政府专项债券	7.27	32.6	17 852	−2 110
非金融企业境内股票融资	7.01	5.4	3 606	−5 153
其他融资	5.25	43.3	15 901	5 834
其中:存款类金融机构资产支持证券	1.28	86.7	5 940	3 963
贷款核销	3.01	50.9	10 151	2 565

注:(1)社会融资规模存量是指一定时期末实体经济从金融体系获得的资金余额。社会融资规模增量是指一定时期内实体经济从金融体系获得的资金额。(2)2018 年 7 月起,人民银行完善社会融资规模统计方法,将"存款类金融机构资产支持证券"和"贷款核销"纳入社会融资规模统计,在"其他融资"项下反映。(3)2018 年 8 月份以来,地方政府专项债券发行进度加快,对银行贷款、企业债券等有明显的接替效应。为将该接替效应返还到社会融资规模中,2018 年 9 月起,人民银行将"地方政府专项债券"纳入社会融资规模统计,地方政府专项债券按照债权债务在托管机构登记日统计。

数据来源:中国人民银行、中国银行保险监督管理委员会、中国证券监督管理委员会、中央国债登记结算有限责任公司、银行间市场交易商协会等部门。

表 1-2　2018 年人民币贷款结构

指　标	2018 年年末余额(亿元)	同比增速(%)	当年新增额(亿元)	同比多增额(亿元)
人民币各项存款	1 362 967	13.5	161 705	26 427
住户贷款	478 843	18.2	73 641	2 299
非金融企业及机关团体贷款	868 289	10.5	83 082	16 010
非银行业金融机构贷款	10 760	69.2	4 401	7 584
境外贷款	5 075	14.8	581	534

数据来源:中国人民银行。

表 1-3　2018 年分机构新增人民币贷款情况

单位:亿元

指　标	新增额	同比多增
中资大型银行①	63 388	9 773
中资中小型银行②	97 915	24 286
小型农村金融机构③	20 002	4 400
外资金融机构	908	−569

注:①中资大型银行是指本外币资产总量大于等于 2 万亿元的银行(以 2008 年末各金融机构本外币资产总额为参考标准)。②中资中小型银行是指本外币资产总量小于 2 万亿元的银行(以 2008 年末各金融机构本外币资产总额为参考标准)。③小型农村金融机构包括农村商业银行、农村合作银行、农村信用社。

数据来源:中国人民银行。

中央银行对贷款总量进行调控,是国家实施金融宏观调控的主要内容,也就是通常所说的放松或抽紧银根,通过放松或抽紧银根调节社会总需求,使社会总需求与社会总供给大体保持平衡。

这种调控有两个方面。一方面是中央银行对商业银行贷款规模的控制,现在主要运用存款准备金率、公开市场业务、再贴现率、再贷款等方式调控基础货币。另一方面是商业银行系统内部对贷款总量的控制与调节,这是商业银行根据资产负债比例管理和风险管理的要求以及国民经济发展战略和产业政策,规范自身的信贷活动所实施的管理。

专栏

新冠肺炎疫情下我国货币政策调整

2020 年一季度突如其来的新冠肺炎疫情对我国经济社会发展带来前所未有的冲击。2020 年一季度国内生产总值(GDP)同比下降 6.8%,居民消费价格指数(CPI)同比上涨 4.9%。就业形势总体稳定,对外贸易结构继续改善,国际收支保持基本平衡格局。根据疫情防控和经济形势的阶段性变化,中国人民银行实施更加灵活适度稳健的货币政策,把疫情防控作为最重要的工作来抓,并把支持实体经济恢复发展放到突出位置,综合运用多种工具有效应对疫情冲击。

一是保持流动性合理充裕。今年以来三次降低存款准备金率释放了 1.75 万亿元长期资金,春节后投放短期流动性 1.7 万亿元。合理把握公开市场操作力度和节奏,维护金融市场平稳运行。二是加大对冲新冠肺炎疫情影响的货币信贷支持力度。设立 3 000 亿元专项再贷款定向支持疫情防控重点领域和重点企业,增加 5 000 亿元再贷款再贴现专用额度支持企业有序复工复产,再增加再贷款再贴现额度 1 万亿元支持经济恢复发展。三是用改革的办法疏通货币政策传导。深化利率市场化改革,促进贷款市场报价利率(LPR)推广运用,推进存量浮动利率贷款定价基准转换,降低贷款实际利率。四是以我为主,兼顾对外均衡。人民币汇率总体稳定,双向浮动弹性增强。跨境资本流动和外汇供求基本平衡。五是牢牢守住风险底线,有效防控金融风险。

总体来看,稳健的货币政策成效显著,传导效率明显提升,体现了前瞻性、精准性、主动性和有效性。3月末广义货币(M2)同比增长10.1%,社会融资规模存量同比增长11.5%,M2和社会融资规模平稳增长。一季度社会融资成本明显下降,3月份一般贷款平均利率为5.48%,比LPR改革前的2019年7月份下降了0.62个百分点。货币信贷结构进一步优化,普惠小微贷款"量增、价降、面扩"。人民币汇率双向浮动,市场预期平稳。3月末,人民币汇率指数报94.06,较上年末升值2.92%。

资料来源:中国人民银行货币政策分析小组《中国货币政策执行报告(2020年第一季度)》,http://www.china-cer.com.cn/policy_base/2020051156.html。

2.信贷结构管理

信贷结构表现为信贷存量结构和增量结构。存量结构表明已发放的贷款分布状况,增量结构就是新增贷款的投向。

信贷结构管理的目的是:优化信贷资金投向,搞活存量,实现信贷资金的合理配置。

信贷结构管理的主要内容有:优化贷款投向结构,调节贷款期限结构,改善金融资产形式结构。

专栏

2020年金融机构贷款投向统计报告

人民银行统计,2020年末金融机构人民币各项贷款余额172.75万亿元,同比增长12.8%;全年增加19.63万亿元,同比多增2.82万亿元。贷款投向呈现以下特点。

一、企事业单位贷款平稳增长

2020年末,本外币企事业单位贷款余额110.53万亿元,同比增长12.4%,增速比上季度末高0.1个百分点,比上年末高1.9个百分点;全年增加12.16万亿元,同比多增2.8万亿元。

分期限看,短期贷款及票据融资余额41.57万亿元,同比增长8.2%,增速比上年末低0.8个百分点;全年增加3.14万亿元,同比少增1419亿元。中长期贷款余额66.06万亿元,同比增长15.3%,增速比上年末高3.7个百分点;全年增加8.78万亿元,同比多增2.91万亿元。

分用途看,固定资产贷款余额47.58万亿元,同比增长11.6%,增速比上年末高0.3个百分点;经营性贷款余额45.33万亿元,同比增长12.9%,增速比上年末高6.7个百分点。

二、工业中长期贷款增速继续提升

2020年末,本外币工业中长期贷款余额11.01万亿元,同比增长20%,增速比上年末高14.2个百分点;全年增加1.84万亿元,同比多增1.25万亿元。其中,重工业中长期贷款余额9.54万亿元,同比增长18.5%,增速比上年末高12.7个百分点;轻工业中长期贷款余额1.46万亿元,同比增长30.7%,增速比上年末高16.1个百分点。

2020年末,本外币服务业中长期贷款余额45.04万亿元,同比增长14.3%,增速比上年末高1.3个百分点;全年增加5.62万亿元,同比多增1.17万亿元。房地产业中长期贷款余额同比增长 7.8%,增速比上年末低 3.6 个百分点。

三、普惠金融领域贷款增长速度加快

2020 年末,人民币普惠金融领域贷款余额 21.53 万亿元,同比增长 24.2%,增速比上年末高 1.1 个百分点;全年增加 4.24 万亿元,同比多增 1.75 万亿元。

2020 年末,普惠小微贷款余额 15.1 万亿元,同比增长 30.3%,增速比上年末高 7.2 个百分点;全年增加 3.52 万亿元,同比多增 1.43 万亿元。农户生产经营贷款余额 5.99 万亿元,同比增长 11.5%,增速比上年末高 5.1 个百分点;创业担保贷款余额 2 216 亿元,同比增长 53.7%;助学贷款余额 1 307 亿元,同比增长 10.9%。

2020 年末,建档立卡贫困人口贷款余额 1 427 亿元。考虑已脱贫不脱政策的情况,建档立卡贫困人口及已脱贫人口贷款余额 7 881 亿元。

四、绿色贷款保持较快增长

2020 年末,本外币绿色贷款余额 11.95 万亿元,比年初增长 20.3%,其中单位绿色贷款余额 11.91 万亿元,占同期企事业单位贷款的 10.8%。

分用途看,基础设施绿色升级产业贷款和清洁能源产业贷款余额分别为 5.76 和 3.2 万亿元,比年初分别增长 21.3% 和 13.4%。

分行业看,交通运输、仓储和邮政业绿色贷款余额 3.62 万亿元,比年初增长 13%;电力、热力、燃气及水生产和供应业绿色贷款余额 3.51 万亿元,比年初增长 16.3%。

五、"三农"贷款增速小幅回落

2020 年末,本外币涉农贷款余额 38.95 万亿元,同比增长 10.7%,增速比三季度末低 0.4 个百分点,比上年末高 3 个百分点;全年增加 3.94 万亿元,同比多增 1.26 万亿元。

2020 年末,农村(县及县以下)贷款余额 32.27 万亿元,同比增长 11.9%,增速比三季度末低 0.4 个百分点,比上年末高 3.6 个百分点;全年增加 3.55 万亿元,同比多增 1.2 万亿元。农户贷款余额 11.81 万亿元,同比增长 14.2%,增速比三季度末低 0.3 个百分点,比上年末高 2.1 个百分点;全年增加 1.5 万亿元,同比多增 3 213 亿元。农业贷款余额 4.27 万亿元,同比增长 7.5%,增速比三季度末低 0.1 个百分点,比上年末高 6.8 个百分点;全年增加 3 295 亿元,同比多增 2 580 亿元。

六、房地产贷款增速持续下降

2020 年末,人民币房地产贷款余额 49.58 万亿元,同比增长 11.7%,比上年末增速低 3.1 个百分点,连续 29 个月回落;全年增加 5.17 万亿元,占同期各项贷款增量的 26.1%,比上年全年水平低 7.9 个百分点。

2020 年末,房地产开发贷款余额 11.91 万亿元,同比增长 6.1%,增速比上年末低 4 个百分点。其中,保障性住房开发贷款余额 4.65 万亿元,同比增长 1%,增速比上年末低 5.7 个百分点。个人住房贷款余额 34.44 万亿元,同比增长 14.6%,增速比上年末低 2.1 个百分点。

七、住户经营性贷款加速增长

2020 年末,本外币住户贷款余额 63.19 万亿元,同比增长 14.2%,增速比上年末低 1.3 个百分点;全年增加 7.86 万亿元,同比多增 4 310 亿元。

2020 年末,本外币住户经营性贷款余额 13.62 万亿元,同比增长 20%,增速比上年末高 7.5 个百分点;全年增加 2.27 万亿元,同比多增 1 万亿元。住户消费性贷款余额 49.57

万亿元,同比增长12.7%,增速比上年末低3.6个百分点;全年增加5.59万亿元,同比少增5 717亿。

资料来源:中国人民银行《2020年金融机构贷款投向统计报告》,http://www.pbc.gov.cn/goutongjiaoliu/113456/113469/4180902/index.html。

3.信贷政策管理

信贷政策是银行监管部门制定的约束商业银行等金融机构信贷活动的方针与措施,是银行监管部门规范商业银行等金融机构信贷活动的重要措施。

信贷政策主要内容有:根据国家的货币政策,确定调控基础货币和贷款规模的政策,即银根松紧的政策;根据国家的产业政策制定的"扶优限劣"信贷政策,具体确定一定时期商业银行等金融机构贷款倾斜的对象。

拓展阅读

中国货币政策执行报告(节录)
(2021年第四季度)

第二部分　货币政策操作

六、发挥信贷政策的结构引导作用

进一步推进金融支持稳企业保就业。深入开展中小微企业金融服务能力提升工程,促进小微企业融资"量增、面扩、价降"。截至2021年末,普惠小微贷款余额19.2万亿元,同比增长27.3%;支持小微经营主体4 456万户,同比增长38%。2021年新发放的普惠小微企业贷款加权平均利率为4.93%,比2020年下降0.22个百分点,降幅大于企业贷款利率整体降幅。聚焦重点支持群体和重点企业,创新开展多种形式的政银企对接活动,提高融资对接有效性、精准性。开展"贷动小生意,服务大民生"金融支持个体工商户发展专项活动,通过强化融资信息对接、金融服务窗口前移等形式,解决个体工商户面临的急难愁盼问题。加大对文化旅游、住宿餐饮、零售、外贸等领域企业的金融支持。截至2021年末,共建立包含51.5万家受疫情影响行业企业和供应链核心企业的重点企业名录库,金融机构累计发放贷款8.3万亿元,带动和稳定就业3 500万人。

做好金融支持巩固拓展脱贫攻坚成果、全面推进乡村振兴工作。持续推动《关于金融支持巩固拓展脱贫攻坚成果 全面推进乡村振兴的意见》落地见效,督促指导金融机构严格落实"四个不摘"要求,继续支持脱贫地区和脱贫人口发展。聚焦保障粮食和重要农产品有效供给等重点领域,以及新型农业经营主体等重点对象,鼓励创新专属金融产品和服务,扎实做好金融服务工作。截至2021年末,涉农贷款余额43.21万亿元,同比增长10.9%。

资料来源:中国人民银行《2021年第四季度中国货币政策执行报告》,http://www.pbc.gov.cn/zhengcehuobisi/125207/125227/125957/4246985/4469772/2022021119311841777.pdf。

二、银行监管部门对商业银行的信贷资金管理

(一)银行监管部门对商业银行的信贷资金管理的含义

银行监管部门对商业银行的信贷资金管理,就是通过使用经济的、行政的、法律的手段,对其信贷资金活动进行有效的调控和监管,以实现资金使用的流动性和安全性,保持金融业的正常运营和稳定。资产负债比例管理是银行监管部门对商业银行信贷资金管理的重要内容。

在这里注意要把银行监管部门对商业银行的资产负债比例管理和商业银行的资产负债管理区分开。

资产负债比例管理,是从银行监管部门管理的目的出发的,要求商业银行执行的管理制度,管理的目的是保持资金使用的流动性和安全性。

商业银行的资产负债管理不但要保持资金使用的流动性和安全性,而且要在此基础上争取更多的盈利。因此,商业银行的资产负债管理,还包括以资金、成本、利润为内容的若干自控指标,而银行监管部门不把这些指标列为控制内容。

(二)银行监管部门对商业银行信贷资金管理的主要内容

根据《信贷资金管理办法》,银行监管部门对商业银行信贷资金管理的主要内容是:

1.实行资产负债比例管理

商业银行要按照自主经营、自担风险、自负盈亏、自求平衡、自我约束、自我发展的原则,实行资产负债比例管理。

2.通过负债总量及其结构来制约资产总量及其结构

资产负债比例管理是以商业银行的资本及负债总量及结构制约其资产总量及结构。实行这种管理是为了保持资产的安全性和流动性,保证资产质量,防范和减少资产风险,提高信贷资金效益。

3.建立贷款风险管理制度

商业银行要建立健全贷款审查审批制度;逐步降低信用放款比重,提高抵押、担保贷款和贴现比重;对金融资产实行风险权数考核,控制风险资产比重;建立大额贷款、大额信用证、大额提现向银行监管部门报告制度;完善信贷资产风险准备制度。

4.加强对商业银行资产负债比例及其资产质量的检查和考核

商业银行要接受银行监管部门对其资产负债比例及其资产质量的检查和考核。商业银行要按照银行监管部门的要求,及时、准确、完整地上报反映资产负债比例和资产质量管理的统计报表和分析报表。

比例管理指标主要有:

(1)资本充足程度指标,包括核心资本充足率和资本充足率。其中核心资本充足率为核心资本与风险加权资产之比;资本充足率为核心资本加附属资本与风险加权资产之比。

2013年1月1日起实施的《商业银行资本管理办法(试行)》对于系统重要性银行和其他银行的资本充足率要求分别为11.5%和10.5%。

(2)存贷款比例指标,即各项贷款余额与各项存款余额之比,不得超过75%。2015年10月1日起施行《中华人民共和国商业银行法》删除了存贷款比例指标。

（3）中长期贷款比例指标，即一年期以上（含一年期）中长期贷款与一年期以上存款之比，不得超过120%。

（4）流动性风险指标，即流动性资产与流动性负债之比，不得低于25%。其中，流动性资产是指一个月（含一个月）可变现的资产，包括库存现金、在人民银行存款、存放同业、国库券、一个月内到期的同业净拆出款、一个月内到期的银行承兑汇票、其他经人民银行核准的证券。流动性负债是指一个月内（含一个月）到期的存款、同业净拆入款。

（5）备付金比例指标，即在人民银行备付金存款和库存现金与各项存款之比，不得低于2%。

（6）单一集团客户授信集中度指标，即最大一家集团客户授信总额与资本净额之比，不应高于15%。单一集团客户授信集中度指标为一级指标，包括单一客户贷款集中度和全部关联度两个二级指标。其中单一客户贷款集中度为最大一家客户贷款总额与资本净额之比，不应高于10%；全部关联度为全部关联授信与资本净额之比，不应高于50%。

（7）贷款质量指标，即不良贷款率为不良贷款与贷款总额之比，不应高于5%。

三、商业银行内部信贷资金管理

（一）商业银行内部信贷资金管理的主要特征

我国现有的商业银行，由于特定服务领域，加之各商业银行信贷资金结构和资金运动的不同特点，在内部信贷资金的管理方法上也略有区别。但是，各商业银行内部信贷资金管理有其共同点，主要表现为强调内部信贷资金管理的统一性和计划性。无论是现有的股份制商业银行，还是国有股份制商业银行，其总行都要真正具有在全国范围内调度资金的能力，承担对全行资产流动性及支付能力的责任。在本行系统内，采取统一的管理方法，如实行资产负债比例管理、风险管理，推行目标责任制等，对全行信贷资金实行统一计划管理（指令性或指导性），是强化总行的资金调度权所采取的措施。在内部信贷资金管理上，强化总行的资金管理权，这是各商业银行内部资金管理的主要共同点。

（二）商业银行内部信贷资金管理的内容

根据现行规定，商业银行内部信贷资金管理的内容有：

1.实施资产负债比例和风险管理

商业银行要按照规定的业务范围吸收存款、发放贷款和组织资金营运，实施资产负债比例和风险管理。管理的目的是实现信贷资金的安全性、流动性和盈利性。

2.商业银行要编制年度信贷资金营运计划

商业银行要按照国家金融宏观调控的要求和业务发展需要，对贷款和其他资产全面实行期限管理，编制年度信贷资金营运计划，按季分月组织实施。

3.商业银行总行对本行资产的流动性和支付能力负全部责任

商业银行总行应加强系统内信贷资金的集中管理和统一调度，可根据情况建立第二存款准备金制度，并谨慎地使用第二存款准备金，保证全系统资金的正常运行。

4.商业银行总行对借款资金负全部责任

商业银行总行应对其分支机构拆出拆入资金，向人民银行借款和再贴现的数额、期限作出明确规定。

5.商业银行的资金运用,要体现国家产业政策和信贷政策的要求

对国家限制发展的产业和产品,要严格控制贷款的发放;对国家明令禁止生产的产品,不得发放贷款。

资料

××银行信贷资金管理办法

第一章　总则

第一条　为加速××银行向国有商业银行的转化,发挥商业化银行的整体功能,加强对全系统信贷资金的统一管理,实现信贷资金的合理营运,保证各项业务的健康发展,依据人民银行的《信贷资金管理暂行办法》特制定本办法。

第二条　本办法适用于××银行总行及其境内各级分、支机构。

第三条　本办法中的信贷资金系指××银行系统的下列项目的全部或部分:

1.资本,包括核心资本及附属资本。

2.负债,包括各类存款、借入款项及其他负债。

3.资产,包括贷款、投资、其他金融资产及表外资产。

第四条　本办法中的信贷资金管理系指对本系统信贷总量的控制和信贷资金营运的调节与监管,以及与人民银行和金融机构之间信贷资金往来的管理。

第五条　××银行信贷资金管理的基本原则是:集中调控,比例管理,分类运筹,市场融通。

集中调控:总行对系统内信贷资金管理实行总量控制、集中管理和统一调度,以保证全行信贷总量的合理增长和资金的正常运行。

比例管理:按《××银行资产负债比例管理实施办法》所规定的各项比例指标进行管理,保持资产与负债项目间的合理搭配,以负债制约资产,优化资产,分散风险,保证信贷资金的安全性、流动性和盈利性。

分类运筹:在统一的货币政策指导下,对信贷资金进行分类管理,合理配置、灵活调度和有效运用,加速资金周转,提高资金使用效益。

市场融通:根据本系统的资金状况,通过融资市场调剂资金余缺,以改善资产负债结构。

第六条　信贷资金管理是一项由各级行行长负责,各业务部门分工协作、密切配合的全行性的工作。计划资金部门是信贷资金管理的综合部门,主要负责本行信贷资金收支计划和信贷资金营运计划的编制、分配、下达、调整、检查和考核;负责在辖内统一调度信贷资金,保持信贷资金的平衡。

第二章　信贷资金的集中管理和统一调度

第七条　××银行在向国有商业银行转化过程中,总行要不断强化在全行范围内调度资金的能力,负责系统内信贷资金的集中管理和统一调度,以增强××银行的整体功能。

第八条　××银行信贷资金管理实行"统一调控、分级负责"的体制。

总行集中信贷资金的配置权、调度权和调剂权,信贷总量的分配权。总行对全系统资

产的流动性及支付能力负全部责任。

省级行(含计划单列市、经济特区分行,下同)按总行下达的资产负债比例,组织资金营运,负责辖内信贷资金的统一调度和平衡,保证辖内正常支付。

第九条 信贷资金集中调控的主要方式为:

1.建立和完善系统内的存款准备金制度;

2.吸收运用下级行的上存资金;

3.临时贷款的发放和收回;

4.商业票据的贴现与再贴现;

5.核定结汇资金的比例;

6.办理银行间的长期契约借款;

7.通过融资市场进行资金的调剂;

8.国库券、金融债券等有价证券的买卖、抵押和贴现。

第十条 总行对本系统的信贷资金实行规范化管理:坚持纵向调度为主,横向融通为辅的调控形式;确定省级行保持资产流动性比例;对人民银行再贷款实行统借统还;统一领导全系统的融资机构;有偿筹集和运用信贷资金;根据市场变化运用利率等手段调节资金余缺。

第十一条 各级行要按照国家金融宏观调控的要求和业务发展的需要,编制上报信贷收支计划,经总行综合平衡报人民银行纳入全社会信用规划后,用于指导全系统的信用活动。同时要建立健全内部资金运用总量约束和风险管理机制,以保证货币信贷总量的健康适度。

......

本章小结

1.信贷是体现一定经济关系的不同所有者之间的借贷行为,是以偿还为条件的价值运动特殊形式,是债权人贷出货币,债务人按期偿还并支付一定利息的信用活动。信贷有广义和狭义之分。广义的信贷是指以银行为中介、以存贷为主体的信用活动的总称,包括存款、贷款和结算等业务。狭义的信贷通常指银行的授信业务。

2.授信即银行向客户直接提供货币资金支持,或对客户在有关经济活动中的信用向第三方作出保证的行为。授信业务包括贷款、贴现等表内业务,以及票据承兑、开出信用证、保函、担保、贷款承诺等表外业务。

3.信贷资金的一般运动过程,是以银行吸收资金开始的,换言之,是以组织资金来源为起点的,通过银行内部的资金配置、客户(受信客体)对资金的使用、银行收回贷款本息、归还负债所完成的。可以划分为:吸收资金阶段、配置资金阶段、使用资金阶段、资金归流阶段和资金返还阶段。

4.中央银行对信贷资金的宏观管理,是指中央银行对整个金融体系信贷资金总量的控制和信贷资金的调节与监管。这项工作,是由中央银行完成的。中央银行作为最主要的宏观调节机构之一,对信贷资金实行宏观管理是其重要的经常性手段和措施。信贷资金宏观管理的基本内容为:信贷资金总量管理、信贷结构管理、信贷政策管理。

5.中央银行和银行监管部门对商业银行的信贷资金管理,就是通过使用经济的、行政的、法律的手段,对其信贷资金活动进行有效的调控和监管,以实现资金使用的流动性和安全性,保持金融业的正常运营和稳定。资产负债比例是中央银行和银行监管部门对商业银行信贷资金管理的重要内容,是从中央银行和银行监管部门管理的目的出发的,要求商业银行执行的管理制度,管理的目的是保持资金使用的流动性和安全性。

6.商业银行内部信贷资金管理的内容主要有:

(1)商业银行要按照规定的业务范围吸收存款、发放贷款和组织资金营运,实施资产负债比例和风险管理。管理的目的是实现信贷资金的安全性、流动性和盈利性。

(2)商业银行要按照国家金融宏观调控的要求和业务发展需要,对贷款和其他资产全面实行期限管理,编制年度信贷资金营运计划,按季分月组织实施。

(3)商业银行总行对本行资产的流动性和支付能力负全部责任,应加强系统内信贷资金的集中管理和统一调度,可根据情况建立第二存款准备金制度,并谨慎地使用第二存款准备金,保证全系统资金的正常运行。

(4)商业银行总行应对其分支机构拆出拆入资金,向人民银行借款和再贴现的数额、期限作出明确规定。

(5)商业银行的资金运用,要体现国家产业政策和信贷政策的要求。对国家限制发展的产业和产品,要严格控制贷款的发放;对国家明令禁止生产的产品,不得发放贷款。

练习题

一、名词解释

1.信贷　　　　　　　4.信贷资金　　　　　　　7.信贷政策

2.授信　　　　　　　5.信贷资金总量

3.贷款　　　　　　　6.信贷结构

二、单项选择题

1.信贷资金的来源主要由四部分组成:银行资本金、各项存款、借款、发行金融债券,其中(　　　)是信贷资金的主要来源。

　　A.银行资本金　　　B.各项存款　　　C.借款　　　　D.发行金融债券

2.以下业务中,(　　　)为表内业务。

　　A.担保　　　　　　B.贴现　　　　　C.贷款承诺　　D.开出信用证

　　E.保函　　　　　　F.票据承兑

3.商业银行(　　　)对本行资产的流动性和支付能力负全部责任。

　　A.总行　　　　　　B.分行　　　　　C.支行

4.商业银行对同一借款客户的贷款总额与银行资本总额的比例不得超过(　　　)。

　　A.5%　　　　　　　B.10%　　　　　C.20%　　　　D.50%

5.流动性资产是指(　　　)内可变现的资产。

A.1 个月   B.2 个月   C.3 个月   D.4 个月

三、多项选择题

1.广义的信贷是指以银行为中介、以存贷为主体的信用活动的总称,包括(　　)等业务。

A.存款   B.贷款   C.结算   D.金融服务

2.信贷资金的一般运动过程可以划分为(　　)。

A.资金归流阶段   B.筹集资金阶段

C.使用资金阶段   D.配置资金阶段

E.资金返还阶段

3.中央银行和银行监管部门对商业银行的信贷资金管理,就是通过使用(　　)的手段,对其信贷资金活动进行有效的调控和监管。

A.政治命令   B.行政   C.法律   D.经济

4.商业银行要按照规定的业务范围吸收存款、发放贷款和组织资金营运,实施资产负债比例和风险管理,管理的目的是实现信贷资金(　　)。

A.安全性   B.流动性   C.盈利性   D.收益性

四、判断题

1.信贷是体现一定经济关系的不同所有者之间的借贷行为,是价值运动的特殊形式。
(　　)

2.授信是银行向客户直接提供货币资金支持。(　　)

3.根据国家的货币政策,具体确定一定时期商业银行等金融机构贷款倾斜对象的政策,就是银根松紧的政策。(　　)

4.《贷款风险分类指导原则》要求商业银行以贷款风险为基础对贷款进行分类,将贷款分为正常贷款、关注贷款、次级贷款、损失贷款。(　　)

5.存贷款比例是指各项存款余额与各项贷款余额之比,应不超过75%。(　　)

五、计算题

以下是某商业银行 2013 年 12 月 31 日的各种统计数据资料:

(1)资本总额 400 亿元。其中:实收资本 50 亿元,资本公积金 40 亿元,盈余公积金 30 亿元,未分配利润 40 亿元;贷款呆账准备金、投资风险准备金、坏账准备金三项合计 240 亿元。

(2)资金来源(除资本金外):各项存款余额 6 000 亿元。其中一年期以上(含一年期)的存款为 1 000 亿元;从其他银行拆入资金余额为 250 亿元;其他负债为 150 亿元。各项负债中,一个月内(含一个月)到期的负债为 2 000 亿元。

(3)资金运用:各项贷款余额为 5 500 亿元。其中一年期以上(含一年期)的贷款为 1 500 亿元;向其他银行拆出资金余额为 200 亿元;其他资产为 900 亿元。各项资产中,一个月内(含一个月)可以变现的资产为 400 亿元,其中:在中央银行超额准备金为 100 亿元,库存现金为 50 亿元。

贷款中,次级贷款余额为 460 亿元,可疑贷款余额为 200 亿元,损失贷款余额为 120 亿元。最大贷款为对三峡工程总公司的贷款,余额为 70 亿元;加权风险资产总额为 5 200 亿元。

请根据上述资料计算该银行资产负债比例管理指标,根据计算结果分析该银行资产负债比例管理状况。

六、问答题

1. 什么是信贷？

2. 授信与贷款有哪些区别？

3. 信贷资金有哪些特点？

4. 试述信贷资金的运动过程。

5. 中央银行对信贷资金实行管理的内容有哪些？

6. 银行监管部门对商业银行的信贷资金管理的内容有哪些？

7. 商业银行内部信贷资金管理的内容主要有哪些？

第2章
信贷业务种类

学习目的与要求

了解商业银行授信业务的种类；

掌握信用贷款、保证贷款、抵押贷款的概念、条件与对象；

了解抵押贷款、质押贷款的抵押品、质押品种类；

了解票据承兑和贴现的概念，掌握贴现付款额的计算；

掌握票据贴现和发放贷款的区别，以及票据贴现和贴现的区别；

了解信用证的概念、当事人；

掌握信用证业务程序；

了解保函的概念、保函的当事人及其权责；

了解贷款承诺的概念，掌握贷款承诺与贷款意向的区别。

导入案例

北京银行为中小企业成长融资

某公司是一家主营用现代生物技术及遗传育种等高科技手段，进行农作物优良新品种选育、生产、加工及销售的农业高科技企业。公司成立后的两年间经营正常、发展良好，但也面临短期流动资金周转难的问题。北京银行了解到其良好的发展前景以及已取得中关村管委会"高成长企业"资格和属于中关村企业信用促进会会员资格的"瞪羚企业"，向其推荐了"及时予"系列下的"瞪羚计划"贷款，从第1笔的150万元贷款开始，贷款金额逐步提升到1 000万元。在高质量的银企合作下，目前这家公司已逐步成长为技术力量雄厚、内部管理规范的一流公司。2005年年末，该公司在美国纳斯达克成功上市。2006年9月，北京银行又给予其1亿元贷款，用于补充公司流动资金，通过提供强大的资金支持进一步推动了公司的成长。

资料来源：北京银行，http://www.bankofbeijing.com.cn/corporation/xiaojuren/products2.html。

"及时予"系列是北京银行为扶持中小企业的发展壮大，面向经过一段时期经营正常、有良好发展前景的中小企业,特别推出的解决中小企业经营过程中流动资金短缺状况的系列融资产品。业务范围除了包括抵押、质押、第三方保证、专业担保公司担保等传统担保方式业务品种外,还包括四大类融资产品,如高科技类包括瞪羚计划贷款等品种,生产制造类包括中国能效融资项目贷款等品种,流通商贸类包括小企业联保贷款等品种,国际业务类包括福费廷等品种。

通过上述案例我们可以了解到一家企业的发展离不开银行信贷支持,那么当前商业银行授信业务种类都有哪些?下面我们先从商业银行最主要的授信业务贷款开始学习。

商业银行授信业务的种类主要包括:贷款、票据承兑和贴现、担保、贷款承诺、贸易融资、保理、开立信用证等(贸易融资、保理等授信业务在第九章"公司信贷业务"、第十章"外汇贷款"中介绍)。

第一节　贷款

一、贷款的定义

贷款是商业银行作为贷款人按照一定的贷款原则和政策,以还本付息为条件,将一定数量的货币资金提供给借款人使用的一种借贷行为。贷款是商业银行的传统核心业务,也是商业银行最主要的盈利资产,是商业银行实现利润最大化目标的主要手段。贷款这种借贷行为由对象、条件、用途、期限、利率和方式等因素构成。

二、贷款的分类

从银行经营管理的需要出发,可以对银行贷款按照不同的标准进行分类。

(一)按贷款期限分类

按照偿还期限的长短,可分为短期贷款、中期贷款和长期贷款。其中,短期贷款是指期限在1年以内(含1年)的各项贷款;中期贷款是指期限在1年(不含1年)以上5年(含5年)以内的各项贷款;长期贷款是指期限在5年(不含5年)以上的各项贷款。

以贷款期限为标准划分贷款种类,一方面有利于监控贷款的流动性和资金周转状况,使银行长短期贷款保持适当比例;另一方面,也有利于银行按资金偿还期限的长短安排贷款顺序,保证银行信贷资金的安全。

(二)按贷款的保障条件分类

按贷款的保障条件来分类,贷款可以分为信用贷款、担保贷款和票据贴现。

1.信用贷款

信用贷款是指银行完全凭借借款人的信誉,无需提供抵押物或第三者保证担保而发放的贷款。这类贷款从理论上讲风险较大,因而,银行要收取较高的利息,且一般只向银行熟悉的较大的公司借款人提供,对借款人的条件要求较高。

专栏

我国信用贷款的发展

随着我国金融改革的不断深化,东部经济发达地区的银行业加快金融创新步伐,积极探索中小企业信用贷款的有效方式。

如在人民银行武汉分行营业管理部的牵头组织下,武汉市商业银行联合评选发放信用贷款的中小企业客户名单。其做法是首先由商业银行推荐,然后由人民银行对各商业银行推荐的企业进行审核,并将符合条件的企业名单在辖内商业银行进行公示,公示期限7天,征求银行意见。若有疑义,可用适当的方式向人民银行反映,以便重新审核。公告期满以后,由人民银行对入选的中小企业授予"年度信用贷款企业"资格。

2003年度,武汉精伦电子、武汉马应龙药业集团等40户中小企业获得了信用贷款的资格。此举激励了商业银行更多地采取信用的方式支持企业发展,又促进了更多的中小企业诚实守信。同时,有些商业银行还推出了"先信用后抵押"的贷款方式,对个别因资金不足无力购买设备或更新厂房的优势中小企业,先采取信用贷款的方式,待企业办妥相关证书或购买设备后,再由信用方式转为抵押的方式。此举也受到了广大中小企业的广泛欢迎。

2.担保贷款

担保贷款,是指由借款人或第三者依法提供担保而发放的贷款。担保贷款由于有财产或第三者承诺作为还款的保证,所以,贷款风险相对较小。但担保贷款手续复杂,且需要花费抵押物(质物)的评估、保管以及核保等费用,贷款的成本也比较大。根据我国《担保法》规定,担保有五种方式,即保证、抵押、质押、留置、定金。银行贷款担保采用保证、抵押、质押三种方式。

(1)抵押贷款。抵押贷款是指按《担保法》规定的抵押方式,以借款人或第三人的财产作为抵押物发放的贷款。设置抵押的目的,主要是保障债权人在债务人不履行债务时有优先受偿的权利,而这一优先受偿权是以设置抵押的实物形态变现来实现的,所以抵押是以抵押人所有的实物形态为抵押主体,以不转移所有权和使用权为方式作为债务担保的一种法律保障行为。在我国,目前实行的抵押贷款,根据抵押品的范围,大致可以分为六类:

第一类:存货抵押,又称商品抵押,指用工商企业掌握的各种货物,包括商品、原材料、在制品和制成品作抵押,向银行申请贷款。

第二类:客账抵押,是客户把应收账款作为抵押取得短期贷款。

第三类:证券抵押,即以各种有价证券如股票、汇票、期票、存单、债券等作为抵押,取得短期贷款。

第四类:设备抵押,即以机械设备、车辆、船舶等作为抵押向银行取得贷款。

第五类:不动产抵押,即借款人提供如土地、房屋等不动产作抵押,取得贷款。

第六类:人寿保险单抵押,是指在保险金请求权上设立抵押权,以人寿保险合同的退保金为限额,以保险单为抵押,对被保险人发放贷款。

专栏

大力推进信用贷 促进实体经济发展

2020 年《政府工作报告》明确,在强化对稳企业的金融支持方面,"鼓励银行大幅增加小微企业信用贷、首贷、无还本续贷""大型商业银行普惠型小微企业贷款增速要高于40％"。出席 2020 年全国两会的代表委员呼吁,加大信用支持金融服务实体经济工作力度,让信用成为金融服务实体经济的"硬支撑"。

所谓信用贷,是指不需要企业提供完全担保,银行凭着对企业经营状况和信用的了解发放贷款的一种贷款方式,它能够帮助诚信经营的企业快速获得融资支持。大力推进信用贷,以信用支撑金融服务实体经济。商业银行近年来在开展信用贷款业务方面进行了许多有益尝试,但也要注意到,用于支持各类企业生产经营的中长期信用贷款发放明显不足,这主要是因为信用贷款的风险相对于抵押、担保贷款更大,各地各部门信息分散且开放不足,商业银行无法跨部门全面获取企业信用信息,缺乏完善的考核和尽职免责评价体系,风险控制和缓释机制缺位。

针对上述问题,相关部门应尽快建立健全各层级信用信息归集、共享和查询机制,为银行打开信用信息共享大门,督促银行改善风险控制模型,提升风险管理水平,鼓励各地建立信用贷款担保基金,撬动更多信用贷款发放。

资料来源:【两会"信"之声】大力推进信用贷 促进实体经济发展,https://www.creditchina.gov.cn/xinyongdongtai/shangwuchengxin/202005/t20200528_197523.html。

(2)质押贷款。质押贷款是指按《担保法》规定的质押方式,以借款人或第三人的动产或权利作为质物发放的贷款。

可作为质押的质物包括以下几大类:①国库券(国家有特殊规定的除外);②国家重点建设债券;③金融债券;④AAA 级企业债券;⑤储蓄存单等有价证券。

作为质物的动产或权利必须符合《中华人民共和国担保法》的有关规定,出质人必须依法享有对质物的所有权或处分权,并向银行书面承诺为借款人提供质押担保。出质人应将权利凭证交与贷款人。《质押合同》自权利凭证交付之日起生效。以个人储蓄存单出质的,应提供开户行的鉴定证明及停止支付证明。

有关质押贷款质押率的规定:①以银行汇票、银行承兑汇票、支票、本票、存款单、国库券等有价证券质押的,质押率最高不得超过 90％;②以动产、依法可以转让的股份(股票)、商业承兑汇票、仓单、提单等质押的,质押率最高不得超过 70％;③以其他动产或权利质押的,质押率最高不得超过 50％。

相关知识

质押贷款的种类

A.存单质押贷款

存单质押贷款是指借款人以贷款银行签发的未到期的个人本外币定期储蓄存单(也

有银行办理与本行签订有保证承诺协议的其他金融机构开具的存单的抵押贷款)作为质押,从贷款银行取得一定金额贷款,并按期归还贷款本息的一种信用业务。

B.仓单质押贷款

仓单是指仓储公司签发给存储人或货物所有权人的记载仓储货物所有权的唯一合法的物权凭证,仓单持有人随时可以凭仓单直接向仓储方提取仓储货物。

仓单质押贷款是指银行与借款人(出质人)、保管人(仓储公司)签订合作协议,以保管人签发的借款人自有或第三方持有的存货仓单作为质押物向借款人办理贷款的信贷业务。

C.知识产权质押贷款

知识产权质押贷款是指以合法拥有的专利权、商标权、著作权中的财产权经评估后向银行申请融资。由于专利权等知识产权实施与变现的特殊性,目前只有极少数银行对部分中小企业提供此项融资便利,而且一般需由企业法定代表人加保。

D.保单质押贷款

保单质押贷款是投保人把所持有的保单直接抵押给保险公司,按照保单现金价值的一定比例获得资金的一种融资方式。若借款人到期不能履行债务,当贷款本息积累到退保现金价值时,保险公司有权终止保险合同效力。寿险展业过程中,在险种条款里加入保单质押贷款,已经成为一种时尚。

E.国债质押贷款

国债质押贷款是指借款人以未到期的国债作为质押,从贷款银行取得人民币贷款,到期一次性归还贷款本息的一种贷款业务。

F.股票质押贷款

股票质押贷款,是指证券公司以自营的股票、证券投资基金券和上市公司可转换债券作质押,从商业银行获得资金的一种贷款方式。股票质押率由贷款人依据被质押的股票质量及借款人的财务和资信状况与借款人商定,但股票质押率最高不能超过60%。质押率上限的调整由中国人民银行和中国银行业监督管理委员会决定。

G.理财受益权质押贷款

银行发行了大量的人民币和外币理财产品,为增强理财产品的流动性,适应理财客户临时用款需求,银行推出了新的质押贷款品种——理财产品受益权质押贷款。理财产品受益权质押贷款是指借款人以银行销售的本外币理财产品受益权设置质押办理的人民币质押贷款。理财产品受益权质押贷款的起点金额为人民币1 000元。以人民币理财产品受益权质押的,贷款金额一般不超过理财产品本金的90%;以外币理财产品受益权质押的,贷款金额一般不超过理财产品本金的80%。贷款期限一般不超过1年,且不超过质押的本外币理财产品的期满日。以多份理财产品受益权为质押的,以距离到期时间最近者确定贷款期满时间。若理财产品提前到期的,贷款期限相应提前。其利率可在银行同期限贷款基准利率上下浮动,贷款利随本清。

相关知识

质押与抵押的区别

质押与抵押虽都是物的担保的重要形式,本质上都属于物权担保,但两者毕竟是性质不同的两种担保方式,两者有着重要的区别。

质权的标的物与抵押权的标的物的范围不同	①质权的标的物为动产和财产权利,动产质押形成的质权为典型质权。我国法律未规定不动产质权。 ②抵押权的标的物可以是动产和不动产,以不动产最为常见。
标的物的占有权是否发生转移不同	抵押权的设立不转移抵押标的物的占有, 而质权的设立必须转移质押标的物的占有。这是质押与抵押最重要的区别。
对标的物的保管义务不同	抵押权的设立不交付抵押物的占有,因而抵押权人没有保管标的物的义务, 而在质押的场合,质权人对质物则负有善良管理人的注意义务。
受偿顺序不同	在质权设立的情况下,一物只能设立一个质押权,因而没有受偿的顺序问题。而一物可设数个抵押权,当数个抵押权并存时,有受偿的先后顺序之分。
能否重复设置担保不同	①在抵押担保中,抵押物价值大于所担保债权的余额部分,可以再次抵押,即抵押人可以同时或者先后就同一项财产向两个以上的债权人进行抵押。也就是说,法律允许抵押权重复设置。 ②而在质押担保中,由于质押合同是从质物移交给质权人占有之日起生效,因此在实际中不可能存在同一质物上重复设置质权的现象。
对标的物孳息的收取权不同	①在抵押期间,不论抵押物所生的是天然孳息还是法定孳息,均由抵押人收取,抵押权人无权收取。只有在债务履行期间届满,债务人不履行债务致使抵押物被法院依法扣押的情况下,自扣押之日起,抵押权人才有权收取孳息。 ②在质押期间,质权人依法有权收取质物所生的天然孳息和法定孳息。

(3)保证贷款。保证贷款是指按《担保法》规定的保证方式以第三人承诺在借款人不能偿还贷款时,按约定承担一般保证责任或者连带责任为前提而发放的贷款。

根据我国《担保法》的规定,具有代为清偿债务能力的法人、其他组织或者公民,可以作保证人。但是国家机关、学校、幼儿园、医院等以公益为目的的事业单位、社会团体不得为保证人;企业法人的分支机构有法人书面授权的,可以在授权范围内提供保证。《担保法》同时还规定,保证人与债权人应当以书面形式订立保证合同。

案例

政府为个人担保合同无效

2002 年,张某向某县住房公积金管理中心申请住房公积金贷款,于 2002 年 8 月 10 日与银行签订《住房专项贷款合同》。合同约定借款金额为人民币15 000 元,作为建房资金;借款期限 1 年,由张某就职的某镇政府承担连带保证责任,镇政府负责每月从张某的工资中代扣本息440.95 元归还银行,同时订立了《委托扣款协议》。签订合同当日,银行依约付给张某贷款 15 000 元。2003 年 3 月张某调至某乡政府上班。但镇政府与乡政府对于为银行代扣张某工资的问题没有协调好,张某亦未主动到银行还款,其仍欠银行贷款本金 6 079.95 元及利息。协商还款不成,银行起诉至法院。

案例分析

镇政府作为国家机关为张某住房贷款提供担保,违反了担保法第八条"国家机关不得作为保证人"的规定,该担保行为无效。但《住房专项贷款合同》的其余内容并未违反法律和行政法规的规定,应认定为有效,对各方当事人均有约束力。张某和镇政府未依《住房专项贷款合同》和《委托扣款协议》的约定履行扣款、还款义务,应当承担违约责任。我国担保法第五条第二款规定"担保合同被确认无效后,债务人、担保人、债权人有过错的,应当根据其过错各自承担相应的民事责任",银行、张某、镇政府对于本案担保行为无效均存在过错,因此,当张某不能清偿债务时,镇政府应当承担张某不能清偿债务中 1/3 的赔偿责任。

3.票据贴现

票据贴现是贷款的一种特殊方式,它是指银行应客户的要求,以现款或活期存款买进客户持有的未到期的商业票据的方式发放的贷款。票据贴现实行预扣利息,票据到期后,银行可向票据载明的付款人收取票款(具体参见第三节)。

(三)按贷款的用途分类

贷款的用途非常复杂,它涉及再生产的各个环节、各种产业、各个部门、各个企业,与多种生产要素相关,贷款用途本身也可以按不同的标准进行划分。

按照我国习惯的做法,通常有两种分类方法:(1)按照贷款对象的部门来分类,分为工业贷款、商业贷款、农业贷款、科技贷款和消费贷款。(2)按照贷款具体用途来划分,分为流动资金贷款和固定资金贷款。

按照贷款用途划分贷款种类,其意义在于:首先,有利于银行根据资金的不同使用性质安排贷款顺序。一般来说,银行贷款首先应当满足企业的生产性流动资金需要,然后安排用于企业的固定资产投资资金需要。其次,有利于银行监控贷款的部门分布结构,以便银行合理安排贷款结构,防范贷款风险。

(四)按贷款的偿还方式分类

银行贷款按照其偿还方式的不同划分,可以分为一次性偿还贷款和分期偿还贷款两种方式。

1.一次性偿还贷款

一次性偿还贷款是指借款人在贷款到期日一次性还清贷款本金的贷款,利息可以分期支付,也可以在归还本金时一次性付清。一般来说,短期的临时性周转性贷款都是采取一次性偿还方式。

2.分期偿还贷款

分期偿还贷款是指借款人按规定的期限分次偿还本金和支付利息的贷款。这种贷款的期限通常按月、季、年确定,中长期贷款大都采用这种方式,其利息的计算方法常见的有加息平均法、利随本减法等。

按贷款偿还方式划分贷款种类,一方面有利于银行监测贷款到期和贷款收回情况,准确测算银行头寸的变动趋势;另一方面,也有利于银行考核收息率,加强对应收利息的管理。

（五）按贷款的质量（或风险程度）分类

按照贷款的质量或风险程度划分，银行贷款可以分为正常贷款、关注贷款、次级贷款、可疑贷款和损失贷款等五类。

1.正常贷款

正常贷款是指借款人能够履行借款合同，有充分把握按时足额偿还本息的贷款。这类贷款的借款人财务状况无懈可击，没有任何理由怀疑贷款的本息偿还会发生任何问题。

2.关注贷款

关注贷款是指贷款的本息偿还仍然正常，但是发生了一些可能会影响贷款偿还的不利因素。如果这些因素继续存在下去，则有可能影响贷款的偿还，因此，需要对其进行关注或对其进行监控。

3.次级贷款

次级贷款是指借款人依靠其正常的经营收入已经无法偿还贷款的本息，而不得不通过重新融资或拆东墙补西墙的办法来归还贷款，表明借款人的还款能力出现了明显的问题。

4.可疑贷款

可疑贷款是指借款人无法足额偿还贷款本息，即使执行抵押或担保，也肯定要造成一部分损失。这类贷款具备了次级贷款的所有特征，但是程度更加严重。

5.损失贷款

损失贷款是指在采取了所有可能的措施和一切必要的法律程序之后，本息仍然无法收回或只能收回极少部分。这类贷款银行已经没有意义将其继续保留在资产账面上，应当在履行必要的内部程序之后，立即冲销。

按照贷款的质量或风险程度划分贷款种类，首先有利于加强贷款的风险管理，提高贷款质量。银行贷款具有与生俱来的风险。按照商业银行稳健经营的原则，银行不仅要化解已经发生的风险，而且还要及时识别和弥补那些确实存在但还没有发现的风险，即内在风险。按贷款质量或风险程度科学合理地划分贷款种类，不仅可以帮助识别贷款的内在风险，还有助于发现信贷管理、内部控制和信贷文化中存在的问题，从而有利于银行提高信贷管理水平，帮助银行稳健运行。其次，有利于金融监管当局对商业银行进行有效的监管。金融监管当局对商业银行的有效监管，必须有能力通过非现场检查手段，对商业银行的信贷资产质量进行连续监控，并通过现场检查，独立地对商业银行的信贷资产质量作出评估。而这些都离不开贷款分类的标准。没有按贷款质量的分类，监管当局的并表监管、关于资本充足率的要求、对流动性的监控等，都将失去基础。

（六）按银行发放贷款的自主程度分类

按银行发放贷款的自主程度划分，银行贷款可以分为自营贷款和委托贷款。

1.自营贷款

自营贷款是指银行以合法方式筹集的资金自主发放的贷款。这是商业银行最主要的贷款。由于是自主贷放，因此贷款风险及贷款本金和利息的回收责任都由银行自己承担。

2.委托贷款

委托贷款是指由政府部门、企事业单位及个人等委托人提供资金，由银行（受托人）根据委托人确定的贷款对象、用途、金额、期限、利率等代为发放、监督使用并协助收回的贷款。这类贷款银行不承担风险,通常只收取委托人付给的手续费。

第二节 票据承兑

一、票据承兑概述

(一)票据承兑定义

票据承兑是指汇票的付款人承诺负担票据债务的行为。承兑为汇票所独有。汇票的发票人和付款人之间是一种委托关系,发票人签发汇票,并不等于付款人就一定付款,持票人为确定汇票到期时能得到付款,在汇票到期前向付款人进行承兑提示。如果付款人签字承兑,那么他就对汇票的到期付款承担责任,否则持票人有权对其提起诉讼。票据承兑是商业汇票的承兑人在汇票上记载一定事项承诺到期支付票款的票据行为。商业汇票一经银行承兑,承兑银行必须承担到期无条件付款的责任。因此,票据承兑属于银行的一项授信业务。

(二)票据承兑种类

票据承兑分为商业承兑汇票和银行承兑汇票。在实际运用中,把由企业自身承兑的汇票统称为商业承兑汇票;由商业银行承兑的汇票,统称为银行承兑汇票。

商业承兑汇票是指经个人或企业承兑过的商业汇票,它以商业信用为基础,不如银行信用稳妥,风险较大,一般不易在市场上被接受和流通。

银行承兑汇票是指由个人或企业开出的以银行为付款人并经银行承兑过的汇票,它是建立在银行信用的基础上,易于在市场上被接受贴现和流通,常作为短期融通资金的工具。

1.企业自身承兑

企业自身承兑方式一般是在企业之间交易频繁、信用和资金力量比较清晰的情况下使用,即使票据转让流通,原发票人、付款人仍是汇票的当事人。这样,有了问题易于协商解决。这一承兑方式的优点是手续简便,不需支付承兑费用。

2.商业银行承兑

商业银行是专门从事货币信用业务的金融机构,一般资金实力较强,在公众中树立有良好的权威和形象,无疑,银行承兑的票据具有坚实的支付基础。所以,对于那些企业间相互不了解、远距离的商业交易来讲,收款人多愿意采用商业银行承兑方式,以减少风险,保证票款安全收回。从宏观调控的角度讲,银行办理承兑业务,有利于中央银行按规定的利率购买银行承兑票据,灵活调节市场货币量。从商业银行自身来讲,银行办理承兑也有好处:一是商业银行承兑的资金部分已生息,且以备付形式转为银行存款,有利于扩大稳定的存款来源;二是有利于开拓银行业务领域,增加银行业务收入。

资料

××银行承兑汇票业务

商业汇票承兑是指银行作为付款人,接受承兑申请人的付款委托,承诺在汇票到期日对收款人或持票人无条件支付汇票金额的票据行为。经过银行承兑后的商业汇票称为银行承兑汇票。

1.客户条件

申请办理商业汇票承兑业务的客户应当是经当地工商行政管理部门核准登记、年检合格,依法从事经营活动,实行独立经济核算的企业法人,并符合下列条件:

(1)在银行开立账户;

(2)产品有市场,生产经营正常,经济效益好;

(3)除国务院规定外,有限责任公司和股份有限公司对外股本权益性投资累计额未超过其净资产总额的50%;

(4)以真实合法的商品、劳务交易为基础;

(5)出票人资信状况良好,无不良信用记录,并与开户行具有真实的委托付款关系;

(6)持有当地人民银行颁发的经查询有效的贷款卡;

(7)存足不低于票面金额30%的保证金,票面金额与存入保证金的差额部分应提供银行认可并符合规定条件的有效保证、抵押、质押。

2.承兑期限

银行承兑汇票自出票日至到期日最长不得超过6个月。

3.承兑金额

银行承兑汇票票面金额每张不得超过1 000万元人民币,单户签发银行承兑汇票余额不得超过其净资产总额的50%。

4.手续费

在办理商业汇票承兑时,每张银行承兑汇票按承兑金额的0.5‰向出票人收取承兑手续费,承兑手续费不足10元的,按10元计收。

5.办理流程

客户申请→资格审查→提交材料→初步审查→客户调查→分级审批(咨询)→承兑

资料来源:信合网,http://www.cnrcu.cn/html/201007/0FQ13622010.html。

二、票据承兑功能

票据(汇票)之所以需要承兑是因为汇票是一种支付委托,即由发票人委托付款人于指定日期无条件支付一定金额与收款人或持票人。票据承兑有三个主要功能:

(一)确认债权债务关系

票据(汇票)票面上虽有付款人的姓名或公司名称,但仅是发票人单方面的记载,不是付款的承诺。因此,在付款人没有正式承诺之前,付款人对于票据所载内容不负任何责任。发票人为票据主要债务人。收款人或持票人若要确定票据所载权利,查明付款委托是否真实,以期到期取得票面的所载款项,就必须在票据到期以前得到付款人的正式承诺。付款人承诺付款以后,就成为票据的主要债务人,从而确定了收款人或持票人的权利。

(二)确定付款日期

见票后,定期付款的汇票票据到期日应从承兑日算起,因此,为确定票据到期日就需要先行承兑。

(三)减轻和明确发票人或背书人的权利

票据法一般作这样的规定:除见票即付的即期汇票外,发票人或背书人需在汇票上作请求承兑的记载,并确定请求承兑时间。执票人若在规定时间内提请付款人承兑或超过规定时间才提请承兑,在遭到拒绝时,发票人或背书人往往要求执票人提请承兑。如果在规定时间内付款人拒绝承兑,发票人或背书人可以早作准备,如果付款人进行了承兑,就可以减轻发票人或背书人的责任。

三、票据承兑的程序

1.在银行开立存款账户并有一定存款及结算往来、资信良好的企业可向银行信贷部门申请,并提交《商业汇票承兑申请书》(见示例2-1)。

示例 2-1

银行承兑汇票承兑申请书

年　　月　　日　　　　　　　　编号:

申请人全称		法定代表人	
企业性质		地址	
经营范围		营业执照号	
开户行及账号			
申请事由:			
交易合同字号		合同标的额	
供货单位全称		货物名称	
约定付款期	自　　年　　月　　日至　　年　　月　　日		
申请承兑金额	(人民币大写)	承兑期限	
担保方式			
以上申请请予受理。 　　　　　　　　　　　　　　　　　　　　申请人(盖章): 　　　　　　　　　　　　　　　　　　　　法定代表人: 　　　　　　　　　　　　　　　　　　　　年　　月　　日			
联系人:　　　　　　　　　联系电话:			

注:本申请书一式两联,由承兑申请人和银行各执一联。

2.存入一定比例的保证金或提供银行认可的保证人或财产担保。

3.提交承兑申请书及申请人与保证人双方的企业法人资格和法定代表人资格的证明文件及有关法律文件,如经年检的企业法人营业执照,法定代表人证明书或授权委托书,董事会决议及公司章程(设立董事会的企业提供)。

4.与银行承兑汇票内容相符的购销合同。

5.承兑申请人及保证人的近期财务报表。

6.按银行要求提供的其他文件资料。

银行受理客户申请后,银企双方签订"商业汇票承兑协议"(见示例2-2)。由保证人提供担保的,须由保证人出示保证函;需财产或权利质押的,财产或权利证明文件应交银行质押保管。

示例 2-2

银行承兑汇票承兑合同

申请人(全称):

承兑人(全称):××银行经申请人与承兑人协商一致,依据有关法律法规和中国人民银行有关规章的规定,签订本合同,共同遵守。

一、承兑人同意承兑下列内容的承兑汇票:

出票人全称:	收款人全称:
账号:	账号:
付款行:	开户行:
行号:	行号:
汇票号码:	汇票金额:(大写)
出票日期: 年 月 日	到期日期: 年 月 日

二、申请人于汇票到期日前无条件将应付票据款(以下称票款)足额交存承兑人。从汇票到期前一日起,承兑人有权从申请人的银行账户中直接划付票款。

三、承兑手续费按票面金额的( )%计算,在承兑人同意承兑时一次付清。

四、申请人应于承兑人同意承兑之日,按承兑金额的( )%作为履约保证金存入承兑人指定的保证金专户,在未付清票款前申请人不得动用。申请人在汇票到期日前不能足额交付票款时,承兑人有权直接扣划保证金以清偿票款不足部分。

五、申请人承诺

1.申请开具的银行承兑汇票有真实合法的商品交易为基础。

2.与持票人之间发生任何纠纷,均不构成其拒绝履行本合同项下债务的理由,票款在到期日前仍足额交存承兑人。

3.依据承兑人要求,提交真实的资产负债表、现金流量表、损益表以及所有开户行的账号、存款余额等资料。

4.对因承兑人垫付而形成的垫付资金以及相应的逾期利息,承担还款责任。

5.在本协议存续期间内,如变更法定代表人、增减注册资本、变更经营场所、经营管理方式及产权组织形式的,应及时书面通知承兑人。

6.承担法律法规规定的其他义务。

六、承兑人的权利与义务

1.承兑汇票到期日前,申请人不能足额交付票款时,除法律法规规定可予拒付的情况外,承兑人凭票无条件向持票人支付票款。

2.承兑人所垫付票款自付款之日起转作申请人逾期贷款,并按有关规定计收逾期利息,不需通知申请人另签借款合同。承兑人有权在申请人开立的任何存款账户中直接扣收票款以及相应的逾期利息。

3.申请人发生诈骗及其他重大变更事宜,可能损害承兑人利益的,以及申请人违反本协议第五条任一承诺事项的,承兑人有权要求申请人提前交存票款或采取相应措施。

七、本合同项下的银行承兑汇票的担保方式为:＿＿＿＿＿＿＿＿＿＿＿＿由保证人(全称)＿＿＿＿＿提供保证担保,保证担保合同编号为:＿＿＿＿＿。

八、本合同自双方签字盖章之日起生效。若需担保的,本合同第七条约定的担保合同生效时本合同同时生效。

九、本合同履行中发生争执,应由双方协商解决,协商不成的,在承兑人住所地人民法院以诉讼方式解决。

十、其他事项

十一、本合同一式(　　)份,双方各持一份,担保人一份,(　　)份效力相同。

十二、提示

承兑人已提请申请人注意对本合同应就条款作全面、准确的理解,并应申请人要求做了相应的条款说明。签约各方对本合同的含义认识一致。

申请人(盖章)　　　　　　　　　　承兑人(盖章)
法定代表人　　　　　　　　　　　　负责人
签约日期:　　年　月　日　　　　　签约日期:　　年　月　日

第三节　票据贴现

一、票据贴现概述

(一)票据贴现定义

票据贴现是指资金的需求者,将自己手中未到期的商业汇票向银行要求变成现款,银行收进这些未到期的票据,按票面金额扣除贴现日以后的利息后付给现款,到票据到期时再向出票人收款。银行用信贷资金购买未到期商业汇票,在汇票到期被拒绝付款时,可以对背书人、出票人以及汇票的其他债务人行使追索权。对持票人来说,贴现是将未到期的票据卖给银行获得流动性的行为,这样可提前收回垫支于商业信用的资本,而对银行来说,贴现是与商业信用结合的放款业务。见图2-1。

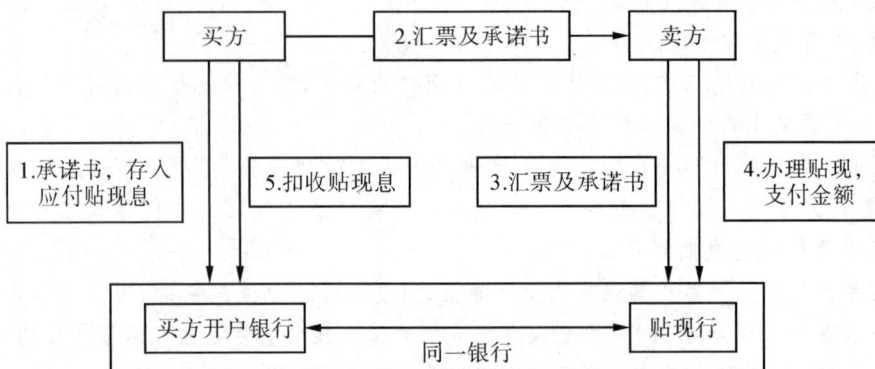

图 2-1　票据贴现示意图

(二)票据贴现和发放贷款的区别

票据贴现和发放贷款,都是银行的资产业务,都是为客户融通资金,但二者之间却有许多差别。

1.资金流动性不同

由于票据的流通性,票据持有者可到银行进行贴现,换得资金。一般来说,贴现银行只有在票据到期时才能向付款人要求付款,但银行如果急需资金,它可以向中央银行再贴现。但贷款是有期限的,在到期前是不能回收的。

2.利息收取时间不同

贴现业务中利息的取得是在业务发生时即从票据面额中扣除,是预先扣除利息。而贷款是事后收取利息,它可以在期满时连同本金一同收回,或根据合同规定,定期收取利息。

3.利息率不同

票据贴现的利率要比贷款的利率低,因为持票人贴现票据目的是为了得到现在资金的融通,并非没有这笔资金。如果贴现率太高,则持票人取得融通资金的负担过重,成本过高,贴现业务就不可能发生。

4.资金使用范围不同

持票人在贴现了票据以后,就完全拥有了资金的使用权,他可以根据自己的需要使用这笔资金,而不会受到贴现银行和公司的任何限制。但借款人在使用贷款时,要受到贷款银行的审查、监督和控制,因为贷款资金的使用情况直接关系到银行能否很好地回收贷款。

5.债务债权的关系人不同

贴现的债务人不是申请贴现的人而是出票人即付款人,遭到拒付时才能向贴现人或背书人追索票款。而贷款的债务人就是申请贷款的人,银行直接与借款人发生债务关系。有时银行也会要求借款人寻找保证人以保证偿还款项,但与贴现业务的关系人相比还是简单得多。

6.资金的规模和期限不同

票据贴现的金额一般不太大,每笔贴现业务的资金规模有限,可以允许部分贴现。票据的期限较短,一般为 2～4 个月。然而贷款的形式多种多样,期限长短不一,规模一般较大,贷款到期的时候,经银行同意,借款人还可继续贷款。

对银行来说,贴现银行可获得如下利益:利息收益较多;资金收回较快;资金收回较安全等。对于贴现企业,通过贴现可取得短期融通资金。

(三)票据贴现与票据承兑的区别

票据贴现和票据承兑,都是银行的票据业务,但二者之间存在许多差别。

票据贴现是指持票人为了资金融通的需要而在票据到期前以贴付一定利息的方式向银行出售票据。对于贴现银行来说,就是收购没有到期的票据。其贴现期限短,一般不超过 6 个月,而且可以办理贴现的票据也仅限于已经承兑的并且尚未到期的商业汇票。

票据承兑是指汇票的付款人承诺负担票据债务的行为。承兑为汇票所独有。汇票的发票人和付款人之间是一种委托关系,发票人签发汇票,并不等于付款人就一定付款,持票人为确定汇票到期时能得到付款,在汇票到期前向付款人进行承兑提示。如果付款人签字承兑,那么他就对汇票的到期付款承担责任,否则持票人有权对其提起诉讼。

二、票据贴现的种类

一般而言,票据贴现可以分为三种,分别是贴现、转贴现和再贴现。

贴现是指客户(持票人)将没有到期的票据出卖给贴现银行,以便提前取得现款。一般工商企业向银行办理的票据贴现就属于这一种。

转贴现是指银行以贴现购得的没有到期的票据向其他商业银行所作的票据转让,转贴现一般是商业银行间相互拆借资金的一种方式。

再贴现是指贴现银行持未到期的已贴现汇票向人民银行的贴现,通过转让汇票取得人民银行再贷款的行为。再贴现是中央银行的一种信用业务,是中央银行为执行货币政策而运用的一种货币政策工具。

三、票据贴现的条件

商业汇票的收款人或被背书人需要资金时,可持未到期的商业承兑汇票或银行承兑汇票并填写贴现凭证,向其开户银行申请贴现。贴现银行需要资金时,可持未到期的承兑汇票向其他银行转贴现,也可以向人民银行申请再贴现。

商业汇票的持票人向银行办理贴现业务必须具备下列条件:

(1)在银行开立存款账户的企业法人以及其他组织;

(2)与出票人或者直接前手具有真实的商业交易关系;

(3)提供与其直接前手之前的增值税发票和商品发运单据复印件。

申请票据贴现的单位必须是具有法人资格或实行独立核算、在银行开立有基本账户并依法从事经营活动的经济单位。贴现申请人应具有良好的经营状况,具有到期还款能力,贴现申请人持有的票据必须真实,票式填写完整、盖印、压数无误,凭证在有效期内,背书连续完整。贴现申请人在提出票据贴现的同时,应出示贴现票据项下的商品交易合同原件并提供复印件或其他能够证明票据合法性的凭证,同时还应提供能够证明票据项下商品交易确已履行的凭证(如发货单、运输单、提单、增值税发票等复印件)。

四、票据贴现的程序

符合条件的商业汇票的持票人可持未到期的商业汇票连同贴现凭证向银行申请贴现。贴现银行可持未到期的商业汇票向其他银行转贴现,也可以向中国人民银行申请再贴现。

(一)申办条件

(1)按照《中华人民共和国票据法》和中国人民银行的《支付结算办法》规定签发的有效汇票,基本要素齐全。

(2)单张汇票金额不超过1 000万元。

(3)汇票的签发和取得必须遵循诚实守信的原则,并以真实合法的交易关系和债务关系为基础。

(二)提供资料

(1)未到期的承兑汇票,贴现申请人的企业法人资格证明文件及有关法律文件。

(2)经年审合格的企业(法人)营业执照(复印件)。

(3)企业法人代表证明书或授权委托书,董事会决议及公司章程(见示例2-3)。

(4)贴现申请人的近期财务报表。

(5)贴现申请书(见示例2-4)。

(6)贴现申请人与出票人之间的商品交易合同复印件及合同项下的增值税专用发票复印件。

示例 2-3

股东会/董事会决议

我公司经有权机构股东会/董事会会议决议通过决定向××银行_____行申请开立_____笔银行承兑汇票,总金额人民币_____元以下(含本数),以我公司合法拥有的_____财产作为抵押(或质押)担保,担保范围为银行承兑汇票项下应付票款本息及相关费用,并授权法定代表人_____或被委托人_____在承兑协议上签字,并办理财产保险、抵质押登记等相关手续。

(申请开立的银行承兑汇票清单见附件)

有权机构成员:

公司(公章):

_____年____月____日

(三)申请程序

1.贴现申请人持未到期的银行承兑汇票或商业承兑汇票到银行各分支机构,填制《银行承兑汇票贴现申请书》(见示例2-4)或《商业承兑汇票贴现申请书》(见示例2-5)。

示例 2-4

××银行银行承兑汇票贴现申请书

贴现申请人全称：	经济性质： 账号：			
收款人全称： 账号：	付款人全称： 账号：			
汇票签发人全称：	汇票承兑银行：			
交易合同号：	增值税发票号：			
承兑协议编号：				
汇票具体内容				
汇票编号	汇票金额	贴现金额	汇票签发日	汇票到期日
			年　月　日	年　月　日
背书转让顺序：				
交易合同主要内容摘录：				
所购商品的市场销售或生产耗用情况：				
贴现贷款的保证单位或抵(质)押物名称：				
贴现贷款用途：				
汇票承兑行与付款人的业务关系： 长期银企合作关系(　　)，背书转让关系(　　)，初次结算(　　)，其他(　　)				
贴现申请人保证： 1.所提供的资料、数据绝对真实。 2.票据到期日，如付款单位不能按期承付，由本单位全额承付，或在本单位账户上扣除。 3.上述保证具有法律效力，在诉讼时放弃抗辩权。 以上申请请予审核办理。 此致 　　　　　　　　　　　　　　　　　××银行： 　　　　　　　　　　　　　　贴现申请单位：(盖章) 　　　　　　　　　　　　　　法定代表人签字： 　　　　　　　　　　　　　　　　　年　月　日				

本申请书一式四份。

示例 2-5

××有限责任公司商业汇票贴现申请书

编号：_____

申请人全称				隶属部门	
企业类型		注册时间		注册资本	
公司负责人		电话		传真	
财务负责人		电话		传真	
申请人将以下汇票申请贴现					
汇票号码					
出票人					
出票日期					
汇票到期日					
承兑银行					
汇票金额大写					

客户声明：

　　我公司为汇票合法持有人,保证按贵公司的要求提供有关资料,如汇票到期被承兑银行拒付,贵公司可从我单位任何账户中扣收或作为我单位在贵公司的逾期贷款。

贴现申请人：

法定代表人(或授权代理人)：

年　　月　　日

2.向银行提供上述材料。

3.银行审查拟贴现汇票和贸易背景的真实性、合法性。

主要从以下方面进行审查：

(1)申请人提交的材料是否完整、齐全。

(2)申请人提交《贴现业务申请书》的内容和形式：

a.是否用蓝黑色或黑色墨水填写；

b.单位名称、法定代表人姓名是否与营业执照一致；

c.贴现申请人名称是否与贴现汇票上收款人或被背书人名称一致；

d.加盖的公章是否清晰,是否与营业执照和贷款证(贷款卡)上的名称一致.

(3)相关材料是否真实、合法、有效：

a.营业执照是否在有效期内,是否通过了工商行政管理部门年检；

b.有权机构授权申请贴现的文件内容是否与申请书所写一致,办理该贴现申请的时间是否在其授权的有效期内。

（4）贴现申请人是否为汇票的合法持有人：

a.提交的有关履行该汇票项下商品交易合同的增值税发票、商品发运单据等是否与商品交易合同一致，交易合同是否确已履行；

b.贴现申请人是否为商业汇票所记载的收款人或最后被背书人，或者是否有取得票据的合法证明，如判决、裁定等法律文书；

c.对申请人有无偷盗、伪造或是胁迫取得票据，或者对于持票人明知有欺诈、偷盗或是胁迫等情形而出于恶意取得票据，应给予必要的注意。对债务人与出票人或者贴现申请人之间是否存在抗辩事由给予必要的注意。

4.计算票据贴现的利息和金额。

贴现利息＝汇票面值×实际贴现天数×月贴现利率/30

实付贴现金额＝汇票面额－贴现利息

实付贴现金额＝汇票面额×（1－实际贴现天数×日贴现利率）

【例 2-1】某企业于 5 月 20 日持一张当年 8 月 20 日到期的 100 万面额的汇票向银行申请贴现，年贴现率为 10.2%，则：

实付贴现金额＝1 000 000×（1－90×10.2%/360）＝974 500 元

5.按照实付贴现金额发放贴现贷款。

贴现业务的操作流程如图 2-2 所示。

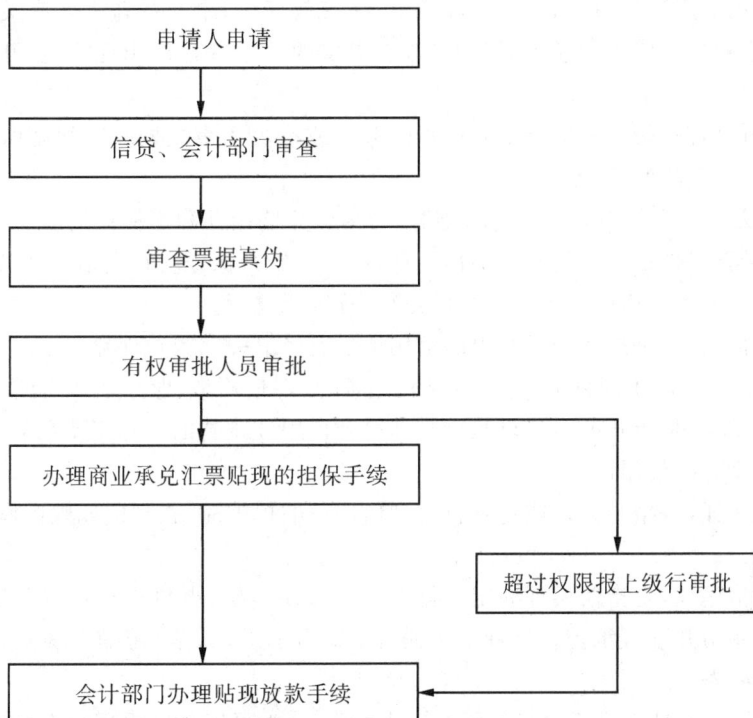

图 2-2 贴现业务流程图

第四节 信用证

一、信用证概述

(一)信用证定义

信用证是指开证银行应申请人的要求并按其指示向第三方开立的载有一定金额的,在一定的期限内凭符合规定的单据付款的书面保证文件。信用证是国际贸易中最主要、最常用的支付方式。

(二)信用证种类

1.以信用证项下的汇票是否附有货运单据划分,分为跟单信用证及光票信用证。

跟单信用证是凭跟单汇票或仅凭单据付款的信用证。此处的单据指代表货物所有权的单据(如海运提单等),或证明货物已交运的单据(如铁路运单、航空运单、邮包收据)。

光票信用证是凭不随附货运单据的光票付款的信用证。银行凭光票信用证付款,也可要求受益人附交一些非货运单据,如发票、垫款清单等。

在国际贸易的贷款结算中,绝大部分使用跟单信用证。

2.以开证行所负的责任为标准划分,分为不可撤销信用证和可撤销信用证。

不可撤销信用证,是指信用证一经开出,在有效期内,未经受益人及有关当事人的同意,开证行不能片面修改和撤销,只要受益人提供的单据符合信用证规定,开证行必须履行付款义务。

可撤销信用证,是指开证行不必征得受益人或有关当事人同意有权随时撤销的信用证,应在信用证上注明"可撤销"字样。

3.以有无另一银行加以保证兑付划分,分为保兑信用证和不保兑信用证。

保兑信用证,是指开证行开出的信用证,由另一银行保证对符合信用证条款规定的单据履行付款义务。对信用证加以保兑的银行,称为保兑行。

不保兑信用证,是指开证行开出的信用证没有经另一家银行保兑。

4.根据付款时间不同划分,分为即期信用证、远期信用证、假远期信用证。

即期信用证,是指开证行或付款行收到符合信用证条款的跟单汇票或装运单据后,立即履行付款义务的信用证。

远期信用证,是指开证行或付款行收到信用证的单据时,在规定期限内履行付款义务的信用证。

假远期信用证,是指信用证规定受益人开立远期汇票,由付款行负责贴现,并规定一切利息和费用由开证人承担。这种信用证对受益人来讲,实际上仍属即期收款,在信用证中有"假远期"条款。

5.根据受益人对信用证的权利可否转让划分,分为可转让信用证和不可转让信用证。

可转让信用证,是指信用证的受益人(第一受益人)可以要求授权付款、承担延期付款责任,承兑或议付的银行(统称"转让行"),或当信用证是自由议付时,可以要求信用证中特别授权的转让银行,将信用证全部或部分转让给一个或数个受益人(第二受益人)使用的信用证。开证行在信用证中要明确注明"可转让",且只能转让一次。

不可转让信用证,是指受益人不能将信用证的权利转让给他人的信用证。凡信用证中未注明"可转让",即是不可转让信用证。

6.循环信用证。循环信用证是指信用证被全部或部分使用后,其金额又恢复到原金额,可再次使用,直至达到规定的次数或规定的总金额为止的信用证。它通常在分批均匀交货情况下使用。在按金额循环的信用证条件下,恢复到原金额的具体做法有:

(1)自动式循环。每期用完一定金额,不需等待开证行的通知,即可自动恢复到原金额。

(2)非自动循环。每期用完一定金额后,必须等待开证行通知到达,信用证才能恢复到原金额使用。

(3)半自动循环。即每次用完一定金额后若干天内,开证行末提出停止循环使用的通知,自第×天起即可自动恢复至原金额。

7.对开信用证。对开信用证是指两张信用证申请人互以对方为受益人而开立的信用证。两张信用证的金额相等或大体相等,可同时互开,也可先后开立。它多用于易货贸易或来料加工和补偿贸易业务。

8.对背信用证。对背信用证又称转开信用证,指受益人要求原证的通知行或其他银行以原证为基础,另开一张内容相似的新信用证,对背信用证的开证行只能根据不可撤销信用证来开立。对背信用证的开立通常是中间商转售他人货物,或两国不能直接办理进出口贸易时,通过第三者以此种办法来沟通贸易。原信用证的金额(单价)应高于对背信用证的金额(单价),对背信用证的装运期应早于原信用证的规定。

9.预支信用证。预支信用证指开证行授权代付行(通知行)向受益人预付信用证金额的全部或一部分,由开证行保证偿还并负担利息,即开证行付款在前,受益人交单在后,与远期信用证相反。预支信用证凭出口人的光票付款,也有要求受益人附一份负责补交信用证规定单据的说明书,当货运单据交到后,付款行在付给剩余贷款时,将扣除预支贷款的利息。

10.备用信用证。备用信用证又称商业票据信用证、担保信用证,指开证行根据开证申请人的请求对受益人开立的承诺承担某项义务的凭证。即开证行保证在开证申请人未能履行其义务时,受益人只要凭备用信用证的规定并提交开证人违约证明,即可取得开证行的偿付。它是银行信用,对受益人来说是备用于开证人违约时,取得补偿的一种方式。

二、信用证当事人及其权利与义务

(一)开证申请人

开证申请人指向银行申请开立信用证的人,在信用证中又称开证人。

义务:根据合同开证;向银行交付比例押金;及时付款赎单。

权利:验、退赎单;验、退货(均以信用证为依据)。

说明:开证申请书有两部分即对开证行的开证申请和对开证行的声明和保证(申明赎单付款前货物所有权归银行;开证行及其代理行只负单据表面是否合格之责;开证行对单

据传递中的差错不负责;对"不可抗力"不负责;保证到期付款赎单;保证支付各项费用;开证行有权随时追加押金;有权决定货物代办保险和增加保险级别而费用由开证申请人负担)。

(二)开证行

开证行指接受开证申请人的委托开立信用证的银行,它承担保证付款的责任。

义务:正确、及时开证;承担第一性付款责任。

权利:收取手续费和押金;拒绝受益人或议付行的不符单据;付款后如开证申请人无力付款赎单时可处理单、货;货不足款可向开证申请人追索余额。

(三)通知行

通知行指受开证行的委托,将信用证转交出口人的银行,它只证明信用证的真实性,不承担其他义务,是出口地所在银行。

通知行还要证明信用证的真实性;而转递行只负责照转。

(四)受益人

受益人指信用证上所指定的有权使用该证的人,即出口人或实际供货人。

义务:收到信用证后应及时与合同核对,不符者尽早要求开证行修改或拒绝接受或要求开证申请人指示开证行修改信用证;如接受则发货并通知收货人,备齐单据在规定时间向议付行交单议付;对单据的正确性负责,不符时应执行开证行改单指示并仍在信用证规定期限交单。

权利:被拒绝修改或修改后仍不符有权在通知对方后单方面撤销合同并拒绝信用证;交单后若开证行倒闭或无理拒付可直接要求开证申请人付款;收款前若开证申请人破产可停止货物装运并自行处理;若开证行倒闭时信用证还未使用可要求开证申请人另开。

(五)议付银行

议付银行是指愿意买入受益人交来跟单汇票的银行。是指根据信用证开证行的付款保证和受益人的请求,按信用证规定对受益人交付的跟单汇票垫款或贴现,并向信用证规定的付款行索偿的银行(又称购票行、押汇行和贴现行;通常情况下,通知行就是议付银行;有限定议付和自由议付两种)。

义务:严格审单;垫付或贴现跟单汇票;背批信用证。

权利:可议付也可不议付;议付后可处理(货运)单据;议付后开证行倒闭或借口拒付可向受益人追回垫款。

(六)付款银行

付款银行是指信用证上指定付款的银行,在多数情况下,付款行就是开证行。

义务:对符合信用证的单据向受益人付款的银行(可以是开证行也可以是受其委托的另家银行)。

权利:有权付款或不付款;一经付款无权向受益人或汇票善意持有人追索。

(七)保兑行

保兑行是指受开证行委托对信用证以自己名义保证的银行。

权利和义务:加批"保证兑付";不可撤销的确定承诺;独立对信用证负责,凭单付款;付款后只能向开证行索偿;若开证行拒付或倒闭,则无权向受益人和议付行追索。

(八)承兑行

承兑行是指对受益人提交的汇票进行承兑的银行,亦是付款行。

(九)偿付行

偿付行是指受开证行在信用证上的委托,代开证行向议付行或付款行清偿垫款的银行(又称清算行)。

三、信用证业务程序

信用证业务的基本处理过程如下:

(一)申请开证

进口商与出口商签订交易合同之后,进口商应按合同规定及时向银行申请开立信用证。

(二)开立信用证

开证行根据申请的内容开立以出口商为受益人的信用证,并发至进口方银行。

(三)通知信用证

出口方银行审核所收到信用证后,及时将信用证通知受益人。

(四)议付及偿付

受益人接受信用证后,即按信用证要求履约,并备齐全套单据及汇票,在规定的期限内缴出口方银行,经审核确认严格相符后,办理议付。议付行随即按信用证要求寄单索偿。开证行收到议付行寄来的单据或索汇证书后,如确认满足严格相符的条件,应在合理的时间内将票款偿还议付行。

(五)赎单提货

开证行偿付后,即通知开证申请人付款赎单。开证申请人如同意接受单据,即向开证行付清款项以赎单提货。

信用证业务的基本程序如图 2-3 所示。

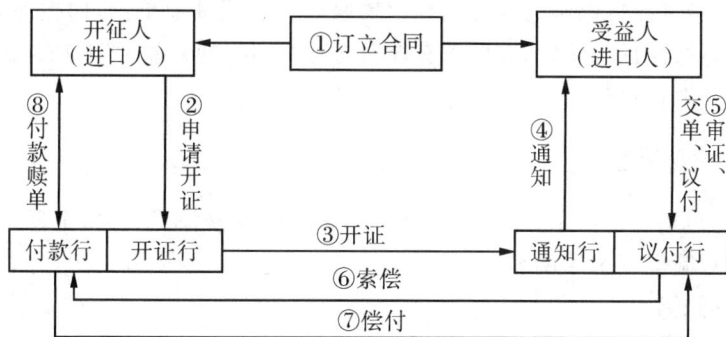

图 2-3 信用证业务程序图

第五节 保函

一、保函定义

保函又称保证书,是指银行应申请人的请求,向第三方开立的一种书面信用担保凭证。保证在申请人未能按双方协议履行起责任或义务时,由担保人代其履行一定金额、一定期限范围内的某种支付责任或经济赔偿责任。

二、保函的当事人及其权责

(一)委托人

委托人是指向银行申请开立保函的人。其权责是:

(1)在担保人按照保函规定向受益人付款后,立即偿还担保人垫付的款项;

(2)负担保函项下一切费用及利息;

(3)担保人如果认为需要时,应预支部分或全部押金。

(二)担保人

担保人是指保函的开立人。其权责是:

(1)在接受委托人申请后,依委托人的指示开立保函给受益人;

(2)保函一经开出就有责任按照保函承诺条件,合理审慎地审核提交的包括索赔书在内的所有单据,向受益人付款;

(3)在委托人不能立即偿还担保行已付之款情况下,有权处置押金、抵押品、担保品,如果处置后仍不足抵偿,则担保行有权向委托人追索不足部分。

(三)受益人

受益人是指有权按保函的规定出具索款通知或连同其他单据,向担保人索取款项的人。其权利是:按照保函规定,在保函有效期内提交相符的索款声明,或连同有关单据,向担保人索款,并取得付款。

三、保函的种类

银行保函包括履约保函、预付款保函、投标保函、维修保函、预留金保函、税款保付反担保函、海关风险保证金保函等。

(一)履约保函

履约保函是指应劳务方和承包人(申请人)的请求,向工程的业主方(受益人)所作出的一种履约保证承诺。倘若履约责任人日后未能按合约的规定按期、按质、按量地完成所承建的工程,以及未能履行合约项下的其他业务,银行将向业主方支付一笔不超过担保金额的款项。该款项通常相当于合约总金额 5%~10%。

案例

履约保函——保障二手房交易

某房产中介公司和某商业银行联袂推出一项新兴的个人金融衍生服务——履约保函。

操作流程如下：

(1)买卖双方达成协议；

(2)买方付给卖房定金；

(3)双方签订买卖契约；

(4)买方将部分房款(或全额房款)存入该商业银行账户；

(5)买方作为保函申请人签订《出具保函协议书》并办理相关手续；

(6)银行向卖方(受益人)出具《履约保函》，承诺产权正常过户后，向卖方支付买方存入的房款；

(7)送件、立契、过户(十天内)；

(8)拿到产权证，且双方无异议(五天后)；

(9)银行履行《履约保函》，向卖方付款；

(10)保函注销。

案例分析：

一手交钱一手交货是天经地义的，可有时却偏偏不可以。张先生买下了李女士的一套旧房，双方在卖房协议中约定："在卖方交房屋钥匙和房屋产权证时，买方交付房款。"但当双方办理完立契手续，到房管局办理产权过户时，才发现这里面有问题。

根据规定，在交易部门办理买卖过户手续，从交件到拿证需要10天。于是，矛盾产生了。张先生担心在拿到房产证之前如果购房款交付给李女士，万一过户登记手续办不成怎么办？而李女士则担心交了房产证后却拿不到钱怎么办？

在二手房交易中，由于市场和消费者不够成熟，致使房款的支付存在很多问题，如恶意欺诈、肆意违约，损害了房屋中介的信用体系，使卖方和买方在房屋交易中都要承担很大的风险。

上述"二手房交易个人履约保函业务"，很好地解决了买方、卖方、中介方在房地产交易过程中的诚信问题。

(二)预付款保函

预付款保函又称还款担保，是指向工程业主(受益人)保证，如申请人未能履约或未能全部按合同规定使用预付款时，则银行负责返还担保函规定金额(或未还部分)的预付款。预付款担保的担保金额不应超过承包人收到的工程预付款总额。

(三)投标保函

投标保函是指向招标人(受益人)作出保证，在投标人(申请人)报价的有效期内，投标人将遵守其诺言，不撤标、不改标，不更改原报价条件，并且在其一旦中标后，将按照招标文件的规定及投标人在报价中的承诺，在一定时间内与招标人签订合同，如投标人违约，银行将在担保额度的范围内向招标人支付约定金额的款项。该金额数通常为投标人报价总额的 $1\%\sim5\%$ 不等。

(四)维修保函

维修保函是指应承包方(申请人)的请求,向工程业主(受益人)保证,在工程质量不符合合同规定,承包方(申请人)又不能维修时,由银行按担保函规定金额赔付工程业主。该款项通常为合同价款的 $5\%\sim10\%$。

(五)预留金保函

预留金保函又称留滞金担保,是指应承包方(申请人)的请求,向工程业主(受益人)保证,在承包方(申请人)提前支取合同价款中尾欠部分款项而不能按期归还时,由银行负责返还担保函规定金额的预留金款项。通常为合同价款的 $5\%\sim10\%$。

(六)海关风险保证金保函

海关风险保证金保函是指企业在开展加工贸易业务中需要向海关缴纳风险保证金时,向银行申请出具以海关为受益人的保函业务。

四、保函业务的办理

(一)履约保函、预付款保函、投标保函、维修保函、预留金保函的办理

履约保函、预付款保函、投标保函、维修保函、预留金保函需填写和提交的材料:

(1)填写《开立保函申请书》(见示例2-6);

(2)担保项目可行性研究报告或项目招标书和政府主管部门批准件及其他有关批文;

(3)担保项下基础合同或意向书;

(4)担保合同意向书;

(5)反担保承诺函及相关物业抵押材料;

(6)担保函格式;

(7)申请人基本资信情况,经注册会计师审计并加盖其所在会计师事务所公章或签名的申请人的年度或半年的财务报表(资产负债表、损益表及验资报告);

(8)受益人的基本资信资料。

示例 2-6

开立保函申请书

保函银行编号:

致××银行:

1.申请人名称(中文):

　　　　　　(英文):

法定地址:

邮政编码:　　　　　　联系人:

电话:　　　　　　传真:

2.项目名称(中文):

（英文）：

项目金额：

合同或协议/标书编号：

资金来源：

3.受益人名称（英文）：

地址（英文）：

4.保函种类：

保函金额（小写）：

（大写）：

有效期限：

保函格式：□ 申请人提供，贵行确认

　　　　　□ 贵行提供，申请人确认

5.开出方式(1)：□ 电开

　　　　　　　□ 信开（□由贵行邮寄给受益人　□ 由我公司送达受益人）

　开出方式(2)：□ 直开　□ 转开　□ 转递

如为转开/转递，转开/转递行名称：

6.反担保形式：

我公司兹申请贵行按上述内容及所附保函格式开立不可撤销保函。我公司在此不可撤销地声明并且承诺如下：

（1）我公司同意在确认本申请符合有关法律及行政法规及贵行相关业务管理规定之前，贵行有权不签发本保函。

（2）我公司无条件地同意贵行按国际惯例及有关法规和贵行内部有关规定办理本保函项下的一切事宜，我公司承担由此产生的一切责任。

（3）如果我公司在贵行开立　　　　　账户（账号　　　　　）并发生下列情况时，无条件授权贵行可在发生当日自行等额借记我公司上账户。

①在贵行由于履行保函项下的责任而支付任何款项时；

②在贵行要求补偿由于开立或履行保函而发生的各项费用时；

③在贵行要求我公司偿付本保函项下的任何欠款利息时。

在该账户不足以清偿上述款项时，我公司保证在收到贵行书面索偿通知后五日内以其他资金支付或偿还。我公司对贵行上述自行借记我公司账户的行为决不提起任何异议，并放弃一切抗辩和追索的权利。

（4）不论贵行承担保函项下义务的时间在保函效期之内还是保函效期之后，我公司均同意无条件地赔偿贵行因履行本保函项下业务而支出之全部款项（包括但不限于赔付款项、国外银行费用、杂费、诉讼费），并且赔偿贵行因此发生的利息损失。

（5）我公司保证贵行在办理本保函时，因邮政、通讯传递发生的遗失、延迟、错漏，不由贵行承担任何责任。

（6）在保函有效期内，如果我公司名称、法人代表、组织机构等重大事项发生变更，我公司将在此变更发生后三日内书面通知贵行，本申请书对变更后的公司继续具有法律约束力。

(7)我公司保证在此所做的一切陈述都是真实的意思表示,加盖我公司公章后即对我公司具有完全的法律约束力,未经贵行同意任何单位和个人不得擅自撤销本申请。

(8)我公司将按照贵行的要求缴纳担保费并承担贵行为办理此项担保业务而发生的其他费用。

申请人(公章):

法定代表人:

(或委托代理人):

年　　月　　日

相关知识

反担保

反担保是指为保障债务人之外的担保人将来承担担保责任后对债务人的追偿权的实现而设定的担保。反担保是债务人向担保人做出保证,在担保人因清偿债务人的债务而遭受损失时,向担保人作出赔偿。

反担保反映了债务人和担保人之间的权益关系。在债务清偿期届满,债务人未履行债务时,由第三人承担担保责任后,第三人即成为债务人的债权人,第三人对其代债务人清偿的债务,有向债务人追偿的权利。当第三人行使追偿权时,有可能因债务人无力偿还而使追偿权落空,为了保证追偿权的实现,第三人在为债务人作担保时,可以要求债务人为其提供担保,这种债务人反过来又为担保人提供的担保称反担保。

我国《担保法》第4条规定:"第三人为债务人向债权人提供担保时,可以要求债务人提供反担保。反担保适用本担保法的规定。"

1.反担保的成立须具备4个要件

(1)第三人先向债权人提供了担保,才能有权要求债务人提供反担保;

(2)债务人或债务人之外的其他人向第三人提供担保;

(3)只有在第三人为债务人提供保证、抵押或质押担保时,才能要求债务人向其提供反担保;

(4)须符合法定形式,即反担保应采用书面形式,依法需办理登记或移交占有的,应办理登记或转交占有手续。

担保适用的原则、方法、标的物、担保物种类均适用于反担保。

2.反担保和担保的区别

(1)反担保中的债权人为原担保人;

(2)反担保是以原担保有效存在为前提的;

(3)反担保仅仅限于约定担保;

(4)反担保所担保的实际是原担保人的追偿权。

(二)税款保付反担保函的办理

税款保付反担保函需填写和提交的材料:

(1)开立保函申请书；

(2)开立保函协议书；

(3)加工贸易合同副本；

(4)经工商行政管理机关核准登记的特准经营证；

(5)提供国家外汇管理局备案表；

(6)外经贸部核准批件；

(7)出口许可证。

(三)海关风险保证金保函的办理

海关风险保证金保函需填写和提交的材料：

(1)《开立海关风险保证金保函申请书》；

(2)营业执照、身份证及复印件,法人代表证明书或法人授权委托书及复印件；

(3)上年度财务报告(含资产负债、损益表和现金流量表)原件,有条件的还应经财政部门或会计师事务所核准；

(4)有权部门批准的企(事)业章程或合资、合作的合同或协议,验资证明；

(5)实行公司制的企业法人需提供公司章程;公司章程对法定代表人办理信贷业务有限制的,需提供董事会同意的决议或授权书；

(6)中国人民银行颁发的贷款证(卡)；

(7)技术监督部门颁发的组织机构代码；

(8)新客户还需提供印鉴卡、法定代表人签字式样。

案例

投标保函

一、投标保函概述

投标保函是指在投标中,招标人为防止中标者不签订合同而使其遭受损失,要求投标人提供的银行保函,以保证投标人履行招标文件所规定的义务：

1.在标书规定的期限内,投标人投标后,不得修改原报价、不得中途撤标；

2.投标人中标后,必须与招标人签订合同并在规定的时间内提供银行的履约保函。

若投标人未履行上述义务,则担保银行在受益人提出索赔时,须按保函规定履行赔款义务。

担保银行的责任是：当投标人在投标有效期内撤销投标,或者中标后不能同业主订立合同或不能提供履约保函时,担保银行就自己负责付款。

二、保函申请人应具备的条件

1.在银行开立基本结算户；

2.具备履行合同的能力；

3.提供符合要求的保证金或担保。

三、投标保函办理的程序

1.申请人填写《保函申请书》并提交有关资料；

2.银行对申请人的资格、申请手续和项目可行性进行审查；

3.签订协议,落实保证金或反担保;

4.银行为申请人开立投标保函。

投标保函办理的金额一般为投标报价的1%～5%。

投标保函有效期一般为六个月以内,从开出之日起生效。

四、投标保函适用范围

适用于所有公开招标、议标时,业主要求投标人缴纳投标保证金的情况。

招标人为避免投标人在评标过程中改标、撤标,或中标后拒签合同而给自身造成损失,通常都要求投标人缴纳投标保证金,以制约对方行为。投标保函是现金保证金的一种良好的替代形式。

五、投标保函优点

1.对投标人:

减少缴纳现金保证金引起的资金占用,获得资金收益;

与缴纳现金保证金相比,可使有限的资金得到优化配置;

有利于维护正当权益。

2.对招标人:

良好地维护自身利益;

避免收取、退回保证金程序的繁琐,提高工作效率。

六、投标保函范本

投标保函

编号:第( )号

(招标人):

鉴于_____(以下简称投标人)参加_____项目投标,应投标人申请,根据招标文件,我方愿就投标人履行招标文件约定的义务以保证的方式向贵方提供如下担保:

一、保证的范围及保证金额

我方在投标人发生以下情形时承担保证责任:

1.投标人在招标文件规定的投标有效期内即_____年____月____日后至_____年____月____日内未经贵方许可撤回投标文件;

2.投标人中标后因自身原因未在招标文件规定的时间内与贵方签订《建设工程施工合同》;

3.投标人中标后不能按照招标文件的规定提供履约保证;

4.招标文件规定的投标人应支付投标保证金的其他情形。

我方保证的金额为人民币_____元(大写:_____)。

二、保证的方式及保证期间

我方保证的方式为:连带责任保证。

我方的保证期间为:自本保函生效之日起至招标文件规定的投标有效期届满后日,即至_____年____月____日止。

投标有效期延长的,经我方书面同意后,本保函的保证期间做相应调整。

三、承担保证责任的形式

我方按照贵方的要求以下列方式之一承担保证责任：

1.代投标人向贵方支付投标保证金为人民币_____元。

2.如果贵方选择重新招标,我方向贵方支付重新招标的费用,但支付金额不超过本保证函第一条约定的保证金额,即不超过人民币_____元。

四、代偿的安排

贵方要求我方承担保证责任的,应向我方发出书面索赔通知。索赔通知应写明要求索赔的金额,支付款项应到达的账号,并附有说明投标人违约造成贵方损失情况的证明材料。

我方收到贵方的书面索赔通知及相应证明材料后,在_____工作日内进行核定后按照本保函的承诺承担保证责任。

五、保证责任的解除

1.保证期间届满贵方未向我方书面主张保证责任的,自保证期间届满次日起,我方解除保证责任。

2.我方按照本保函向贵方履行了保证责任后,自我方向贵方支付(支付款项从我方账户划出)之日起,保证责任即解除。

3.按照法律法规的规定或出现应解除我方保证责任的其他情形的,我方在本保函项下的保证责任亦解除。

我方解除保证责任后,贵方应按上述约定,自我方保证责任解除之日起?个工作日内,将本保函原件返还我方。

六、免责条款

1.因贵方违约致使投标人不能履行义务的,我方不承担保证责任。

2.依照法律规定或贵方与投标人的另行约定,免除投标人部分或全部义务的,我方亦免除其相应的保证责任。

3.因不可抗力造成投标人不能履行义务的,我方不承担保证责任。

七、争议的解决

因本保函发生的纠纷,由贵我双方协商解决,协商不成的,通过诉讼程序解决,诉讼管辖地法院为_____法院。

八、保函的生效

本保函自我方法定代表人(或其授权代理人)签字或加盖公章并交付贵方之日起生效。

本条所称交付是指：

保证人：

法定代表人(或授权代理人)：

_____年___月___日

第六节　贷款承诺

一、贷款承诺概述

(一)贷款承诺定义

贷款承诺是银行向客户作出的在未来一定时期内按商定条件为客户提供约定数额贷款的承诺。即银行应客户申请,在客户项目通过可行性研究报告后,银行对项目进行评估论证,在项目符合银行信贷投向和贷款条件的前提下,对客户承诺在一定的有效期内,提供一定额度和期限的贷款,用于指定项目建设的一种表外业务。

(二)贷款承诺的功能

贷款承诺在信贷市场中扮演着重要的角色。在竞争性信贷市场上,贷款承诺的存在可以满足借款者未来不确定性信贷的需要,客户一旦获得银行的贷款承诺,未来获得可靠现金来源的可能性大大提高,竞争优势也随即增强;对承诺方而言,贷款承诺可以使其尽早作出资金安排,并可以通过建立长期客户关系来最大化其信贷市场份额。此外,贷款承诺还可以解决信息不对称引发的风险并减低交易成本,从而提高金融市场的整体效率。

(三)贷款承诺的特点

贷款承诺是指银行同客户签订一种具有法律约束力的合约,规定在有效期内,银行要按照约定的金额、利率等,随时准备满足客户借款需求,客户向银行支付承诺金额一定比例的费用。主要特点:

(1)银行必须保证随时满足客户资金需求;

(2)不借款也要收取承诺费,一般收取承诺额度的 $0.25\% \sim 0.75\%$。

二、贷款承诺的种类与期限

(一)贷款承诺的种类

贷款承诺的种类分为不可撤销贷款承诺和可撤销贷款承诺两种。

1.不可撤销贷款承诺

不可撤销贷款承诺又称实质性贷款承诺,是指银行不经客户允许不得随意取消的贷款承诺,具有法律约束力。在有效承诺期内,按照双方约定的条件、金额和利率等,银行随时准备应客户需要提供贷款。

2.可撤销贷款承诺

可撤销贷款承诺是指银行与借款客户达成的一种具有法律约束力的正式协议。银行在有效承诺期内,按照双方约定的条件,随时准备应客户需要提供贷款。该协议附有客户在取得贷款前必须履行的特定条款,在银行承诺期内,客户如没有履行条款,则银行可撤销该项承诺。

出具可撤销贷款承诺的目的,主要是为了客户营销的需要,向客户表明银行叙做项目的态度,银行不承担任何实质性的授信约束。在项目进行正式审批时,不能以该项目已出过贷款承诺为由,影响决策。可撤销贷款承诺无实质性授信约束并不意味可以随意出具贷款承诺函,对外承诺需要建立在对项目基本认可的前提下,注意维护银行的对外信誉。

3.可撤销贷款承诺与不可撤销贷款承诺的区别

(1)效力不同:可撤销贷款承诺仅为了表明银行叙做项目的态度,银行不承担任何实质性的授信约束;不可撤销贷款承诺对银行授信具有一定的实质性约束,在企业正式提出授信需求后,如果客户经营、财务情况和项目评估情况未发生恶化,在满足审批贷款承诺时提出的各项条件的前提下,可由银行业务部门提出,风险管理部门审核报经问责审批人同意后直接授信。

(2)适用情况不同:可撤销贷款承诺多用于客户营销,如向发改委报批项目核准时使用;不可撤销贷款承诺多用于投标等需要正式承诺银行将叙做该笔贷款,并对具体贷款条件做出承诺的情况。

(3)银行审批要求不同:可撤销贷款承诺函具体审批程序由各一级分行根据自身具体情况自行制订,但必须包括业务部门对项目进行的初步评估、风险管理部门的审查意见、一级分行问责人最终决策;不可撤销贷款承诺要求按照银行严格的决策程序进行审批。

(二)贷款承诺的期限

贷款承诺的期限从开出之日起到正式签订借款合同止。一般为 6 个月,最长不超过 1 年。

案例

贷款承诺为中小企业开信用支票

只要企业和银行签订一个贷款协议,在贷款期限内,企业可以随时凭协议找银行提款,银行人员在收到提款通知后最快当天就可把款项划到企业的账上。杭州市商业银行开始向中小企业推介一种名为"贷款承诺"的新业务。

杭州市商业银行此次创新的贷款承诺协议分普通贷款承诺协议和项目贷款承诺协议两种。前者针对客户日常生产、经营周转、消费(个人)等短、中期融资需求,期限为 1~3 年;后者用于满足客户购置固定资产、技术改造、房地产开发等项目的中长期融资需求,期限为 1~5 年。

杭州市商业银行公司业务部副总经理徐伟庆指出,在支持中小企业融资问题上,此前各家银行普遍使用的是授信方式,银企双方签订合作意向,银行给企业批一定的贷款额度。由于授信关系较为松散,可以单方面中止;而企业贷款承诺则是有法律保证的,无论是企业,还是银行,都不能单方面撤销承诺。

资料来源:上海中小企业网,http://www.1128.org/html/qyrz/rzkx/2003/05/doc21549.shtml。

案例分析:

贷款承诺比授信优越的地方很多:企业可自主提取贷款,自由选择贷款时间;在贷款承诺金额内,企业可分次循环使用贷款;企业还可将一年期贷款(年利率 5.31%)拆分成先借半年,半年期满后再续借,执行时可按半年期 5.04% 的贷款利率算,节约不少的成本。

贷款承诺最大的意义在于可以锁定中小企业贷款利率的风险。借鉴西方浮动利率的做法,在贷款期限内如发生利率浮动,如果利率走高,企业可以按照原来协商的利率贷款;

如果利率走低,企业可以不签合同,选择放弃贷款。这样的前提是银行按季向企业收取一定的承诺费(月费率在 0.1~0.3%)。

三、贷款承诺和贷款意向的区别

贷款意向是银行愿意在符合自己条件的情况下对某客户或项目提供贷款的表示。通常是在客户项目立项阶段,银行对项目初步评估论证,在项目符合银行信贷投向和贷款条件的前提下,对客户表示将来拟贷款支持项目建设的表外业务。贷款承诺和贷款意向都是银行在将来拟对客户进行信贷支持的表示,但二者有着严格的区别。

(1)承诺程度不同:贷款意向书是可以为贷款协议进行进一步的准备和商谈,贷款承诺则是已经就贷款条件和合同主要条款达成一致。

(2)阶段不同:大型建设项目在项目建议书批准阶段一般需要银行出具贷款意向书,而在可行性报告批准阶段则需要银行出具贷款承诺书。

(3)法律责任不同:贷款承诺具有法律约束力,银行须按正常贷款的审查程序对贷款作出评估,签订正式的贷款承诺协议,而贷款意向书则不具备法律约束力。

(4)内容不同:贷款承诺内容包括承诺额度、承诺的有效期限、贷款的有权批准机关、贷款条件、及收费事项等,而贷款意向不表示贷款的额度以及期限。

(5)费用不同:贷款承诺一般要收取承诺费,而贷款意向不收取费用。

四、办理项目贷款承诺的条件与流程

(一)办理项目贷款承诺的条件

(1)在银行开立基本账户或一般账户;

(2)承诺贷款的项目必须是经国家有权部门批准正式立项,并且已完成可行性研究报告(基本建设贷款项目的初步设计文件),只待国家有权部门审批或已通过审批的项目;

(3)已编制项目资本金和其他建设资金到位方案;

(4)取得涉及土地征用、供水、供电、供气等有权部门的批文或协议;

(5)经营活动正常,有稳定的经济收入。

(二)办理项目贷款承诺流程

1.客户向银行提出申请

依法成立具有民事行为能力的企(事)业法人和其他经济组织均可申请开具贷款承诺函,申请时须提供下面资料:申请书、法人营业执照、法人代表身份证复印件、经审计的上年度会计报表及近期会计报表、贷款证(卡)、有权部门审批的项目建议书或可行性研究报告、有关担保材料和其他材料等。

2.银行审核、审批

对国家有权部门正式批准立项,客户完成项目可行性研究报告的固定资产项目,由调查评估后,经审查同意提供固定资产贷款时,可以对外提供固定资产项目贷款承诺函。贷款承诺函是为客户报批项目可行性研究报告时,向国家有关部门表明同意贷款支持项目建设的文件,具有一定的法律效力。

对客户只提出固定资产项目建议书(或建设方案),尚待国家有权部门正式批准立项的固定资产项目贷款,经初步同意贷款时,可对外提供固定资产项目贷款意向书(见示例2-7)。固定资产项目贷款意向书主要是为客户报批项目建议书时,向国家有关部门表明有支持意向的文件,不得约定贷款额和责任条款,不具有法律效力。

示例 2-7

××银行贷款意向书
_____年第_____号

(主送单位):_____

根据,_____,经研究,银行意向性承诺项目(人民币,外汇)固定资产贷款_____万元(美元)。

该项目经国家有权部门批准建设后,银行将依据《商业银行法》《贷款通则》的有关规定及银行有关贷款、评估办法,对项目进行调查评估,并视评估结果及项目建设条件落实情况,最终决定承诺贷款与否。

××银行(签章)
年　　月　　日

3.银行向客户出具贷款承诺书(见示例2-8)。

示例 2-8

××银行贷款承诺书
_____年第_____号

(主送单位):_____

你单位提送的项目贷款申请,经银行评估,同意承诺该项目(人民币,外汇)固定资产贷款万元(美元)。

本承诺书自签发之日起2年内有效。俟本承诺书下的固定资产贷款项目在承诺期内列入国家(地方)的固定资产投资计划,并符合银行相关的贷款条件后,银行下达正式贷款计划。

××银行(签章)
年　　月　　日

案例

国开行已授信承诺专项贷款 677 亿元支持煤炭煤电保供

中国国家开发银行设立专项贷款,支持煤炭主产区和重点煤炭企业增加电煤供应,支持供电、供暖重点地区重点电力企业电煤储备,努力缓解煤电企业经营困难,全力做好今冬明春能源保供金融服务工作。

截至 2021 年 10 月末,国开行已向 148 个项目授信承诺专项贷款 677 亿元,实现发放 215 亿元,及时为重点企业平稳运营提供开发性金融支持。其中,向浙江大唐乌沙山发电有限责任公司等重点煤电企业发放专项贷款 93 亿元,涉及 4 亿千瓦煤电装机,预计可支持采购电煤 1 500 万吨。

据介绍,国开行通过专项贷款重点支持高参数先进煤电机组、应急备用和调峰电源、电网兜底保供电源、煤电节煤降耗改造、大型现代化动力煤矿井及智能化改造等项目,并为煤炭煤电保供企业提供必要的流动性支持。

资料来源:《国开行已授信承诺专项贷款 677 亿元支持煤炭煤电保供》,东方财富网,https://www.eastmoney.com/。

五、贷款承诺的风险

作为一项信用工具,贷款承诺一般需要承受两方面的金融风险:

(一)信用风险

信用风险与潜在借款人的还款能力和意愿直接相关。贷款承诺的信用风险几乎全部来自于潜在借款者。

(二)市场风险

市场风险与市场条件的不利变化相关,包括利率和汇率及价格变动风险等。但是,对于贷款承诺,只有当其中一方拥有正市场价值时,才可能出现违约行为,因为这种价值代表了预期将要发生的损失或现金流出义务。从经济性质上看,一项贷款承诺具有期权特征。例如,对于固定利率贷款承诺,在不考虑承诺费的情况下,当商业银行等金融机构(期权发行者)作出以固定利率在未来期间提供贷款的承诺时,如果执行期内市场利率大于设定利率,承诺持有者(潜在借款者)将执行此贷款承诺,并获得相当于市场利率与设定利率之差与最大贷款额乘积的收益;如果市场利率小于设定利率,承诺持有者将放弃执行,并采用当期市场利率获取贷款,从而避免相当于市场利率与设定利率之差与最大贷款额乘积的损失。

对于商业银行等金融机构,承诺持有者的收益相当于其因持有贷款承诺而带来的机会成本。因此,随着市场利率与设定利率偏离程度的加大,承诺方实际上承担了所有的市场风险(外币贷款时还包括汇率风险),风险可能是无限的,而收益仅限于收到的按照一定比例或固定数额支付的贷款承诺费。

案例

违规向小微企业收取贷款承诺费 工商银行多家分支机构合计被罚 90 万元

银保监会泉州监管分局 12 月 7 日发布多则行政处罚信息,中国工商银行股份有限公司(下称"中国工商银行")泉州分行与 4 家支行因违规向小微企业收取费用等,合计被处罚款人民币 90 万元。

行政处罚信息显示,中国工商银行泉州洛江支行、中国工商银行石狮支行因违规向小微企业收取贷款承诺费,各被处以罚款 10 万元。中国工商银行南安支行、中国工商银行泉州泉港支行因向企业收取贷款承诺费但未提供承诺服务,分别被处以罚款15万元、10万元。

同时,中国工商银行泉州分行未尽审查职责,对辖属支行违规收取贷款承诺费行为予以审查通过;服务收费管理不到位,开展审计检查流于形式,未发现辖属支行违规收取费用问题。根据相关法律法规,银保监会泉州监管分局对中国工商银行泉州分行处以罚款合计45万元。

资料来源:央广网,https://www.sohu.com/a/506391819_362042。

本章小结

1.信用贷款是指以借款人的信誉发放的贷款,借款人不需要提供担保。其特征就是债务人无需提供抵押品或第三方担保仅凭自己的信誉就能取得贷款,并以借款人信用程度作为还款保证。

2.保证贷款指贷款人按《担保法》规定的保证方式以第三人承诺在借款人不能偿还贷款本息时,按规定承担连带责任而发放的贷款。保证人为借款提供的贷款担保为不可撤销的全额连带责任保证,也就是指贷款合同内规定的贷款本息和由贷款合同引起的相关费用,是担保贷款的一种。

3.抵押贷款指借款者以一定的抵押品作为物品保证向银行取得的贷款。抵押品通常包括有价证券、国债券、各种股票、房地产、货物的提单、账单或其他各种证明物品所有权的单据。

4.质押贷款是指贷款人按《担保法》规定的质押方式以借款人或第三人的动产或权利为质押物发放的贷款。可作为质押的质物包括:国库券(国家有特殊规定的除外)、国家重点建设债券、金融债券、AAA级企业债券、储蓄存单等优价证券。

5.票据承兑是指汇票的付款人承诺负担票据债务的行为。票据承兑是商业汇票的承兑人在汇票上记载一定事项承诺到期支付票款的票据行为。商业汇票一经银行承兑,承兑银行必须承担到期无条件付款的责任。因此,票据承兑属于银行的一项授信业务。

6.票据贴现是指资金的需求者,将自己手中未到期的商业票据、银行承兑票据或短期债券向银行要求变成现款,银行收进这些未到期的票据或短期债券,按票面金额扣除贴现日以后的利息后付给现款,到票据到期时再向出票人收款。对持票人来说,贴现是将未到期的票据卖给银行获得流动性的行为,这样可提前收回垫支于商业信用的资本,而对银行来说,贴现是与商业信用结合的放款业务。

7.信用证是指开证银行应申请人的要求并按其指示向第三方开立的载有一定金额的,在一定的期限内凭符合规定的单据付款的书面保证文件。信用证是国际贸易中最主要、最常用的支付方式。

8.保函又称保证书,是指银行、保险公司、担保公司或个人应申请人的请求,向第三方开立的一种书面信用担保凭证。保证在申请人未能按双方协议履行起责任或义务时,由担保人代其履行一定金额、一定期限范围内的某种支付责任或经济赔偿责任。

9.贷款承诺是指商业银行等金融机构作出的在一定期间内以确定条款和条件向承诺持有者(潜在借款人)提供贷款的承诺。

练习题

一、名词解释

1.授信	4.抵押贷款	7.保函
2.信用贷款	5.票据承兑	8.贷款承诺
3.保证贷款	6.贴现	9.信用证

二、单项选择题

1.以银行汇票、银行承兑汇票、支票、本票、存款单、国库券等有价证券质押的,质押率最高不得超过(　　)%。

A.50　　　　　　　B.70　　　　　　　C.80　　　　　　　D.90

2.票据贴现是指持票人为了资金融通的需要而在票据到期前以贴付一定利息的方式向银行出售票据。其贴现期限短,一般不超过(　　)个月。

A.1　　　　　　　B.2　　　　　　　C.3　　　　　　　D.6

3.贷款承诺一般收取承诺额度(　　)的承诺费。

A.0.15%～0.45%　　　　　　　　　　B.0.20%～0.50%

C.0.25%～0.75%　　　　　　　　　　D.0.30%～0.70%

4.(　　)是指有权按保函的规定出具索款通知或连同其他单据,向担保人索取款项的人。

A.受益人　　　　　B.申请人　　　　　C.保证人　　　　　D.第三方

5.(　　)不具备法律约束力。

A.贷款承诺　　　　　B.贷款意向书

6.反担保反映了(　　)之间的权益关系。

A.债权人和担保人　　　　　　　　　　B.债务人和担保人

C.债务人和债权人

三、多项选择题

1.银行贷款担保采用(　　)保证方式。

A.保证　　　　　　B.质押　　　　　　C.定金　　　　　　D.抵押

E.留置

2.担保法规定,以下(　　)不得为保证人。

A.国家机关　　　　B.企业法人　　　　C.学校　　　　　　D.医院

E.社会团体

3.银行保函包括(　　)。

A.履约保函　　　　B.预付款保函　　　　C.投标保函　　　　D.维修保函

E.预留金保函

4.票据贴现可以分为(　　)。

A.贴现   B.转贴现   C.再贴现

四、判断题

1.次级贷款是指借款人无法足额偿还贷款本息,即使执行抵押或担保,也肯定要造成一部分损失。( )

2.质押贷款是指贷款人按《担保法》规定的质押方式以借款人的动产为质押物发放的贷款。( )

3.票据承兑是指汇票的付款人承诺负担票据债务的行为。( )

4.委托贷款贷款风险及贷款本金和利息的回收责任都由银行自己承担。( )

5.市场风险与市场条件的不利变化相关,是指利率变化产生的风险。( )

五、计算题

某公司持有一张票面额为 40 000 元的商业汇票,该商业汇票出票日 3 月 1 日,到期日 6 月 1 日,公司于 4 月 1 日向银行办理贴现,年贴现率为 12%,请计算贴现利息及贴现金额。

六、问答题

1.什么是授信?商业银行授信业务的种类有哪些?

2.什么是信用贷款、保证贷款、抵押贷款?

3.票据贴现和发放贷款有哪些区别?票据贴现和贴现有哪些区别?

4.什么是信用证?信用证业务程序有哪些?

5.保函的当事人有哪些权责?

6.什么是贷款承诺?贷款承诺与贷款意向有哪些区别?

第3章

贷款基本原理

学习目的与要求

了解商业银行贷款原则；

掌握贷款当事人的概念、贷款当事人的权利与义务；

了解贷款制度的内容；

了解信贷政策与贷款政策的定义；

掌握信贷政策与贷款政策的主要内容。

导入案例

客户发展战略转型　支持小企业发展

仅仅在一年前，江西省南昌市洪城大市场娟娟儿童用品营销中心的老板李伟对自己公司的发展前景从不敢抱太大的奢望。原因很简单：资金制约。尽管经商十余年也积累了一些资本，但因无法提供银行要求的有效抵押物而从未获得过银行的支持。2009年初"小本经营"的李伟就因资金原因错失了一笔500万元的生意。然而"幸运"却在2009年下半年出现了，在与南昌银行接触后，南昌银行根据其经营状况果断放款480万元，助其成功完成了一笔600万元的交易合同。如今，生意越做越大的李伟一个劲地夸赞南昌银行客户经理有眼光，但他或许并不清楚，他得到的这份"幸运"并不仅仅得益于南昌银行客户经理的眼光，而根本的原因在于南昌银行针对小企业正悄然进行的客户发展战略转型。

资料来源：《金融时报》2010年9月7日。

南昌银行深入研究各类综合性、专业性市场客户经营特点和融资需求特点，开发了满足客户差异化需求的特色产品，如：针对全国十大综合性批发市场之一的洪城大市场客户的"洪城及时贷"；针对钢材市场及客户的"钢市通"；针对大型百货、超市及入驻商户的"商驻宝"；针对支持小企业主创业活动的特色产品"个人创业轻松贷"等等。这些差异化的创新产品为小企业贷款在短时间内"井喷"式发展提供了强大动力。那么商业银行贷款要遵循哪些原则？贷款当事人有哪些？贷款当事人的各自权利与义务有哪些？下面我们先从这些贷款基本原理开始学习。

贷款是商业银行资产业务的主要项目，贷款不仅占商业银行资产的大部分，成为商业银行创造经营收入的主要资产业务，而且也是国家通过商业银行调控信贷资金，从而影响和促进国民经济发展的经济杠杆。因此，不论是商业银行，还是银行监管当局，都制定了开展贷款业务必须遵循的行为准则、操作规程、规章制度和贷款政策。本章主要介绍贷款行为准则和贷款规章制度、贷款政策（贷款操作规程参考第四章）。

第一节　贷款原则

贷款是指经国务院银行业监督管理机构批准的商业银行，以社会公众为服务对象，以还本付息为条件，出借的货币资金。贷款业务是指经国务院银行业监督管理机构批准的商业银行所从事的以还本付息为条件出借货币资金使用权的营业活动。

商业银行贷款原则，是指商业银行对借款人发放贷款的基本准则，是银行和借款人必须共同遵守的行为准则，也是约束商业银行贷款活动的行为规范，是商业银行分配和调控信贷资金、制约和规范贷款活动的根本性规则。

我国商业银行法规定商业银行业务经营必须遵循效益性、流动性和安全性原则，即通常所说的"三性原则"。因此，商业银行开展贷款业务必须遵循效益性、流动性和安全性原则。此外，商业银行开展贷款业务还要遵循依法合规原则、平等诚信原则和竞争协作原则。

一、安全性原则

贷款安全性原则，就是指贷款的发放与收回必须保证贷款本息不受损失。"安全性"含义有两重：一是指作为授信方的贷款银行，要保证贷款的发放与收回，不至于因为贷款损失导致存款提取受到影响；一是指作为受信方的借款人，要保证贷款在使用过程中不至于产生贷款本息的损失。

由于商业银行贷款活动中存在信用风险，信用风险是指借贷双方产生借贷行为后，借款人不能按时归还贷款方的本息而使贷款方遭受损失的可能性。由于借款人（客户）信用状况不佳，到期不能及时归还贷款将会影响商业银行的资金周转和商业银行的收益。因此，商业银行每发放一笔贷款，都必须承担借款人可能违约的风险，即不能按期偿还本金和利息的风险，所以，商业银行在办理贷款业务时，要特别关注贷款的安全，坚持贷款"安全性"原则。

贯彻执行贷款安全性原则的意义在于，首先，有助于减少商业银行贷款和商业银行资本的损失，增强预期收益的可靠性；其次，有利于在社会公众中树立起良好的形象；第三，有利于商业银行生存与发展，是商业银行生存与发展的根本基础。

贯彻贷款安全性原则时，商业银行应把握住以下三项要求：

第一，合理确定贷款的安全系数，准确测算信贷资产特别是贷款资产的风险。

第二，及时检查借款企业的清偿能力并收回有问题的贷款。

第三，区别不同贷款风险，确定贷款的利率水平。

二、流动性原则

商业银行实施流动性管理是为了保证日常的偿付能力。一般而言,商业银行可以同时利用资产和负债来满足流动性的需要。但是,由于客户的存款提取时间和数量往往难以预料,商业银行总是通过加强对资产与负债的流动性管理来弥补贷款的流动性缺口。

贷款流动性原则,是指商业银行贷款资产在无损失的状态下转换为现金的能力。短期的流动资产是能迅速变现的资产,但是,贷款是流动性最低的资产。

因此,贷款流动性原则一是要求商业银行在业务开展过程中,在全部的资产负债中应经常性地保持对负债及时支付能力,根据实际情况建立第二准备金制度;二是要求商业银行在整个资产营运的过程中,能够保持足够的变现的能力。

商业银行的贷款流动性出现问题的主要原因是:一由于商业银行的资产和负债期限搭配不当;二是由于银行贷款过于集中在高风险的借款企业中,商业银行承担的风险过大。因此,流动性的状态如何,即反映出商业银行经营管理水平的高低。

商业银行在贷款业务中贯彻流动性原则,必须注意解决三个问题:一是要科学地配置银行的资产与负债,使银行的资产与负债的期限结构和比例搭配得当,既要保证贷款对存款的及时支付,又要使贷款获得最大的盈利。二是要科学决策贷款,要根据借款人清偿贷款的能力,合理确定借款的数量和期限。三是要积极加强负债的流动性管理,负债的流动性是指商业银行以合理的成本费用举借新债,获得清算资金的能力。

三、效益性原则

贷款是商业银行的主要资产和最大的创收项目,以盈利为目标是商业银行贷款业务经营的根本特征。无论是从商业银行自身的贷款业务经营,还是从保障社会公众利益的角度来看,追求利润始终是商业银行贷款的根本性目标,银行信贷资金的合量、优化配置正是通过商业银行追求利润的过程完成的。

贷款效益性原则,是指贷款的发放必须以最小的贷款投入,取得最大的收益或效用。这里所说的最大收益或效用有两层含义。一层含义从商业银行来说,贷款的效益性就是实现利润的最大化。另外一层含义从社会公众来说,贷款的效益性就是实现社会公众的利益。

商业银行贷款的盈利,主要来源于贷款的利息收入。贷款作为商业银行的主要资产,贷款的利息是商业银行的主要收入来源。商业银行通过办理贷款业务而取得利息收入,既是自身生存与发展的物质基础,也是其在社会资金运动中发挥枢纽作用而提供的调节杠杆。

效益性原则是商业银行贷款业务经营中必须坚持的一项根本原则,每一笔贷款的发放与收回都要综合考核贷款的盈利能力,全面贯彻和执行效益性原则。

商业银行在贯彻执行效益性原则时,要做到:

第一,在保证贷款安全性和适度流动性的基础上,尽可能地扩大贷款规模,提高利差收益能力;

第二,要提高贷款的运用系数,加速信贷资金的周转;

第三,企业要尽可能地节约资金使用,减少资金占用,提高贷款的产出水平;

第四,在国家宏观经济政策的指导下,合理投放贷款,"扶优限劣",提高贷款的盈利能力,提高贷款增加国民收入的能力。

四、依法合规原则

依法合规原则是指商业银行贷款的发放和使用应当符合国家的法律、行政法规和中国人民银行发布的行政规章。

如:为贯彻落实《国务院关于积极发挥新消费引领作用 加快培育形成新供给新动力的指导意见》,创新金融支持和服务方式,促进大力发展消费金融,更好地满足新消费重点领域的金融需求,发挥新消费引领作用,加快培育形成经济发展新供给新动力,中国人民银行 银监会出台《关于加大对新消费领域金融支持的指导意见》。

专栏

关于加大对新消费领域金融支持的指导意见(节录)

一、积极培育和发展消费金融组织体系

(一)推动专业化消费金融组织发展。鼓励有条件的银行业金融机构围绕新消费领域,设立特色专营机构,完善环境设施、产品配置、金融服务、流程制度等配套机制,开发专属产品,提供专业性、一站式、综合化金融服务。推进消费金融公司设立常态化,鼓励消费金融公司拓展业务内容,针对细分市场提供特色服务。

(二)优化金融机构网点布局。鼓励银行业金融机构在批发市场、商贸中心、学校、景点等消费集中场所,通过新设或改造分支机构作为服务消费为主的特色网点,在财务资源、人力资源等方面给予适当倾斜。

二、加快推进消费信贷管理模式和产品创新

(三)优化消费信贷管理模式。鼓励银行业金融机构在风险可控并符合监管要求的前提下,探索运用互联网等技术手段开展远程客户授权,实现消费贷款线上申请、审批和放贷。优化绩效考核机制,突出整体考核,推行尽职免责制度。根据客户的信用等级、项目风险、综合效益和担保条件,通过贷款利率风险定价和浮动计息规则,合理确定消费贷款利率水平。

(四)加快消费信贷产品创新。鼓励银行业金融机构创新消费信贷抵质押模式,开发不同首付比例、期限和还款方式的信贷产品。推动消费信贷与互联网技术相结合,鼓励银行业金融机构运用大数据分析等技术,研发标准化网络小额信用贷款,推广"一次授信、循环使用",打造自助式消费贷款平台。

(五)鼓励汽车金融公司业务产品创新。允许汽车金融公司在向消费者提供购车贷款(或融资租赁)的同时,根据消费者意愿提供附属于所购车辆的附加产品(如导航设备、外观贴膜、充电桩等物理附属设备以及车辆延长质保、车辆保险等无形附加产品和服务)的融资。汽车金融公司开展购车附加产品融资业务时,执行与汽车贷款一致的管理制度。

三、加大对新消费重点领域的金融支持

(六)支持养老家政健康消费。加快落实金融支持养老服务业发展的政策措施。在风险可控的前提下,探索养老服务机构土地使用权、房产、收费权等抵质押贷款的可行模式。加大创业担保贷款投放力度,支持社区小型家政、健康服务机构发展。

(七)支持信息和网络消费。大力发展专利权质押融资,支持可穿戴设备、智能家居等智能终端技术研发和推广。鼓励银行业金融机构与网络零售平台在小额消费领域开展合作,并在风险可控、权责明确的条件下,自主发放小额消费信贷。

(八)支持绿色消费。加快修订《汽车贷款管理办法》。经银监会批准经营个人汽车贷款业务的金融机构办理新能源汽车和二手车贷款的首付款比例,可分别在 15% 和 30% 最低要求基础上,根据自愿、审慎和风险可控原则自主决定。大力开展能效贷款和排污权、碳排放权抵质押贷款等绿色信贷业务。

(九)支持旅游休闲消费。探索开展旅游景区经营权和门票收入权质押贷款业务。推广旅游企业建设用地使用权抵押、林权抵押等贷款业务。

(十)支持教育文化体育消费。创新版权、商标权、收益权等抵质押贷款模式,积极满足文化创意企业融资需求。运用中长期固定资产贷款、银团贷款、政府和社会资本合作(PPP)模式等方式,支持影视院线、体育场馆、大专院校等公共基础设施建设。

(十一)支持农村消费。开展农村住房、家电、就学、生活服务等消费信贷产品创新。设计开发适合农村消费特点的信贷模式和服务方式。加大对农村电商平台发展的金融支持。鼓励引导金融机构建设多功能综合性农村金融服务站。

资料来源:《中国人民银行 银监会关于加大对新消费领域金融支持的指导意见》

五、平等诚信原则

平等诚信原则是指借款人与商业银行的借贷活动应当遵循平等、自愿、公平和诚实信用的原则。

六、竞争协作原则

公平竞争、密切协作原则是指商业银行开展贷款业务,应当遵循公平竞争、密切协作的原则,不得从事不正当竞争。

第二节 贷款当事人

一、贷款当事人

贷款当事人包括贷款人与借款人。

贷款人是指在中国境内依法设立的经营贷款业务的商业银行。

借款人是指从经营贷款业务的商业银行取得贷款的法人、其他经济组织、个体工商户和自然人。

二、借款人、借款条件、借款人的权利与义务

(一)借款人

借款人应当是经工商行政管理机关(或主管机关)核准登记的企(事)业法人、其他经济组织、个体工商户或具有中华人民共和国国籍的具有完全民事行为能力的自然人。

(二)借款人申请贷款应当具备的基本条件

1.借款人为法人或其他组织的,应具备以下基本条件:

(1)依法办理工商登记的法人已经向工商行政管理部门登记并连续办理了年检手续,事业法人依照《事业单位登记管理暂行条例》的规定已经向事业单位登记管理机关办理了登记或备案;

(2)有合法稳定的收入或收入来源,具备按期还本付息能力;

(3)已开立基本账户、结算账户或一般存款账户;

(4)按照中国人民银行的有关规定,应持有贷款卡(号)的,必须持有中国人民银行核准的贷款卡(号)。

2.借款人为自然人的,应具备以下基本条件:

(1)具有合法身份证件或境内有效居住证明;

(2)具有完全民事行为能力;

(3)信用良好,有稳定的收入或资产,具备按期还本付息的能力。

(三)借款人的权利

(1)可以自主向主办银行或者其他银行的经办机构申请贷款并依条件取得贷款;

(2)有权按合同约定提取和使用全部贷款;

(3)有权拒绝借款合同以外的附加条件;

(4)有权向商业银行的上级和中国人民银行反映、举报有关情况;

(5)在征得商业银行同意后,有权向第三人转让债务。

(四)借款人的义务

(1)应当如实提供商业银行要求的资料(法律规定不能提供者除外),应当向商业银行如实提供所有开户行、账号及存贷款余额情况,配合商业银行的调查、审查和检查;

(2)应当接受商业银行对其使用信贷资金情况和有关生产经营、财务活动的监督;

(3)应当按借款合同约定用途使用贷款;

(4)应当按借款合同约定及时清偿贷款本息;

(5)将债务全部或部分转让给第三人的,应当取得商业银行的同意;

(6)有危及商业银行债权安全情况时,应当及时通知商业银行,同时采取保全措施。

(五)对借款人的限制

(1)不得在一家商业银行同一辖区内的两个或两个以上同级分支机构取得贷款;

(2)不得向商业银行提供虚假的或者隐瞒重要事实的资产负债表、损益表等;

(3)不得用贷款从事股本权益性投资,国家另有规定的除外;

(4)不得用贷款在有价证券、期货等方面从事投机经营;

(5)除依法取得经营房地产资格的借款人以外,不得用贷款经营房地产业务;依法取

得经营房地产资格的借款人,不得用贷款从事房地产投机;

(6)不得套取贷款用于借贷牟取非法收入;

(7)不得违反国家外汇管理规定使用外币贷款;

(8)不得采取欺诈手段骗取贷款。

三、贷款人(商业银行)的权利与义务

(一)贷款人(商业银行)

商业银行必须经国务院银行业监督管理机构批准经营贷款业务,持有国务院银行业监督管理机构颁发的《金融许可证》,并经工商行政管理部门核准登记。

(二)商业银行的权利

根据贷款条件和贷款程序自主审查和决定贷款,除国务院批准的特定贷款外,有权拒绝任何单位和个人强令其发放贷款或者提供担保。

(1)要求借款人提供与借款有关的资料;

(2)根据借款人的条件,决定贷与不贷、贷款金额、期限和利率等;

(3)了解借款人的生产经营活动和财务活动;

(4)依合同约定从借款人账户上划收贷款本金和利息;

(5)借款人未能履行借款合同规定义务的,商业银行有权依合同约定要求借款人提前归还贷款或停止支付借款人尚未使用的贷款;

(6)在贷款将受或已受损失时,可依据合同规定,采取使贷款免受损失的措施。

(三)商业银行的义务

(1)应当公布所经营的贷款的种类、期限和利率,并向借款人提供咨询;

(2)应当公开贷款审查的资信内容和发放贷款的条件;

(3)商业银行应当审议借款人的借款申请,并及时答复贷与不贷。短期贷款答复时间不得超过1个月,中期、长期贷款答复时间不得超过6个月,国家另有规定者除外;

(4)应当对借款人的债务、财务、生产、经营情况保密,但对依法查询者除外。

(四)对商业银行的限制

(1)贷款的发放必须严格执行《中华人民共和国商业银行法》关于资产负债比例管理的有关规定,关于不得向关系人发放信用贷款、向关系人发放担保贷款的条件不得优于其他借款人同类贷款条件的规定。

(2)借款人有下列情形之一者,不得对其发放贷款:

a.不具备规定的资格和条件的;

b.生产、经营或投资国家明文禁止的产品、项目的;

c.违反国家外汇管理规定的;

d.建设项目按国家规定应当报有关部门批准而未取得批准文件的;

e.生产经营或投资项目未取得环境保护部门许可的;

f.在实行承包、租赁、联营、合并(兼并)、合作、分立、产权有偿转让、股份制改造等体制变更过程中,未清偿原有贷款债务、落实原有贷款债务或提供相应担保的;

g.有其他严重违法经营行为的。

（3）未经中国人民银行批准，不得对自然人发放外币币种的贷款。

（4）自营贷款和特定贷款，除按中国人民银行规定计收利息之外，不得收取其他任何费用；委托贷款，除按中国人民银行规定计收手续费之外，不得收取其他任何费用。

（5）不得给委托人垫付资金，国家另有规定的除外。

（6）严格控制信用贷款，积极推广担保贷款。

第三节　贷款制度

一、行长负责制

商业银行贷款实行分级经营管理，商业银行各级行行长在授权范围内对贷款的发放和收回负全部责任。行长可以授权副行长或贷款管理部门负责审批贷款，副行长或贷款管理部门负责人应当对行长负责。

二、审贷委员会

审贷委员会是指商业银行建立的由行长或副行长（经理、主任）和有关部门负责人参加的贷款审查委员会（小组），贷款审查委员会（小组）负责贷款的审查。

三、贷款分级审批制

商业银行根据业务量大小、管理水平和贷款风险度确定各级分支机构的审批权限，超过审批权限的贷款，各级分支机构上报上级行审批。

四、贷款"三查"制与审贷分离制

（一）贷款"三查"制

贷款"三查"制是指贷前调查、贷时审查和贷后检查。贷前调查是指贷款发放前银行对贷款申请人基本情况的调查，并对其是否符合贷款条件和可发放的贷款额度做出初步判断；调查的重点主要包括申请人资信状况、经营情况、申请贷款用途的合规性和合法性、贷款担保情况等。贷时审查是指审查人员对调查人员提供的资料进行核实、评定，复测贷款风险度，提出审核意见，按规定履行审批手续。贷后检查是指贷款发放后，贷款人对借款人执行借款合同情况及借款人的经营情况进行追踪调查和检查。如果发现借款人未按规定用途使用贷款等造成贷款风险加大的情形，可提前收回贷款或采取相关保全措施。通过实施贷款"三查"，有利于贷款人较为全面地了解和掌握借款人经营状况以及贷款的风险情况，及时发现风险隐患，采取相应风险防范和控制措施，保障银行信贷资金安全。同时，贷款"三查"制度执行情况，也是在贷款出现风险后，对相关责任人员进行责任追究或免责的重要依据。

（二）审贷分离制

审贷分离制即把贷款"三查"岗位与人员分开，各司其职，各负其责，具体来说即：贷款调查评估人员负责贷款调查评估,承担调查失误和评估失准的责任;贷款审查人员负责贷款风险的审查,承担审查失误的责任;贷款发放人员负责贷款的检查和清收,承担检查失误、清收不力的责任。

五、信贷工作岗位责任制

信贷工作岗位责任制是指商业银行各级贷款管理部门将贷款管理的每一个环节的管理责任落实到部门、岗位、个人,严格划分各级信贷工作人员的职责。目前,许多银行进一步推行贷款管理终身责任制。所谓贷款管理终身责任制是指某笔贷款相关责任人在对其所负责的该笔贷款完全收回前,对银行必须永远承担的、不能推卸的责任。贷款管理终身责任制是对贷款相关责任人的责任及其利益实行终身监督管理的办法,也是贷款管理的一项主要内容,是对贷款管理的细化。其主要目的,是为了进一步明确贷款管理责任,特别是风险责任,促进信贷从业人员执行制度、秉公守法、谨慎工作、尽职尽责,保证贷款能够安全、有效运转,杜绝不良贷款或者贷款风险发生。其主要内容包括:

(一)确定银行贷款管理的责任人

银行贷款管理的责任人,顾名思义,是与贷款相关的有关人员,一部分是有直接责任的责任人,另一部分是有关联责任的间接责任人。

直接责任人,包括经办人员、审批人员、审查人员、主管领导、领导等;间接责任人,包括单位内部的领导、主管领导、决策人员、调查人员、监测人员、稽核人员、贷款营销人员、贷款介绍人员等。

(二)明确各个岗位责任人的主要责任

银行贷款管理责任人,不能以直接责任人和间接责任人来划分、确定责任权重的大小,也不能以职务的高低来确定责任,而应当以责任人是否完全履行本银行规定的、相关的职责内容,即是否尽职,或者是否正确遵守单位的规章制度办理贷款来划分、确定。

经办人员负责办理所有手续,办理的所有手续必须完整、合规、合法。贷款手续在完整、合规、合法环节出现问题,由经办人员负责。

调查人员负责调查环节的所有工作,提供的所有资料、材料必须真实、完整、详细。资料、材料在真实、完整、详细环节出现问题,由调查人员负责。

审查、审批人员负责审查调查人员、经办人员提供的所有资料、材料,对其真实、完整、合规、合法程序进行审理,并对贷款予以审批。审理环节出现问题,由审查、审批人员负责。

决策人员负责按照程序和规定,进行公正、公平、科学、独立的决策,不受任何外部因素影响和干扰。决策人员不能尽职,决策环节发生的问题,由决策人员负责。

监测人员负责贷款形态及其资料、材料的日常监测、分析、管理,对发生变化情况的,要求有关人员及时进行补充、完善,对发生异常情况的,及时向主管领导报告。对异常情况监督不到位的,或者没有及时向主管领导报告的,发生的问题,由监测人员负责。

稽核人员负责定期检查、纠正贷款办理、管理中发现的各种违规违纪问题,并向领导提交对相关责任人的处理意见。对发生问题的相关责任人进行处理,哪个环节出现问题,由哪个环节的人员负责,并追究其责任。对稽核不到位、不能发现有关问题,在以后检查中被发现问题的,由当时的稽核人员负责。

营销、介绍人员负责向借款人宣传、介绍单位的信贷政策、规定、程序以及与合同内容相关的注意事项，不承担其他责任、义务，不参与贷款的具体管理工作（单位对其职责另有安排的除外）。营销、介绍人员提供虚假情况、不实信息，或者隐匿有关问题、情况，给贷款决策造成误导、失误、被发现的，责令退回营销、介绍所得奖金，并视问题严重程度，给予行政、纪律等方面的处理。

六、离职审计制

商业银行贷款管理人员在调离原工作岗位时，应当对其在任职期间和权限内所发放的贷款风险情况进行审计。

第四节　贷款政策

一、信贷政策与贷款政策

(一)信贷政策定义

信贷政策，是中央银行根据国家宏观经济政策、产业政策、区域经济发展政策和投资政策，并衔接财政政策、利用外资政策等制定的指导金融机构（商业银行）贷款投向的政策。

由于我国社会主义市场经济处在初级阶段，间接融资居于主导地位，经济运行中存在区域经济发展不平衡、金融市场不够发达、利率没有市场化等问题，因此，国家宏观单纯依靠财政政策调整经济结构，受国家财力限制较大，所以，必须发挥信贷政策调控经济结构的作用。

中央银行制定信贷政策的主要目标是改善信贷结构，促进经济结构的调整、科学技术的进步、社会资源的优化配置。

(二)贷款政策定义

贷款政策是指商业银行为实现其经营目标，在中央银行制定的宏观信贷政策的指导下而制定的指导贷款业务开展的各项方针和措施的总称，也是商业银行为贯彻安全性、流动性、盈利性三项原则的具体方针与措施。

商业银行制定贷款政策的目的是：(1)保证其业务经营活动的协调一致。贷款政策是指导每一项贷款决策的总原则，理想的贷款政策可以支持商业银行作出正确的贷款决策，对商业银行的经营作出贡献。(2)保证商业银行贷款的质量。正确的信贷政策能够使商业银行的信贷管理保持理想的水平，避免风险过大，并能够恰当地选择业务机会。

二、信贷政策与贷款政策的主要内容

(一)信贷政策主要内容

信贷政策大致包含以下方面内容：

1.信贷总量政策

信贷总量政策与货币信贷总量扩张有关，信贷总量政策措施影响货币乘数和货币流动性。比如,规定汽车和住房消费信贷的首付款比例、证券质押贷款比例等等。

2.信贷结构政策

配合国家产业政策,通过贷款贴息等多种手段,引导信贷资金向国家政策需要鼓励和扶持的地区及行业流动,以扶持这些地区和行业的经济发展。

3.限制性的信贷政策

通过"窗口指导"或引导商业银行通过调整授信额度、调整信贷风险评级和风险溢价等方式,限制信贷资金向某些产业、行业及地区过度投放,体现扶优限劣原则。

资料

绿色信贷

一、绿色信贷的含义

绿色信贷(green-credit policy)是环保总局、人民银行、银监会三部门为了遏制高耗能高污染产业的盲目扩张,于 2007 年 7 月 30 日联合提出的一项全新的信贷政策。详见《关于落实环境保护政策法规防范信贷风险的意见》,以下简称《意见》。

二、绿色信贷政策的内容

《意见》规定,对不符合产业政策和环境违法的企业和项目进行信贷控制,各商业银行要将企业环保守法情况作为审批贷款的必备条件之一。

《意见》规定,各级环保部门要依法查处未批先建或越级审批,环保设施未与主体工程同时建成,未经环保验收即擅自投产的违法项目。即要向金融机构通报企业的环境信息。而金融机构要依据环保通报情况,严格贷款审批、发放和监督管理,对未通过环评审批或者环保设施验收的新建项目,金融机构不得新增任何形式的授信支持。

同时《意见》还针对贷款类型,设计了更细致的规定。如对于各级环保部门查处的超标排污、未取得许可证排污或未完成限期治理任务的已建项目,金融机构在审查所属企业流动资金贷款申请时,应严格控制贷款。

三、绿色信贷政策出台的原因

国家环保总局、中国人民银行、中国银监会联手出台调控政策,基于以下三个原因:

1.我国面临的节能减排形势日益严峻。2007 年上半年的各项经济指标相继出炉之后,无论是中共中央政治局会议、国务院常务会议,还是国家发改委新闻发布会、国务院新闻办新闻发布会,都提到了"节能减排形势相当严峻",2006 年设定的 4% 的节能目标和 2% 的减排目标没有完成也被反复提及。据统计,2007 年上半年工业增加值增长 18.5%,石化、化工、建材、钢铁、有色和电力等六大高耗能行业增加值更是增长 20.1%,高于工业 1.6 个百分点。

2.随着一些地区建设项目和企业的环境违法现象较为突出,政府对企业污染环境责任的追究日益严格,因污染企业关停带来的信贷风险也开始加大。

3.以往环保机构单部门的调控政策受制于调控范围有限、调控力度不够和调控手段不足,"绿色 GOP 报告"的无疾而终,以及 2005 年以来 4 次大规模环保执法行动后的有限效果,都充分反映出"心有余而力不足"的尴尬状态。

四、绿色信贷政策的意义

"绿色信贷"的推出,是将环保调控手段通过金融杠杆来具体实现。

通过在金融信贷领域建立环境准入门槛,对限制和淘汰类新建项目,不得提供信贷支持;对于淘汰类项目,应停止各类形式的新增授信支持,并采取措施收回已发放的贷款,从源头上切断高耗能、高污染行业无序发展和盲目扩张的经济命脉,有效地切断严重违法者的资金链条,遏制其投资冲动,解决环境问题,进而实现产业结构调整。

五、绿色信贷的发展现状

2022年3月23日,《证券日报》记者从银保监会获悉,截至2021年末,国内21家主要银行绿色信贷余额达15.1万亿元,占其各项贷款的10.6%。绿色信贷环境效益逐步显现,按照信贷资金占绿色项目总投资的比例测算,21家主要银行绿色信贷每年可支持节约标准煤超过4亿吨,减排二氧化碳当量超过7亿吨。

银保监会推动银行业保险业大力发展绿色金融,积极支持绿色低碳产业发展,促进经济社会发展全面绿色转型,助力实现碳达峰碳中和。

一是构建绿色金融政策体系。银保监会近年来制定发布一系列政策文件,引导银行业金融机构大力发展绿色信贷,加大对绿色、低碳、循环经济的支持,注重防范环境和社会风险,提升环境和社会表现。

二是持续开展绿色信贷统计和考核评价。建立健全银行业绿色融资统计制度,定期组织国内主要银行开展绿色信贷统计和评价工作,引导银行业加深对绿色发展理念的理解和支持。

三是推动应对气候变化投融资工作,加快构建气候投融资政策体系。指导银行机构在支持绿色产业发展、绿色低碳技术研发应用和传统行业节能改造的同时,对高碳行业实施重点、分类管理,区别对待、有扶有控,坚决遏制"两高"项目盲目发展。

四是鼓励银行保险机构创新绿色金融产品和服务,积极发展能效信贷、绿色债券,探索环境权益抵质押融资,提升绿色金融专业服务能力。

五是推动环境污染责任保险等绿色保险发展。鼓励地方开展实践探索,充分发挥商业保险在生态文明体系建设中的重要作用。

六是鼓励金融机构借鉴国际良好实践经验,加强融资项目的环境与社会风险管理,探索开展信息披露,积极参与绿色金融领域的国际交流与合作。

银保监会表示,下一步,将继续坚决贯彻落实党中央、国务院的决策部署,提高政治站位,强化监管引领,推动银行业保险业持续提升绿色金融服务质效,为实现碳达峰碳中和作出积极贡献。

资料来源:银保监会《截至2021年末国内21家主要银行绿色信贷余额达15.1万亿元》,证券日报网,http://www.zqrb.cn/finance/hongguanjingji/2022-03-23/A1648020988050.html。

(二)贷款政策主要内容

商业银行贷款政策的内容应当体现商业银行的经营目的与经营战略,决定商业银行业务方向。商业银行贷款政策的主要内容包括:

1.贷款规模政策(投量政策)

商业银行贷款业务发展战略应当明确确定银行贷款发放的规模和速度。确定贷款业务开展的规模,既要考虑国家宏观经济政策的要求、当时经济发展的客观需要,又要考虑银行的实际能力,既不能过高地估计自己的发展能力,导致业务发展失控,增加贷款风险,也不能过低地估计增加的发展能力,束缚住自己的手脚,丧失业务发展的机会。商业银行在贷款政策中应当为自己确定一个合理的贷款规模,因为这有利于银行制订一项详细而周密的年度贷款计划。虽然影响贷款规模的因素相当复杂,但商业银行在贷款政策的制定中有必要做出说明。通常银行根据负债资金来源情况及其稳定性状况以及中央银行规定的准备金比率、资本金状况、银行自身流动性准备比率、银行经营环境情况和银行经营管理水平等因素,来确定计划的贷款规模,既符合银行稳健经营的原则,又最大限度地满足客户的贷款需求。

2.贷款结构政策(投向政策)

商业银行贷款业务发展战略还应当明确确定银行贷款发放范围(包括客户、区域、行业)。贷款结构对商业银行信贷资产的安全性、流动性、盈利性具有十分重要的影响,因此,银行贷款政策必须对银行贷款结构作出明确的规定。

(1)贷款客户结构

不同客户对银行的盈利贡献大相径庭,所以,银行必须首先发现和找到自己的客户群体,解决好客户定位和市场定位问题,对银行贷款客户结构作出调整。

从目前情况看,多数商业银行的客户结构具有以下特点:大企业客户数量占比少,但业务量占比高;中小企业客户数量占比高,但业务量占比小。按照成熟市场的经验,一旦利率彻底市场化,随着直接融资渠道的发展和各种金融工具创新,加之非理性的竞争,商业银行将面临大企业客户迅速流失的风险。在稳定的中小企业客户群体尚未建立的情况下,这将会形成对商业银行的沉重打击。通过中小企业客户与大型企业客户对商业银行发展意义的比较分析可以看出,商业银行在追逐大企业客户的同时,应该充分重视中小企业客户,大力发展中小企业客户群,优化贷款客户结构,增强核心竞争力和抵御风险能力。

专栏

东海农商行:深耕普惠金融 谱写支农支小大文章

近年来,东海农商行紧跟国家服务实体经济、实施乡村振兴战略政策导向,通过战略上精准定位、机制上不断完善、服务上持续优化,走出了一条具有自身特色的"小而美、小而精"的普惠金融之路。至2021年末,各项存款177.07亿元,各项贷款141.23亿元,近三年存款年平均增幅达16%以上,贷款年平均增幅达19%以上;五级不良贷款余额为1.4亿元,不良率仅0.99%。

坚持"支农支小、向下向内"的战略定力,在体制机制上深度发力

战略上精准定位,统一思想防偏向。支农支小是国家"三农"建设事业和乡村振兴战略对农商行的政策要求,是农商行的使命所在;"三农"、小微市场空间广阔,是农商行的市场所选;小额贷款风险风散,与农商行的风控能力匹配,是农商行的能力所定。鉴于此,东海农商行在全行贯彻"小而美、小而精"的价值体系,形成"以支农支小定力促转型发展"的思想共识。

机制上不断完善,制度约束控大额。成立"三农金融服务委员会",制定《支农支小发展战略规划》,明确支农支小各项目标任务。将"支农支小"写入章程,并将目标完成情况作为高管履职评价的重要内容和依据。通过董事会授权约束、制度体系约束、考核机制约束,遏制非农化、非实体经济化的经营冲动,严格控制非农贷款、大额贷款投放。至2021年末,实体贷款户均余额仅为17.1万元,100万元(含)以下贷款户数、余额分别占实体贷款的99%和83%。

结构上持续优化,调整政策防风险。持续优化信贷结构,及时调整信贷政策,坚持有进有退、有保有压,逐步退出"两高一剩"高风险贷款。近年来,成功规避县域内"钢贸贷款风波""企业互保链风波""水晶市场集资风波"等风险事件。

坚持"立足本地、深耕本土"的普惠理念,在主责主业上靶向发力

以农为本,在"做多、做实"上下功夫。坚持增量扩面。主动对接市场管理、工信、税务等部门,有效掌握辖内客户名单;同时以走访信息为基础,依托网格化营销平台,细分客户层级,强化机制、产品和服务配套。至2021年末,全行授信签约110 694户,贷款户数66 937户。坚持业务创新。针对农、林、牧、副、渔等不同农村产业板块,结合客户产品、生产经营周期等特点,推出"渔易贷""丰易贷""电商贷"等一系列专项贷款品种;积极探索"产业＋农户""合作社＋农户""大户＋小户"等信贷模式,推动客户从粗放型向集约型发展,激发农业发展内生动力。

纾困小微,在"做优、做专"上下功夫。解决融资"难"。在单列小微贷款投放计划的基础上,强化考核力度,横向设立存量维护和增量贷款指标,纵向设立日均和户数指标,深化落实走访活动成效。解决融资"贵"。对贷款定价实行精细化管理,根据客户的存款贡献度给予不同幅度利率优惠。解决融资"慢"。在总行单设公司授信中心,对小微企业贷款实行总行与支行平行调查,改变以往2次复查制度,提高调查效率;建立贷款限时办结制度,100万元以下的小额贷款确保1—2天内办结。

精准扶贫,在"做精、做细"上下功夫。通过构建"一个"体系、制定"一套"制度、建立"一本"档案、设计"一张"审批表等四位一体建设,实现了小额信贷扶贫资金"放得出、收得回、有效益"的效果。改制六年来,累计发放扶贫贷款3.38万笔、8.44亿元,为精准扶贫、精准脱贫和乡村振兴的有效衔接注入金融活水。

资料来源:《普惠金融系列六十三 | 东海农商行:深耕普惠金融 谱写支农支小大文章》,https://www.china-cba.net/Index/show/catid/35/id/40910.html。

(2)贷款区域结构

贷款区域结构是指银行控制贷款业务的地域范围。商业银行受所在地区经济发展的制约,贷款往往集中在某一个区域。

银行贷款的地区与银行的规模有关。大银行因其分支机构众多,在贷款政策中一般不对贷款地区作出限制;中小银行则往往将其贷款业务限制在银行所在城市和地区,或该银行的传统服务地区,银行在这些地区的贷款投放量往往较大,而且与当地的工商界建立了良好的往来关系。这使得银行对该地区的经济情况比较了解,对借款人的信用分析、贷款质量跟踪检查较为方便、可靠,在该地区放款对银行来说更为安全。例见表3-1。

表 3-1　中国工商银行按地域划分的贷款结构

单位:人民币百万元

项 目	2021 年 12 月 31 日		2020 年 12 月 31 日	
	贷款	占比(%)	贷款	占比(%)
总　行	791 994	3.8	772 372	4.1
长江三角洲	4 163 732	20.2	3 582 682	19.2
珠江三角洲	3 134 781	15.2	2 746 019	14.8
环渤海地区	3 371 325	16.3	3 030 552	16.3
中部地区	3 133 539	15.2	2 789 085	15.0
西部地区	3 746 867	18.1	3 369 916	18.1
东北地区	895 238	4.3	841 595	4.5
境外及其他	1 429 769	6.9	1 492 087	8.0
合 计	20 667 245	100.0	18 624 308	100.0

资料来源:中国工商银行 2021 年年报,http://v.icbc.com.cn/userfiles/Resources/ICBCLTD/download/2022/1ndbg_A.pdf。

表 3-1 显示,中国工商银行持续优化信贷区域结构,促进各区域信贷资源配置的均衡发展。2021 年新增贷款 20 429.37 亿元,增长 10.97%;其中长江三角洲、珠江三角洲和环渤海地区信贷业务继续保持增长势头,三个地区新增贷款 13 105.85 亿元,增量合计占新增各项贷款的 64.15%;积极支持"西部大开发"政策,2021 年西部地区新增贷款 3769.51 亿元,新增规模在地域划分中位列第三。由于西部地区大中型项目贷款较多、利润贡献较高,该地区已成为中国工商银行利润的第二大来源地。

(3)贷款行业结构

银行管理部门通常在考虑了诸如贷款的风险、保持流动性、银行所要服务的客户类型、银行工作人员的能力等因素后,在农业、工业、商业、交通运输业、服务业等领域中分配贷款总额。例见表3-2。

表 3-2　中国工商银行按贷款客户行业划分的境内分行公司类贷款结构

单位:人民币百万元

项目	2021 年 12 月 31 日		2020 年 12 月 31 日	
	贷款	占比(%)	贷款	占比(%)
交通运输、仓储和邮政业	2 816 789	25.8	2 467 959	25.2
租赁和商务服务业	1 667 376	15.2	1 441 688	14.8
制造业	1 654 610	15.1	1 555 382	15.9
水利、环境和公共设施管理业	1 370 252	12.5	1 154 201	11.8

续表

项目	2021 年 12 月 31 日		2020 年 12 月 31 日	
	贷款	占比（%）	贷款	占比（%）
电力、热力、燃气及水生产和供应业	1 065 459	9.7	995 232	10.2
房地产业	705 714	6.5	701 094	7.2
批发和零售业	464 169	4.2	437 283	4.5
建筑业	312 849	2.9	260 667	2.7
科教文卫	278 601	2.6	245 378	2.5
采矿业	203 130	1.9	177 408	1.8
住宿和餐饮业	73 063	0.7	83 886	0.9
其他	317 641	2.9	247 866	2.5
合计	10 938 653	100.0	9 678 044	100.0

资料来源：中国工商银行 2021 年年报，http://v.icbc.com.cn/userfiles/Resources/ICBCLTD/download/2022/1ndbg_A.pdf。

表 3-2 显示，中国工商银行 2021 年度持续推进行业信贷结构优化调整，加大力度支持实体经济发展。交通运输、仓储和邮政业贷款比上年末增加 3 488.30 亿元，增长 14.1%，主要是积极支持高速公路、铁路、机场、泊位等项目建设，以及交通运输业大型集团公司的流动资金需求；租赁和商务服务业贷款增加 2 256.88 亿元，增长 15.7%，主要是向"两新一重"、民生工程、基础设施补短板项目提供融资支持，以及满足企业总部、园区及商业综合体管理服务等领域客户的融资需求；水利、环境和公共设施管理业贷款增加 2 160.51亿元，增长 18.7%，主要是稳健支持城镇基础建设、生态环境保护和公共服务等领域的重大项目和民生工程投融资需求；制造业贷款增加 992.28 亿元，增长 6.4%，主要是持续加大对制造业的支持力度，加快投向结构调整，电气设备、通用设备以及食品医药等制造业领域龙头骨干企业贷款增长较快。

3.贷款的利率政策（定价政策）

在市场经济条件下，贷款的定价是一个复杂的过程，银行贷款政策应当进行明确的规定。银行贷款的价格一般包括贷款利率、贷款补偿性余额和对某些贷款收取的费用(如承担费等)，因此，贷款定价也不仅仅是一个确定贷款利率的过程。在贷款定价过程中，银行必须考虑资金成本、贷款风险程度、贷款的期限、贷款管理费用、存款余额、还款方式、银行与借款人之间的关系、资产收益率目标等多种因素。对于贷款业务量较大的银行来说，通常是由贷款委员会或信贷管理部门根据贷款的类别、期限，并结合其他各种需要考虑的因素，确定每类贷款的价格。有些银行的信贷管理部门还将其制作成统一的价格表，供信贷员在发放常规贷款时使用或参考。有些银行不制定统一的价格表，对于同一类贷款也根据不同情况制定不同的价格。即使使用统一价格表的银行，对于金额较大、期限较长或存款余额较多的客户，也可根据其特殊情况，实行上浮或下浮。

面对近几年来我国商品房价格上涨过快的问题，2018 年 3 月召开的全国两会正式提出"房住不炒"的方针政策,为调控房地产市场定下主基调。2018年3月9日,中国人民银行行长周小川、易纲、潘功胜就"金融改革与发展"相关问题回答记者提问。人民银行行长们的回答对于中国金融的发展有着非常重要的趋向性意义,特别是对于房地产市场的判断将对中国2018年住房信贷市场发展有着非常重要的参考作用(参考下面专栏内容)。

专栏

央行将督促商业银行严格落实差别化住房信贷政策

2018年3月9日据中青在线报道,中国人民银行副行长、国家外汇管理局局长潘功胜表示,央行将会督促商业银行严格落实差别化的住房信贷政策,对住房贷款执行差别化定价,积极支持居民特别是新市民购买住房的合理需求。

2017年以来,多个城市住房信贷政策明显收紧,也有不少媒体报道称,个人住房贷款额度偏紧、利率上升。2017年全国个人住房贷款增长4万亿元,增长率22%;人民币整体贷款增长12.7%;今年1月,全国个人住房贷款同比增长21.4%,人民币各项贷款整体增长13.2%,个人住房贷款比整体贷款增长近10个点。

对此,潘功胜认为,虽然2017年和今年1月的个人住房贷款增长有所减少,但仍然保持较快增长,可以满足市场的合理需要。"个别的银行在个别的时段,由于资产负债匹配方面的问题,出现了放款的时间可能会有所延长的情况。"

潘功胜表示,房贷利率最近确实略有上升,但从长远看来仍然处于比较低的水平。"商业银行综合考虑负债端利率上升和房地产的风险溢价,对住房贷款利率自主进行定价,扩大利率的浮动区间,总体上符合利率市场化的要求和趋势。"央行将会督促商业银行严格落实差别化的住房信贷政策,对住房贷款执行差别化的定价。

针对市场关心的房地产金融问题,潘功胜表示,央行长期坚持审慎的房地产信贷政策,我国的房地产信贷质量总体上良好,房地产金融风险是可控的。我国银行业金融机构的房贷不良率不到1%,其中个人贷款的不良率只有0.3%,银行业整体的不良率是1.85%。我国住房贷款平均首付比维持在33%以上,去年新发放贷款的平均首付比是37%,这在国际上是非常审慎的住房信贷政策。

资料来源:《央行将督促商业银行严格落实差别化住房信贷政策——改革再出发2018两会特别报道》,http://news.cyol.com/content/2018-03/09/content_17006522.htm。

4.贷款的担保政策

贷款的担保政策中,应根据有关法律确定贷款的担保政策。贷款担保政策一般应包括以下内容:

(1)明确担保的方式,如《中华人民共和国担保法》规定的担保方式有:保证人担保、抵押担保、质押担保、留置以及定金;

(2)规定抵押品的鉴定、评估方法和程序;

(3)确定贷款与抵押品价值的比率、贷款与质押品价值的比率;

(4)确定担保人的资格和还款能力的评估方法与程序等。

在贷款政策中明确上述担保政策,是为了在贷款中能够完善贷款的还款保障,确保贷款的安全性。

三、贷款政策的制定

商业银行在制定贷款政策时,一般要考虑以下因素:

(一)有关法律、法规和国家的财政、货币政策

商业银行的贷款业务是在国家有关法律、法规的规范下,在一定时期国家宏观经济政策的指导下来开展的。因此,在制定贷款政策时,商业银行的高层管理者首先必须了解并掌握国家有关的法律和法规,熟悉国家在一定时期的财政政策和货币政策要求,使商业银行的贷款业务既合法又合理,既体现国家法律和政策的要求,又能取得较好的经济效益。

(二)银行的资本金状况

商业银行的资本金状况对贷款政策有重要影响。资本的构成、核心资本与附属资本的比例、资本与加权风险资产的比率、资本与存款的比率、贷款呆账准备金与贷款的比率等都会影响银行承担贷款风险的能力。资本实力较强、资本构成中核心资本比率较高、呆账准备金较充裕的银行,承担贷款风险的能力就较强;反之,如果资本实力较弱、资本结构脆弱、呆账准备金较低,银行承担风险的能力也就较低,在发放高风险贷款时应十分谨慎。

(三)银行负债结构

商业银行的负债结构和负债的稳定性状况也是影响银行贷款政策的一个重要因素。按照稳健经营的原则,商业银行必须根据负债的结构来安排资产的结构,因此,银行负债的性质、期限、利率、费用等都直接制约着银行贷款结构的形成。在制定贷款政策时,银行管理者必须从本行负债结构及稳定性状况的现实和可能性出发,合理安排贷款的期限结构、用途结构和利率结构。

(四)服务地区的经济条件和经济周期

经济决定金融,银行所在地区的经济发展状况,对银行贷款政策有着直接的影响。在贷款政策文件中,应根据经济发展的现实条件的变化,及时地、不断地调整贷款的结构、投向,以确保贷款为经济发展服务。同时银行贷款政策应充分考虑经济周期的影响。在经济萧条、市场不景气时,银行大量发放中长期贷款往往要承受较大的风险。在经济结构调整时期,银行贷款的流向,要特别注意与国家产业政策相协调。

(五)银行信贷人员的素质

在制定贷款政策时,银行信贷人员的素质也是一个不容忽视的因素。信贷人员的素质包括知识水平、能力、经验、责任心等。一般情况下,如果本行信贷人员素质较高,银行贷款业务可以更多地向具有较高风险和收益的领域拓展;反之,如果本行信贷人员总体上说素质较低,那么,在制定贷款政策时,不仅要对贷款各个环节的工作实施更加严格的控制,而且应尽量避免涉及高风险领域,以免由于信贷人员的知识、能力、经验不足和责任心不强而给银行贷款带来不应有的损失。

扩展阅读

中国货币政策执行报告(2021年第一季度,节选)

四、积极发挥结构性货币政策工具作用

积极运用支农、支小再贷款、再贴现和抵押补充贷款等工具,引导金融机构加大对小微、民营企业、"三农"、扶贫等国民经济重点领域和薄弱环节的支持力度。继续发挥再贷款精准滴灌和正向激励作用,支持巩固脱贫攻坚成果同乡村振兴有效衔接。运用好专项扶贫再贷款支持扩大"三区三州"信贷投放,降低"三区三州"融资成本,促进巩固拓展脱贫攻坚成果。第一季度,发放专项扶贫再贷款88亿元,3月末,全国专项扶贫再贷款余额458亿元。3月末,全国支农再贷款余额为4 422亿元,支小再贷款余额为9 295亿元,扶贫再贷款余额为2 090亿元,再贴现余额为5 744亿元。第一季度,人民银行对政策性银行和开发性银行净收回抵押补充贷款共410亿元,3月末余额为31 940亿元。

五、发挥信贷政策的结构引导作用

深入推进金融支持稳企业保就业。召开全国主要银行信贷结构调整座谈会,加强政策指导,推动银行持续改善小微企业金融服务,促进小微企业融资"增量、降价、提质、扩面"。加大制造业中长期贷款投放力度,助力制造业高质量发展。

切实支持巩固拓展脱贫攻坚成果。严格落实"四个不摘"要求,保持主要金融帮扶政策总体稳定,继续发挥再贷款的精准滴灌和正向激励作用,降低"三农"融资成本。做好脱贫人口小额信贷工作。继续落实好创业担保贷款、助学贷款等政策。做好易地搬迁后续金融服务,研究加大对国家乡村振兴重点帮扶县的金融资源倾斜。

着力加大对乡村振兴领域资源投入。做好春耕备耕、粮食安全、种业发展、高标准农田建设等重点领域的金融服务,支持开展农机具、大棚设施、农村承包土地经营权等抵质押贷款业务。鼓励金融机构发行"三农"专项金融债券,拓宽低成本资金来源。

资料来源:中国人民银行《2021年第一季度中国货币政策执行报告(定稿)》,http://www.pbc.gov.cn/zhengcehuobisi/125207/125227/125957/4246985/4246761/2021051118023165538.pdf。

本章小结

1.贷款是指经国务院银行业监督管理机构批准的商业银行,以社会公众为服务对象,以还本付息为条件,出借的货币资金。

贷款业务,是指经国务院银行业监督管理机构批准的商业银行所从事的以还本付息为条件出借货币资金使用权的营业活动。

2.商业银行贷款原则,是指商业银行对借款人发放贷款的基本准则,是银行和借款人必须共同遵守的行为准则,也是约束商业银行贷款活动的行为规范。它是商业银行分配和调控信贷资金、制约和规范贷款活动的根本性规则。商业银行开展贷款业务必须遵循效益性、流动性和安全性原则等。

3.贷款当事人包括贷款人与借款人。

贷款人是指在中国境内依法设立的经营贷款业务的商业银行。

借款人是指从经营贷款业务的商业银行取得贷款的法人、其他经济组织、个体工商户和自然人。

4.行长负责制是指各级行长在授权范围内对贷款的发放和收回负全部责任。行长可以授权副行长或贷款管理部门负责审批贷款,副行长或贷款管理部门负责人应当对行长负责。

5.审贷委员会是指商业银行建立的由行长或副行长(经理、主任)和有关部门负责人参加的贷款审查委员会(小组),贷款审查委员会(小组)负责贷款的审查。

6.贷款分级审批制是指商业银行根据业务量大小、管理水平和贷款风险度确定各级分支机构的贷款审批权限,超过审批权限的贷款,各级分支机构应当报上级审批。

7.贷款"三查"制是指贷前调查、贷时审查和贷后检查。贷前调查是指贷款发放前银行对贷款申请人基本情况的调查,并对其是否符合贷款条件和可发放的贷款额度作出初步判断;调查的重点主要包括申请人资信状况、经营情况、申请贷款用途的合规性和合法性、贷款担保情况等。贷时审查是指审查人员对调查人员提供的资料进行核实、评定,复测贷款风险度,提出审核意见,按规定履行审批手续。贷后检查是指贷款发放后,贷款人对借款人执行借款合同的情况及借款人的经营情况进行追踪调查和检查。如果发现借款人未按规定用途使用贷款等造成贷款风险加大的情形,可提前收回贷款或采取相关保全措施。通过实施贷款"三查",有利于贷款人较为全面地了解和掌握借款人经营状况以及贷款的风险情况,及时发现风险隐患,采取相应的风险防范和控制措施,保障银行信贷资金的安全。同时,贷款"三查"制度执行情况,也是在贷款出现风险后,对相关责任人员进行责任追究或免责的重要依据。

8.审贷分离制即把贷款"三查"岗位与人员分开,各司其职,各负其责,具体来说即:贷款调查评估人员负责贷款调查评估,承担调查失误和评估失准的责任;贷款审查人员负责贷款风险的审查,承担审查失误的责任;贷款发放人员负责贷款的检查和清收,承担检查失误、清收不力的责任。

9.信贷工作岗位责任制是指商业银行各级贷款管理部门应将贷款管理的每一个环节的管理责任落实到部门、岗位、个人,严格划分各级信贷工作人员的职责。

10.贷款管理终身责任制是指某笔贷款相关责任人在对其所负责的该笔贷款完全收回前对银行必须永远承担的、不能推卸的责任。它是对贷款相关责任人的责任及其利益实行终身监督管理的办法,也是贷款管理的一项主要内容。制定贷款管理终身责任制的主要目的,是进一步明确贷款管理责任,特别是风险责任,促进信贷从业人员执行制度、秉公守法、谨慎工作、尽职尽责,保证贷款能够安全、有效运转,杜绝不良贷款或者贷款风险发生。

11.建立离职审计制是指商业银行贷款管理人员在调离原工作岗位时,商业银行应当对其在任职期间和权限内所发放的贷款风险情况进行审计。

12.信贷政策,是中央银行根据国家宏观经济政策、产业政策、区域经济发展政策和投资政策,并衔接财政政策、利用外资政策等制定的指导金融机构(商业银行)贷款投向的政策。

13.贷款政策是指商业银行为实现其经营目标,在中央银行制定宏观信贷政策的指导下,制定的指导贷款业务开展的各项方针和措施的总称,也是商业银行贯彻安全性、流动性、盈利性三项原则的具体方针与措施。

练习题

一、名词解释

1.贷款原则   5.贷款分级审批制   9.信贷政策

2.贷款制度   6.信贷工作岗位责任制   10.贷款政策

3.行长负责制   7.贷款管理终身责任制

4.审贷委员会   8.贷款责任人

二、单项选择题

1.贷款的间接责任人,包括贷款(   )。

A.经办人员   B.稽核人员   C.审批人员   D.审查人员

2.以下关于借款人的权利表述错误的是(   )。

A.可以自主向主办银行或者其他银行的经办机构申请贷款并依条件取得贷款

B.有权按合同约定提取和使用全部贷款

C.有权拒绝借款合同以外的附加条件

D.有权向商业银行的上级和中国人民银行反映、举报有关情况

E.不须征得商业银行同意,有权向第三人转让债务

3.商业银行各级机构应建立由行长或副行长(经理、主任)和有关部门负责人参加的(   ),负责贷款的审查。

A.贷款管理部   B.贷款审查委员会

C.贷款审查部   D.贷款检查部

4.商业银行应当审议借款人的借款申请,并及时答复贷与不贷。短期贷款答复时间不得超过(   )。

A.1 个月   B.3 个月   C.4 个月   D.6 个月

5.(   )负责调查环节的所有工作,客户提供的所有资料、材料,必须真实、完整、详细。资料、材料在真实、完整、详细环节出现问题,由(   )负责。

A.调查人员   B.稽核人员   C.审批人员   D.审查人员

三、多项选择题

1.贷款"三查"制是指(   )。

A.贷时检查   B.贷前调查   C.贷后检查   D.贷时审查

2.贷款分级审批制是指商业银行根据各级分支机构(   ),确定各级分支机构的贷款审批权限。

A.业务量大小   B.管理水平

C.贷款风险度   D.贷款人员数量

3.贷款管理责任制包括(   )。

A.行长负责制   B.部门负责制

C.审贷分离制   D.分级审批制

E.离职审计制度

4.商业银行开展贷款业务要遵循（   ）。

A."三性"原则   B.依法合规原则

C.竞争协作原则   D.平等诚信原则

5.信贷政策是中央银行根据（   ）制定的指导金融机构（商业银行）贷款投向的政策。

A.国家宏观经济政策   B.产业政策

C.区域经济发展政策   D.投资政策

四、判断题

1.贷款人是指从经营贷款业务的商业银行取得贷款的法人、其他经济组织、个体工商户和自然人。（   ）

2.贷款调查评估人员负责贷款调查评估，承担审查失误的责任。（   ）

3.借款人可以在一家商业银行同一辖区内的两个或两个以上同级分支机构取得贷款。（   ）

4.借款人作为法人或其他组织向商业银行申请贷款，应当具备的基本条件之一是必须持有中国人民银行核准的贷款卡（号）。（   ）

5.商业银行行长不可以授权副行长或贷款管理部门负责审批贷款。（   ）

五、问答题

1.什么是贷款原则？商业银行贷款原则有哪些？

2.贷款当事人有哪些权利与义务？

3.贷款各个岗位责任人的主要责任是什么？

4.什么是行长负责制、贷款分级审批制、贷款管理终身责任制？

5.信贷政策与贷款政策的主要内容有哪些？

6.商业银行在制定贷款政策时要考虑哪些因素？

第4章
贷款操作规程

学习目的与要求

了解商业银行贷款的操作规程;

掌握借款人申请贷款应当提供的资料;

掌握对借款人借款合法性、安全性、盈利性进行调查的方法,掌握核实借款抵押物、质物、保证人的方法,掌握贷款风险度的计算方法;

掌握贷款审核主要审查内容;

掌握贷后检查主要检查内容。

导入案例

江苏三家企业骗取贷款、票据承兑、金融票证罪二审刑事裁定书

三家企业向银行重复抵押货物,骗取 2.7 亿元贷款后无法归还,造成南京银行等金融机构巨大损失。日前,裁判文书网披露了该起案件了二审判决。判决书显示,朱某先后成立江苏××铜业等三家公司,经营铜杆铜丝、废有色金属等。三家公司经营和办公在同一地点,朱某担任法定代表人,汪某担任总经理负责三家公司生产经营、资金、人事管理及参与重大事务决策。

2013 年 8 月至 2014 年 2 月,三家公司各类铜及含铜材料、车间产品、半产品等库存总量 1 000 吨至 1 600 吨之间。此后,为筹集经营资金,被告人朱某、汪某通过虚报抵押物数量、重复提供同一批抵押物,伪造购销合同、审计报告等手段,多次取得南京银行浦口支行、工商银行丹阳支行、丹阳农商银行后巷支行等六家银行贷款、银行承兑汇票,金额合计人民币 2.71 亿元,均逾期未能偿还。

法院认为,三家被告单位以欺骗手段骗取银行贷款、票据承兑,均造成银行特别重大损失,行为均已构成骗取贷款、票据承兑罪。法院判决对三家公司合计罚款 110 万元,并判处朱某、汪某有期徒刑 5 年。已扣押的 308 万元按比例发还被害单位,尚未退出的赃款继续向三家被告单位追缴后按比例发还被害单位。

资料来源:中国裁判文书网,https://wenshu.court.gov.cn/website/wenshu/181107ANFZ0BXSK4/index.html? docId=8d03d31aa9294f22ba33ab2f00a6b180。

从该案例中我们应当吸取什么教训？该案例中贷款风险主要产生在哪个环节？商业银行贷款操作要遵循哪些步骤？

本章结合企业贷款介绍商业银行贷款的基本操作规程。商业银行企业贷款的基本操作规程主要包括以下步骤：建立信贷关系；贷款申请与受理；贷款调查；贷款审查、审批；签订借款合同；贷款发放；贷后检查；贷款收回；信贷档案管理。下面我们从第一步银行与企业建立信贷关系开始学习。

第一节　建立信贷关系

一、借款人申请建立信贷关系

(一)借款人申请

企业客户首次向贷款银行申请贷款时,应先向银行申请建立信贷关系,填写《建立信贷关系申请书》。见示例 4-1。

示例 4-1

建立信贷关系申请书

××银行＿＿＿＿＿＿＿＿＿＿

我单位为与贵行建立信贷业务关系,特提出申请,并遵守下列条件：

(1)遵守银行信贷、结算制度,流动资金管理制度以及现金、工资基本管理制度。

(2)按时(月、季、年)向银行报送供、产、销计划,财务计划,会计、统计报表及有关资料,并保证向银行提供的有关报表是真实、准确、无误的。

(3)按贷款申请用途使用贷款,专款专用,接受银行监督。

(4)愿在你行开列结算账户,并保持一定的结算存款量。

(5)若违反财经纪律、信贷政策,愿接受银行信贷制裁。

(6)本单位愿为银行检查提供方便。

附：

1.企业法人营业执照复印件(由工商局盖备案用红印章)

2.企业法人代码证书复印件

3.企业基本情况表

4.企业法人代表简历表

5.企业预留印鉴及签字样本

6.董事会人员名单及签字样本(限三资、有限责任公司、股份公司)

7.公司设立合同、章程、验资报告(限三资、有限责任公司、股份公司)

8.企业人民币、外币存款开户情况登记表

9.贷款证内容复印件

10.前两年年鉴财务报表以及近期财务月报表

借贷企业建立信贷关系申请书

单位名称		营业地址	
批准单位		批准文号	
批准日期		登记机关	
营业执照		税务登记号	
注册资金		实收资本	

续表

单位名称		营业地址	
经济性质		经营方式	
法人代表		财务主管	
联系电话		本行账户	
经营范围			

(二)向银行提供资料

借款人向银行提供的资料有:

(1)企业法人营业执照(副本及影印件)和年检证明;

(2)法人代码证书(副本及影印件);

(3)法定代表人身份证明及其必要的个人信息;

(4)近三年经审计的资产负债表、损益表、业主权益变动表以及销量情况。成立不足三年的客户,提交自成立以来年度的报表;

(5)当年近期的财务报表;

(6)本年度及最近月份存借款及对外担保情况;

(7)税务部门年检合格的税务登记证明和近2年税务部门纳税证明资料复印件;

(8)合同或章程(原件及影印件);

(9)董事会成员和主要负责人、财务负责人名单和签字样本等;

(10)若为有限责任公司、股份有限公司、合资合作公司或承包经营客户,要求提供董事会或发包人同意申请贷款业务的决议、文件或具有同等法律效力的文件或证明;

(11)如贷款申请人为非独立法人,应同时提交上级单位的借款授权书;

(12)如贷款申请人为首次申请贷款的三资企业,应同时报送外经贸委管理部门的批准证书、合同、章程及有关批复文件;

(13)股东大会关于利润分配的决议;

(14)现金流量预测及营运计划;

(15)贷款业务由授权委托人办理的,需提供客户法定代表人授权委托书(原件);

(16)其他必要的资料(如海关等部门出具的相关文件等);

(17)对于中长期贷款项目贷款,还须有各类合格、有效的相关核准文件或批准文件,预计资金来源及使用情况、预计的资产负债情况、损益情况、项目建设进度及营运计划;

（18）银行开户许可证、预留印鉴卡和贷款卡。

二、银行受理审查

（一）资料核实

银行接到客户提交的《建立信贷关系申请书》及有关资料后，应及时安排贷款调查人员对客户情况进行核实，对照银行贷款条件，判别其是否具备建立信贷关系的条件。

（二）受理审查

贷款调查人员对上述情况调查了解后，写出书面报告，并签署是否建立信贷关系的意见，提交信贷部门经理、行长逐级审查批准。

三、签订《银企合作协议书》

经行长同意与企业建立信贷关系后，银企双方签订《银企合作协议书》。见示例 4-2。

示例 4-2

银企合作协议书

甲方（企业）：

乙方（银行）：××银行

为建立良好的银企合作关系，促进银企双方的共同发展和长远合作，甲乙双方本着自愿、平等、互利的原则，经充分协商，达成如下协议，并承诺严格遵守本协议中的各项条款，履行各自的义务。

一、乙方愿意将甲方作为重要的基本客户，在法律和金融政策允许的前提下，优先为甲方提供各类信贷资金支持和其他优质金融服务。

二、乙方将根据贷款条件和贷款程序向甲方提供全面的信贷服务，包括流动资金贷款、基本建设贷款、技术改造贷款、储备贷款、房地产贷款、票据承兑和贴现等。

三、乙方将尽力满足甲方合理的流动资金贷款需求。甲方保证保持良好的财务结构，流动比率控制在_____%以上，应收账款周转率控制在_____%以上，资产负债率控制在_____%以下。

四、乙方将积极支持甲方进行基本建设和技术改造。对甲方的被国家有关部门列入计划的项目，将尽快给予评估；对乙承诺的项目，将在年度信贷计划中优先安排，并保证资金及时拨付到位。

五、当甲方建设项目的储备资金周转发生困难时，乙方根据储备贷款条件，优先给予安排。

六、乙方将积极支持甲方开展进出口等国际经济往来业务，为其提供全方位的国际金融服务。

七、甲方愿意将乙方作为主办银行，在乙方开立_____账户，并将_____%的产品销售收入通过该账户办理结算。

八、甲方保证存入乙方_____账户的资金不少于乙方贷款在甲方的所占比例。

九、甲方保证不拖欠乙方贷款本息。如有特殊原因贷款需要展期的，由甲方提出申请,经乙方审核,对符合贷款展期条件的给予展期。

十、甲方保证不挤占、挪用流动资金贷款搞固定资产投资。

十一、甲方保证每月向乙方提供财务报表,并对财务数据的真实性负责。

十二、甲方同意其国际结算业务、代发工资、信用卡业务、职工住房基金、工程预决算审查、项目评估咨询、开发银行贷款和其他银行的委托代理等金融业务,交乙方办理。

十三、本协议生效后,双方应通知并监督所属机构认真执行。

十四、本协议在执行过程中,如发生争议或需要对协议中的有关条款进行修改、补充时,双方应本着平等互利、互谅互让的原则友好协商解决。

十五、甲乙双方在协议有效期内,不得单方终止协议或违背协议条款。

十六、本协议经甲方法定代表人或其委托代理人和乙方负责人或其委托代理人签字并加盖双方公章后生效,有效期为_____年,协议到期后是否续约由双方商定。本协议正本一式两份,甲乙双方各执一份;副本_____份,甲乙双方各执_____份。

甲方(公章):　　　　　　　　　乙方(公章):

代表(签名):　　　　　　　　　代表(签名):

　　　　　　　　　　　　　　　　　　　　　年　　月　　日

四、信用等级评定

按照信用等级评估办法,对已经建立信贷关系的客户进行信用等级评定,评级结果通知客户(客户信用等级评定参考第六章企业信用分析)。

五、测算综合授信额度

按照授信审批制度,对客户的最高综合授信总额进行测算。测算结果不通知客户,内部掌握(授信额度测算参考第十二章信贷授权授信管理)。

在完成上述程序后,客户与银行的信贷关系已经建立。在客户符合信用等级 AA 级,有授信额度的条件下即可根据需要向银行提出贷款申请。

第二节　贷款申请与受理

一、借款申请

借款人应向银行直接提出书面借款申请,说明借款币种、金额、期限、利率、用途、贷款方式、还款方式和借款人基本经营状况以及偿还能力等。

相关知识

开户行

开户行指办理银行账户开户的银行。

一个企业只能在银行有一个基本存款账户,但可以在不同银行有多个一般存款账户,基本存款账户既可以提取现金,又可以办理转账和汇款;一般存款账户只能办理转账或汇款结算业务,不能提取现金。

1.基本存款账户

人民币基本存款账户可办理现金收付和日常转账结算。按中国人民银行账户管理规定,一家企业只能选择一家银行申请开立一个基本存款账户。

开立人民币基本存款账户须向银行交验下列证明文件之一:

(1)工商行政管理部门核发并已通过年检的《企业法人执照》或《营业执照》正本;

(2)中央或地方编制委员会、人事、民政等部门的批文;

(3)主管单位对附设机构同意开户的证明;

(4)军队军级以上、武警总队财务部门的"开户许可证"和"开户证明书";

(5)驻地有权部门对外地常设机构的批文。

此外,企业法人还需提交国家技术监督局颁发的《企业代码证》。

2.一般存款账户

一般存款账户可办理转账结算和现金缴存,但不能办理现金支取和代发工资业务。单位可在已开立基本存款账户以外的银行开立此账户;或虽为非独立核算单位,因与主管单位不在同一地点,为单独办理结算业务的需要,经主管单位批准,可申请开立此账户。

开立一般存款账户须具备的资料与基本存款账户相同。

二、借款申请的受理

银行贷款调查部门负责接受借款申请,并对借款人基本经营状况及项目可行性进行初步调查。根据初步调查结果和银行资金头寸、贷款规模,由开户行负责人决定是否同意受理。对同意受理的借款申请,贷款调查部门通知借款人正式填写借款申请书,见表4 1。

表 4-1 借款申请书

单位:元

借款人全称					
法定地址					
基本账户行	本币		基本账户号	本币	
	外币			外币	
借款币种及金额	(大写)			借款期限	
借款用途					

续表

贷款方式		保证		抵(质)押		信用	
还款资金来源					还款方式		

		年	月	日	金额		年	月	日	金额
分期用款计划						分期还款计划				
	合　计						合　计			

保证人全称	保证担保	保证人全称					
		基本账户行	本币			外币	
		保证人全称					
		基本账户行	本币			外币	
	抵押担保	主要抵押物名称				现值	
		抵押人全称					
	质押担保	主要质物名称				现值	
		出质人全称					

借款申请人 （法人公章） 法定代表人或 授权委托人签名： 　　　　年　　月　　日	是否同意进行贷款调查： 开户行负责人签名： 　　　　年　　月　　日

借款人根据贷款人要求,向银行贷款调查部门提供以下全部或部分资料:

(1)借款人及担保人基本情况。

(2)借款人及担保人营业执照。

(3)有权部门批准的借款人公司章程及有关合同。

(4)有资格部门出具的借款人及担保人验资报告。

(5)中外合资经营等企业(公司)同意借款的董事会决议。

(6)借款人及担保人的法定代表人证明书或法人授权委托书(见示例4-3)。

示例 4-3

法定代表人授权书格式

致:××市政府采购中心

　　兹委托＿＿＿＿＿＿＿先生/女士作为本公司的合法代理人,以本公司名义购买或领取贵中心＿＿＿＿＿＿＿＿＿＿＿＿＿＿项目(项目名称、招标编号)的招标文件。

　　委托期间:本授权书自＿＿年＿＿月＿＿日至＿＿年＿＿月＿＿日有效。

　　委托人名称(公章):　　　　　　　　　　受托人(签章):

法定代表人(签章)：　　　　　　住所：
委托人注册地/营业地：　　　　　身份证号码：
邮政编码：　　　　　　　　　　邮政编码：
电话：　　　　　　　　　　　　电话：
传真：　　　　　　　　　　　　传真：

(7)银行会计部门开具的借款人已开立基本账户或一般存款账户的证明。

(8)财政部门或会计(审计)事务所核准的借款人及担保人上年度财务报告,以及申请借款前一期的财务报告。

(9)借款人原有不合理占用贷款的纠正情况。

(10)抵押物、质物清单和有处分权人同意抵押、质押的承诺书,保证人同意承担连带责任的承诺书。

(11)借款人及保证人年度信用等级证明。

(12)实行贷款卡管理,借款人及保证人持有中国人民银行当地分行颁发的贷款卡。

(13)购销合同、进出口批文及批准使用外汇的有效文件。

(14)生产经营或投资项目取得环境保护部门的许可证明。

(15)医药、卫生、采矿等特殊行业持有有权部门颁发的生产、经营等许可证明。

(16)申请中长期贷款还应提供以下全部或部分资料:

a.有权部门批准的项目建议书、可行性研究报告、项目扩充设计或实施方案、纳入年度固定资产投资计划等有关批文;

b.项目开工前期准备工作完成情况;

c.在开户行存入规定比例资本金的证明;

d.资本金和其他建设资金筹措方案及来源落实的证明材料;

e.申请外币贷款要提供借款人前三年度经会计师事务所审计的年度财务报表;

f.与贷款相关的其他材料。

开户行负责人在借款申请书上签署同意进行贷款调查意见,贷款调查部门对有关资料登记后,开始进行贷款调查认定。

案例

贷款资料中缺少法人授权委托书导致银行资金损失

甲公司以乙公司作保证向银行借入流动资金300万元人民币,期限1年。企业提供的贷款资料中没有"法人授权委托书",而银行审查时没有发现。贷款到期后,甲公司以其财务经办人员未经公司法人代表授权,因而《借款合同》签字无效为由拒不归还贷款。银行诉诸法律,法院也以该公司财务经办人员无权代办为由而判决该《借款合同》无效,银行与乙公司签署的《贷款保证合同》也随主合同无效而无效,银行败诉,不仅无法收回贷款本息,声誉还受到一定影响。

第三节 贷款调查

贷款调查部门根据贷款受理意见及借款人提供的有关资料,及时对借款的合法性、安全性、盈利性等情况进行调查认定,核实抵押物、质物、保证人情况,核实、认定借款人的信用等级,并测定贷款风险度。

一、借款合法性的调查

借款合法性的调查认定,应根据商业银行贷款法律审查的有关规定,重点调查认定以下内容:

(一)借款企业、担保企业的法人资格

调查借款企业、担保企业的法人资格应着重调查借款人是否有固定的生产经营场所,是否有必要的财产或者经费,是否能够独立承担民事责任,借款企业、担保企业法人营业执照是否在有效期限内,是否经工商部门办理了年检手续,是否发生了内容、名称变更,是否已被吊销、注销、声明作废。

(二)借款人、担保人为自然人的资格

对借款人、担保人为自然人的,应调查认定其为完全民事行为能力人;借款人还必须具有中华人民共和国国籍。

(三)保证人资格

重点注意国家机关、学校、幼儿园、医院等以公益为目的的事业单位、社会团体、企业法人的分支机构、职能部门(法人书面授权除外),以及不具备法人资格和偿债能力的主管部门和行政性公司,不得为保证人。

(四)借款人、担保人、授权委托人的真实性和有效性

重点调查认定借款人、担保人法人公章及其法定代表人、授权委托人签名的真实性和有效性,依据授权委托书所载明的代理事项、权限、期限认定授权委托人是否具备签署有关借款法律文件的资格、条件。

相关知识

法人与法定代表人

一、法人

法人是具有民事权利能力和民事行为能力,依法独立享有民事权利和承担民事义务的组织。

《民法通则》第37条规定,法人必须同时具备四个条件,缺一不可。

(一)依法成立,即法人必须是经国家认可的社会组织

在我国,成立法人主要有两种方式:一是根据法律法规或行政审批而成立。如机关法人一般都是由法律法规或行政审批而成立的。二是经过核准登记而成立。如工商企业、公司等经工商行政管理部门核准登记后,成为企业法人。

（二）有必要的财产和经费

法人必须拥有独立的财产，作为其独立参加民事活动的物质基础。独立的财产，是指法人对特定范围内的财产享有所有权或经营管理权，能够按照自己的意志独立支配，同时排斥外界对法人财产的行政干预。

（三）有自己的名称、组织机构和场所

法人的名称是其区别于其他社会组织的标志符号。名称应当能够表现出法人活动的对象及隶属关系。经过登记的名称，法人享有专用权。法人的组织机构即办理法人一切事务的组织，被称作法人的机关，由自然人组成。法人的场所是指从事生产经营或社会活动的固定地点。法人的主要办事机构所在地为法人的住所。

（四）能够独立承担民事责任

指法人对自己的民事行为所产生的法律后果承担全部法律责任。除法律有特别规定外，法人的组成人员及其他组织不对法人的债务承担责任，同样，法人也不对除自身债务外的其他债务承担民事责任。

根据《民法通则》的规定，我国的法人主要有四种：机关法人、事业法人、企业法人和社团法人。

二、法定代表人

《民法通则》规定："依照法律或者法人组织章程规定，代表法人行使职权的负责人，是法人的法定代表人。"这就是说，作为法定代表人必须是法人组织的负责人，能够代表法人行使职权。法定代表人可以由厂长、经理担任，也可以由董事长、理事长担任，这主要看法律或章程如何规定。

法定代表人代表企业法人的利益，按照法人的意志行使法人权利。法定代表人在企业内部负责组织和领导生产经营活动；对外代表企业，全权处理一切民事活动。

法定代表人的权力，是由法人赋予的，法人对法定代表人的正常活动承担民事责任。

法定代表人可以委托他人代行职责。法定代表人在委托他人代行职责时，应有书面委托。法律、法规规定必须由法定代表人行使的职责，不得委托他人代行。

（五）担保的真实性、合法性、有效性

依据有关法律规定和公司章程，审查借款人、担保人的法律组织形式和经营方式；对须经董事会决议同意借款和担保的，确认董事会同意借款决议、担保决议的真实性、合法性、有效性；对须经全体财产共有人书面同意担保的，确认财产共有人同意担保证明的真实性、合法性、有效性。

（六）抵押、质押的合法性

即抵押物、质物清单所列抵押、质押物品的合法性。根据《中华人民共和国担保法》，耕地、宅基地、自留地、自留山等集体所有的土地使用权［《中华人民共和国担保法》第三十四条第（五）项、第三十六条第三款规定的除外］，学校、幼儿园、医院等以公益为目的的事业单位、社会团体的教育设施、医疗卫生设施和其他社会公益设施，所有权、使用权不明或者有争议的财产，依法被查封、扣押、监管的财产，不得抵押。调查认定抵押人、出质人提供的抵押物、质物的权属证明真实、有效，抵押物、质物确为抵押人、出质人所有。

(七)借款用途的合法性

审查认定借款使用是否属核准登记的经营范围,是否用于生产、经营或投资国家明文禁止的产品、项目,是否用贷款从事股本权益性投资、有价证券、期货等《贷款通则》所列禁止的投机性经营项目。审查认定生产经营或投资项目是否取得环境保护部门的许可证明。审查认定中长期借款是否符合国家产业政策和社会发展规划,是否具有政府有权部门批准的项目建议书、项目可行性研究报告、扩建设计,是否纳入年度固定资产投资计划批文。进出口业务是否有政府有关部门的批文,是否有有权部门颁发的医药、卫生、采矿等特殊行业的生产、经营等许可证明。

(八)购销合同的真实性

(九)贷款证的真实性

应对借款人及保证人提供的贷款证(贷款卡)的真实性进行认定,并核实、认定是否按规定办理了年审。

二、借款安全性的调查认定

借款安全性主要调查认定以下内容:

(一)借款人开户情况

调查认定借款申请人已在申请行开立基本账户或一般存款账户,且在其账户内保有不低于贷款余额10%的存款作为结算支付保证。

(二)借款企业经营管理情况

调查借款企业主要经营管理人员的业绩、品行、信用情况。

(三)财务报表的真实性

调查认定借款人及担保人注册资本、固定资产、所有者权益等资产负债情况,以及资产负债表等财务报表的真实性。并计算借款人及保证人资产负债率、流动比率、资产收益率等指标。

(四)贷款担保的有效性

调查保证人的担保能力,抵押物、质物和权利的抵押性能、变现能力,认定其符合商业银行贷款担保管理规定的条件,其中贷款保证人资产负债率不高于70%,保证贷款的最高额不超过保证人资产总额的80%,抵押担保贷款额一般不超过抵押物变现值的80%,质押贷款额一般不超过质物现值的90%。

(五)借款人原应付贷款利息和到期贷款的清偿情况

认定不良贷款数额和结欠贷款利息数额,并分析其成因,认定借款人作出的偿还计划。对在实行承包、租赁、联营、合并、合作、分立、产权有偿转让、股份制改造等体制变更过程中的借款人,应调查认定其已清偿原有贷款债务、落实原有贷款债务或提供相应的担保。

(六)借款人原有贷款情况

调查借款人原有不合理占用贷款及纠正情况。

(七)公司对外股本权益性投资情况

调查认定有限责任公司和股份有限公司对外股本权益性投资情况,认定借款人对外股本权益性投资累计额未超过其净资产的50%。

(八)保证人承担责任情况

调查认定保证人对借款承担连带责任。

(九)抵押的财产情况

调查认定抵押人用以抵押的财产具体明确,不得使用"以全部资产作抵押"的表述。

(十)抵押登记情况

认定抵押登记期限正确、有效,各类抵押物的使用期限、使用寿命长于借款期限。

(十一)借款人实行抵押担保后,是否还另需保证担保

以下两种情况还另需实行保证担保:

(1)借款企业抵押财产变现后不足贷款额的;

(2)抵押财产虽能抵偿贷款额,但还不足以消除贷款风险的。

(十二)信用贷款条件

对申请信用贷款方式的,除对上述有关款项进行调查认定外,还应调查认定借款人同时具备以下条件:

(1)是AAA级信用企业;

(2)贷款数额不超过借款人所有者权益总额;

(3)资产负债率在40%以下;

(4)流动比率在1.5以上;

(5)无不良贷款和应收未收贷款利息。

(十三)中长期贷款条件

对申请中长期贷款的,还应调查认定:

(1)借款人在开户行存入规定比例资本金的真实性;

(2)资本金和其他建设资金筹措方案及来源落实的可行性;

(3)对项目可行性及采购招标情况进行初步调查。

(十四)外币贷款条件

对申请外币贷款的,还须调查认定借款人、保证人承受汇率、利率风险的能力。

三、借款盈利性的调查

借款盈利性的调查内容主要有:

(1)调查认定借款人以往三年的经营效益情况;

(2)调查借款人市场营销情况及拟实现的经济效益和社会效益;

(3)调查借款给银行收入、结算、结售汇、存款等方面带来的效益,分析、预测销售收入归行情况;

(4)调查外币借款人的创汇能力。

四、核实、认定借款人、保证人信用等级

贷款调查部门在对借款合法性、安全性、盈利性等情况进行调查认定的基础上,认定借款人、保证人信用等级。应根据商业银行企业信用等级评定办法,评定借款人、保证人

年度信用等级。对借款人、保证人经营管理状况变化较大的,应进行重新测评,按新的信用等级掌握。对未参加年度信用等级评定的,应依据信用等级评定办法,评定借款人、保证人的信用等级。

五、测算贷款风险度

根据借款人信用等级、申请贷款方式,认定贷款对象和贷款方式的风险系数权重,测算贷款风险度。

要测算贷款风险度,就必须先分析影响贷款风险的因素。其主要有:贷款对象、贷款方式、贷款期限和贷款形态。贷款风险的量度必须是上述四个因素对贷款风险影响程度的综合。

(一)贷款对象

贷款对象是影响贷款风险或者说是保证贷款安全的重要因素。贷款对象对贷款风险的影响程度与企业或项目的信用等级有着十分密切的关系,因此,把贷款对象对贷款风险的影响程度称之为贷款对象信用等级变换系数,简称"变换系数"。根据贷款对象信用等级的不同,贷款对象信用等级变换系数可列成表,见表 4-2 所示。

表 4-2　贷款对象信用等级变换系数表

贷款对象信用等级 (企业信用等级)	变换系数(%)
AAA 级	40
AA 级	50
A 级	60
BBB 级	70
BB 级	80
B 级	100

(二)贷款方式

贷款方式是影响贷款风险或者说是保证贷款安全的基本因素,所以把贷款方式对贷款风险的影响程度称之为贷款方式基础系数,简称"基础系数"。贷款方式大致可以划分为三大类 23 种,三大类是信用贷款、保证贷款、抵押和质押贷款,其中保证贷款根据保证人不同又可划分为 7 种,抵押和质押贷款根据抵押物和质物的不同又可划分为 15 种。贷款方式基础系数与《巴塞尔协议》的贷款风险权数或权重的性质和规定差不多,贷款方式不同,贷款风险差别很大。贷款方式基础系数越小,说明贷款越安全。反之亦然,见表 4-3 所示。

表 4-3 贷款方式基础系数表

对一般企业和个人的贷款	基础系数（%）
（一）信用贷款	100
（二）贷款的担保	
1.商业银行及政策性银行担保	10
2.其他银行担保	20
3.非银行金融机构担保	
（1）全国性非银行金融机构担保	20
（2）省级非银行金融机构担保	50
（3）地(市)级以上非银行金融机构担保	100
4.AAA 级	50
5.AA 级及以下	100
（三）贷款的抵押	
1.现金资产抵押	
（1）黄金	0
（2）本行人民币存单	0
2.有价证券抵押	
（1）股票、股权抵押	100
（2）国债抵押	0
（3）金融债券抵押	10
（4）全国性商业银行及政策性银行承兑汇票贴现	10
（5）区域性银行(含外资银行)承兑汇票贴现	20
（6）商业承兑票据贴现	100
（7）其他可转让的有价证券及权利抵押	50
（8）企业债券的抵押	50
3.居住楼抵押贷款	50
4.其他抵押	
（1）土地使用权抵押	50
（2）房屋及其他建筑物抵押	100
（3）交通运输工具抵押	100
（4）机械设备抵押	100

（三）贷款形态

贷款一旦发放出去,就会形成贷款资产,把贷款资产的占用形态称之为贷款形态,贷款形态对贷款风险的影响程度称之为贷款形态换算系数,简称"期限系数"。贷款形态不同,对贷款风险的影响程度也不同,见表 4-4 所示。

表 4-4　贷款期限换算系数表

贷 款 期 限	期限系数(%)
(一)短期贷款	
期限在半年(含半年)以内	100
期限在半年以上	120
(二)中长期贷款	
期限在一年(含一年)以内	100
期限在一年以上三年(含三年)以内	120
期限在三年以上五年(含五年)以内	130
期限在五年以上	140

相关知识

贷款风险度

贷款风险度就是将影响贷款安全的各个因素通过量化并以系数值作为衡量贷款资产风险程度的尺度。

贷款风险度作为衡量贷款风险程度大小的一把客观的"尺子",可以应用于贷款审、贷、查全过程。它既可以用来决定一笔贷款贷与不贷,也可以用来检查某一家银行或某一个信贷员所管辖的全部贷款的质量高低,还可以用来检查某一个借款企业、企业集团或行业贷款风险程度的大小。贷款风险度如果运用得当,既可以制约"以贷谋私",提高贷款的决策水平,又能使信贷结构调整落到实处,也便于银行内部对信贷管理工作进行考核和奖惩。

贷款风险度通常大于零小于1,贷款风险度越大,说明贷款本息按期收回的可能性越小;反之,贷款风险度越小,说明贷款本息按期收回的可能性越大。

贷款风险度是一个复合事件的概率,也就是贷款对象、方式、期限、形态四个独立事件的概率乘积。

用公式表示为:

单笔贷款风险度=变换系数×基础系数×期限系数

单笔贷款风险额=贷款金额×该笔贷款风险度

$$综合贷款风险度 = \frac{\sum 单笔贷款风险额}{\sum 单笔贷款金额}$$

商业银行依据下述公式判定一个企业、部门和辖区的全部贷款资产风险:

$$全部贷款资产风险度 = \frac{\sum 贷款风险权重资产}{\sum 贷款金额}$$

商业银行将全部贷款资产风险度大于 0.6 的企业、部门、辖区列为高风险对象,并实行严格监管。

六、填写借款人基本情况调查表,撰写贷款调查报告

贷款调查查账结束后,应填写借款人基本情况调查表(表 4-5)和贷款审查、审(报)批表(表 4-6),撰写贷款调查报告。

表 4-5 借款人基本情况调查表

贷款调查人: 调查(信贷) 部门经理: 年 月 日 金额单位:

借款人全称						
法定地址						
注册资本金			年度信用等级			
基本账户号	本币		基本账户号	本币		
	外币			外币		
本行存款账号	本币					
	外币					
营业执照号码		有效期限	是否已年检		是否变更	
法定经营范围			是否需生产(经营)许可证			
生产许可证号码			经营许可证号码			
企业性质		借款是否需董事会决议		董事会决议的有效人数		
法定代表人证书编号			授权委托书编号			
是否有法定代表人或授权委托人签名			式样			
贷款卡号			是否已年审			
自然人国籍		年龄		是否具有完全民事行为能力		
上年末财务状况	资产总额		有效资产			
	负债总额		或有负债			
	所有者权益		总收入			
	利润		税金			
上年末贷款情况	全部借款余额	本币	本行贷款余额	本币		
		外币		外币		
	本行中长期贷款余额	本币	本行存款余额	本币		
		外币		外币		
	结欠本行贷款利息	本币	逾期贷款	本币		
		外币		外币		
	呆滞贷款	本币	呆账贷款	本币		
		外币		外币		

续表

主要经营管理人员基本情况	法定代表人或自然人	姓名		性别		年龄		学历		身份证号码	
		主要简历、工作业绩及不良记录：									
	总经理或经理	姓名		性别		年龄		学历		身份证号码	
		主要简历、工作业绩及不良记录：									
	财务主管	姓名		性别		年龄		学历		身份证号码	
		主要简历、工作业绩及不良记录：									
备注											

表 4-6 贷款审查、审(报)批表

金额单位：

借款人全称							
申请借款币种及金额			(大写)				
借款期限			贷款方式			还款方式	
贷款调查认定	借款合法性认定	法定代表人或授权委托人签名的有效性			法人公章的有效性		
		借款是否需董事会决议		同意决议人数		董事会决议的有效性	
		进出口批文文号		进出口批文是否有效		贷款证是否真实	
		借款用途					
		购销合同是否真实			借款使用是否合法		
		其他认定					

续表

贷款调查认定	借款安全性调查认定	内容		报告期	比上年同期	内容		报告期	比上年同期
		总资产				销售收入			
		总负债				利润			
		对外股本权益性投资				销售利润率			
		资产负债率				资产收益率			
		流动比率				应收账款周转率			
		速动比率				贷款归行率			
		内容		报告期	比上年末	内容		报告期	比上年末
		本行贷款余额	本币			正常贷款	本币		
			外币				外币		
		次级贷款	本币			可疑贷款	本币		
			外币				外币		
		损失贷款	本币			结欠利息	本币		
			外币				外币		
		其他认定							
	借款效益预测分析								
	借款合法性安全性效益性综合分析								
	借款人年度信用等级				报告期信用等级				

续表

贷款调查认定	担保合法性认定	担保人全称							
		保证人营业执照号码			有效期限			执照是否已年检	
		保证人是否具有保证担保资格				法定代表人证明书编号			
		授权委托书编号				法定代表人或授权委托人签名是否有效			
		法人公章的有效性			担保是否需董事会决议			董事会决议是否有效	
		保证人贷款证号码			贷款证是否真实			贷款证是否年审	
		主要抵(质)押物名称				是否附有抵(质)押物清单			
		抵(质)押物是否合法				权属证明是否有效			
		其他认定							
	保证担保安全性调查认定	内容	报告期	比上年末	内容		报告期	比上年末	
		总资产			资产负债率				
		有效资产			流动比率				
		总负债			速动比率				
		其中:银行借款			销售利润率				
		销售收入			资产收益率				
		利润			或有负债				
		其他调查							
		保证人年度信用等级				报告期信用等级			
	抵(质)押安全性调查	抵(质)押原值			净值			评估值	
		评估单位							
		抵(质)押借款额				差额			
		是否用全部资产抵押				是否需另提供担保			
		其他调查							

续表

贷款调查认定	担保合法性安全性分析	
	其他调查认定	
	贷款对象风险权重		贷款方式风险权重		该笔贷款风险度	
	借款风险综合评价	
	调查岗签名				年　月　日
	贷款调查部门经理签名				年　月　日
贷款审查	贷款资料完整性审查意见	
	对调查认定意见的审查意见	
	授信额度使用情况审查意见	
	复测借款人信用等级		贷款方式风险权重		贷款风险度	
	贷与不贷建议及理由	
	贷款要素建议	币种及金额		期限		贷款方式	
		利率		科目		还款方式	
	贷款审核人签名				年　月　日
	贷款审核(信贷)部门经理签名				年　月　日

续表

贷款审报批	办事处审(报)批意见: （公章） 主任签名: 　　　　年　月　日	支行审(报)批意见: （公章） 行长(信贷经理)签名: 　　　　年　月　日
	地(市)分行审(报)批意见: （公章） 行长(信贷经理)签名: 　　　　年　月　日	省(市)分行审(报)批意见: （公章） 行长(信贷经理)签名: 　　　　年　月　日
	总行审批意见: （公章） 行长(信贷部总经理)签名: 　　　　　　　　年　月　日	

第四节　贷款审查审批

一、贷款审查(风险评估)

贷款审核部门根据移交的有关资料,审查核准贷款调查部门提出调查认定意见的准确性、完整性、合理性,复测贷款风险度,并提出贷与不贷的建议。

贷款审核部门主要审查、核准以下内容:

(一)资料的完整性

审查调查部门移交的有关借款人资料、贷款调查认定资料以及项目评估机构撰写的项目评估报告等资料的完整性。

(二)调查认定意见的合理性、准确性

依据有关法规、政策、制度,逐项核准调查岗调查认定意见的合理性、准确性。

(三)复测信用等级、贷款风险度

复测借款人、保证人信用等级和该笔贷款风险度。

(四)审核借款人授信额度

依据商业银行授信额度管理办法,审核借款人授信额度(包括本外币贷款、贴现、信用卡透支、承兑、国内外信用证、对外担保、进出口押汇和担保提货等)使用情况。

根据审查结果,提出贷与不贷以及贷款币种、期限、金额、利率、贷款方式、还款方式等建议。

对贷款调查部门、项目评估机构移交资料不全、调查认定意见不完整不准确的,贷款审核部门将有关材料退回贷款调查部门、评估机构。

审核结束后,贷款审核部门填写贷款调查、审查、审(报)批表贷款审查部分,并连同有关资料交本部门登记。登记后,移交贷款审查委员会、贷款决策岗位。

资料

××商业银行法人客户最高综合授信额度计算

一、单一法人客户最高综合授信额度计算方法

(1)核定客户负债的合理值

客户负债合理值＝总资产×70％

(2)核定客户信用合理值

客户信用合理值＝客户负债合理值－客户负债总额

(3)核定最高综合授信额度参考值

最高综合授信额度参考值＝客户信用合理值×信用等级参数＋本行现有信用余额

信用等级	等级参数
AAA	1
AA	0.8
A	0.6
BBB	0.4
BB	0.2
B	0.1

(4)通过对客户所处行业、发展前景与本行单一法人客户信用总量的适度性等情况进行定性分析,最终核定最高授信额度。

二、集团客户最高综合授信额度计算方法

(1)按单一法人客户的计算方法算出各成员法人单位的最高授信额度参考值。

(2)根据各成员法人单位相互担保、关联交易情况,分析来自关联成员法人单位的潜在风险和在整体中所处的地位进行定性调整,核定各成员法人单位的最高授信额度。

(3)采用整体合并报表数据,按照单一法人客户的最高授信额度的方法计算出整体的最高授信额度参考值,结合各成员法人单位的最高授信额度,核定企业集团整体的最高授信额度。

三、事业法人客户最高综合授信额度计算方法

未实行企业化改制的事业单位参照本方法核定最高授信额度,已实行企业化改制的则按企业法人客户的规定计算最高授信额度。

$$参考值＝\frac{近三年事业性收费资金}{自留部分平均值}＋\frac{财政专项}{拨款}×\frac{拨款主体}{级别参数}＋\frac{年度经}{费结余}$$

拨款主体级别	级别参数
县级财政	0.5
市级财政	0.7
省级以上财政	1

根据国家对事业单位的改革进程,考虑事业经费的划拨政策,了解企业化改革后国家有关逐步削减事业经费等政策对客户事业经费收入的影响程度和上述资金是否受用途限制、可否用于偿还信用等因素,结合本行单一法人客户信用总量的适度性等情况,对参考值进行定性分析调整,最终核定最高授信额度.

二、贷款审批

当前商业银行实行行长领导下的贷款审查委员会(小组)制度,贷款审查委员会(小组)对贷款进行终审。贷款审查委员会(小组)依据有关经济、金融法规和信贷管理政策、制度,最终确定贷款风险度,提出贷与不贷以及贷款币种、金额、期限、利率、贷款方式、还款方式等审查意见,并填写贷款审查委员会(小组)审查意见表(见表4-7)。

表4-7　贷款审查委员会(小组)审查意见表

主持人		时间		记录员	
审查内容					
参加人					
贷款审查意见					
同意上述意见人签名					
不同意上述意见人签名					
不同意理由:					
贷款审查委员会(小组)主任签名				年　　月　　日	

贷款审批由各级行的贷款决策岗负责,贷款决策岗位由各级行长或行长授权人承担。

贷款实行分级审批制度。依据商业银行贷款授权管理办法,各级行长或行长授权人在授权范围内进行贷款审批。对超出审批权限的贷款提出呈报意见,并填写贷款调查、审查、审(报)批表审(报)批部分,连同有关资料,呈报上级行。

上级行根据贷款审批授权,进行贷款审批,并将审批结果正式通知下级行。

各级贷款决策岗位将贷款审批结果通知本行贷款调查、审查部门、贷款审查委员会(小组)。

贷款调查部门通知借款人借款审批结果。

贷款调查部门应及时答复借款人借款审批结果,短期贷款答复时间不得超过一个月,中期、长期贷款答复时间不得超过六个月。

对提交、上报资料存有疑义的,上级行和本行贷款审查委员会(小组)、决策岗位将有关资料退回,责成有关分(支)行、部门重新进行贷款调查、评估、审查、呈报。

第五节 签订借款合同

一、约定签约

实践中,由贷款调查部门与借款人约定签约事宜。

调查部门规范填写借款合同(含附件)有关内容,并由本部门逐项复核。由行长或行长授权人与借款人、担保人正式签订借款合同、抵押合同、质押合同、保证合同。

资料

抵押合同

合同编号:_____

合同签订日期:_____

合同签订地点:_____

抵押人(以下称甲方):_____

抵押权人(以下称乙方):_____

为确保_____号合同(以下简称主合同)的履行,甲方愿意以自有财产作抵押。乙方经审查,同意接受甲方的财产抵押。甲、乙双方经协商一致,按以下条款订立本合同:

第一条 甲方用作抵押的财产(详见抵押财产清单)。

第二条 本合同项下抵押财产共作价(大写)人民币____万元整,抵押率为____%,实际抵押额为____万元整。

第三条 甲方应妥善保管抵押物,在抵押期间负有维修、保养、保证完好无损的责任,并随时接受乙方的检查。

第四条 抵押财产中的_____必须由甲方办理财产保险,并将保险单交乙方保存。

第五条 在本合同有效期内,甲方不得出售和馈赠抵押财产;甲方迁移、出租、转让、再抵押或以其他任何方式转移本合同项下抵押财产的,应取得乙方书面同意。

第六条 抵押财产意外毁坏的风险承担:_____

第七条 本合同项下有关公证、保险、鉴定、登记、运输、保管等费用由甲方承担。

第八条 本合同生效后,如需变更合同条款,应经抵押人同意并达成书面协议。

第九条 本合同有效期内,甲方如发生分立、合并,由变更后的机构承担或分别承担本合同项下义务。甲方被宣布解散或破产,抵押财产由乙方提前处分,以所获价款优先受偿。

第十条 出现下列情况之一时,乙方有权依法定方式处分抵押财产。

1.主合同约定的偿债期限已到,债务未依约偿还或所延期限届满仍不能偿还;或

2.债务人被宣告解散、破产;或

3.债务人死亡而无继承人履行合同。

处理抵押财产所得价款,不足以偿还债务和费用的,乙方有权另行追索;价款偿还债务还有余的,乙方应退还给甲方。

第十一条 主合同债务人按期偿还债务的,抵押权终止。经抵押登记的财产,乙方应偕同甲方到登记机关办理核销登记。

第十二条 本合同生效后,甲、乙任何一方不得擅自变更或解除合同,需要变更或解除合同的,应经双方协商一致,达成书面协议。协议未达成前,本合同条款仍然有效。

第十三条 违约责任:

1.因甲方保管不善,造成抵押财产毁损,乙方有权要求甲方恢复抵押财产原状,或提供经乙方认可的抵押财产。

2.甲方违反本合同第五条规定,擅自处分抵押财产的,乙方视情况要求甲方恢复原状,并可提前收回主合同项下的债权,并可要求甲方支付该债权总额_____%的违约金。

3.甲方隐瞒抵押财产存在共有、产权争议、被查封、被扣押或已经设定过抵押权权限等情况而给乙方造成经济损失的,应予赔偿。

4.甲、乙任何一方违反本合同第十二条规定,应向对方支付主合同项下被担保总额____%的违约金。

5.本合同有效期内,未经抵押人同意,变更主合同条款或转让主合同项下的权利义务的,甲方可自行解除本合同。

第十四条 争议解决方式:

凡因本合同引起的或与本合同有关的任何争议,双方应友好协商解决。协商不成,应提交中国国际经济贸易仲裁委员会,按照申请仲裁时该会实施的仲裁规则进行仲裁。仲裁裁决是终局的,对双方均有约束力。

第十五条 双方商定的其他事项:

1._____。

2._____。

3._____。

第十六条 本合同由甲、乙双方法定代表人或主要负责人签字并加盖单位公章,并经登记后生效。

第十七条 本合同正本一式_____份,甲、乙双方各执一份。

甲方:(印章)_____ 乙方:(印章)_____

授权代表(签字):_____ 授权代表(签字):_____

____年___月___日 ____年___月___日

附:

抵押财产清单:_____

抵押人名称:_____

地　　址:_____

电话/传真:_____

抵押物名称:_____

规格:

单位:

数量:

账面原值:

抵押现值:

折扣率:

抵押价值:

存放地点:

保险单:

原值:

净值:

保险号码:

起止时间:

二、办理登记和财产保险

抵押人、出质人按合同要求依法向有权部门办理抵押物、质物登记和财产保险,向银行贷款调查部门出具、移交合法的抵押物所有权或使用权证书、抵押(质)物登记凭证、保险单、银行停止支付存单证明等凭据。

相关知识

机动车、动产抵押登记

一、机动车抵押登记

机动车抵押登记是指抵押人(机动车所有人)将已注册登记的机动车作为抵押物,凭借与抵押权人签订的有效合同,与抵押权人一起向机动车管辖地交警部门车辆管理所申请登记的行为。经审查符合办理抵押登记的,《机动车登记证书》交抵押权人持有。抵押登记的车辆,不得办理过户、转入、转出等发生财产转移的登记,车辆办理发动机、车架变更等登记必须征得抵押权人,即《机动车登记证书》持有人的同意。车辆因抵押合同等债权、债务纠纷造成的财产转移,需要办理有关登记的,必须向公安部门出具相关部门提供的资料。例如:甲方在资金不足的情况下,将自己所有的机动车作为抵押物,向乙方借款,甲乙双方签订了有效的抵押合同,并向公安机关申请登记。公安机关办理车辆抵押登记后,如果合同未解除,不能办理车辆所有权变更的过户、转入、转出等车辆登记业务。甲、乙双方因合同纠纷需对车辆的所有权办理变更的,必须提供法院判决或其他证明材料。

将车辆作为抵押物,办理抵押登记后,既降级了银行的贷款风险,又满足了群众资金不足情况下的需求。

二、动产抵押登记

中华人民共和国国家工商行政管理总局令第 30 号《动产抵押登记办法》(2007 年 10 月 12 日实施)第二条规定:"企业、个体工商户、农业生产经营者以现有的以及将有的生产设备、原材料、半成品、产品抵押的,应当向抵押人住所地的县级工商行政管理部门(以下简称动产抵押登记机关)办理登记。经登记,不得对抗善意第三人。"动产抵押登记可由抵押合同双方当事人共同向动产抵押登记机关办理,也可以委托代理人向动产抵押登记机关办理。

三、移交质物

出质人还应在合同规定时间内向贷款调查部门移交质物。

请注意外币贷款签订借款合同后,借款人须凭借款合同及有关材料到当地外汇管理部门办理贷款登记及开立贷款户和还本付息账户等手续。

四、登记归档

贷款调查部门在确认借款合同内容、印章、签名等无误后,登记借款合同登记簿,并将借款合同及有关凭据归档(见表 4-8)。

表 4-8　借款合同登记簿

支行　　　　　　　　　　　　　　　　　　　　　　　　　　　　填表人:

借款合同编号	借款人名称	借款种类	合同金额	起止日期		贷款展期		本息收回日期	备注
				起	止	时间	金额		

需要办理借款合同登记的,贷款调查部门依法到有关部门办理登记。贷款调查部门按制度规定,将有价单证、抵押登记凭证、权利证书等重要凭证移交财会部门保管。

相关知识

《中华人民共和国民法典》关于抵押权的规定

第三百九十九条 【禁止抵押的财产范围】下列财产不得抵押:

(一)土地所有权;

（二）宅基地、自留地、自留山等集体所有土地的使用权，但是法律规定可以抵押的除外；

（三）学校、幼儿园、医疗机构等为公益目的成立的非营利法人的教育设施、医疗卫生设施和其他公益设施；

（四）所有权、使用权不明或者有争议的财产；

（五）依法被查封、扣押、监管的财产；

（六）法律、行政法规规定不得抵押的其他财产。

资料来源：新华网，http://www.xinhuanet.com/politics/2020lh/2020-06/01/c_1126061072_2.htm。

第六节　贷款发放与支付

银行按借款合同规定的生效日期办理贷款发放手续。

一、通知借款人提出用款计划，并填报借款用款申请书

对最高额贷款和中长期项目贷款，贷款调查部门应通知借款人提出用款计划，并填报借款用款申请书（见表4-9）。

表4-9　借款用款申请书

单位：元

借款人全称						
项目名称						
借款合同号		批准借款总额		批准最后还款日期		
本次用款前已借金额			本次申请用款金额			
本次借款计划	用途	规格及数量	金额	还款计划	还款日期	还款金额
借款申请人： （法人公章）　　法定代表人或授权委托人签名： 　　　　　　　　　　　　　　年　月　日						

续表

贷款调查意见	调查人签名： 　　　年　　月　　日	调查部门经理签名： 　　　年　　月　　日
贷款审查	审查意见	
	审查建议	用款金额： 还款日期安排：
	审查人：　　年　　月　　日	审查(信贷)部门经理：　　年　　月　　日
贷款审报批	意见： 　　　　(公章) 行长(信贷经理)签名： 　　　年　　月　　日	意见： 　　　　(公章) 行长(信贷经理)签名： 　　　年　　月　　日

根据购销合同和合理工期以及资本金、其他建设资金到位情况,贷款调查部门调查、审核部门审核借款用款计划的可行性。

决策岗位按照贷款审批权限审批、上报。

二、填写借款借据

经贷款调查部门认定借款合同生效后,贷款调查部门与借款人约定签订借款借据。会计部门审查借据后,办理放款账务。

三、贷款支付

银行在发放贷款前须确认借款人满足合同约定的提款条件,并按照合同约定,通过银行受托支付或借款人自主支付的方式对贷款资金的支付进行管理与控制,监督贷款资金按约定用途使用。

银行受托支付是指银行根据借款人的提款申请和支付委托,将贷款通过借款人账户支付给符合合同约定用途的借款人交易对象。

借款人自主支付是指银行根据借款人的提款申请将贷款资金发放至借款人账户后,由借款人自主支付给符合合同约定用途的借款人交易对象。

对新建立信贷业务关系且信用状况一般的借款人,若支付对象明确且单笔支付金额较大,银行原则上应采用贷款人受托支付方式。

四、建立、登记贷款登记簿

贷款调查部门、贷款检查部门分别逐户建立、登记贷款登记簿。贷款调查部门将借款借据专门保管。贷款调查部门、贷款审查委员会(小组)将资料原件登记后,移交贷款检查部门。重要资料复印后,留存归档。

第七节 贷后检查

一、贷后检查主要内容

贷款检查部门负责对贷款使用情况进行检查。在贷款发放 15 天内,应对贷款使用情况进行第一次跟踪检查,并填写贷后第一次跟踪检查表(见表 4-10)。

表 4-10 贷款跟踪检查表

检查时间:　　年　　月　　日　　　　　　　　　　　　　　　单位:元

借款人全称					
批准贷款币种及金额		(大写)			
贷款合同生效日期		贷款发放日期		发放金额	
内　容	贷款期限	贷款方式	贷款利率	贷款用途	还款方式
批　准					
实　际					
借款人确认意见	(法人公章) 法定代表人或授权委托人签名: 　　　　　　　年　　月　　日				
贷款资料合法性和完整性检查意见					
贷款程序运作检查意见					
借款借据合规性检查意见					
抵(质)押物保管情况检查意见					
配套资金到位情况检查意见					
其他检查意见					
存在主要问题及处理建议	检查人签名:　　　　　　　贷款检查部门经理签名: 　　　　年　　月　　日　　　　　　　　　　年　　月　　日				
处理意见	行长签名: 　　　　　　　　　　　　　　年　　月　　日				

贷后第一次跟踪检查主要检查内容：

1.贷款资料的合法性、真实性、完整性；

2.贷款运作规范情况；

3.贷款是否按合同要求按期发放；

4.贷款使用主体是否是借款合同规定的借款人；

5.借款人是否按规定用途使用贷款，有无挤占挪用贷款的现象；

6.中长期贷款项目资本金及其他建设资金到位情况；

7.抵押物、质物保管情况。

二、贷款贷后定期检查

贷后定期检查贷款运行情况，填写贷款贷后检查表（见表4-11）。

对大额贷款和项目贷款，还应撰写贷后检查报告。贷款贷后定期检查主要检查以下内容：

(1)借款人和保证人经济效益以及财务状况；

(2)借款人到期贷款和应付利息的清偿情况；

(3)中长期贷款项目配套资金到位情况；

(4)贷款的实际用途；

(5)抵押物、质物的保管情况；

(6)借款人组织形式、法人代表变更以及债权债务变动情况。

表 4-11　贷款贷后检查表

检查时间：　　年　　月　　日　　　　　　　　　　　　　单位:元

借款人全称							
		内容	报告期	比上年末	内容		报告期	比上年末
贷款运行情况	贷款余额	本币			正常贷款	本币		
		外币				外币		
	次级贷款	本币			可疑贷款	本币		
		外币				外币		
	损失贷款	本币			结欠利息	本币		
		外币				外币		
	贷款归行率				贷款风险度			
借款人生产经营情况分析		内容	报告期	比去年同期	内容		报告期	比去年同期
	销售收入	本币			流动比率			
		外币			速动比率			
	利润(亏损)				资产负债率			
	销售利润率				资产收益率			

续表

借款用途 检查意见	
借款人 确认意见	（法人公章） 法定代表人或授权委托人签名： 　　　　　　　　　　　　　　年　　月　　日
保证人 生产经营 情况分析	
抵、质押物 保管情况 检查意见	
风险综合 评价意见	
存在的主 要问题及 处理建议	检查人签名：　　　　　　　　　信贷部门经理签名： 　　年　　月　　日　　　　　　　　　年　　月　　日
处理意见	行长签名 　　　　　　　　　　　　　　　年　　月　　日

案例

信贷员违规操作　银行损失 900 万

基本案情：

2003 年下半年,傅军的朋友童某打算同别人合作购买油船,因资金短缺欲向傅某所在的某银行贷款。2004 年 1 月,傅军替童某伪造了一本假房产证用作贷款抵押,向该某银行贷款 30 万元,童某给了傅军 1 万元。同年 11 月中旬的一天,童某提前将 30 万元现金交给傅军还贷,同时又给了傅军 1 万元好处费。2005 年 1 月,傅军再次违规操作帮助童某申请贷款 30 万元,童某又给了他 1 万元。

2004 年开始,傅军决定去股市里淘金。由于当时手头没有资金,他凭着自己经手信贷业务的便利,骗取了第一笔贷款 20 万元,打入以自己名义在证券公司开立的证券账户。从 2004 年 4 月至 2006 年 12 月,他先后 28 次冒用他人名义并用假房产证等证件作抵押向某银行申请贷款,共非法取得贷款 840 万元。2007 年 1 月,傅军又通过冒名申请开立个人银行结算账户,私自截留两笔贷款共计 50 万元。傅军将大部分钱抛入股市,每月的股票交易量少的也有一两百万元,2006 年后,每月成交量多的可达上千万元。三年来,傅军挪用本单位资金共计人民币 767 万余元,侵吞本单位资金共计人民币 146 万余元。

案例分析:

随着银行各项业务的发展,各类违规行为呈上升趋势,违规案例分析表明,缺乏必要的监管是造成业务违规操作的主要原因。39 岁的傅军 2003 年开始担任某银行营业部的信贷员,仅仅是一个普通的信贷员,三年来竟能利用职务之便侵吞、挪用资金 900 多万元。本案案发是由于 2007 年 3 月初,银行根据上级要求对贷款业务进行全面清理。傅军利用假房产证作抵押违规操作,手法并不高明,但之所以持续三年,主要是由于银行下放权力过大,没能定期对信贷资产进行清查,使傅某之类的不法分子有生存空间。

三、中长期贷款项目贷后评价

对中长期贷款项目,还应根据商业银行中长期贷款项目管理办法,进行项目建设期管理和营运期管理,并填写中长期贷款项目竣工报告表,撰写项目竣工报告,报送贷款项目审批行。

对贷款项目在竣工投产并达到设计能力一年后或竣工投产两年仍未达产的,原贷款审批行应按照商业银行中长期贷款项目后评价办法,组织进行贷款项目后评价,写出后评价报告,报送审批行行长和贷款审查委员会(小组)。后评价主要内容有:

(1)项目建设实施后评价,并编制项目建设实施概况表、固定资产投资超概算原因分析表、项目投资来源变动表;

(2)项目生产经营后评价;

(3)项目管理水平和资信后评价;

(4)项目财务效益后评价,并编制成本分析表、损益分析表、贷款偿还期计算分析表、财务现金流量分析表、外汇平衡分析表;

(5)贷款风险后评价。

贷款检查部门将贷款检查情况及处理意见或建议,呈报行长。对检查中发现的贷款运作问题,行长责成审计稽核部门核实后,依据贷款管理岗位责任制和有关处罚办法,提出相应处理意见。对发现借款人违约的,经行长或信贷部门负责人同意后,对借款人给予相应的信贷制裁,贷款检查部门填写商业银行信贷制裁通知书,并通知借款人。贷款检查部门将贷后检查资料归档。

第八节　贷款收回

贷款检查部门在短期贷款到期前 7 天、中长期贷款到期前 30 天向借款人签发贷款到期通知书(见示例 4-4),并通知担保人。

示例 4-4

贷款到期通知书

_____公司：

　　贵公司于_____年____月____日与银行签订的贷款合同贷款金额为_____。按合同还款计划规定,本期还款将于_____年____月____日到期,还款金额为_____。希望贵公司做好还款准备,按时来银行办理还款手续,否则将作逾期贷款或违约处理。

　　特此通知!

_____分行

日期：_____年____月____日

　　开户行依据借款合同约定从借款人账户上划收贷款本金和利息。借款人能按期归还贷款本息的,会计部门填写贷款收回凭证收账。贷款调查部门、贷款检查部门凭此登记贷款登记簿,贷款调查部门登记借款合同登记簿,贷款检查部门通知贷款决策岗位。

　　借款人不能按期还清贷款需要展期还款的,必须在贷款到期前15天向开户行提出展期申请,填写借款展期申请书(见表4-12),并出具保证人、抵押人、出质人同意担保的书面证明。经贷款调查部门调查、审核部门审查、决策岗位批准后,签订展期还款协议书,并报原贷款审批人备案。

表 4-12　借款展期申请书

借款人(全称)		贷款账户账号	
原借款合同编号		原担保合同编号	
到期借款金额	(币种及金额大写)		
申请展期金额	(币种及金额大写)		
原借款期限	年　　月　　日至　　　年　　月　　日		
申请展期期限	年　　月　　日至　　　年　　月　　日		
申请展期原因及还款措施	申请人(盖章) 法定代理人或授权代理人　　　　　　　年　　月　　日		
担保人意见	担保人(盖章) 法定代理人或授权代理人　　　　　　　年　　月　　日		

　　外币贷款展期须到原国家外汇管理登记部门重新办理登记手续,贷款偿还完毕后,借款人应及时到原国家外汇管理登记部门办理登记注销手续。

借款人要求提前归还贷款的,借款人应与开户行协商,报经行长或行长授权人同意后,贷款检查部门通知办理贷款提前还款手续。

对借款人未申请展期或申请展期未得到批准而不能按期归还的,从到期日次日起,会计部门将贷款转入逾期贷款账户,并通知贷款检查部门、贷款调查部门。逾期贷款催收通知书见示例 4-5。

贷款检查部门将有关资料归档。

示例 4-5

××银行逾期贷款催收通知书

第_____号

_____：

根据您与银行签订的《_____借款合同》(合同编号：_____)的约定,截至_____年____月____日,您已拖欠银行借款本金_____元、利息_____元、罚息_____元未予偿还,请您在收到本通知书之日起七日内到银行偿还以上所欠借款。逾期本行将根据《借款合同》的约定以及相关法律、法规的规定,采取提前解除《借款合同》、委托律师通过诉讼或非诉讼等方式向您催收欠款。届时由此产生的包括但不限于诉讼费、律师费、评估费、拍卖费、执行费等实现债权的费用,将完全由您自行承担。

特此通知!

××银行××支行

_____年____月____日

回　执

××银行××支行：

贵行发来的第_____号逾期贷款催收通知书收悉,本人已完全清楚该通知书所告知事项。本人承诺将完全遵照与贵行签订的《借款合同》以及该通知书的要求履行还款义务,逾期本人将自愿承担所有的法律责任及不利后果。

此致!

借款人(或连带债务人)：

_____年____月____日

第九节　信贷档案管理

一、信贷档案管理

信贷部门应建立、管理信贷档案。贷款调查部门、贷款检查部门按借款人分别建立信贷档案。

二、信贷档案内容

信贷档案主要包括：借款人及担保人的资料档案、贷款运作资料档案。

三、信贷资料积累

信贷部门要逐步积累以下资料：

（1）国家经济、金融方针、政策、发展规划；各种经济、金融法规；有关部门对企业的生产、经营、财务等方面的管理制度等。

（2）国家或本地区公布的经济统计资料；重点行业及主要商品购销存情况及市场信息资料；中国人民银行的信贷统计资料等。

在积累资料时，要按下述要求进行规范管理：

（1）原始材料账册化。对企业提供、银行形成的数字、文字资料，按户分类编号，按年装订成册。

（2）必备资料标准化。必备的信贷资料，要按统一设计的表格填报，做到字迹清晰、数字准确、内容完整、口径一致。要及时将贷款有关数据、资料及借款人经济档案、信息录入电脑数据库，及时上网传输。

（3）移交档案制度化。档案管理人员调动时，档案资料要办理移交手续，并由有关领导监督移交。

本章小结

1.借款申请是指由借款人向开户银行直接提出书面借款申请，说明借款币种、金额、期限、利率、用途、贷款方式、还款方式和借款人基本经营状况以及偿还能力等。

借款申请受理是指由开户行贷款调查部门接受借款申请，并对借款人基本经营状况及项目可行性进行初步调查，根据初步调查结果和银行资金头寸、贷款规模，由开户行负责人决定是否同意受理。

2.贷款调查是指由贷款调查部门根据贷款受理意见及借款人提供的有关资料，及时对借款的合法性、安全性、盈利性等情况进行调查认定，核实抵押物、质物、保证人情况，核实、认定借款人的信用等级，并测定贷款风险度。

3.贷款审查是指由贷款审核部门根据移交的有关资料，审查核准贷款调查部门提出的调查认定意见的准确性、完整性、合理性，复测贷款风险度，并提出贷或不贷的建议。

贷款审批是指由各级行长或行长授权人在授权范围内进行贷款审批。对超出审批权限的贷款提出呈报意见，连同有关资料，呈报上级行审批。

4.签订借款合同是指商业银行行长或行长授权人与借款人、担保人正式签订借款合同。抵押人、出质人应按合同要求依法向有权部门办理抵押物、质物登记和财产保险，并向商业银行贷款调查部门出具、移交合法的抵押物所有权或使用权证书、抵押（质）物登记凭证、保险单、银行停止支付存单证明等凭据。出质人还应在合同规定时间内向贷款调查部门移交质物。

5.贷款发放是指经贷款调查部门认定借款合同生效后,贷款调查部门与借款人约定签订借款合同,会计部门审查合同后,办理放款账务。

6.贷后检查是指贷款检查部门对贷款使用情况进行检查。在贷款发放15天内,应对贷款使用情况进行第一次跟踪检查。其内容包括:

(1)贷款资料的合法性、真实性、完整性;

(2)贷款运作规范情况;

(3)贷款是否按合同要求按期发放;

(4)贷款使用主体是否为借款合同规定的借款人;

(5)借款人是否按规定用途使用贷款,有无挤占挪用贷款的现象;

(6)中长期贷款项目资本金及其他建设资金到位情况;

(7)抵押物、质物保管情况。

7.贷款收回是指开户行依据借款合同约定从借款人账户上划收贷款本金和利息。

借款人能按期归还贷款本息的,会计部门填写贷款收回凭证收账。贷款调查部门、贷款检查部门凭此登记贷款登记簿,贷款调查部门登记借款合同登记簿,贷款检查部门通知贷款决策岗位。

借款人不能按期还清贷款需要展期还款的,必须在贷款到期前15天向开户行提出展期申请,填写借款展期申请书,并出具保证人、抵押人、出质人同意担保的书面证明。经贷款调查部门调查、审核部门审查、决策岗位批准后,签订展期还款协议书。

练习题

一、名词解释

1.法人   3.借款合法性   5.借款盈利性

2.法定代表人   4.借款安全性   6.贷款风险度

二、单项选择题

1.《担保法》规定,下述( )财产不能办理抵押物登记。

A.土地使用权   B.城市房地产

C.林木   D.船舶、车辆

E.企业的设备

2.商业银行在短期贷款到期( )之前,应向借款人发送还本付息通知单。

A.1 个星期   B.2 个星期   C.3 个星期   D.1 个月

3.贷款检查部门在贷款发放( )内,应对贷款使用情况进行第一次跟踪检查。

A.10 天   B.15 天   C.20 天   D.45 天

4.企业的设备办理抵押物登记部门为( )。

A.核发土地使用权证书的土地管理部门 B.财产所在地的工商行政管理部门

C.林木主管部门   D.运输工具的登记部门

5.借款人不能按期还清贷款需要展期还款的,必须在贷款到期前( )向开户行提出展期申请,填写借款展期申请书,并出具保证人、抵押人、出质人同意担保的书面证明。

A.10 天　　　　　　　B.15 天　　　　　　C.20 天　　　　　D.45 天

三、多项选择题

1.根据我国《担保法》,可以作为贷款抵押物的有(　　　)。

A.机器设备　　　　　　　　　　　B.所有权有争议的财产

C.学校教学设施　　　　　　　　　D.土地经营权

2.贷款管理责任制包括(　　　)。

A.行长负责制　　　　　　　　　　B.部门负责制

C.审贷分离制　　　　　　　　　　D.分级审批制

E 离职审计制度

3.按中国人民银行账户管理规定,一家企业能在银行申请开立(　　　)账户。

A.基本存款　　　　B.一般存款　　　　C.临时存款　　　　D.专用存款

4.贷款保证人资产负债率超过规定比例的有(　　　)。

A.70%　　　　　　B.80%　　　　　　C.90%　　　　　　D.100%

5.保证贷款的最高额超过规定比例的有(　　　)。

A.70%　　　　　　B.80%　　　　　　C.90%　　　　　　D.100%

四、判断题

1.借款人贷款需要展期还款的,必须向开户行提出展期申请,填写借款展期申请书,不必出具保证人、抵押人、出质人同意担保的书面证明。(　　　)

2.船舶、车辆办理抵押物登记的部门为财产所在地的工商行政管理部门。(　　　)

3.长期贷款展期期限累计不得超过 5 年。(　　　)

4.商业银行不得向关系人发放信用贷款。(　　　)

5.抵押贷款合同自抵押物办理登记之日起生效。(　　　)

五、计算题

1.A 银行某笔流动资金贷款 500 万元,借款企业信用等级为 AA 级,贷款采取第三方保证方式,保证单位信用等级为 AAA 级,贷款期限半年,求该笔贷款的风险度和风险额。若该笔贷款逾期 1 个月,则该笔贷款的风险度和风险额是多少?

2.A 银行某笔固定资金贷款 500 万元,该贷款项目信用等级为 AA 级,贷款方式拟采取房地产抵押,贷款期限为 5 年,求该笔贷款的风险度和风险额。

3.假设 A 银行某一时期只安排上述两笔贷款,求综合贷款风险度。

六、问答题

1.商业银行贷款操作规程包括哪些步骤?

2.借款人申请贷款应当提供哪些资料?

3.对借款人借款合法性、安全性、盈利性进行调查有哪些内容?

4.如何核实借款抵押物、质物、保证人?

5.贷款风险度如何计算?

6.贷后检查主要检查哪些内容?

第5章

个人信用分析

学习目的与要求

了解信用的概念、分类；

了解个人信用制度的概念、内容与作用；

掌握个人信用评估的方法；

了解个人信用征信系统的建立与发展；

掌握个人信用征信系统的主要功能；

了解个人信用报告的内容与使用。

导入案例

客观评价还款能力，规避潜在信用风险

某客户向中国光大银行某分行申请个人住房按揭贷款，金额 19 万元，期限 180 个月。该行通过查询个人征信系统发现，该客户已办理个人住房贷款 1 笔，金额 21.4 万元；个人汽车贷款 1 笔，金额 17.3 万元。两笔贷款，客户每月共需还款 6 888 元，而该客户提供的收入证明显示家庭每月总收入为 4 311.2 元。同时该客户办理的个人汽车贷款有逾期 5 次的纪录。综合以上情况，该行认为该客户申请 19 万元个人住房贷款还款有一定困难，因此拒绝了其贷款申请。

什么是信用？什么是个人信用？什么是个人信用征信系统？个人信用是如何评估的？个人信用报告包括哪些主要内容？个人信用报告有什么作用？个人信用报告如何查询？这些都是每个人非常关心的问题。本章主要围绕个人信用这个话题展开讨论，介绍关于个人信用的相关知识。

第一节 信用概述

一、信用概述

(一)信用定义

《中国大百科全书》中将信用解释为：借贷活动，是以偿还为条件的价值活动的特殊形式。在商品交换和货币流通存在的条件下，债权人以有条件让渡形式贷出货币或赊销商品，债务人则按约定的日期偿还借贷或偿还贷款，并支付利息。

经济学意义上的信用是指在商品交换过程中，交易一方以将来偿还的方式获得另一方的财、物或服务的能力。信用的根据是获得财、物或服务的一方所作出的给付承诺。这种能力受到一个条件的约束，即受信方在其应允的时间期限内为所获得资金、物资、服务而付款，这个时间期限必须得到提供资金、物资、服务的授信方的认可。由此可见，信用是受信方和授信方的双方约定，发生在两者之间。在市场上，受信方往往是赊购者或者接受信贷者，授信方一般是采用赊销方式的企业或提供信贷的金融机构。

如果受信方按照约定的时间足额付清其应允的贷款或者货款，受信方就是守信的，否则就失信了。如果一个受信人或者法人单位的信用交易频繁，经常取得多家授信单位的信用，并对于所有授信单位都信守承诺或者合同，这个受信人或者法人单位就在社会上信誉卓著。

(二)信用的分类

1.按照授信的主体分类，分为商业信用、银行信用

商业信用是指在商品销售过程中，一个企业授予另一个企业的信用。如原材料生产企业授予生产企业或生产企业授予产品批发企业、产品批发企业授予产品零销企业的信用。

银行信用是指由银行授予企业或个人的信用。其主要目的是补足企业或个人营运资金的不足。如企业在经营过程中向银行申请的短期贷款。

2.按照受信的主体分类，分为个人信用、企业信用、公共信用

个人信用是指产品厂商、零售商、银行授予个人的信用，用于购买商品或借款。如：消费者用分期付款方式购买汽车、住房、大件耐用消费品时，银行授予个人的信用。

企业信用是由银行或其他金融机构授予企业的信用，主要用于购买如土地、建筑物、设备等大型固定资产，如部分企业向银行申请的中长期贷款。

公共信用是指政府机构为完成政府职能而获得的信用。

二、现代经济是信用经济

(一)现代经济是一种具有扩张性质的信用经济

现代经济中债权债务关系是最基本、最普遍的经济关系。经济活动中的每一个部门、每一个环节都渗透着债权债务关系。经济越发展，债权债务关系越紧密，越成为经济正常

运转的必要条件。

现代经济中信用货币是最基本的货币形式。各种经济活动形成各种各样的货币收支,而这些货币收支最终都是银行的资产和负债,都体现了银行与其他经济部门之间的信用关系。所以信用就成为一个无所不在的最普遍的经济关系。例如企业需要借助于负债去扩大生产规模、更新设备,需要借助于各种信用形式去筹措资金、改进工艺、推销产品。

(二)现代经济中的个人、企业、政府、金融机构,其经济活动都离不开信用关系

具体表现在:个人通过在银行储蓄或取得消费贷款与银行形成了信用关系,个人购买国债、企业债券与政府、企业形成了债权债务关系;企业在信用关系中既是货币资金的主要供给者,又是货币资金的主要需求者;政府通过举债、放贷形成与居民、企业、金融机构或其他机构之间的信用关系;金融机构作为信用中介从社会各方面吸收和积聚资金,同时通过贷款等活动将其运用出去;国际收支顺差、逆差的调节也离不开信用。这说明信用关系已成为现代经济中最基本最普遍的经济关系。

(三)现代经济发展离不开信用的推动

信用对现代经济发展的推动主要表现在:

(1)保证生产顺利进行。信用保证现代化大生产的顺利进行,即信用活动从资金上为现代化大生产提供条件;在利润率引导下,信用使资本在不同部门之间自由转移,导致各部门利润率趋向相同水平,从而自然调节各部门的发展比例。

(2)加速货币流通。在信用制度基础上产生的信用流通工具代替金属货币流通,节约流通费用,加速资本周转。

(3)促进股份公司的建立和发展。信用为股份公司的建立和发展创造了条件,同时,信用聚集资本、扩大投资规模的作用通过股份公司的形式也得到了充分发挥。

三、信用在现代经济中的作用

(一)信用在现代经济中积极的作用

(1)现代信用可以促进社会资金的合理利用。通过借贷,资金可以流向投资收益更高的项目,可以使投资项目得到必要的资金,资金盈余单位又可以获得一定的收益。

(2)现代信用可以优化社会资源配置。通过信用调剂,让资源及时转移到需要这些资源的地方,就可以使资源得到最大限度的运用。

(3)现代信用可以推动经济的增长。信用一方面通过信用动员闲置资金,将消费资金转化为生产资金,直接投入生产领域,扩大社会投资规模,增加社会就业机会,增加社会产出,促进经济增长;另一方面,信用可以创造和扩大消费,通过消费的增长刺激生产扩大和产出增加,也能起到促进经济增长的作用。

(二)信用对经济的消极作用

信用对经济的消极作用主要表现在信用风险和经济泡沫的出现两方面。

信用风险是指债务人无法按照承诺偿还债权人本息的风险。在现代社会,信用关系已经成为最普遍、最基本的经济关系,社会各个主体之间债权债务交错,形成了错综复杂的债权债务链条,这个链条上有一个环节断裂,就会引发连锁反应,对整个社会的信用联系造成很大的危害。

经济泡沫是指某种资产或商品的价格大大地偏离其基本价值的现象。经济泡沫的开始是资产或商品的价格暴涨,价格暴涨是供求不均衡的结果,即这些资产或商品的需求急剧膨胀,极大地超出了供给,而信用对膨胀的需求给予了现实的购买和支付能力的支撑,使经济泡沫的出现成为可能。

第二节 个人信用制度

一、个人信用制度

(一)个人信用制度的定义

个人信用制度是指根据居民的家庭收入与资产、已发生的借贷与偿还、信用透支、发生不良信用时所受处罚与诉讼情况,对个人的信用等级进行评估并随时记录、存档,以便信用的供给方决定是否对其贷款和贷款多少的制度。

(二)个人信用制度的内容

1.有关个人信用制度建设的法规规章

国家出台与个人信用制度建设相关的法律法规,如《个人信用征信和评级管理办法》、《个人信用信息查询公布管理办法》等法规或规范性文件,使个人信用制度建设有章可循,有法可依。

2.统一规范的个人信用信息数据库

有关部门按照统一格式和标准建立数据库,成立独立的第三方征信服务机构,设立覆盖全国城镇居民的个人信用信息数据总库。

3.个人信用信息征信系统与个人信用评分系统

个人信用信息征信系统由下列两个子系统构成。一是个人信用信息登记系统。个人信用信息分为个人身份数据、个人金融信用数据和个人社会信用数据等。个人身份数据主要包括:姓名、性别、出生日期、身份证号、户籍所在地住址、居所、学历、婚姻状况、家庭成员状况等。个人金融信用数据主要包括:在各商业银行的个人贷款及偿还记录、个人信用卡透支记录、在商业银行发生的担保等其他信用行为记录。个人社会信用数据主要包括:工作单位、职业变动情况、履行劳动合同情况、参加社会保险情况、个人纳税情况、个人消费偿付情况等记录。特别记录主要包括:影响个人信用状况的涉及劳动争议仲裁、民事、刑事诉讼、行政处罚以及偷漏税、逃废债、骗保等不良记录。个人信用信息登记系统即有关部门按照统一的技术规范、各司其职的原则登记本部门掌握的个人信用信息。二是个人信用信息查询系统,即利用计算机技术和信息网络,建立自助查询系统和档案查询系统。

4.个人信用激励与惩戒制度

个人信用激励与惩戒制度是指有关执法机关加大查处力度,对诚实守信人员进行褒扬奖励,增加其信贷融资额度;对严重失信或者屡次失信者建立失信个人名单库,在一定范围内进行曝光处理,同时,限制其进行高消费的有关政策。

二、建立个人信用制度的作用

(一)有助于提高个人的履约和守信程度,促进市场经济体制的完善

信用是现代市场经济的一个基本构成要素,现代市场经济不仅有着完备的信用形式、发达的信用工具,而且有着健全的信用制度和规范的信用关系。社会主义市场经济同样要以发达的信用和完善的信用制度为基础。发达信用的一个重要特征是信用"极致"到个人。这是因为,在社会经济生活中,个人是最基础的行为"单位",企业、政府等都可以看成是建立在某种契约基础上由个人结成的组织,其各种行为活动都是通过个人的行为来实现的。随着市场经济的发展,个人的经济活动会在多个层面以多种方式表现出来,这些都需要完善的个人信用制度的支持。因此,建立个人信用制度,将作为市场重要主体的个人的信用进行准确的评价和披露,有助于提高个人的履约和守信程度,进而提高全社会的信用程度,促进市场经济体制的完善。

(二)有利于维持正常的市场经济秩序

目前,个人信用不良的现象已经深入到我国经济生活和社会生活的各个方面,如恶意购房贷款、助学贷款、信用卡恶意透支、手机恶意欠费等,这些现象严重破坏了市场经济秩序。个人信用制度通过严格的法律制度和社会准则,以及由此形成的道德规范,对每个人形成种种外部约束力,使违背诚实信用的行为终生受害,使违约所带来的损失远远大于收益,从而使个人信用成为全社会共同遵守的信用准则。

(三)有利于扩大内需,促进个人消费信贷的增长

目前国内正大力提倡信用消费以扩大内需。为此,中国人民银行连续颁发了多项促进居民信用消费的政策和措施,各商业银行也相继推出了个人信贷业务实施细则。然而从实际情况来看,效果并不理想,究其原因,主要是现行的个人信用消费是在没有完善的个人信用制度的情况下推行的,一方面诚实守信者的个人信用资源得不到社会尤其是商业银行的承认;另一方面,由于缺乏完整的个人信用资料,商业银行难以对个人信贷风险进行准确的评估和管理,不得不设置很高的贷款门槛,阻碍了个人消费信贷的增长。因此,建立个人信用制度有利于促进商业银行个人消费信贷的增长。

(四)有利于提高政府执行社会经济管理职能的效率

我国公安、工商、人事、税务等政府部门和机构掌管着大量社会信息,其中很大一部分和个人信用行为有关,是个人资信的基本素材。但是由于个人信用制度建设滞后,相关的法律制度不健全,这些信息资源不能在社会上实现共享,没有得到充分利用,许多有价值、相互关联的信息在各部门相互分割的职能活动中被忽视了。如果把分散在政府各部门的个人信用信息交由信用中介机构进行专业分析和管理,并通过法律规定的正常渠道实行综合利用,将可以大大提高政府各部门的工作效率。如商业银行根据个人资信状况可以迅速决定是否贷款并自动监督贷款使用和收回,法院可以全面衡量涉案当事人的信用情况等。

第三节　个人信用评估

一、个人信用评估

个人信用评估在个人信贷业务操作流程中占有非常重要的地位,只有科学地评估、预测借款人的信用等级,才能预测贷款到期时借款人的还款能力和还款意愿,为贷款审查和审批提供决策依据,进一步提高信贷资产质量,优化信贷结构,提高银行效益。个人信用评估是个人信用制度中的一个重要组成部分,主要包括个人信用档案的建立和个人信用等级评定两部分。

个人信用档案主要由个人的身份证明和个人社会档案、个人税务情况、个人的社会保险和商业保险记录、个人储蓄和债务记录、个人信用历史、个人资产情况、个人所处社会环境等资料组成,是个人信用的原始资料。

个人信用等级评定是通过客观公允的评估方法把个人信用的原始资料量化处理,得到在经济活动中易于引用的个人信用评分。

二、个人信用调查

(一)个人信用调查内容

个人信用调查是开展各类个人消费信贷业务的重点环节,因为借款人个人信用情况决定其能否偿还贷款,影响商业银行决定是否给予借款人贷款、贷款多少等。个人信用调查内容主要有:

(1)行业。一般来说,行业背景较好的单位,其工作人员收入较高,还款来源相对充足。对一些发展快、前景好、高科技、有垄断性的行业员工,如国家公务员、金融、电信、保险、较好的上市公司员工等,可考虑给予一定额度的信用贷款;其他申请者一般要提供抵押或质押物,才能发放贷款。

(2)职务。了解借款人在单位的职务,并将其提供的收入证明与其他单位承担类似职务人员的收入相比较,可借以判断其收入的真实性。

(3)职业。在社会发展的不同时期,不同职业的收入高低也不同,可从职业判别借款人的收入情况,考察其还款能力。

(4)财产。在对贷款申请者进行调查时,可通过对申请人住房、私车等财产判断其收入状况。

(5)收入(纳税证明)。可通过借款人填写的收入状况表和所在单位出具的收入证明判断借款人的收入情况,还可通过税务机关提供的纳税证明验证。

(6)历史记录。通过借款人的历史借款记录、信用卡使用情况、社会情况记录等方面,判断借款人的信用是否良好。

(二)个人信用评分要素及掌握原则

取得个人的信用调查资料后,应对申请者进行信用评分,以全面评估其资信等级。评分的主要要素及掌握的原则如下:

(1)年龄。个人授信的对象年龄为 18~60 岁,一般年龄越大,评分相对较高,但有一个上限。

(2)学历。学历较高者一般评分较高,因其就业机会一般较多;在同一行业中学历越高者,收入越高。

(3)性别。通常认为女性的风险较小,评分较高。

(4)婚姻。已婚者生活相对稳定,比单身的风险要小,评分较高。

(5)行业。行业发展稳定和前景较好的单位评分要高些。

(6)职业。风险低的职业评分高,反之低些。

(7)就业稳定性。在目前单位工作时间越长,评分相对越高。

(8)财产情况。对有一定的金融资产、不动产、保险保障资产实力的人,评分高些。

(9)身体状况。身体好坏评分不同,有较多疾病者得分要低些。

(10)收入来源。选择能掌握其收入来源的客户,月收入越高得分越高。

(11)家庭开支。要了解借款人的家庭情况,掌握其月开支情况,对借款人偿还贷款的月供一般不能超过其月收入的一半,月还款所占收入比例越低,评分越高。

(12)保险保障因素。有购买保险的借款人评分要高于未买保险者。

根据上述内容制定一个详细的个人信用等级评估指标体系,科学地评估个人的信用状况,从而决定贷或不贷、贷多少、具体担保等条件等。

三、个人信用等级评估指标体系

(一)个人信用等级评估指标

进行个人信用等级评估的关键在于评估指标的选取及其权重的设定。根据个人信用等级评估的重点,个人信用评估指标主要包括信誉指标和价值指标这两大类指标。

1.信誉指标

信誉指标包括个人自然情况、就业情况及个人公共记录。其中个人自然情况包括年龄、性别、学历、所学专业、婚姻状况、健康状况、户籍情况等方面;就业情况包括就业单位、单位所在地经济发展情况、行业发展前景、职务、职称、工资收入、工作年限等方面;个人公共记录包括政府、法庭和银行记录等方面。

2.价值指标

价值指标包括个人账户信息、个人资产信息、个人收入信息等内容。

(二)个人信用等级评估方法

根据个人信用等级评估指标内在的依存和逻辑关系,通常将其划分层次,选择四大类指标来全面评价个人信用等级,从而构成完整的指标体系。然后根据客户的具体情况,分别计算指标的实际值,最后加权计算每类指标的实际得分。

第一大类指标(自然状况)={年龄,婚姻状况,健康状况,文化程度,职称,户口}

第二大类指标(职业)={单位类别,单位发展状况,岗位性质,在本岗位工作年限}

第三大类指标(收入及财产)={收入及资产,个人月均收入,家庭月均收入,易变现资产,其他资产,家庭负债率}

第四大类指标(与银行关系)={本行账户,结算情况,中间业务往来,存贷比例,借款情况,不良记录}

个人的信用等级按分数依次划分为六个等级:AAA、AA、A、BBB、BB、B。

个人信用等级评估采用百分制,按评分标准最高为100分,最低为0分。

信用等级的得分区间:

90分(含90分)以上为 AAA 级;

80分(含80分)以上为 AA 级;

70分(含70分)以上为 A 级;

60分(含60分)以上为 BBB 级;

50分(含50分)以上为 BB 级;

50分以下为 B 级。

资料

××商业银行个人信用评分表

	项　目	评分标准				得分
自然情况	年龄	25 岁以下	26~35 岁	36~50 岁	50 岁以上	
		2	4	6	4	
	性别	男	女			
		1	2			
	婚姻	已婚有子女	已婚无子女	未婚	其他	
		5	4	3	2	
	健康	良好	一般	差		
		5	3	—1		
	文化程度	研究生以上	大学本科	大专	中专	
		8	6	4	2	
		高中	其他			
		2	1			
	户口性质	常住	临时			
		2	1			

续表

项 目		评分标准				得分
职业情况	单位类别	机关事业	国有企业	集体	军队	
		6	4	3	5	
		个人独资	个体经营	三资外企	其他	
		2	2	5	1	
	单位经济情况	良好	一般	差		
		4	2	−1		
	行业前景	良好	一般	差		
		4	2	−1		
	岗位性质	单位主管	部门主管	一般职员		
		6	4	2		
	岗位年限	2年以上	1—2年	1年以内		
		3	2	1		
	职称	高级	中级	初级	无职称	
		4	2	1	0	
职业情况	月收入	10 000元以上	8 000～10 000元	5 000～8 000元	4 000～5 000元	
		12	10	9	8	
		3 000～4 000元	2 000～3 000元	1 000～2 000元	1 000以下	
		6	4	2	1	
家庭情况	家庭人均月收入	5 000元以上	4 000～5 000元	3 000～4 000元	2 000～3 000元	
		9	6	5	4	
		1 000～2 000元	1 000以下			
		3	1			
与本行关系	是否本行	是	否			
		2	0			
	本行账户	有信用卡账户	有储蓄账户	无		
		6	4	0		
	存款余额	高	低	无		
		6	4	0		
	业务往来	频繁	一般	较少		
		4	2	0		
	其他借款	从未借款	有借款但还清	有拖欠纪录		
		4	5	−5		

评 分	信用等级	信用贷款额度(元)
90(含90)以上	AAA	600 000
80～89	AA	100 000
70～79	A	50 000
60～69	BBB	10 000
50～59	BB	5 000
40～49	B	3 000
40以下	C	0

第四节　个人信用征信

一、个人信用征信的定义

个人信用征信是指征信机构经过与商业银行及其他提供信息单位的约定,把分散在各商业银行和社会有关方面的个人信用信息,进行采集、储存,形成个人信用信息数据库的活动。

二、我国个人信用征信系统的建立

党的十六大报告明确提出要"健全现代市场经济的社会信用体系",十六届三中全会明确提出要"按照完善法规、特许经营、商业运作、专业服务的方向,加快建设企业和个人信用服务体系"。温家宝曾明确指示,社会信用体系建设要从信贷信用征信起步,要加快全国统一的企业和个人信用信息基础数据库建设,形成覆盖全国的信用信息网络,加快征信立法,促进征信行业的发展,积极发展专业化的信用机构,有步骤、有重点地开放征信市场,逐步建立失信惩戒制度,规范社会征信机构,加强征信市场监督管理。

2003年,国务院赋予中国人民银行"管理信贷征信业,推动建立社会信用体系"的职责,由中国人民银行征信管理局具体承担这方面的工作。按照党中央国务院的要求,2004年中国人民银行加快了个人征信系统的建设,于2004年12月中旬实现15家全国性商业银行和8家城市商业银行在全国7个城市的成功联网试运行。2005年8月底完成与全国所有商业银行和部分有条件的农村信用社的联网运行。经过一年的试运行,2006年1月正式运行。截至2019年年底,系统累计收录10.2亿自然人,已成为全球规模最大的征信系统。2019年,个人征信系统累计查询量为24亿次,日均查询量为657万次。

三、个人信用征信系统结构

中国人民银行内设机构征信中心负责系统的日常运行和管理;征信中心和商业银行建立数据报送、查询、使用、异议处理、安全管理等各种内部管理制度和操作规程;同时,个人信用征信系统建立了完善的用户管理制度,对用户实行分级管理、权限控制、身份认证、活动跟踪、查询监督的政策;数据传输加压加密;对系统及数据进行安全备份与恢复;对系统安全进行评估,有效防止计算机病毒和黑客攻击等等,建立了有效的安全保障体系。

目前个人信用征信系统的主要使用者是金融机构,通过专线与商业银行等金融机构总部相连,并通过商业银行的内联网系统将终端延伸到商业银行分支机构信贷人员的业务柜台,实现了个人信用信息定期由各金融机构流入个人信用征信系统,汇总后金融机构实时共享的功能。其中,前者表现为金融机构向个人信用征信系统报送数据,后者表现为金融机构根据有关规定向个人信用征信系统实时查询个人的信用报告。金融机构向个人信用征信系统报送数据可以通过专线连接,也可以通过磁盘等介质。

四、个人信用征信系统主要功能

个人信用征信系统的功能分为社会功能和经济功能。

(一)社会功能

社会功能主要体现在随着该系统的建设和完善,通过对个人重要经济活动的影响和规范,逐步形成诚实守信、遵纪守法、重合同讲信用的社会风气,推动社会信用体系建设,提高社会诚信水平,促进文明社会的建设。

(二)经济功能

经济功能主要体现在帮助商业银行等金融机构控制信用风险,维护金融稳定,扩大信贷范围,促进消费增长,改善经济增长结构,促进经济的可持续发展。个人可以通过央行征信中心官方网站、全国各地人民银行分支机构设立的查询点,及部分金融机构网点、部分地区政务大厅进行柜台或自助查询机查询。

个人通过互联网查询自身信用报告免费,通过柜台查询自身信用报告,每年前2次免费,自第3次起每次收费10元。

个人信用征信系统在提高审贷效率,方便广大群众借贷,防止不良贷款,防止个人过度负债,以及根据信用风险确定利率水平方面发挥了积极的作用。

个人信用征信系统的社会功能和经济功能相辅相成,互相促进。随着数据采集以及个人信用报告使用范围的逐步扩大,个人信用征信系统的功能将会逐步提高和完善。

专栏

个人查询信用报告流程

一、查询个人信用报告的方式

根据《金融信用信息基础数据库本人信用报告查询业务规程》(银征信中心〔2013〕97号)规定:个人可以亲自或委托代理人查询个人信用报告。

(一)本人查询信用报告

个人向查询点查询信用报告的,应提供本人有效身份证件原件供查验,同时填写《个人信用报告本人查询申请表》,并留有效身份证件复印件备查。

有效身份证件包括:身份证(第二代身份证须复印正反两面)、军官证、士兵证、护照、港澳居民来往内地通行证、台湾同胞来往内地通行证、外国人居留证等。

（二）委托他人查询信用报告

委托他人代理向查询点查询个人信用报告的,代理人应提供委托人和代理人的有效身份证件原件、授权委托公证证明供查验,同时填写《个人信用报告本人查询申请表》,并留委托人和代理人的有效身份证件复印件、授权委托公证证明原件备查。

另可自备填写完成《个人信用报告本人查询申请表》。

二、查询个人信用报告的征信分中心联系方式

点击查看

三、个人信用报告展示的内容

（一）个人基本信息:包括个人身份信息、居住信息、职业信息等。

（二）信用交易信息:包括个人信用卡、贷款以及为他人担保信息。

（三）异议标注信息

（四）本人声明信息。本人声明是客户对本人信用报告中信息所做的说明,征信中心不对本人声明的真实性负责。

（五）查询记录

四、征信中心关于信用报告的说明

中国人民银行征信中心是中国人民银行的直属事业单位,负责信用信息的收集、整理、保存、加工、分析和展示。信用报告中除个人声明、查询记录和异议标注外的信用信息采自各家银行或其他各类机构,征信中心承诺保持其客观、中立的地位,并保证将这一原则贯穿于信息汇总、加工、整合的全过程中。

资料来源:中国人民银行征信中心。

五、个人信用征信系统的信息采集

目前,个人信用征信系统的信息来源主要是商业银行等金融机构,收录的信息包括个人的基本信息、在金融机构的借款、担保等信贷信息。自个人信用征信系统建设以来,中国人民银行一直都在与相关部门积极协商,扩大数据采集范围,提升系统功能。为落实《国务院信息办关于落实〈国家信息化领导小组 2005 年工作要点〉的通知》中关于中国人民银行牵头"以金融机构和金融市场为服务对象的有关个人征信部门间信息共享和政务协同任务"的要求,2005 年以来中国人民银行加大了与相关政府部门信息共享协调工作的力度。个人征信系统除了主要收录个人的信贷信息外,还将收录个人基本身份信息、民事案件强制执行信息、缴纳各类社会保障费用和住房公积金信息、已公告的欠税信息、缴纳电信等公共事业费用信息、个人学历信息,以及会计师(律师)事务所、注册会计师(律师)等对公众利益有影响的特殊职业从业人员的基本职业信息。

个人信用征信系统采集到上述信息后,按数据主体对数据进行匹配、整理和保存,即:将属于同一个个人的所有信息整合在其名下,形成个人的信用档案,并在金融机构查询时生成信用报告。个人信用征信系统对采集到的数据只是进行客观展示,不做任何修改。因此,个人征信系统数据的准确性有赖于数据提供者提供的数据的准确性。

个人信用征信系统采集上述信息的目的首先是帮助商业银行核实客户身份,从信贷

活动的源头杜绝信贷欺诈,保证信贷交易的合法性;其次是全面反映个人的信用状况,帮助商业银行确定是否提供贷款及贷款金额大小、利率高低等因素,以及奖励守信者,惩戒失信者;再次是利用个人征信系统遍布全国各地的网络及其对个人信贷交易等重大经济活动的影响,提高法院、税务、工商、海关等政府部门的行政执法力度;最后是通过个人征信系统的约束性和影响力,培养和提高个人遵守法律、尊重规则、尊重合同、恪守信用的意识,提高社会诚信水平,建设和谐美好的社会。

六、个人信用征信系统的信息使用

个人信用征信系统数据的直接使用者主要是商业银行、数据主体本人以及税务、教育、电信、司法等部门。

根据中国人民银行《个人信用信息基础数据库管理暂行办法》和《银行信贷登记咨询管理办法(试行)》的规定,商业银行等金融机构经个人书面授权同意后,在审核信贷业务申请,以及对已发放信贷进行贷后风险管理的情况下,可查询个人的信用报告。金融监督管理机构、司法部门等其他政府机构,根据相关法律、法规的规定,也可按规定的程序查询个人信用报告。另外,在个人信用征信系统的使用方面充分考虑了个人隐私的保护问题。个人对自己的信用报告享有充分的知情权,可以申请查询自身的信用报告,并根据自身意愿使用信用报告;如果个人认为本人信用报告存在错误,可以提出并经核实后修改;同时,个人还可以了解到哪些机构由于什么原因查询过自己的信用报告,对非法查询信用报告的行为可以向征信中心反映并依法处理。随着征信立法的逐步完善,个人征信系统将依法扩大使用范围,逐步向更广泛的社会对象提供更多的信用查询服务。

七、个人信用报告

个人信用报告就是全面、客观记录个人的信用活动,反映个人的信用状况的文件。主要包括以下信息:

(1)个人的基本信息:个人的姓名、身份证件、家庭住址、工作单位等基本信息。这些信息告诉商业银行"您是谁"。提醒个人在办理银行业务时,准确填写个人基本信息,并及时更新个人的基本信息,以便商业银行对个人做出快速、准确的判断。

(2)个人在银行的贷款信息:个人何时在哪家银行贷了多少贷款,还了多少贷款,还有多少贷款没还,以及是否按时还款等信息。

(3)个人的信用卡信息:个人办理了哪几家银行的信用卡,信用卡的透支额度以及个人还款的记录等信息。

(4)个人的信用报告被查询的记录:计算机会自动记载何时何人出于什么原因查看了个人的信用报告。

随着数据库建设的逐步推进,除了以上信息外,个人的个人信用报告还将记载个人的社会保障信息、银行结算账户开立信息、个人住房公积金缴存信息、是否按时缴纳电话水电燃气费等公共事业费用的信息,以及法院民事判决、欠税等公共信息。

专栏

个人信用报告(个人版)样本

信贷记录

这部分包含您的信用卡、贷款和其他信贷记录。金额类数据均以人民币计算,精确到元。

信息概要

逾期记录可能影响对您的信用评价。

	资产处置信息	保证人代偿信息
笔数	1	2

	信用卡	住房贷款	其他贷款
账户数	7	3	4
未结清/未销户账户数	4	2	3
发生过逾期的账户数	4	1	1
发生过90天以上逾期的账户数	4	0	0
为他人担保笔数	0	0	1

资产处置信息

1. 2010年11月8日东方资产管理公司接收债权,金额400,000。最近一次还款日期为2011年1月8日,余额20,000。

保证人代偿信息

1. 2008年10月5日富登融资租赁担保公司进行最近一次代偿,累计代偿金额400,000。最近一次还款日期为2011年1月8日,余额20,000。

2. 2009年6月21日平安保险公司进行最近一次代偿,累计代偿金额200,000。最近一次还款日期为2011年4月5日,余额135,000。

信用卡

发生过逾期的贷记卡账户明细如下:

1. 2004年8月30日中国工商银行北京分行发放的贷记卡(人民币账户)。截至2010年10月,信用额度10,000,已使用额度500,逾期金额500。最近5年内有11个月处于逾期状态,其中5个月逾期超过90天。

2. 2003年4月1日中国民生银行信用卡中心发放的贷记卡(人民币账户),2009年12月销户。最近5年内有7个月处于逾期状态,其中3个月逾期超过90天。

   2010年3月,该机构声明:该客户委托XX房地产开发公司偿还贷款,因开发公司不按时还款导致出现多次逾期。

透支超过60天的准贷记卡账户明细如下:

3. 2007年6月30日中国银行北京分行发放的准贷记卡(人民币账户)。截至2010年10月,信用额度10,000,透支余额5,000。最近5年内有6个月透支超过60天,其中3个月透支超过90天。

4. 2006年3月10日上海浦东发展银行北京分行发放的准贷记卡(人民币账户),2009年12月销户。最近5年内有20个月透支超过60天,其中16个月透支超过90天。

从未逾期过的贷记卡及透支未超过60天的准贷记卡账户明细如下:

5. 2007 年 6 月 30 日中国光大银行北京分行发放的贷记卡（美元账户）。截至 2010 年 10 月，信用额度折合人民币 6,800，已使用额度 100。

6. 2006 年 7 月 1 日招商银行发放的贷记卡（人民币账户），2009 年 12 月销户。

7. 2007 年 6 月 30 日中国光大银行北京分行发放的贷记卡（人民币账户）。截至 2010 年 10 月，信用额度 10,000，尚未激活。

住房贷款

发生过逾期的账户明细如下：

1. 2008 年 8 月 30 日中国农业银行北京分行发放的 600,000 元（美元折人民币）个人住房贷款，2028 年 8 月 30 日到期。截至 2010 年 9 月，余额 572,750。最近 5 年内有 1 个月处于逾期状态，没有发生过 90 天以上逾期。

从未逾期过的账户明细如下：

2. 2009 年 5 月 8 日北京银行金融街支行发放的 200,000 元（人民币）个人商用房（包括商住两用）贷款，2029 年 5 月 8 日到期。截至 2010 年 10 月，余额 50,000。

3. 2006 年 7 月 1 日招商银行金融街支行发放的 200,000 元（人民币）个人住房公积金贷款，2009 年 12 月结清。

其他贷款

发生过逾期的账户明细如下：

1. 2008 年 8 月 30 日中国农业银行北京分行发放的 100,000 元（人民币）汽车贷款，2018 年 8 月 30 日到期。截至 2010 年 9 月，余额 72,750，逾期金额 2,200。最近 5 年内有 2 个月处于逾期状态，没有发生过 90 天以上逾期。

从未逾期过的账户明细如下：

2. 2009 年 5 月 8 日中信银行知春路支行发放的 100,000 元（人民币）个人经营性贷款，2019 年 5 月 8 日到期。截至 2010 年 10 月，余额 50,000。

3. 2008 年 4 月 15 日福特汽车金融公司发放的 100,000 元（人民币）汽车贷款，2013 年 4 月 15 日到期。截至 2010 年 10 月，余额 50,000。

4. 2004 年 7 月 1 日中国银行金融街支行发放的助学贷款，合同金额 40,000，2009 年 12 月结清。

为他人担保信息

1. 2009 年 3 月 2 日，为赵四（证件类型：身份证，证件号码：42010519850324xxxx）在中国建设银行金融街支行办理的贷款提供担保，担保贷款合同金额 50,000，担保金额 50,000。截至 2010 年 10 月 5 日，担保贷款本金余额 30,000。

公共记录

这部分包含您最近 5 年内的欠税记录、民事判决记录、强制执行记录、行政处罚记录及电信欠费记录。
金额类数据均以人民币计算，精确到元。

欠税记录

主管税务机关：北京市东城区地税局	欠税统计时间：2007 年 10 月
欠税总额：500	纳税人识别号：12485

民事判决记录

立案法院：北京市西城区人民法院	案号：(2007)京民—初字第 00056 号
案由：离婚纠纷	结案方式：判决
立案时间：2007 年 1 月	判决/调解结果：被告张三赔偿原告李四人民币 420,000。
诉讼标的：房屋买卖纠纷	判决/调解生效时间：2007 年 4 月
诉讼标的金额：500,000	

强制执行记录

执行法院：北京市西城区人民法院　　　　　　　　　案号：(2007)京民二初字第00059号

执行案由：离婚纠纷	结案方式：执行结案
立案时间：2007年6月	案件状态：执行完毕
申请执行标的：房屋	已执行标的：房屋
申请执行标的金额：420,000	已执行标的金额：420,000
结案时间：2007年8月	

行政处罚记录

处罚机构：北京市东城区地税局　　　　　　　　　文书编号：地税罚字[2007]第7号

处罚内容：扣缴税款	是否行政复议：否
处罚金额：500	行政复议结果：无
处罚生效时间：2007年5月	处罚截止时间：------

处罚机构：湖南省建设管理服务中心　　　　　　　　文书编号：HN0923456-CF

处罚内容：暂扣或者吊销许可证、暂扣或者吊销执照	是否行政复议：------
处罚金额：------	行政复议结果：------
处罚生效时间：2007年8月	处罚截止时间：2007年12月

电信欠费信息

电信运营商：中国移动	业务类型：固定电话	记账年月：2008年10月
业务开通时间：2007年6月	欠费金额：500	

查询记录 这部分包含您的信用报告最近2年内被查询的记录。

编号	查询日期	查询操作员	查询原因
1	2010年5月5日	中国工商银行北京分行/user	贷后管理
2	2009年4月23日	中国征信中心北京分中心/user	本人查询
3	2008年12月10日	中国农业银行北京分行/user	贷款审批
4	2008年12月2日	中国农业银行北京分行/user	贷款审批

此外，2010年您通过互联网进行了3次查询。

说　明

1. 除查询记录外，本报告中的信息是依据截至报告时间个人征信系统记录的信息生成，征信中心不确保其真实性和准确性，但承诺在信息汇总、加工、整合的全过程中保持客观、中立的地位。
2. 本报告仅包含可能影响您信用评价的主要信息，如需获取您在个人征信系统中更详细的记录，请到当地信用报告查询网点查询。信用报告查询网点的具体地址及联系方式可访问征信中心门户网站（www.pbccrc.org.cn）查询。
3. 您有权对本报告中的内容提出异议。如有异议，可联系数据提供单位，也可到当地信用报告查询网点提出异议申请。
4. 本报告仅供您了解自己的信用状况，请妥善保管。因保管不当造成个人隐私泄露的，征信中心将不承担相关责任。
5. 更多咨询，请致电全国客户服务热线400-810-8866。

资料来源：样本资料可参照中国人民银行征信中心，个人信用报告(个人版)样本，http://www.pbc-crc.org.cn/zxzx/grzx/201401/2141558a28cd4f8dae8e2a6e70728210.shtml。

第三张个人征信牌照呼之欲出　三家机构如何差异化竞争

第三张个人征信业务牌照即将出炉,蚂蚁科技集团股份有限公司(下称"蚂蚁集团")作为大股东之一有望拿到梦寐以求的个人征信牌照。

2021年11月26日,中国人民银行公告显示,钱塘征信有限公司(筹)(下称"钱塘征信")的个人征信业务申请已获央行受理。其中,蚂蚁集团和浙江省旅游投资集团有限公司(下称"浙旅集团")分别持股35％,并列为第一大股东。这也意味着,根据《征信业管理条例》《征信机构管理办法》等规定,钱塘征信在完成相关申请流程后,将成为个人征信市场的第三家持牌机构。

股权结构为典型混合所有制

根据央行公示信息,钱塘征信注册地为浙江省杭州市西湖区,注册资本为10亿元。股权构成上,浙旅集团和蚂蚁集团分别持股35％;传化集团有限公司持股7％;杭州市金融投资集团有限公司持股6.5％;浙江电子口岸有限公司持股6.5％;杭州溪树企业管理合伙企业(有限合伙)持股10％。

为何不是由蚂蚁集团单独申请个人征信牌照? 实际上,这与个人征信市场的特殊属性是密不可分的。"个人征信机构不能被某一家公司控股,以防止征信公司被某一个股东控制。"第一财经采访了解到,个人征信产品是半公共属性商业产品,需要政府监管和市场参与,同时兼顾公平与效率,从而为所有市场主体营造良好发展环境。

从总的股权结构看,钱塘征信是典型的混合所有制,大部分股东为民营企业,民企总持股占比为52％,大于国有资本股份比例48％,由国企、民企共同参与也体现了金融监管部门坚持两个毫不动摇,对国企、民企一视同仁的决心。钱塘征信股权结构多元化,可以在有效防止市场垄断、数据垄断的同时保持市场化活力。

市场扩容,差异化竞争

业内关注的是,钱塘征信获批成立后,与百行征信、朴道征信等如何差异化竞争发展,以及个人征信市场持牌者扩容后,对市场影响几何?

三家机构差异化竞争体现在数据来源不一。百行征信股东较多,几家互联网巨头都是股东;朴道主要是京东、小米的数据;钱塘征信的数据来源则是蚂蚁集团旗下的支付数据等日常消费应用场景。

2018年5月,百行征信作为第一家挂牌的个人征信机构宣告成立,我国个人征信市场化取得实质性突破。两年后,朴道征信于2020年12月获批,成为个人征信领域第二家持牌机构,主打"征信＋科技"。钱塘征信则是征信新规创新性地将替代数据纳入征信监管后,监管拟发放的首张个人征信牌照。

从股东构成来看,朴道征信与百行征信比较类似,均由一个牵头方和多家公司共同组建,百行征信由中国互联网金融协会持股36％,芝麻信用管理有限公司等8家股东分别持股8％;朴道征信大股东北京金控(持股35％),是北京国有资本经营管理中心下属独资金融控股企业。

当前,数字经济的快速发展对多层次征信供给提出了新的要求。此前,央行征信中心的数据主要是以借贷数据为主,而市场化个人征信机构主要是以替代数据为主,不仅可以丰富征信的数据供给,同时还可将大数据分析技术创新应用到征信领域。

蚂蚁集团有着较为强大的科技实力,此前有芝麻信用积累的基础、大量的互联网业务数据积累,具有市场化、专业化、创新方面的优势,因此市场对钱塘征信的期望值较高。市场化个人征信机构将成为央行征信系统的重要补充,在增加征信服务供给的同时形成适度竞争,让市场有更多选择,有利于推动征信市场良性发展。

资料来源:《第三张个人征信牌照呼之欲出 三家机构如何差异化竞争》,https://www.cebnet.com.cn/20211129/102782151.html。

本章小结

1.信用通常解释为借贷活动,是指以偿还为条件的价值活动的特殊形式。在商品交换和货币流通存在的条件下,债权人以有条件让渡形式贷出货币或赊销商品,债务人则按约定的日期偿还借贷或偿还贷款,并支付利息。

经济学意义上的信用是指在商品交换过程中,交易一方以将来偿还的方式获得另一方的财、物或服务的能力。交易一方获得另一方的财、物或服务的根据是对对方所做出的给付承诺。

2.信用风险是指在信用关系规定的交易过程中,交易的一方不能履行给付承诺而给另一方造成损失的可能性。在贷款过程中,信用风险是指借款者不能按照合同要求偿还贷款本息而导致银行遭受损失的可能性。

3.个人信用制度是指根据居民的家庭收入与资产、已发生的借贷与偿还、信用透支、发生不良信用时所受处罚与诉讼情况,对个人的信用等级进行评估并随时记录、存档,以便信用的供给方决定是否对其贷款和贷款多少的制度。

4.建立个人信用制度的作用

(1)有助于提高个人的履约和守信程度,促进市场经济体制的完善。

(2)有利于维持正常的市场经济秩序。

(3)有利于扩大内需,促进个人消费信贷的增长。

(4)有利于提高政府执行社会经济管理职能的效率。

5.个人信用评估指标体系的设立应包括信誉指标和价值指标两大类。

(1)信誉指标。信誉指标包括个人自然情况、就业情况及个人公共记录。个人自然情况包括年龄、性别、学历、所学专业、婚姻状况、健康状况、户籍情况等;就业情况包括就业单位、单位所在地经济发展情况、行业发展前景、职务、职称、工资收入、工作年限等;个人公共记录包括政府、法庭和银行记录等。

(2)价值指标。价值指标包括个人账户信息、个人资产信息、个人收入信息等内容。

6.个人信用征信是指征信机构经过与商业银行及其他提供信息单位的约定,把分散在各商业银行和社会有关方面的个人信用信息,进行采集、储存,形成个人信用信息数据库的活动。

7.个人信用报告是全面、客观记录个人的信用活动,反映个人的信用状况的文件。主要包括以下信息:

个人的基本信息,包括个人的姓名、身份证件、家庭住址、工作单位等基本信息;

个人在银行的贷款信息;

个人的信用卡信息;

个人的信用报告被查询的记录;

个人的社会保障信息;

个人住房公积金缴存信息;

个人缴纳电话、水、电、燃气费等公共事业费用的信息;

个人法院民事判决、欠税等公共信息。

练习题

一、名词解释

1.信用　　　　　　　　6.公共信用

2.商业信用　　　　　　7.信用风险

3.银行信用　　　　　　8.个人信用制度

4.个人信用　　　　　　9.个人信用评估

5.企业信用　　　　　　10.个人信用征信

二、单项选择题

1.个人信用征信系统由(　　)负责系统的日常运行和管理。

A.民政部　　　　　　　　　B.公安局

C.中国人民银行　　　　　　D.统计局

2.个人可以向当地的(　　)提出查询本人信用报告的书面申请。

A.中国人民银行分支行　　　B.征信管理部门

C.民政部　　　　　　　　　D.公安局

3.信用等级的得分区间(　　)以上为 AAA 级。

A.90 分　　　　B.80 分　　　　C.70 分　　　　D.60 分

4.借款人偿还贷款的月供一般不能超过其月收入的(　　)。

A.30%　　　　B.40%　　　　C.50%　　　　D.60%

5.信用在现代经济中的消极作用主要表现在(　　)。

A.促进社会资金的合理利用　　　B.优化社会资源配置

C.推动经济的增长　　　　　　　D.出现信用风险和经济泡沫

三、多项选择题

1.判断借款人的收入情况可通过(　　)验证。

A.借款人填写的收入状况表

B.税务机关提供的借款人纳税证明

C.借款人所在单位出具的收入证明

2.个人信用报告是全面、客观记录个人的信用活动,反映个人的信用状况的文件。主要包括以下信息( )。

A.个人的基本信息,包括个人的姓名、身份证件、家庭住址、工作单位等基本信息

B.个人在银行的贷款信息、个人的信用卡信息

C.个人缴纳电话、水、电、燃气费等公共事业费用的信息

D.个人住房公积金缴存信息、个人的社会保障信息

E.个人法院民事判决、欠税等公共信息

3.个人自然情况包括( )。

A.年龄　　　　　　B.性别　　　　　　C.学历　　　　　　D.婚姻状况

E.户籍　　　　　　F.健康状况

4.个人就业情况包括( )。

A.就业单位　　　　　　　　　　B.单位所在地经济发展情况

C.单位所在行业发展前景　　　　D.职务、职称

E.工资收入　　　　　　　　　　F.工作年限

5.建立个人信用制度的作用是( )。

A.有助于提高个人的履约和守信程度,促进市场经济体制的完善

B.有利于维持正常的市场经济秩序

C.有利于扩大内需,促进个人消费信贷的增长

D.有利于提高政府执行社会经济管理职能的效率

四、判断题

1.信用是指在商品交换过程中,交易一方以将来偿还的方式获得另一方的财、物或服务的能力。( )

2.商业银行查询个人的信用报告必须经个人书面授权同意。( )

3.个人信用征信系统对采集到的数据要做一定程度的修改。( )

4.如果发现个人信用报告中的信息有误,不可以向征信机构提出异议申请。( )

5.个人信用征信的经济功能主要体现在随着该系统的建设和完善,通过对个人重要经济活动的影响和规范,逐步形成诚实守信、遵纪守法、重合同讲信用的社会风气,推动社会信用体系建设,提高社会诚信水平,促进文明社会的建设。( )

五、问答题

1.什么是信用? 信用种类有哪些?

2.什么是银行信用?

3.什么是个人信用?

4.什么是个人信用制度? 个人信用制度由哪些部分组成?

5.如何对个人信用进行评估?

6.什么是个人信用征信系统? 个人信用征信系统有哪些作用?

7.什么是个人信用报告? 个人信用报告由哪些部分组成?

第6章 企业信用分析

学习目的与要求

了解企业信用分析的概念、特征；

掌握企业信用分析中的财务分析方法；

了解资产负债表、利润表、现金流量表的作用；

掌握现金流量表的现金流量构成；

掌握财务比率分析的分析指标计算；

了解企业信用评估的流程；

掌握企业信用评估的方法；

了解企业信用等级的划分、符号及含义；

了解银行信贷登记咨询系统运行方式、信息采集；

掌握银行信贷登记咨询系统的作用。

导入案例

企业征信系统应用成效显著

企业信用信息基础数据库(简称企业征信系统)是我国社会信用体系的重要基础设施,是在国务院领导下,由中国人民银行组织建立的全国统一的企业信用信息共享平台。其日常的运行管理由中国人民银行征信中心承担。该数据库采集、保存、整理企业信用信息,为商业银行、企业、相关政府部门提供信用报告查询服务,为货币政策、金融监管和其他法定用途提供有关信息服务。

截至2019年年底,征信系统累计收录2 834.1万户企业和其他组织的信息。2019年企业征信系统累计查询量为1.1亿次,日均查询量29.6万次。

人民银行征信中心企业征信系统纳入了1 370万户小微企业,占全部建档企业的53%。其中有371万户的小微企业获得信贷支持,贷款余额为33万亿元。其建立的动产融资登记公示系统和应收账款融资服务平台,也主要是为小微与民营企业融资提供服务。同时人民银行推动地方建立中小微企业信用数据库,补足征信服务短板。目前累计为260多万户中小微企业建立信用档案,其中约55万户获得信贷支持,贷款余额达11

万亿元。

　　人民银行征信中心企业征信系统通过广泛的信息共享,有效缓解金融市场中的信息不对称难题,提升了小微与民营企业融资的便利程度,促进金融服务实体经济发展。

　　资料来源:《积极稳妥推进个人征信机构准入,加大征信业开放力度——管好用好个人"经济身份证"》,http://www.gov.cn/xinwen/2020-12/07/content_5567337.htm;《征信助力民营和小微企业融资》,http://www.gov.cn/guowuyuan/2019-06/14/content_5400398.htm。经整理。

　　上世纪90年代,我国市场经济进程加快,银行信贷规模不断扩大,企业和个人跨区域经济活动越来越频繁。然而,由于缺乏对信用状况的了解,信用风险陡增。企业多头贷款、三角债、恶意拖欠和逃废银行债务不断滋生,并呈现不断加剧的趋势。如何防范这些信贷风险?中国人民银行深圳分行于90年代初首创了贷款证制度。1997年,中国人民银行开始将贷款证信息电子化,开始建设全国银行信贷登记咨询系统。

　　本章主要介绍有关企业信用的基础知识,内容包括:如何对企业进行信用分析?如何对企业进行信用评估?以及如何对企业进行信用管理?重点介绍企业征信系统——银行信贷登记咨询系统运行方式、信息采集、功能和作用。

第一节　企业信用分析概述

一、企业信用分析

(一)企业信用分析

　　企业信用分析是指银行在对企业授信过程中,对企业生产经营活动、管理及控制水平、盈利及偿债能力、外部经营环境、总体风险等进行的分析与评价。企业信用分析内容包括财务分析与非财务因素分析。财务分析主要有财务报表分析与财务比率分析;非财务因素分析主要是对企业所属的行业因素、经营因素、管理因素、自然社会因素、还款意愿因素等进行的分析与评价。下面主要介绍财务分析方法。

(二)企业财务分析方法

1.比较分析法

　　它是为了说明财务信息之间的数量关系与数量差异,为进一步的分析指明方向。这种比较可以是静态的比较,如实际与计划相比;也可以是动态的比较,如本期与上期相比、报告期与基期相比等;还可以是强度的比较,如本企业与同行业的其他企业相比较等。

2.趋势分析法

　　趋势分析法又称水平分析法,是通过对比两期或连续数期财务报告中相同的指标,确定其增减变动的方向、数额和幅度,来说明企业财务状况和经营成果的变动趋势的一种方法。用于进行趋势分析的数据可以是绝对值,也可以是比率或百分比数据。采用这种方法,可以分析引起变化的主要原因、变动的性质,并预测企业的未来发展前景。例如:某企业利润表中反映 2010 年的净利润为 500 万元,2011 年的净利润为 1 000 万元,2012 年的净利润为 1 600 万元。通过绝对值分析:2011 年较 2010 年相比,净利润增长了 1 000－500＝500(万元);2012 年较 2011 年相比,净利润增长了 1 600－1 000＝600(万元),说明 2012 年的效益增长好于 2011 年。而通过相对值分析:2011 年较 2010 年相比净利润增长率为:(1 000－500)÷500×100%＝100%;2012 年较 2011 年相比净利润增长率为:(1 600－1 000)÷1 000×100%＝60%,则说明 2012 年的效益增长明显不及 2011 年。

3.比率分析法

比率分析法是把某些彼此存在关联的项目加以对比,计算出比率,据以确定经济活动变动程度的分析方法。比率是相对数,采用这种方法,能够把某些条件下的不可比指标变为可以比较的指标,以利于进行分析。如短期偿债能力是指企业偿还短期债务的能力,短期偿债能力不足,不仅影响企业的秩序,增加今后筹集资金的成本与难度,还可能使企业陷入危机,甚至破产。一般来说,企业应该以流动资产偿还流动负债,而不应依靠变卖长期资产,所以分析短期企业偿债能力可以通过以下比率来进行:

$$流动比率=\frac{流动资产}{流动负债}\times100\%$$

这一比率用于衡量企业流动资产对流动负债的保障程度,也就是流动资产在短期债务到期前可以变为现金用于偿还流动负债的能力。但在流动资产中往往有些项目在实际情况下不能很快转变为现金。例如从会计处理方面来看,呆账、坏账是通过其他应收款、长期应收账款等科目反映的,从稳健原则出发,应在计算流动比率指标时予以扣除。

4.因素分析法

因素分析法又称为因素替换法或连环替代法,它是用来确定几个相互关联的因素对分析对象影响程度的一种分析方法。采用该方法的前提是当有若干个因素对分析对象发生影响时,若分析其中某一因素则假定其他各因素都不变化,从而确定需分析的这个因素单独发生变化所产生的影响。因素分析法既可以全面分析若干因素对某一经济指标的共同影响,又可以单独分析其中某个因素对某一经济指标的影响,在财务分析中应用十分广泛。

第二节 企业财务报表分析

财务报表分析是通过收集、整理企业财务会计报告中的有关数据,并结合其他有关补充信息,对企业的财务状况、经营成果和现金流量情况进行综合比较和评价,为商业银行提供贷款决策和依据。主要包括:资产负债表分析、利润表分析、现金流量表分析。

一、资产负债表分析

(一)资产负债表的作用

资产负债表是反映企业某一特定日期资产、负债和所有者权益及其构成情况的会计报表。它是企业对日常会计工作中形成的大量数据进行整理浓缩后,按照一定的分类标准和顺序,根据资产、负债和所有者权益之间的相互关系编制而成的。它表明企业在某一特定日期所拥有或控制的经济资源、所承担的义务和所有者对净资产的要求权。

资产负债表能够提供资产、负债和所有者权益的全貌,因此,它反映了企业在某一特定日期的财务状况。我国各行业会计制度规定资产负债表的格式一般采用"账户式"左右对称结构,左方为资产,右方为负债和所有者权益,根据"资产＝负债＋所有者权益"的原理编制,规定应填列年初数和期末数,相当于两个特定日期的资产负债表,而年度报表则是一张两年期期末的比较资产负债表。

资产负债表提供了企业资产、负债和所有者权益的总体情况。通过资产负债表提供的总额,信贷人员可以了解企业拥有或控制的经济资源及其分布与构成,是分析企业生产经营能力的重要资料;通过资产负债表提供的企业负债总额及结构,可以了解企业将要用多少资产或劳务清偿债务,分析企业偿债的对象及先后次序的紧迫情况;通过资产负债表提供的所有者权益情况,可以了解投资者在企业资产中所占的份额,分析权益的结构。

通过资产负债表提供的期末数与年初数进行比较,信贷人员可以了解各项目数量上的变化情况及趋势,为分析企业生产经营状况提供依据。资产负债表还能提供进行财务分析的基本资料,了解企业的偿债能力。

(二)资产负债表的局限性

资产负债表反映了企业某一特定日期的财务状况,为信贷分析提供基础资料,是信贷人员不可忽视的一张报表。但是它存在一定的局限性,信贷人员对此要有清醒的认识。

1.资产负债表是静态报表

一般情况下,企业的生产经营活动是持续不断地、正常地进行的,资金运动在企业中表现为每日每时地流入、流出,而会计报表是建立在企业期间假设基础上的,人为地将企业生产经营分割成为会计期间,为了反映企业在某一时点上形成的资金存量,而设置了资产负债表,用以反映企业月末、季末、年末或某一时点全部资产负债和所有者权益的存量状况,因此它只是静态地反映了企业的财务状况。

2.资产负债表是由三项会计要素构成的报表

我国《企业会计准则》把企业会计核算的对象划分为资产、负债、所有者权益、收入、费用、利润六项基本要素,其中资产、负债、所有者权益三项企业要素的具体内容决定了资产负债表的结构和项目,确定了它应当包括哪些项目,如何分类,但应引起信贷人员注意的是,这些项目是经过高度概括以后反映出来的,因而资产负债表所反映的信息量也是有限的,还需要依据资产负债表所提供的信息为线索,从编制资产负债表的原始资料中寻求更多的信息对资产负债表的重要项目提出补充注解式说明。

3.资产负债表是对过去经济活动的记录和反映

企业各种会计报表是反映企业财务状况和经营成果的书面文件,它所记录和反映的是企业已经发生的经济活动及结果,这一性质决定了它所提供和揭示的是企业过去的经济财务信息。资产负债表是会计报表中重要的一张报表,因此也具备这一特性。信贷人员需要根据资产负债表所提供的企业历史资料,加以分析来推断企业未来的发展,从而为信贷决策提供强有力的依据。

二、利润表分析

(一)利润表及其作用

1.利润表的基本内容

利润表是反映企业一定期间生产经营成果的会计报表。利润表把一定时期的营业收入与同一会计期间相关的营业费用进行配比,计算出企业一定时期的税后净利润。"收入－费用＝利润"方程式所包含的经济内容是利润表项目形成的依据。收入项目包括各种收入,如产品销售收入、其他业务收入等。费用(成本)类项目包括各种费用、成本以及从收入中补偿的各种税金及附加,如产品销售成本、产品销售费用、产品销售税金及附加、管理费用、财务费用等。损益类项目包括营业利润、投资收益、营业外收入、营业外支出、利润总额、净利润等。

2.利润表的作用

利润表是会计报表中的主要报表,信贷人员应在信贷业务中对其充分利用。通过利润表反映的收入、成本和费用等情况,能够反映企业生产经营的收益情况、成本耗费情况,表明企业生产经营成果;同时,通过利润表提供的不同时期的比较数字(本月数、本年累计数、上年数),可以分析企业今后利润的发展趋势及长期获利能力。这些信息都将成为信贷决策十分重要的依据。

(二)利润表的局限性

信贷人员在充分利用利润表所提供的财务信息的同时,也应看到利润表自身的局限性,应把利润表与其他报表相关资料紧密联系起来进行综合分析,以得出正确的结论。利润表的局限性主要表现在以下方面:

1.仅以利润的大小作为衡量企业经营成果的唯一标准有其不合理之处。例如:

(1)没有考虑利润的取得时间。例如:今年获利 100 万元和明年获利 100 万元,哪一个更符合企业的目标? 不考虑货币的时间价值,就难以作出正确判断。

(2)不能反映获得利润与投入资本额的关系。例如:同样获得 100 万元利润,一个企业投入资本 500 万元,另一个企业投入 600 万元,不与投入的资本额联系起来,就难以作出正确判断。信贷人员应考虑企业利润与投入资本的关系,分析企业投入产出比的合理性。

(3)不能反映获得利润与所承担风险大小的关系。例如:同样投入 500 万元,本年获利 100 万元,一个企业的获利已全部转化为现金,另一个企业则全部是应收账款,有发生坏账损失的可能。显然,两个企业的风险大小有很大差别。信贷人员应充分考虑利润与其所承担风险的关系,分析企业的利润构成中有多少高风险成分。

2.权责发生制的原则使利润表体现的经营成果不能代表企业的真正支付能力

根据权责发生制的原则编制的利润表所揭示的盈利能力不能完全体现企业的现金流转情况,虽然许多应计的收入和分摊的费用都列入了利润表的有关项目中,但是它并不形成企业的资金流动,不能反映企业的现金支付能力。例如折旧费用,虽然它列入了成本中,但并未形成现金流出,反而是企业"现金"的一种来源。利润表的这种局限性具体表现在:

(1)未能反映出盈利企业可能出现支付能力不足的可能。利润表中反映出盈利的企业通常现金流转比较顺畅,但也可能由于抽出过多现金而发生临时流转困难,例如付出股利、偿还借款、更新设备等。此外,存货的变质、财产失窃、坏账损失、出售固定资产损失等,会使企业失去现金,并引起周转的不平衡,使得企业出现资金短缺、支付能力不足的局面。

(2)未能反映出亏损企业所处的境地。从长期的观点看,亏损企业的现金流转是不可能维持的。从短期来看,又分为两类:一种是亏损额小于折旧额的企业,在固定资产重置以前可以维持下去;另一种是亏损额大于折旧额的企业,如果没有从外部补充现金将很快破产。利润表只能反映企业亏损数额的大小,却无法反映企业所处的境地。对亏损企业,信贷人员应认真区分其所处的境地,以便采取不同的贷款管理方法及回收措施。

(3)未能反映出企业扩大规模的能力。任何企业要迅速扩大经营规模,都会遇到现金短缺的困难,企业首先应积极从内部寻找扩充项目所需资金,然后考虑从外部筹集。信贷人员在审查由于企业扩大规模需要而申请贷款的项目时,应突破利润表的局限性,在预测项目未来盈利能力的同时,更多地分析该项目自有资金与对外借款的合理比例,从银行风险与项目风险的角度考虑,将来还本付息的现金流出不要超过现金的流入。否则,利息负担会耗费掉扩建项目形成的现金流入,使项目在经济上失败,信贷资产面临风险。

三、现金流量表分析

现金流量表是一份反映一定时期(一个月,一个季度,一年)的现金流入和流出的财务报表。通过现金流量表,可以概括反映经营活动、投资活动和筹资活动对企业现金流入流出的影响,对于评价企业的实现利润、财务状况及财务管理,要比传统的利润表提供更好的基础。现金流量表的主要作用是反映公司短期支付能力,特别是支付账单的能力。

(一)现金与现金流量

现金流量表编制的基础是现金。这里现金的概念是广义的,既包括现金,又包括现金等价物。根据我国财务部1998年第10号文,它们的定义是:

(1)现金,指库存现金及随时可用于支付的存款。

(2)现金等价物,指企业持有的期限短,流动性强,易于转换为已知金额现金,价值变动很小的投资。

(3)现金流量,指现金及现金等价物的流入与流出。

(二)现金流量的具体内容

根据资产转换循环理论,一家持续经营的企业既要保持正常的经营循环,又要保持有效的资本循环,也就是说在从事经营业务的同时,还要进行固定资产投资。在经营循环和资本循环过程中,往往会形成现金流量的时间差和数量差,从而引起企业的筹资需要。因此,现金流量的具体内容就由经营活动现金流量、投资活动现金流量和筹资活动现金流量构成。

1.经营活动的现金流量

经营活动是指企业投资和筹资活动以外的所有交易和事项。

其现金流入包括:(1)销售商品、提供劳务收现;(2)收到租金;(3)收到增值税款销项税额和退回的增值税款;(4)收到除增值税以外的其他税款返还;(5)支付除增值税、所得税以外的其他税款。

其现金流出包括:(1)购买商品、接受劳务付现;(2)经营租赁所支付现金;(3)支付给职工以及为职工支付的现金;(4)支付增值税款;(5)支付所得税款。

2.投资活动的现金流量

投资活动是指企业长期资产的购建和不包括在现金等价物范围内的投资及其处置活动。

其现金流入包括:(1)收回投资所收到的现金;(2)分得股利或利润所收到的现金;(3)取得债券利息收入所收到的现金;(4)处理固定资产、无形资产和其他长期资产而收到的现金净额。

其现金流出包括:(1)购建固定资产、无形资产、长期资产付现;(2)权益性投资付现;(3)债权性投资付现。

3.筹资活动现金流量

筹资活动是导致企业资本及债券规模和构成发生变化的活动。

其现金流入包括:(1)吸收权益性投资收现;(2)发行债券收现;(3)借款收到现金。

其现金流出包括:(1)偿还债务付现;(2)发生筹资费用付现;(3)分配利润或股利付现;(4)偿付利息付现;(5)融资租赁付现;(6)减少注册资本付现。

(三)现金流量的计算与分析

权责发生制导致了企业损益与现金收入(支出)的差别,利润表反映了销售收入、销售成本和费用等情况,但这些项目的确认是以权责发生制为基础的,与实际的现金流入与流出是不一致的。为了更好地识别贷款风险,更准确地判断借款人的还款能力,要将借款人的利润调整为现金。

1.计算步骤

(1)计算资产负债表各科目期初与期末的变动额。公式为:

项目变动额＝期末数－期初数

(2)确定该变动额是现金流入还是流出。资产项目增加和负债及所有者权益的减少表示流出,资产项目减少和负债及所有者权益的增加表示流入。

(3)剔除权责发生制的影响。示意性公式为:

损益－Δ资产＋Δ负债＝现金流量

2.计算方法

(1)直接法

直接法是以销售(营业)收入的收现数为起算点,然后将其他收入与费用项目的收现数、付现数分别列出,以直接反映最终的现金净流量的计算方法。

在直接法下将现金流量分为经营活动现金流量、投资活动现金流量与筹资活动现金流量三部分。其中经营活动现金流量中的数据,可以从会计记录中获得,也可以在利润表中销售收入、销售成本等数据基础上,将权责发生制的收支转化为相应的现金收付制数额来确定。其转换方法是:

①销售收入收现数＝利润表中销售收入(权责发生制)－赊销商品的应收账款、应收票据＋预收货款收入

②购货付现数＝利润表中销售成本(权责发生制)＋存货增加额－赊购存货的应付账款、应付票据的增加数＋预付货款支出－工资付现数(单独列示)

③其他收入收现数＝其他收入＋其他应收款减少数－其他应收款增加数

④其他费用付现数＝其他费用（如管理费用、财务费用等）－折旧摊销数＋待摊费用增加数

⑤职工工资付现数，根据"应付工资"、"应付福利费"、"住房周转金"等科目分析填列。

（2）间接法，又称自下而上法，即以利润表中最末一项净利润为出发点，加上不需要立即支付的现金，减去实际没收到的现金，再依据投资、筹资和其他经营活动所产生的现金和运用情况加以调整。现以经营活动现金流量计算为例，计算如下：

净利润
＋折旧、摊销
　　应付账款
　　应付费用
　　应付税金
－应收账款
　　存货
　　预付费用
＝经营活动产生的现金净流量

第三节　财务比率分析

财务比率分析包括短期偿债能力分析、长期偿债能力分析、营运能力分析、盈利能力分析、投资收益分析。

一、短期偿债能力分析

作为企业短期债务债权人的银行，分析企业的短期偿债能力是十分重要的。因为如果企业不能保持一定的短期偿债能力，那它自然也就不可能保持一定的长期偿债能力，更何况企业即将到期的长期债务一般也要用其可以在近期内变现的流动资产来偿还。

反映企业短期偿债能力的主要财务指标有：流动比率、速动比率、现金比率。

（一）流动比率

1.流动比率的计算公式

流动比率是流动资产除以流动负债的比值，其计算公式为：

$$流动比率＝\frac{流动资产}{流动负债}$$

这一比率反映了企业的货币资金和预计可以转化为货币资金的流动资产（如应收账款的收回和销售存货而获取的货币资金）可用于偿还短期债务的程度，反映了企业的流动资产是流动负债的多少倍，其比值越大，表明企业偿还短期债务的能力越强。

2.对流动比率的分析

流动比率的值并非越大越好，应有一个合理的限度。一般要求生产企业的最低合理流动比率应保持在2.00左右。因为一方面，企业的流动资产在清偿流动负债以后应有余

额去应付日常经营活动中其他资金的需要,并且鉴于存货、待摊费用等流动资产变现能力较差,因此,一般来说要求流动比率不能小于 2;另一方面,由于变现能力强的资产(如现金、银行存款、应收票据、应收账款等)往往盈利能力差,为了使企业的经营效果最好、盈余最大,流动比率不能过大,只要保证有足够的短期偿债能力即可。

计算出来的流动比率,只有和同行业的平均流动比率、本企业历史上的流动比率比较才能知道这个比率是高还是低。在一些行业,流动比率低于 2.00 是正常的,但另外一些行业则要求流动比率必须大于 2.00。

对流动比率作比较分析或同行业趋势分析虽有助于确定流动比率的高低,但却没有说明为什么流动比率这么高或这么低。要找出流动比率过高或过低的原因,还必须分析流动资产和流动负债所包括的内容以及经营上的因素。一般而言,流动资产中的应收账款和存货的数额及周转速度是影响流动比率的主要因素。有时,流动比率大,可能是企业被拖欠的应收账款过多、存货积压或产品滞销、货币资金过多、未能充分利用资金等原因造成的。

(二)速动比率

流动比率虽然可以用来评价流动资产总体的短期偿债能力,但速动比率比其更能说明资产的变现能力。对于银行等短期债权人来说,速动比率是一个十分重要的财务指标。

1.速动比率的计算公式

速动比率是从流动资产中扣除存货部分再除以流动负债的比值,又称酸性试验比率。其计算公式为:

$$速动比率 = \frac{速动资产}{流动负债}$$

$$= \frac{流动资产 - 存货}{流动负债}$$

在计算速动比率时,剔除存货的原因在于:在流动资产中存货的变现速度最慢;由于某些原因,部分存货可能已经损失报废,但尚未作处理;存货估价还存在着成本与合理市价悬殊的问题。因此,把存货从流动资产中扣除而计算出的速动比率,比流动比率反映的短期偿债能力更加可信。

由于各行业之间的差别,在计算速动比率时,还可扣除其他一些不能代表当时现金流量的流动资产项目,如预付款和其他杂项等。

2.对速动比率的分析

通常认为正常的速动比率为 1,低于 1 的速动比率被认为是短期偿债能力偏低。

但这只是一般看法,因为不同行业的速动比率会有很大差别,并没有统一标准的速动比率。例如,零售商品通常仅采用现金销售而没有赊销的应收账款,因此,可以保持一个低于 1 的速动比率,这不会影响其短期偿债能力。相反,一些应收账款较多的企业,速动比率可能要求大于 1。

评价速动比率指标,还应结合应收账款周转速度指标分析,因为其反映了应收账款的变现能力。

(三)现金比率

分析企业的短期偿债能力时,往往还可能需要从最保守的角度对其资产的流动性加以考虑。例如,假设企业已将其应收账款和存货全部抵押给其他债权人,或怀疑企业的存货和应收账款存在着流动性问题时,就需要利用现金比率这一指标来评价企业的短期偿债能力了。

1.现金比率的计算方法

现金比率表现企业资产即时的流动性,它将现金等价物、有价证券与流动负债相联系。其计算公式为:

$$现金比率 = \frac{现金等价物 + 有价证券}{流动负债}$$

这几个数据均可在资产负债表中找到,一般企业的资产负债表中现金等价物即为货币资金项,而有价证券主要表现为短期投资。

2.对现金比率的分析

利用现金比率对企业的短期偿债能力进行分析时,应结合企业的经营情况。在给企业下结论之前,应先对企业有一个细致的了解,因为企业的管理者对其货币资金的运用可能有某些计划。现金比例很低则说明企业不能即时支付应付款项。但是,如果企业的现金比率很高则说明企业的现金没有发挥最大效益。因此,在评价企业的短期偿债能力时,这个指标只具有一定的参考价值。因为如果要求企业有足够的现金等价物、有价证券来偿还其流动负债是不现实的。如果企业短期债务的偿还不得不依赖现金和有价证券,那么其短期偿债能力很可能不是加强,而是削弱了。

那么这是否说明这个比率对分析企业的财务状况毫无用处呢?在以下几种情况下,还是很有必要计算企业的现金比率的:(1)企业处于财务困境之中;(2)企业的存货和应收账款周转速率很慢;(3)处于投机性较强行业中的企业,如房地产开发企业;(4)对一个新建企业进行贷款决策而对其经营成功的可能性没有把握时。

二、长期偿债能力分析

反映企业长期偿债能力的主要财务指标有:资产负债率、产权比率、利息保障倍数、经营现金流量与债务总额比率。

(一)资产负债率

1.资产负债率的计算公式

资产负债率是负债总额与资产总额的百分比,它反映了企业的总资产中有多大比例是通过借债来筹集的,也被称为举债经营比例。这一比率也可以用来衡量企业在清算时保护债权人利益的程度。其计算公式如下:

$$资产负债率 = \frac{负债总额}{资产总额} \times 100\%$$

公式中的负债总额不仅包括长期负债,还包括短期负债,其原因是短期负债作为一个整体,总有一个存量是被企业长期性占用着的,可以视同长期性资金来源的一部分。因此,本着稳健的原则,将短期债务包括在负债总额中是合适的。公式中的资产总额是扣除累计折旧后的资产净额。这两项数据均可以在资产负债表中取得。

2.对资产负债率的分析

从债权人的角度来看,资产负债率的比值越低,则表明该企业的长期偿债能力越好。因为在企业清算时,资产的变现所得往往低于账面价值,因此,该比率越低,债权人所得到的保障程度就越高。

但从企业的所有者及经营者的角度来看,由于企业通过举债而筹集资金与企业的自有资金在经营中发挥的效应是相同的,因此,只要企业能够保持较好的盈利水平,企业全部资金利润率超过借款利率,那么较大的资产负债率就能给所有者和企业带来较大的利润。

银行作为企业的债权人,当然主要需要从债权人的角度考虑问题,希望资产负债率不要太高;但是在分析考察这一比率时应注意到,从长远来看,企业的盈利水平也是保障其长期偿债能力的一个因素,过低的资产负债率表明企业的经营过于保守。到底这个比率多大为宜,应结合企业所在行业的平均水平及企业的历史发展状况来观察,不能一概而论。通常,企业的资产负债率应控制在 50% 左右。

(二)产权比率

1.产权比率的计算公式

产权比率是负债总额与所有者权益总额之比。对于股份公司来讲,所有者权益即为股东权益,因此这个比率亦称债务股权比率。计算公式为:

$$产权比率 = \frac{负债总额}{所有者权益总额} \times 100\%$$

2.对产权比率的分析

产权比率反映了由债权人提供的资产与所有者提供的资本之间的对应关系,从而反映出企业的基本财务结构是否稳定。一般来说,所有者资本大于借入资产较好,但也不能一概而论。从所有者的角度来看,在通货膨胀加剧的时期,企业多举债可以把损失和风险转嫁给债权人;在经济繁荣时期,多举债可以获得额外的利润;在经济萎缩时期,少借债可以减少利息负担和财务风险。产权比率高是高风险、高报酬的财务结构;产权比率低,是低风险、低报酬的财务结构。该指标同时也反映了债权人投入的资金受到所有者权益保障的程度,或者说企业清算时对债权人利益的保障程度,因为,法律规定债权人的清偿顺序列在所有者之前。

产权比率与资产负债率有着共同的含义,两个指标可以相互补充。与资产负债率一样,对这一指标的评价应结合行业状况和企业的历史经营状况。对债权人银行来说,该比值越低,代表其长期偿债能力越强。

(三)利息保障倍数

银行从债权人的立场出发,在分析向企业贷款的风险时,除了计算上述资产负债率,审查企业借入资本占全部资本的比例以外,还要计算利息保障倍数。利用这一比率,可以测试银行作为企业的债权人投入资金的风险。

1.利息保障倍数的计算公式

利息保障倍数指标是指企业经营业务收益与利息费用的比率,用以衡量偿付借款利息的能力,计算公式如下:

$$利息保障倍数=\frac{息税前利润}{利息费用}$$

公式中的息税前利润是指利润表中未扣除利息费用和所得税之前的利润。它可以用"利润总额加利息费用"来测算。

公式中的分母"利息费用"是指本期发生的全部应付利息。它不仅包括财务费用中的利息费用,还应包括计入固定资产成本的资本化利息。资本化利息虽然不在利润表中扣除,但仍然是要偿还的。利息保障倍数的重点是衡量企业支付利息的能力,没有足够大的息税前利润,资本化利息的支付就会发生困难。

2.对利息保障倍数的分析

利息保障倍数是从利润表方面考察企业长期偿债能力的一项指标。它表明企业的经营收益是所需支付债务利息的多少倍。利息保障倍数越大,企业不能偿付到期利息债务的风险就越小。如果企业的利息债务偿还情况很好,当本金到期时,企业也能重新筹集到资金。因此,对于作为企业债权人的银行来讲,该比率越高则表明企业长期偿债能力越强。当然,这一比率过高,很可能是因为企业负债率过小而造成的,这又说明企业的经营过于保守。关于这一方面的分析,可以结合前面对资产负债率、产权比率的分析来理解。如何合理确定企业的利息保障倍数,这需要将该企业的这一指标与其他企业,特别是本行业平均水平进行比较,来分析决定本企业的指标水平。同时从稳健性的角度出发,最好比较本企业连续几年的该项指标,并选择最低指标年度的数据作为标准。

(四)经营现金流量与债务总额比率

这是一个根据现金流量表数据计算出的反映企业长期偿债能力的指标。

1.经营现金流量与债务总额比率的计算公式

经营现金流量与债务总额比率反映了企业用每年的经营现金流量偿付所有债务的能力。其计算公式如下:

$$经营现金流量与债务总额比率=\frac{经营现金流量}{债务总额}\times100\%$$

公式中的分子经营现金流量可以从现金流量表中取得;分母债务总额指包括流动负债在内的所有债务,可以从资产负债表中取得。

2.对经营现金流量与债务总额比率的分析

一般来说,该项比率越高,表明企业承担其债务总额的能力越强。事实上它也是一种将收益和债务结合起来的指标,只是用经营活动现金流量代替了利润数额。由于经营现金流量可能为负数,故该项指标值也可能为负数。

三、营运能力分析

企业的营运能力直接影响和关系着企业的偿债能力和盈利能力,体现着企业的经营绩效。因此,为了更加深刻地理解和掌握企业的偿债能力和盈利能力,对企业的经营业绩作出全面、客观、公正的评价,就必须再对企业的营运能力作深入的分析。

企业营运能力分析是通过一系列周转速度指标分析来实现的。主要包括:存货周转速度、应收账款周转速度、资产周转速度、流动资产周转速度、固定资产周转速度等。

(一)存货周转速度

在流动资产中,存货所占的比重较大,存货的流动性直接影响企业的流动比率,进而影响企业的短期偿债能力。因此,在分析企业的短期偿债能力时,必须特别重视对存货的流动性分析。存货的流动性,一般用存货的周转速度指标来反映,即存货周转率或存货周转天数。

1.存货周转速度的计算公式

存货周转率是衡量和评价企业购入存货、投入生产、销售收回等各环节管理状况的综合性指标。它是销售成本除以平均存货而得到的比率,用时间表示的存款周转率就是存货周转天数,其计算公式为:

$$存货周转率 = \frac{销售成本}{平均存货}$$

$$存货周转天数(天) = \frac{365}{存货周转率}$$

$$= \frac{平均存货 \times 365}{销售成本}$$

其中的销售成本数据可以从利润表中取得,平均存货为资产负债表中的"期初存货"与"期末存货"的平均数。

2.对存货周转速度的分析

一般来说,存货周转速度越快,表明该企业流动资产的变现能力越强,从而其短期偿债能力越好。这一点,在利用流动比率分析企业的短期能力时应特别注意。例如:甲、乙两个企业的流动资产总额均为 100 万元,其中存货额为 20 万元,流动负债均为 50 万元,其流动资产、负债所包括的内容结构均相同,所不同的是甲企业存货周转率为 8 次/年,乙企业的存货周转率为 4 次/年。表面上看,甲、乙两个企业的流动比率均为 2(即 100 ÷ 50),似乎两个企业的短期偿债能力相同。但是,应注意到,如果一旦发生特殊情况,需要企业通过销售存货来变现,从而偿还短期债务时,甲、乙两个企业所表现的偿债能力就不同了,甲企业的 20 万存货仅通过 46 天左右(即 365 ÷ 8)即可变为货币资金,而乙企业则需 91 天(即 365 ÷ 4)的时间才能销售出去取得现金。

存货周转速度指标不仅反映了企业的短期偿债能力,而且也反映了企业经营效率及其资金利用效率和盈利能力。例如:假设某企业销货成本为 60 万元,如果存货周转率为 6 次/年,则平均存货为 60 ÷ 6 = 10 万元,如果存货周转率降为 5 次/年,则平均存货则提高到 60 ÷ 5 = 12 万元。而这说明当存货周转 6 次时,企业在存货方面占用的资金为 10 万元。但当存货周转率减少 1 次时,存货占用的资金就要增加 2 万元。

正是由于存货周转速度指标在反映企业短期偿债能力的同时也反映了企业经营效率及获利能力,因此,在对企业财务报表进行分析时应特别注意这一指标,可将其作为一项企业营运能力的指标加以运用。

在分析存货周转率时,要与本企业历史资料、其他企业或行业平均水平比较而作出判断。通常来说,该指标高于行业平均水平,表明企业的存货管理效果好;否则,表明企业的存货管理效果尚未达到一般平均水平。

(二)应收账款周转速度

1.应收账款周转速度指标的计算

反映应收账款周转速度的指标是应收账款周转率,亦即年度内应收账款变为现金的平均次数;用时间表示的应收账款周转速度是应收账款周转天数,亦称平均应收账款回收期或平均收现期,它表示企业从取得应收账款的权利到回收款项转为现金的时间。计算公式为:

$$应收账款周转率=\frac{赊销收入净额}{平均应收账款余额}$$

其中:

$$赊销收入净额=销售收入-现销收入-销售退回、折让与折扣$$

$$平均应收账款余额=\frac{期初应收账款+期末应收账款}{2}$$

从理论上来说,由于应收账款是企业赊销产品时发生的,因此,应与赊销收入净额对应,按赊销收入净额计算应收账款周转率。但是,由于现销收入为企业内部数据,财务报表的外部使用者一般无法取得该项数据,因此,在实务上可以采用包括现销收入的"销售净额"去计算应收账款周转率。从理论上来解释,即把现销收入视为收账期间为零的赊销。则上述公式变为:

$$应收账款周转率=\frac{销售收入净额}{平均应收账款余额}$$

两公式中的应收账款余额可以使用未扣除坏账准备的应收账款余额,也可以使用扣除坏账准备后的应收账款净额。在本书中,均使用应收账款净额计算应收账款周转速度,这一数据可以从资产负债表中获得;而销售收入净额可由利润表中获得(即利润表中销售收入项或主营业务收入项)。

$$应收账款周转天数=\frac{365}{应收账款周转率}$$
$$=\frac{平均应收账款余额\times365}{销售收入净额}$$

2.对应收账款周转速度指标的分析

对应收账款周转速度指标的评价应结合企业的行业状况及发展状况进行比较分析。一般来说,应收账款周转率越高,周转天数越短,说明应收账款的回收越快,企业的短期偿债能力越强。在分析时,还要注意结合企业对外赊销的信用条件,如果企业应收账款周转天数为50天,但企业对外赊销的信用条件平均为40天,则说明该企业应收账款回收情况不好,短期偿债能力差;但如果对外赊销的信用条件为60天,则说明企业的短期偿债能力较强。

银行作为财务报表的外部使用人,可以将计算出的指标与该企业前期进行趋势比较分析,与行业平均水平进行行业比较分析或与其他类似企业相比较。

(三)资产周转速度

1.资产周转速度指标的计算公式

资产周转速度是指企业销售收入与全部资产平均余额之间的比例关系。通常有两种表现方式:一是资产周转率;二是资产周转天数。

资产周转率是指资产在一定时期(通常为一年)内周转了几次,它实际上同时还体现单位总资产在一定时期内创造了多少销售收入。其计算公式为:

$$资产周转率 = \frac{销售收入}{平均资产总额}$$

资产周转天数是指企业资产平均每周转一次所需用的天数。其具体计算公式为:

$$资产周转天数 = \frac{365}{资产周转率}$$
$$= \frac{平均资产总额 \times 365}{销售收入}$$

2.对资产周转速度指标的分析

资产周转率反映了资产周转速度,周转率越大,表明资产周转速度越快,资产利用效果越好,销售能力越强,进而反映出企业的偿债能力和盈利能力越令人满意,它是一项正指标。

而周转天数为逆指标,越小越好。资产周转天数是衡量企业资产周转速度的另一个指标。周转天数越短,表明资产周转速度越快。反之亦然。

企业可以通过薄利多销的办法,加速资产的周转速度,带来利润绝对额的增加。对资产周转速度指标进行分析时,应与企业的前期水平、同行业平均水平和先进水平或其他类似企业相比较,才能判断该项指标的高低。

(四)流动资产周转速度

1.流动资产周转速度的计算公式

流动资产周转速度是指企业一定时期内(通常为一年)销售收入与全部流动资产平均余额之间的比较关系,与资产周转速度一样,也有周转率和周转天数两种表示方法。

流动资产周转率是指企业的流动资产在一定时期内周转了多少次,次数越多,周转速度越快,其计算公式为:

$$流动资产周转率 = \frac{销售收入}{流动资产平均余额}$$

其中:

$$流动资产平均余额 = \frac{期初流动资产余额 + 期末流动资产余额}{2}$$

流动资产周转天数是指企业流动资产平均每周转一次所需用的天数。其计算公式为:

$$流动资产周转天数 = \frac{365}{流动资产周转次数}$$
$$= \frac{流动资产平均余额 \times 365}{销售收入}$$

公式中的销售收入可由利润表中取得,流动资产余额可由资产负债表中取得。

2.对流动资产周转速度的分析

流动资产周转速度反映流动资产的周转快慢。周转率越大,周转天数越少,说明周转速度越快,变现能力越强,相应的企业盈利及偿债能力便越强;同时,周转速度越快,会相对节约流动资产,等于相对扩大资产投入,增强企业盈利能力。反之,延缓周转速度,就需要补充流动资产参加周转,形成资金浪费,降低企业的偿债能力和盈利能力。

同样,此项指标也需与企业前期、同行业平均水平或其他企业相比较,才能判断其优劣。

(五)固定资产周转速度

1.固定资产周转速度的计算公式

固定资产周转速度是指企业一定时期内(通常为一年)销售收入与全部固定资产平均余额之间的比例关系。它也有周转率和周转天数两种表示方法。

固定资产周转率是指企业的固定资产在一定时期内周转了多少次,次数越多,周转越快。其计算公式为:

$$固定资产周转率=\frac{销售收入}{固定资产平均余额}$$

其中:

$$固定资产平均余额=\frac{期初固定资产余额+期末固定资产余额}{2}$$

固定资产周转天数是指企业的固定资产平均每周转一次所需用的天数。其计算公式为:

$$固定资产周转天数=\frac{365}{固定资产周转率}$$
$$=\frac{固定资产平均余额\times365}{销售收入}$$

公式中分子、分母的数据可由企业的利润表和资产负债表中获得。

2.对固定资产周转速度的分析

与流动资产周转速度一样,固定资产周转速度反映了企业固定资产的周转快慢。周转率越大,周转天数越少,表明周转速度越快,变现能力越强,相应的盈利与偿债能力越强;同时,周转速度越快,会相对节约固定资产,这也就相对扩大了企业的固定资产投入,增强了企业资产利用效率。反之,延缓周转速度,就会降低企业固定资产的利用率,从而降低企业的偿债能力。与资产周转速度、运用资产周转速度和营运资金周转速度相比,此项指标相对次要一些,一般仅为辅助性分析指标。

四、盈利能力分析

企业的盈利能力主要反映企业在营业过程中创造利润的能力,反映企业盈利能力的财务指标一般用企业实现的利润与消耗或营业的比率来表示。主要通过利润表数据计算获得。

(一)销售净利率

1.销售净利率的计算公式

通常用于衡量盈利能力的财务指标是销售净利率,一般也将其简称为净利率,它是净利润与销售收入的百分比。其计算公式为:

$$销售净利率=\frac{净利润}{销售收入}\times100\%$$

"净利润",在我国会计制度中是指税后利润。

2.对销售净利率的分析

该指标反映每一元销售收入带来的净利润的多少,表示销售收入的收益水平。因此,此项指标越大,表明企业的盈利能力越强。从销售净利率的指标关系看,净利润与销售净利率成正比关系,而销售收入额与销售净利率成反比关系。企业在增加销售收入额的同时,必须相应地获得更多的净利润才能使销售净利率保持不变或有所提高。通过分析销售净利率的升降变动,可以促使企业在扩大销售的同时,注意改进经营管理,提高盈利水平。

(二)销售毛利率

1.销售毛利率的计算公式

销售毛利率是毛利占销售收入的百分比,其中毛利是销售收入与销售成本的差。其计算公式如下:

$$销售毛利率=\frac{销售毛利}{销售收入}\times100\%$$

$$=\frac{销售收入-销售成本}{销售收入}\times100\%$$

2.对销售毛利率的分析

销售毛利率,表示每一元销售收入扣除所销售产品的成本后,有多少钱可以用于各项期间费用和形成盈利。毛利率是企业销售净利率的最初基础,没有足够大的毛利率便不能盈利。此项指标值越大,表明企业的盈利能力越强。

(三)营业利润率

1.营业利润率的计算方法

营业利润率是企业实现的营业利润与销售收入之比,其计算公式为:

$$营业利润率=\frac{营业利润}{销售收入}\times100\%$$

公式中的销售收入是指扣除销售折让、销售折扣和销售退回之后的销售净额,此数据可从利润表中取得,即主营业务收入。

2.对营业利润率的分析

营业利润率剔除了投资和营业外收支的影响,但增加了其他业务的盈利因素,反映了企业自身经营业务的获利能力。该项指标值越大,表明企业的盈利能力越强。

五、投资收益能力分析

企业投资收益能力是企业投入资金的增值能力。一般用实现利润与占用或投入资金的比率来反映投资收益能力的大小。

(一)资产收益率

1.资产收益率的计算公式

资产收益率是企业净利润与平均资产总额的百分比,其计算公式为:

$$资产收益率 = \frac{净利润}{平均资产总额} \times 100\%$$

其中:

$$平均资产总额 = \frac{期初资产总额 + 期末资产总额}{2}$$

公式中的净利润来源于利润表,而资产总额可以从资产负债表中取得。

2.对资产收益率的分析

资产收益率指标把企业一定期间的净利与企业的资产相比较,表明企业资产利用的综合效果。指标值越高,表明资产的利用效率越高,说明企业在增加收入和节约资金使用等方面取得了良好的效果,反之亦然。企业的资产是由投资人投入和举债形成的。净利润的多少与企业资产的多少、资产的结构、经营管理水平有着密切的关系。资产收益率是一个综合指标,为了正确评价企业经济效益的高低,挖掘企业提高利润水平的潜力,可以用该项指标与本企业的前期、本企业计划、本行业平均水平及本行业内先进企业进行对比,分析形成差异的原因。影响资产收益率高低的因素主要有:产品的价格、单位成本的高低、产品的产量和销售的数量、资金占用量的大小等。可以利用资产收益率来分析经营中存在的问题,提高销售利润率,加速资金周转。

(二)资本收益率

1.资本收益率的计算公式

资本收益率是企业净利润与实收资本之比,其计算公式为:

$$资本收益率 = \frac{净利润}{实收资本} \times 100\%$$

公式中的净利润,可由利润表中获得,而实收资本可由资产负债表中取得(股份公司的实收资本为股本)。

2.对资本收益率的分析

资本收益率反映了企业运用投资者投入资本获得收益的能力。该项指标越高,表明企业盈利能力越强。

股份制企业除了以上介绍的衡量企业盈利能力的指标外,还有每股盈利、市盈率、股利收益率等指标。

第四节 企业信用评估

一、企业信用评估定义

企业信用评估是在充分利用企业信用数据及其他部门的重要信用信息的基础上,根据企业的登记信息、年检情况、经营状况、荣誉信息、资信等级和守法情况,采用企业信用评价的技术标准和数学模型,区分不同行业、不同企业类型,按照评价指标的标准值和指标权重,对企业进行信用等级评价。

二、企业信用评估方法

为了客观评价企业的信用状况,应当采用静态分析与动态分析相结合、定量分析与定性分析相结合、微观分析与宏观分析相结合的评级方法。

(一)静态分析与动态分析相结合

评级的准确性依赖于评级资料的真实性和全面性、评级体系的完整性和科学性,并需考察众多的政治经济因素,而这些因素是不断变化的,需要将其及时地反映在企业的信用状况中。评级要全方位地考察历史数据,并结合企业的发展规划、企业所处环境的变化动态地分析企业信用状况。

(二)定量分析与定性分析相结合

评级以定量分析方法为基础,但不局限于定量方法,需要定性分析相结合。定量分析主要采用数据模型的方法,主要考察企业的内部因素,如偿债能力、财务效益、发展能力等就是以定量分析为主,依靠企业财务数据,根据其所属的行业,用一套较为有针对性的指标来计算的;定性分析主要采用打分法,重点考察企业的外部因素,如组织形式、发展战略、发展前景等存在诸多差异,简单用定量指标很难做出公正、科学的评价,特别是有些非财务因素无法量化计算,必须进行定性判断,也即客观评价方法与主观评价方法相结合。

(三)微观分析与宏观分析相结合

评级时,既要从微观上考察企业的生产经营状况、偿债能力、财务状况、经济效益、资金营运能力等,又要从宏观角度,研究企业的发展前景、行业发展状况,以及在国民经济中的地位、作用、社会效益等。

三、企业信用评估原则

(一)公正性原则

公正的原则是评级人员必须遵守的最基本的原则。只有坚持公正的原则,才能得到社会的信任,评级结果才能得到社会的承认。

(二)独立性原则

独立性原则是开展评级业务的基础,要求独立自主、实事求是地评估企业的状况,确定企业的信用等级。

(三)客观性原则

在评级前,评估人员通过实地调查,了解企业的状况,对有关材料进行去粗取精、由表及里的综合分析,并进行认真细致的测算,保证评级结果的客观可靠。

(四)科学性原则

评级工作的规范、标准、程序、方法是否科学、合理,对评级结果有着重大的影响。要根据受评企业的情况,采用定量分析和定性分析相结合的方法,在注重考察企业静态分析的同时,重视企业的动态分析,并结合企业所处行业发展的状况和企业未来的现金流量状况,综合评价企业的状况,确定企业的信用等级。

四、企业信用评估流程(以信用评估公司为例)

企业信用评估工作操作流程是指在进行企业信用评估业务时所遵循的操作步骤,具体包括:接受评级申请、资料收集、实地调研、分析评估、信用等级确定、信用等级发布、跟踪监测等七个阶段。

(一)接受评级申请

被评企业向评估公司提出评级申请,双方经过初步了解,在相互信任的基础上达成委托,并签订《信用评级协议》,委托关系正式确立。

(二)资料收集

在签订《信用评级协议》后由评估公司进行评级,评估公司委派评级组进行评级,评级组向被评企业发出《信用评级资料清单》,被评企业按《信用评级资料清单》的有关内容要求准备资料。在被评企业提供的资料及公开信息的基础上,评级组进行前期研究,并向企业要求提供补充的资料,制定评级方案,并提交评估公司审核确定评级方案。

(三)实地调研

在评级方案确定后,评级组对被评企业进行实地调研。评级组成员与企业的主管领导和有关部门管理人员座谈,了解企业基本状况、竞争情况、财务状况、管理状况、发展状况等。现场勘察,考察企业的生产、经营现场及项目建设现场,了解企业的生产经营环境及项目进展情况等。

(四)分析评估阶段

评级组根据被评企业提供的资料、实地调研情况及其他相关资料,依据《信用评级评价办法》,对基础数据进行测算、分析,通过定量、定性分析,评定信用等级,撰写信用评级报告,并报送评级中心,经评级中心审核后通知资信评估部总经理。

(五)信用等级确定阶段

评估公司资信评估部将信用评级报告报送评级审定委员会,评级审定委员会根据评估公司提供的信用评级报告及相关资料对企业的信用等级进行整体评价,并最终确定企业的信用等级;对重大评级项目,评级中心需将有关资料报送评级专家委员会,由评级专家委员会和评级审定委员会共同对企业的信用等级进行整体评价,并最终确定企业的信用等级。

(六)信用等级发布

评级审定委员会确定企业的信用等级后,将企业的信用等级通知评估公司,由评估公司向参评企业统一出具《信用等级证书》,并将企业的信用等级通知企业。

(七)跟踪监测

评级结果一年内有效,到期后需重新评级,在有效期内评估公司对已评定的企业实施定期与不定期的跟踪监测,了解企业最新情况与动态。若在有效期内评级企业出现影响原评级结果的重大事项,评估公司将对评级企业进行复评。

企业信用评估流程参见图 6-1。

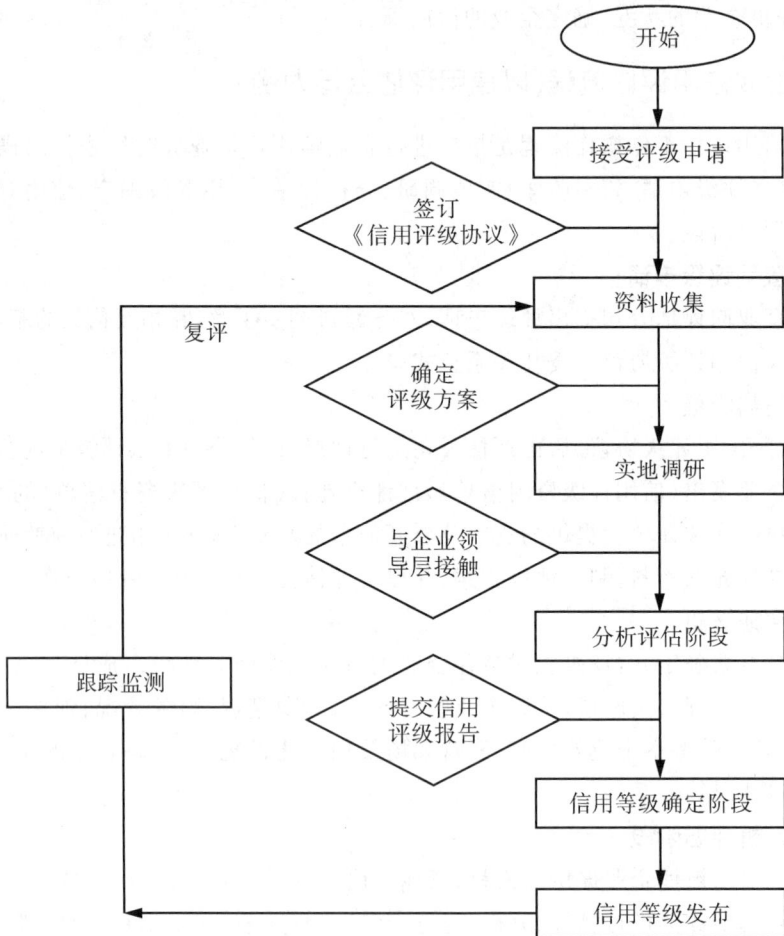

图 6-1　企业信用评估流程图

资料

工业企业信用等级评分表

序号	指标名称	计算公式	满分	标准值	评分说明
一、企业素质			10		
01	领导素质	(1)学历;(2)专业技术职称;(3)团结开拓及工作业绩;(4)专业本职年限、信用记录、品德素质、决策能力;(5)环保意识	3	好	好,3;较好,2;一般,1
02	职工素质	(1)学历;(2)专业技术;(3)年龄结构;(4)培训情况;(5)职工精神风貌;(6)职工职业道德	3	好	好,3;较好,2;一般,1
03	管理素质	(1)管理体系;(2)管理制度;(3)管理手段;(4)管理措施;(5)管理成效;(6)经营策略及风险控制;(7)工艺操作规程;(8)岗位责任制与安全生产	2	好	好,2;较好,1.5;一般,0.5
04	技术素质	(1)专业技术力量;(2)工艺技术水平和设备先进程度;(3)新产品开发能力;(4)科技队伍;(5)技术创新	2	好	好,2;较好,1.5;一般,0.5
二、经济实力			15		
05	净资产与贷款比率	$\dfrac{\text{净资产}}{\text{年末贷款余额}} \times 100\%$	4	≥100%	每降1%扣0.1分,小于等于60%不计分
06	资产负债率	$\dfrac{\text{总负债}}{\text{总资产}} \times 100\%$	5	≤60%	每升1%扣0.2分,大于等于85%不计分
07	固定资产净值率	$\dfrac{\text{固定资产净值}}{\text{固定资产原值}} \times 100\%$	4	≥70%	每降1%扣0.2分,小于等于60%不计分
08	资本固定化比率	$\dfrac{\text{资产总额}-\text{流动资产总额}}{\text{所有者权益}} \times 100\%$	4	≤70%	每升1%扣0.2分,大于等于90%不计分
三、偿债能力			26		
09	流动比率	$\dfrac{\text{流动资产}}{\text{流动负债}} \times 100\%$	4	≥140%	每降1%扣0.1分,小于等于100%不计分
10	速动比率	$\dfrac{\text{流动资产}-\text{存货}}{\text{流动负债}} \times 100\%$	4	≤70%	每降1%扣0.2分,小于等于50%不计分
11	非筹资性现金净流入与流动负债比率	$\dfrac{\text{非筹资性现金净流入}}{\text{流动负债平均余额}} \times 100\%$	4	≥14%	每降1%扣0.4分,小于等于4%不计分
12	贷款偿还率	$\left(1-\dfrac{\text{期末逾期贷款余额}}{\text{期末贷款余额}}\right) \times 100\%$	4	100%	每降1%扣0.1分,小于等于60%不计分
13	利息偿付率	$\dfrac{\text{已付贷款利息}}{\text{应付贷款利息}} \times 100\%$	3	100%	每降1%扣0.2分,小于等于85%不计分

续表

序号	指标名称	计算公式	满分	标准值	评分说明
14	利息保障倍数	$\dfrac{\text{本期利润总额＋本期利息支出}}{\text{本期利息支出}}$	3	≥3倍	每少1倍扣1分
15	贷款质量分类	年末正常类贷款,年末关注类贷款,年末次级类贷款	4	100%	全部为正常贷款满分,每降1%扣0.1分,小于等于60%不计分
四、经营能力			18		
16	销售收入增长率	$\dfrac{\text{本年销售收入－上年销售收入}}{\text{上年销售收入}}×100\%$	4	≥10%	每降1%扣0.4分
17	主营业务现金率	$\dfrac{\text{主营业务活动现金流入}}{\text{主营业务收入}}×100\%$	3	≥80%	每降1%扣0.1分,小于等于50%不计分
18	存货周转率	$\dfrac{\text{产品销售成本}}{\text{平均存货余额}}×100\%$	3	≥400%	每降1%扣0.01分,小于等于100%不计分
19	应收账款周转率	$\dfrac{\text{销售收入净额}}{\text{平均应收账款余额}}×100\%$	3	≥500%	每降1%扣0.01分,小于等于200%不计分
20	应付账款清偿率	$\left(1-\dfrac{\text{应付账款期末余额}}{\text{应付账款期初余额＋贷方发生额}}\right)×100\%$	3	≥80%	每降1%扣0.2分,小于等于65%不计分
21	合同履约率	$\left(1-\dfrac{\text{未履行销售合同份数}}{\text{应履行销售合同份数}}\right)×100\%$	2	100%	每降1%扣0.05分,小于等于60%不计分
五、经营效益			21		
22	利润增长率	$\dfrac{\text{本期利润总额－上期利润总额}}{\text{上期利润总额}}×100\%$	5	≥5%	每降1%扣1分,负增长不计分
23	销售利润率	$\dfrac{\text{销售利润}}{\text{产品销售收入}}×100\%$	4	≥10%	每降1%扣0.3分,负增长不计分
24	净资产收益率	$\dfrac{\text{税后利润}}{\dfrac{\text{期初净资产余额＋期末净资产余额}}{2}}×100\%$	4	≥6%	每降1%扣0.8分,小于等于1%不计分
25	资产报酬率	$\dfrac{\text{利润总额＋利息支出}}{\text{年平均资产总额}}×100\%$	4	≥4%	每降1%扣1分,负增长不计分
26	资本保值增值率	$\dfrac{\text{期末所有者权益总额}}{\text{期初所有者权益总额}}×100\%$	4	≥100%	每降1%扣0.2分,小于等于80%不计分
六、发展前景			10		
27	行业产业政策	发展产业、扶持产业、维持产业、淘汰产业、环境污染与治理	2	好	好,2;较好,1;一般,0.5分
28	市场分析	品牌、价格、市场占有率、促销手段、新产品开发、金融、货币、信贷、外汇政策	4	好	好,4;较好,3;一般,2分
29	产品发展和更新	老产品寿命周期、新产品开发、技术创新产品技术含量	2	好	好,2;较好,1;一般,0.5分

续表

序号	指标名称	计算公式	满分	标准值	评分说明
30	经营效益预测（未来一年）		2		
	销售收入增长率	$\left(\dfrac{未来一年销售收入}{本年销售收入}-1\right)\times100\%$		≥10%	每降1%扣1分，负增长不计分
	利润增长率	$\left(\dfrac{未来一年利润总额}{本年利润总额}-1\right)\times100\%$		≥8%	每降1%扣1分，负增长不计分

相关知识

借款企业信用评级要素、标识及含义

（一）信用评级机构对企业进行信用评级应主要考察以下方面内容：

1. 企业素质，包括法人代表素质、员工素质、管理素质、发展潜力等；

2. 经营能力，包括销售收入增长率、流动资产周转次数、应收账款周转率、存货周转率等；

3. 获利能力，包括资本金利润率、成本费用利润率、销售利润率、总资产利润率等；

4. 偿债能力，包括资产负债率、流动比率、速动比率、现金流等；

5. 履约情况，包括贷款到期偿还率、贷款利息偿还率等；

6. 发展前景，包括宏观经济形势、行业产业政策对企业的影响，行业特征、市场需求对企业的影响，企业成长性和抗风险能力等。

（二）借款企业信用等级应按不同行业分别制定评定标准。

（三）借款企业信用等级分三等九级，即：AAA、AA、A、BBB、BB、B、CCC、CC、C。等级含义如下：

AAA级：短期债务的支付能力和长期债务的偿还能力具有最大保障；经营处于良性循环状态，不确定因素对经营与发展的影响最小。

AA级：短期债务的支付能力和长期债务的偿还能力很强；经营处于良性循环状态，不确定因素对经营与发展的影响很小。

A级：短期债务的支付能力和长期债务的偿还能力较强；企业经营处于良性循环状态，未来经营与发展易受企业内外部不确定因素的影响，盈利能力和偿债能力会产生波动。

BBB级：短期债务的支付能力和长期债务偿还能力一般，目前对本息的保障尚属适当；企业经营处于良性循环状态，未来经营与发展受企业内外部不确定因素的影响，盈利能力和偿债能力会有较大波动，约定的条件可能不足以保障本息的安全。

BB级：短期债务支付能力和长期债务偿还能力较弱；企业经营与发展状况不佳，支付能力不稳定，有一定风险。

B级：短期债务支付能力和长期债务偿还能力较差；受内外不确定因素的影响，企业

经营较困难,支付能力具有较大的不确定性,风险较大。

CCC级:短期债务支付能力和长期债务偿还能力很差;受内外不确定因素的影响,企业经营困难,支付能力很差,风险很大。

CC级:短期债务的支付能力和长期债务的偿还能力严重不足;经营状况差,促使企业经营及发展走向良性循环状态的内外部因素很少,风险极大。

C级:短期债务支付困难,长期债务偿还能力极差;企业经营状况一直不好,基本处于恶性循环状态,促使企业经营及发展走向良性循环状态的内外部因素极少,企业濒临破产。

每一个信用等级可用"+"、"一"符号进行微调,表示略高或略低于本等级,但不包括AAA+。

第五节 银行信贷登记咨询系统

一、银行信贷登记咨询系统

银行信贷登记咨询系统是以人民银行城市中心支行为数据节点,以人民银行内联数据网为网络基础,实时收集各商业银行和其他金融机构的信贷数据的大型计算机应用系统。银行信贷登记咨询系统对与银行有信贷业务关系的企事业单位和其他经济组织的信息进行管理,各金融机构按照人民银行的统一要求,将其对客户开办信贷业务中产生的信息(包括本外币贷款、银行承兑汇票、信用证、保函、担保,以及企业基本概况、财务状况和欠息、逃废债、经济纠纷等情况),通过计算机通讯网络,传输到人民银行的数据库,金融机构可以向人民银行数据库查询所有与其有信贷业务关系的客户的有关资信状况,防范银行信贷风险。

二、银行信贷登记咨询系统运行方式

银行信贷登记咨询系统的运行方式是借款人向所在地人民银行分支机构办理建立信贷登记档案的基本手续,登记其基本概况、财务状况和其他资信内容,并获得由人民银行统一颁发的贷款卡;借款人持贷款卡向金融机构申请办理信贷业务;金融机构凭贷款卡向人民银行数据库查询借款人的资信情况,作为审贷的重要依据,并按人民银行的统一要求,将其对借款人办理信贷业务过程中产生的各种信息数据进行登录,及时通过计算机网络,传输到所在地的人民银行数据库中。

三、银行信贷登记咨询系统的信息采集

银行信贷登记咨询系统采集信息主要包括:

(1)凡中华人民共和国境内与金融机构发生信贷业务的企业、事业单位及其他借款人(自然人除外),必须全部进入银行信贷登记咨询系统;

（2）中华人民共和国境内依法设立的中资、外资、中外合资金融机构，均须向银行信贷登记咨询系统传输信贷数据信息；

（3）目前金融机构开展的贷款、承兑汇票、信用证、保函、担保等所有本外币信贷业务全部登记进入系统；

（4）登记借款人的基本概况、财务状况、欠息、被起诉等以及其他资信信息。

目前，银行信贷登记咨询系统所采集的信息数据是全面完整的。一个借款人在国内任何地方发生的所有信贷业务，都将记录在银行信贷登记咨询系统中。

专栏

机构信用代码

一、什么是机构信用代码？

机构信用代码，是指中国人民银行以金融业务为基础，按照一定规则赋予每一个机构在全国范围内唯一、不变的编码。机构信用代码以结算账户开户许可证核准号为基础编制，共18位，包含有准入管理部门类别、机构类别、行政区划代码等内容。

二、什么是机构信用代码证？

机构信用代码证是承载机构信用代码的证书。机构信用代码证由中国人民银行统一式样和内容，记载机构信用代码、机构名称、注册地址及发证单位等信息。

三、机构信用代码证有什么用？

机构信用代码证已逐步在人民银行和银行业金融机构征信业务、信贷业务、账户业务、现金业务、票据业务、外汇业务等领域推广应用，将成为金融系统及其他经济领域机构客户身份识别的重要手段，成为机构的"经济身份证"。机构在人民银行和银行业金融机构办理业务时，出示机构信用代码证，可以得到更加方便、快捷的金融服务。

四、哪些机构可以申领机构信用代码证？

在中华人民共和国境内依法设立、从事经济活动的机关、事业单位、企业、社会团体、民办非企业以及其他组织均可申领机构信用代码。

五、机构在哪里申领机构信用代码证？

机构可按当地人民银行规定，向人民银行或开立基本存款账户的银行业金融机构申领机构信用代码证。

六、申领机构信用代码证需要费用吗？

机构申领机构信用代码证不需要任何费用。

七、申领机构信用代码证需要提交什么材料？

机构申请机构信用代码证应提交以下资料：

（一）机构信用代码申请表；

（二）机构成立时的批准文件或登记证书、营业执照等；

（三）机构为从事生产、经营活动纳税人的，出示税务登记证；

（四）法定代表人（负责人）及经办人有效身份证件；

（五）机构介绍信或授权书；

（六）中国人民银行要求提供的其他材料。

八、机构信用代码系统记录哪些信息？

人民银行建设了机构信用代码系统对外提供服务，机构信用代码系统记录机构的基本信息，如名称、登记注册部门、注册地址、成立日期等，以及机构已有的其他代码，如登记注册号、纳税人识别号等。机构信用代码系统通过存储机构的信用代码和其他已有代码，实现机构信用代码与其他代码的索引和关联查询功能。

九、怎样查询机构信用代码系统信息？

机构可按照人民银行的规定，在当地人民银行或银行业金融机构申请查询机构信用代码信息。

十、机构信用代码的使用优势有哪些？

（一）经济性强。机构信用代码以结算账户开户许可证核准号为基础，与机构的经济和信用活动密切相关。机构信用代码系统已应用于人民银行企业征信系统，通过机构信用代码可以便捷查询企业的信用报告。

（二）覆盖面广。机构只要有经济活动，就必须开立和经常使用存款账户，机构信用代码涵盖了所有从事经济活动的机构。

（三）实用性高。机构信用代码系统将机构信用代码与其他机构代码建立起对应关系，通过查询机构信用代码系统可以方便、快捷地了解到某机构在其他部门领取的代码信息。

（四）便捷性高。全国所有银行业金融机构网点均连通了机构信用代码系统，机构在开展经济活动、办理金融业务时，均可对机构信用代码信息进行查验和更新。

十一、怎样修改机构信用代码系统信息？

认为本机构在机构信用代码系统中的信息有误的，可向发放机构信用代码证的人民银行分支机构或银行业金融机构提出异议申请，并提交证明代码信息有误的相关证明资料。

十二、机构信用代码与其他机构代码有什么关系？

机构信用代码与其他部门各类机构代码互不矛盾、互不替代、互不影响。机构信用代码是现有各类机构代码连接的桥梁，通过机构信用代码可以把现有各类机构代码连接起来，实现信用信息共享。

十三、建立机构信用代码制度有什么意义？

（一）辅助金融机构开展客户身份识别工作。机构信用代码具备的唯一性及机构信用代码系统丰富的客户背景信息查询来源，有助于金融机构识别机构客户身份，提升反洗钱工作效率，逐步解决机构身份资料多头发放、各自独立、难于相互印证的难题，减少金融机构多头核实信息的工作环节和成本投入。

（二）提高金融服务水平。机构信用代码与结算账户开户许可证核准号密切相关，覆盖所有与银行业金融机构发生往来的经济主体。通过机构信用代码，能够便捷、迅速地实现银行内部、银行与银行之间、银行与监管部门之间的信息整合与共享，为各类经济主体享受全国范围内统一、优质的金融服务提供便利。

（三）改进社会管理方式，推动社会信用体系建设。通过建立与现有代码的对应关系，机构信用代码能够发挥查询检索功能，促进各部门、各行业的信息共享；机构信用代码全国通用,能够提升机构的信息透明度,促进机构加强自身信用管理,提升社会信用意识;机构信用代码结构清晰、含义明确,能够分机构类别、机构性质、行政区划等不同口径进行统计分析,为宏观决策提供基础数据参考。

四、银行信贷登记咨询系统的作用

(一)可以全面揭示单个借款企业的信用风险

金融机构通过查询系统,可以看到借款企业的所有信贷记录,包括该企业在全国其他地区以及其他金融机构的所有往来信息,这样对企业是否有不良信贷情况可以一目了然。同时,对企业的财务状况、是否曾被起诉、是否有逃废债等情况也可以及时了解。比如:一个企业到某银行申请贷款,查询系统显示,该企业在其他多个银行的贷款已经逾期,并且有被起诉的情况。这些情况就可以帮助查询机构对企业的信用程度以及贷款前景有个基本的判断,一定程度上减少了不必要的风险。

(二)可以快速掌握关联企业的融资风险

由于单个企业在各家商业银行的借款情况通过系统查询可以直接了解,此时,一些不符合借款条件的企业为了得到贷款往往采取注资新的企业、关联担保、账务处理等集团企业操作模式,以多个子、孙企业分散借款的方式达到形式上符合借款条件目的。以前段时间著名的农凯系关联企业为例,其关联企业数十家,相互关系十分复杂,但通过银行信贷登记咨询系统,系统操作人员仅用了两小时时间就基本摸清了农凯系关联企业的贷款笔数、总量以及提供贷款的各家商业银行,快速有效地配合了有关部门对此问题的调查。利用银行信贷登记咨询系统查询关联企业主要从三条渠道着手:一是查询集团企业资本构成信息。集团企业一般都由数个企业或自然人出资组成。系统在基本信息栏目中有专门的"实收资本构成"信息。银行可以从实收资本构成信息中一层层查询控股公司和子、孙公司的来龙去脉,大体了解企业集团关联企业的数量、资本总量和贷款总量。二是查询企业集团法人兼职状况信息。这种信息可以帮助我们判断企业集团是家族性的还是国家企业集团,其关联企业的设立是否必要或者有其他动机。三是查询企业对外担保和互相担保的信贷信息。企业之间的担保往往是构成关联的重要线索和依据。通过企业担保情况的查询,可以深入挖掘隐蔽的关联成员,从而得到更加完整的企业图谱。对这些信息进行归纳加总,就可以发现该企业集团的贷款和经营的实际全面情况。这对商业银行贷款决策具有重要的参考价值。

(三)可以及时分析行业风险

通过对系统收集来的数据加以统计分析,银行可以随时对现有的数据按各种分类方法和统计口径进行汇总和比较。例如可以对所有企业贷款总量按行业、时间生成表格,也可以按贷款增量、增幅排序,通过这些表格很容易看出贷款在各行业中占比的变化。通过这些变化,银行可以对今后的信贷业务走向有所预期,对宏观经济的决策提供数据参考。

本章小结

1.企业信用分析是指银行在对企业授信过程中,对企业生产经营活动、管理及控制水平、盈利及偿债能力、外部经营环境、总体风险等进行的分析与评价。企业信用分析内容包括财务分析与非财务因素分析。其中财务分析主要有财务报表分析与财务比率分析。非财务因素分析主要是对企业所属的行业因素、经营因素、管理因素、自然社会因素、还款意愿因素等进行的分析与评价。

2.资产负债表是反映企业某一特定日期资产、负债和所有者权益及其构成情况的会计报表。它表明企业在某一特定日期所拥有或控制的经济资源,所承担的义务和所有者对净资产的要求权。资产负债表提供了企业资产、负债和所有者权益的总体情况。通过资产负债表提供的数据,可以了解企业拥有或控制的经济资源及其分布与构成,是分析企业生产经营能力的重要资料;通过资产负债表提供的企业负债总额及结构,可以了解企业将要用多少资产或劳务清偿债务,分析企业偿债的对象及先后次序的紧迫情况;通过资产负债表提供的所有者权益情况,可以了解投资者在企业资产中所占的份额,分析权益的结构。

3.利润表是反映企业一定期间生产经营成果的会计报表。利润表把一定时期的营业收入与同一会计期间相关的营业费用进行配比,计算出企业一定时期的税后净利润。利润表是会计报表中的主要报表,通过利润表反映的收入、成本和费用等情况,能够反映企业生产经营的收益情况、成本耗费情况,表明企业生产经营成果;同时,通过利润表提供的不同时期的比较数字(本月数、本年累计数、上年数),可以分析企业今后利润的发展趋势及长期获利能力。这些信息都将成为信贷决策十分重要的依据。

4.现金流量表是一份反映一定时期(一般为一个月、一季,主要是一年的年报)的现金流入和流出的财务报表。通过现金流量表,可以概括反映企业经营活动、投资活动和筹资活动对企业现金流入流出的影响,对于评价企业实现的利润、财务状况及财务管理,要比传统的利润表更为有效。现金流量表的主要作用是反映公司短期支付能力,特别是支付账单的能力。其主要项目有:

(1)现金,指库存现金及随时可用于支付的存款;

(2)现金等价物,指企业持有的期限短,流动性强,易于转换为已知金额现金,价值变动很小的投资;

(3)现金流量,指现金及现金等价物的流入与流出。

5.流动比率是流动资产除以流动负债的比值,简称流动比,又称营运资金比率。

6.速动比率是从流动资产中扣除存货部分再除以流动负债的比值,又称酸性试验比率、变现能力比率。

7.现金比率反映企业资产即时的流动性,它将现金等价物、有价证券与流动负债相联系。

8.资产负债率是负债总额与资产总额的百分比,它反映了企业的总资产中有多大比例是通过借债来筹集的,也被称为举债经营比例。

9.产权比率是负债总额与所有者权益总额之比。对于股份公司来讲,所有者权益即为股东权益,因此这个比率亦称债务股权比率。

10.利息保障倍数是指企业经营业务收益与利息费用的比率,用以衡量偿付借款利息的能力。

11.存货周转率是衡量和评价企业购入存货、投入生产、销售收回等各环节管理状况的综合性指标。它是销售成本除以平均存货而得到的比率,亦称存货的周转次数。

12.应收账款周转率是指年度内应收账款变为现金的平均次数。用时间表示的应收账款周转速度是应收账款周转天数,又称平均应收账款回收期或平均收现期,它表示企业从取得应收账款的权利到回收账款转为现金的时间。

13.资产周转速度是指企业销售收入与全部资产平均余额之间的比例关系。通常有两种表现方式:一是资产周转率;二是资产周转天数。资产周转率是指资产在一定时期(通常为一年)内周转了几次,它实际上同时还体现单位总资产在一定时期内创造了多少销售收入。资产周转天数是指企业资产平均每周转一次所需用的天数。

14.通常用于衡量盈利能力的财务指标是销售净利率,一般也将其简称为净利率,它是净利润与销售收入的百分比。

15.销售毛利率是毛利占销售收入的百分比,其中毛利是销售收入与销售成本的差。

16.营业利润率是企业实现的营业利润与销售收入之比。

17.资产净利率是企业净利润与平均资产总额的百分比,又称资产收益率。

18.资本收益率是企业净利润与实收资本之比。

19.股份制企业除了以上介绍的几种衡量企业盈利能力的主要指标外,还有每股盈利、市盈率、股利收益率等指标。

20.企业信用评估是在充分利用企业信用数据及其他部门的重要信用信息的基础上,根据企业的登记信息、年检情况、经营状况、荣誉信息、资信等级和守法情况,采用企业信用评价的技术标准和数学模型,区分不同行业、不同企业类型,按照评价指标的标准值和指标权重,对企业进行信用等级评价。

练习题

一、名词解释

1.企业信用分析   6.现金流量

2.资产负债表   7.企业信用评估

3.利润表   8.企业信用等级

4.现金流量表   9.银行信贷登记咨询系统

5.现金

二、单项选择题

1.考察企业长期偿债能力的指标是(   )。

A.流动比率   B.酸性比率   C.现金比率   D.资产负债率

2.测量一个企业仅靠变现其短期流动资产来满足其偿还短期负债能力的指标是(   )。

A.杠杆比率　　　　　B.流动比率　　　　　C.盈利能力比率　　　D.现金比率

3.贷款卡持卡人要到(　　)办理贷款卡初审手续,到(　　)办理终审手续。

A.上级行　　　　　　　　　　B.基本开户行

C.中国人民银行分支行　　　　D.开户行

4、速动资产是从流动资产中扣除(　　)的部分。

A.净资产　　　　B.净利润　　　　C.存货　　　　D.现金

5.反映企业的总资产中有多大比例是通过借债来筹集的指标是(　　)。

A.流动比率　　　　B.酸性比率　　　　C.现金比率　　　　D.资产负债率

三、多项选择题

1.短期偿债能力比率主要包括(　　)。

A.流动比率　　　　B.存贷比率　　　　C.现金比率　　　　D.速动比率

2.营运能力比率包括(　　)。

A.应收账款周转率　　　　　　B.负债资本率

C.资产负债率　　　　　　　　D.存货周转率

3.商业银行要按照人民银行的统一要求,将其对客户开办信贷业务中产生的信息如(　　)等情况,通过计算机通讯网络,传输到信贷登记咨询系统。

A.贷款　　　　　　　　　　　B.银行承兑汇票

C.保函　　　　　　　　　　　D.担保

4.借款人如果有下列情形之一的,中国人民银行分支机构应将其所持贷款卡注销(　　)。

A.借款人营业执照依法被吊销　　B.借款人依法宣告破产

C.借款人解散　　　　　　　　　D.借款人依法被撤销

5.企业信用分析中非财务因素分析主要是对企业所属的(　　)等进行的分析与评价。

A.行业因素　　　　　　　　　　B.经营管理因素

C.自然社会因素　　　　　　　　D.还款意愿因素

四、判断题

1.现金等价物是指企业持有的期限短,流动性强,易于转换为已知金额现金,价值变动很小的投资。(　　)

2.贷款卡是商业银行发给借款人凭以向金融机构申请办理信贷业务的资格证明。(　　)

3.商业银行在办理信贷业务时,应当查验借款人的贷款卡。(　　)

4.银行信贷登记咨询系统要采集借款人的被起诉等资信信息。(　　)

5.通过现金流量表可以概括反映经营活动、投资活动和筹资活动对企业现金流入流出的影响,对于评价企业实现的利润、财务状况及财务管理,要比传统的利润表更为有效。(　　)

五、计算题

1.ABC公司2012年度的资产负债表和损益表分析。

表 1 资产负债表

2012 年 12 月 31 日   单位:万元

项　目	年初数	年末数	项　目	年初数	年末数
流动资产合计	264	295	流动负债合计	120	118
应收账款	100	109	长期负债合计	90	140
其他流动资产	54	61	负债合计	210	258
存货	110	125	股东权益合计	230	332
长期资产合计	176	295			
资产总计	440	590	负债及股东权益总计	440	590

表 2 利润表

2012 年   单位:万元

项　目	金　额
一、销售收入	2 360
销售成本	1 652
销售税金	236
销售费用	64
管理费用	297
财务费用(利息费用)	10
二、营业利润	
投资收益	7
营业外收支净额	−8
三、利润总额	
所得税(33%)	
四、净利润	

要求:

(1)根据表 1 资料,完成表 2。

(2)计算公司的短期偿债能力、长期偿债能力、资金周转能力、盈利能力和投资收益能力。

六、问答题

1.什么是企业信用分析?

2.资产负债表、利润表、现金流量表有哪些作用?

3.现金流量表的现金流量由哪些构成?

4.试述企业信用评估流程。

5.企业信用等级是如何划分的?请简介企业信用等级符号的含义。

6.银行信贷登记咨询系统有哪些作用?

第7章 贷款项目评估

学习目的与要求

了解贷款项目评估的意义、基本原则、程序、依据；

掌握项目借款人评估内容和方法；

了解项目建设、生产条件评估内容和方法；

了解项目工艺技术与设备评估内容和方法；

掌握项目市场调查、预测内容和方法；

掌握项目投资估算与筹资评估内容与方法；

掌握项目偿债能力评估内容与方法；

掌握项目效益评估指标的计算与分析；

掌握项目贷款风险性评估内容和方法。

导入案例

×××集团股份有限公司投资新建合成氨项目可行性分析

一、投资的必要性与产品供求状况分析(略)

二、项目技术含量(略)

三、主要原材料、燃料及动力供应(略)

四、环境保护、安全卫生和消防(略)

五、投资估算与经济效益分析

(一)投资估算与自身财务评价

项目总投资 25 450.71 万元,其中建设投资 25 165.38 万元,铺底流动资金285.33万元,项目建设期 2 年,投资回收期 7.50 年(税前,含建设期),达产后,年新增销售收入15 179.49万元,年新增利润 3 242.32 万元,投资利润率12.41％。

1.建设投资估算

建设投资总额25 165.38 万元,其中设备购置费 12 518.27 万元,占 49.74％;安装工程费 5 966.26 万元, 占 23.71％;建筑工程费 2 833.56 万元, 占 11.26％;其他基建费3 847.29万元,占 15.29％。

2.自身财务评价

(1)主要财务指标评价(见附表"主要技术经济指标统计")

全部投资内部收益率所得税前15.51%,所得税后11.33%;全部投资投资回收期所得税前7.50年、所得税后8.80年;全部投资净现值所得税前4 719.87万元,所得税后—845.32万元。

(2)敏感性分析

全部投资内部收益对产品售价最为敏感,售价下降10%,所得税前全部投资内部收益率为9.36%。

(3)盈亏平衡分析

本项目产量只要达到43.00%就可保本,具有很强的抗风险能力。

附表　主要技术经济指标统计

序	项目	单位	指标	备注
1	合成氨产品规模	万吨/年	10.0	
2	报批总投资	万元	25 450.71	
3	建设投资	万元	25 165.38	
4	投资回收期(所得税前)	年	7.50	
	投资回收期(所得税后)	年	8.80	
5	销售收入	万元/年	15 179.49	
6	利润总额	/年	3 242.32	
7	所得税	万元/年	1 069.97	
8	所得税后利润	万元/年	2 172.36	
9	投资利润率	%	12.41	
10	投资利税率	%	18.43	
11	内部收益率(所得税前)	%	15.51	
	内部收益率(所得税后)	%	11.33	
12	净现值(所得税前)	万元	4 719.87	
	净现值(所得税后)	万元	—845.32	$i=12\%$

(二)自建项目相比外部采购所带来的运输成本节约

宁夏到武威液氨的运输费约500元/吨,以味精项目和三酸项目满负荷生产所需液氨5万~6万吨/年计算,自建项目除项目本身的收益外,还可节约运输成本2 500万~3 000万元/年。

六、项目意义

×××股份公司要真正实现产业升级,实现以味精产品为核心、三酸产品为重点的产品结构调整,体现味精项目的规模效益,实现向生物化工领域转变的经营战略,就必须解决好原材料的供应问题。从液氨的产品特性和外部供应情况出发,新建10万吨合成氨项目不但可以大大降低运输成本,消除运输风险,而且可以彻底解决企业由于原材料供应瓶颈所带来的经营风险,有利于企业的长远发展;而从产品需求的角度来看,液氨基本上全部在内部消化,可对外销售的数量少,项目的效益有充分的保障,企业的综合经济效益十分显著。

从上述案例可以看出对贷款项目进行评估是银行贷款审批决策的基础环节。凡是申请使用银行贷款的项目,银行应进行评估论证,未经评估审查的项目,银行不得提供贷款。项目评估人员必须坚持实事求是的原则,按照国家产业政策和信贷政策的要求,认真进行调查研究,对项目可行性研究报告中,各项基础数据、技术参数的真实性、合理性和准确性进行核实甄别,对贷款项目进行全面、公正、科学的评估。那么,对于商业银行来说,贷款项目评估的意义何在? 如何进行贷款项目评估? 本章主要介绍商业银行贷款项目评估的基础知识。

第一节　贷款项目评估概述

贷款项目评估是指在可行性研究的基础上,根据国家有关部门颁布的政策、法规、方法等,由银行对拟建投资项目建设的必要性、建设条件、生产条件、产品市场需求、工程技术、财务效益、经济效益和社会效益等进行全面分析、论证、评估,进而判断项目是否可行的风险评估体系。贷款项目评估是对中长期贷款项目进行全面调查的重要手段和贷款决策的主要依据,加强贷款项目评估是适应我国投融资体制改革,实现贷款决策科学化,防范贷款风险,支持重要建设,提高资产质量的重要举措。贷款项目评估在贯彻国家产业政策,保证信贷资金正确运行,提高贷款决策水平和可靠性方面发挥了积极作用。

一、项目评估的意义

(一)项目评估是银行对中长期贷款项目全面了解的重要手段,是完善审贷分离工作机制的重要环节

贷款项目评估是银行独立自主,依据"安全性、效益性、流动性"的经营原则,根据国家有关产业政策和国际国内经济发展需要,对项目经济效益和银行贷款效益作出客观科学评估的过程。根据银行规定,贷款项目评估是贷款的先决条件,贷款项目评估的结论是贷款审查和贷款决策的重要依据,未经评估的项目,银行不予贷款。评估否决的项目,银行不能贷款。贷款项目评估还是贷款风险管理的首要环节和贷后管理的重要依据,评估结论是测算项目贷款风险度的依据,评估中对贷款风险的重要揭示是进一步落实贷款条件和贷后跟踪管理的重要内容,对防范风险有重要意义。

(二)项目评估是银行制止重复建设,防范贷款风险的重要手段

银行对贷款项目进行独立评估,可以避免某些项目前期工作不充分,市场调研评估和论证工作不够的问题。特别是大中型项目集中到商业银行总行进行评估,可以从全局角

度进行综合平衡,避免出现重复建设、重复投资、恶性竞争,影响项目效益,进而危及银行信贷资产质量的不良状况。

二、项目评估的原则

(一)真实性原则

贷款评估的立足点是评估借款人未来债务的清偿能力及其守信程度。评估人员要真正担负起独立、全面地进行贷款调查的任务。要坚持客观、公正的科学态度,严谨、求实的工作作风,尊重客观事实,据实分析问题,不受主观偏好和其他任何因素的干扰。对原始数据、资料等基础信息的搜集整理,应坚持真实性原则。

(二)谨慎原则

评估反映的贷款事实、主要问题、贷款依据,提出的结论和建议,要经得起时间检验,对数据资料的选取及费用、效益的界定,应遵循谨慎原则。

(三)重要性原则

评估报告反映的信息应遵循重要性原则,对重点问题要充分揭示,客观评估。

(四)防范风险、提高效益原则

评估人员要紧紧围绕评估工作的总体要求,围绕国家产业政策和信贷政策要求,发挥深入项目现场进行全方位实地调查的优势,尽量要求项目业主提供有关资料,同时虚心学习和借鉴国际上先进的评估技术和手段,更新评估内容,突出对企业、市场、风险、效益的综合分析,力争从不同角度,针对不同项目特点,客观公正地反映借款人财务状况、清偿能力和潜在风险,为及时、科学的贷款决策服务。

三、项目评估的程序

项目评估实行主评估人负责制,主评估人参与评估的全过程,并对评估质量和评估结论负责。其程序为:

(1)组建评估小组,制订评估工作计划;

(2)调查、收集整理资料;

(3)对资料进行分析、审查,做出预测与评估;

(4)编写评估报告,评估报告在下达评估通知后 2 个月内完成,疑难项目评估时间一般不超过 3 个月。

四、项目评估报告的编写

项目评估报告的编写有以下要求:

(1)评估报告的编写应实事求是,客观公正;

(2)报告要求有情况、有数据、有分析、有结论,要突出重点,简明扼要,条理清楚;

(3)评估报告应统一格式,首页要注明主评估人、参加评估人员的姓名、工作单位、职务、职称、编写章节,次页为报告目录,第三部分是正文;

(4)评估报告附件由工作底稿表、专题调查报告及其他附件和附图组成。评估报告附件单独装订。

五、项目评估的依据

项目评估的依据是：

（1）国家产业、产品的布局政策，财政税收政策，行业发展规划，国家和行业的可行性研究设计标准及参数；

（2）中央银行和商业银行信贷政策及贷款管理规定，项目评估规定和参数；

（3）政府有权部门对项目立项的批准文件，项目可行性研究报告及有权部门的论证意见；

（4）借款人生产经营等有关资料；

（5）中央和地方政府有关的城市建设规划、环境保护、消防、安全卫生、运输、劳动保护等有关法规和规定。

六、项目评估内容

项目评估的基本内容包括：项目借款人的基本评估；项目建设和生产条件评估；工艺技术与设备评估；市场评估；投资估算与筹资评估；偿债能力评估；项目效益评估；贷款风险评估。

第二节 项目借款人的基本情况评估

借款人是贷款主体，项目贷款的效益性、安全性与借款人密切相关。对借款人的评估主要包括：借款人概况、经营者素质、经济技术实力、负债状况、资产运用效率、盈利能力、现金流量、信用状况及发展前景等方面。借款人分析是整个贷款项目评估的重要环节，是其他评估内容的基础。

一、借款人基本情况评估内容

主要包括：了解借款人的历史沿革、地理位置、产权构成、组织形式、职工人数及构成；分析企业形象、主导产品、在行业和区域经济发展中的地位和作用。

（一）了解企业的基本情况

听取企业主要领导的介绍，了解企业的基本业务类型及经营特点。

（二）查阅有关公司章程

查阅有关厂史、公司章程及细则、会议纪要等书面资料；分析借款人的所有制形式及主营业务方向的重大变化；了解评估对象的内部组织结构及横向、上下关系。

（三）分析企业在区域经济中的地位

了解所在地区的经济发展现状及发展规划，分析企业在区域经济发展中的地位。

（四）了解行业发展动态

查阅所属行业的有关政府法规和行业刊物，了解行业发展动态及行业受经济状况变动影响的程度。

（五）了解企业的诉讼事项

询问管理部门，了解企业的诉讼事项，了解关联者及其交易的存在情况。

二、经营者素质及管理水平评估

主要包括：分析主要领导人员的经历、业绩、信誉和能力；分析企业生产经营管理状况，评估经营管理水平。

（一）了解主要领导人的情况

查阅主要领导人的工作简历，了解企业经营管理思想。

（二）评估其领导班子

召开不同层次的座谈会，初步评估其领导班子的能力及在职工中的号召力。

（三）实地观察企业生产

实地观察企业生产现场，查阅生产经营中的原始记录，调查其内部核算考核方法。

（四）查阅生产记录

查阅生产经营中的原始记录。一个管理水平较好的企业，在生产经营过程中的原始记录如采购、消耗、计量等各方面应有完整的、互相对应的内部记录。

（五）了解企业财务、会计制度

了解企业为保证计划的实现，在其内部采取的对生产经营活动和财务、会计工作的内部控制制度。

（六）了解安全生产状况

了解其安全、质量、设备等专业管理状况，年度目标及完成情况。

（七）调查分析市场营销状况

调查分析企业营销策略及销售队伍素质，评估其市场开拓能力。

三、经济技术实力评估

经济技术实力的评估，主要从两方面来进行：一是从企业自身发展的角度，根据企业近三年的总资产、净资产、固定资产净值、在建工程、长期投资以及工艺技术装备水平等变化情况，分析借款人近几年业务拓展及经济实力增长情况；二是从目前的资产实力、装备水平来评估其在行业中所处的地位和竞争优势。

主要方法有：

（1）通过企业近几年来的资产负债表，分析其资产各栏目的变化状况。在分析时应注意由于资产重估和资产重组带来的影响。

（2）重大在建工程，应根据在建工程的可行性研究报告、初步设计及目前的进展，分析其资金落实及需求情况，以及对企业的作用及影响。

（3）分析项目采用的主要工艺先进程度，列出主要设备清单，分析设备的先进程度，并与国内外同行业比较。

（4）分析借款人的专利技术拥有情况、产品质量情况、市场占有率等。

四、资产负债分析

分析主要资产负债栏目的增减变化情况和原因，在综合考察或有负债的情况下，评估其短期和长期偿债能力。

(一)查阅企业资产负债表

查阅企业近三年的资产负债表及其附表(如存货明细表、固定资产明细表)。

(二)资产负债表的趋势分析

趋势分析法是将企业连续几年的会计报表的有关项目进行比较,以观察企业的财务状况、营业情况的变化,分析其变化原因并预测其发展趋势。

(1)按横向的绝对数和百分比来比较。将连续几年的资产负债表并排,后面设置增减金额,计算增减数和增减的百分比。对于重大的变化,要查明原因。

(2)按纵向的百分比来比较。以资产负债表中的资产总计、负债及所有者权益总计作为关键项目,当作 100%,其他项目与之对比,求出百分比。通过对比,可以看出各项资产、负债、所有者权益占总额的百分比及其发展趋势。对于比例变化异常的,要分析其原因。

(三)资产负债表的比率分析

比率分析法是利用会计报表的有关项目计算出比率来反映一定的指标,例如反映短期偿债能力的指标、长期偿债能力的指标、资金营运能力的指标、企业盈利能力的指标等。

1.短期偿债能力指标

(1)流动比率,是指企业流动资产与流动负债之间的比值,它可以说明企业短期债务的偿债能力。流动比率一般以 2：1 左右为最佳。

(2)速动比率,也称酸性试验,是指速动资产与流动负债之比。所谓速动资产是指扣除存货后的各项流动资产。速动比率一般以 1：1 为好。

2.长期偿债能力分析指标

反映企业长期偿债能力的指标主要有资产负债率、长期负债率、利息保障倍数等指标。比率分析法要结合趋势分析法进行分析,对比率发生重大变化的要分析其原因。

(四)其他事项

评估中要注意未决诉讼、为其他企业担保等或有负债的分析。

五、资产运用效率评估

资产运用效率指标是以各种周转率为计算指标,反映企业使用其经济资源的效率和有效性。它又称为资金周转指标,主要包括存货周转率、应收账款周转率、生产能力利用率、营运资金周转率、固定资产周转率和全部资产周转率等指标。

$$存货周转率 = \frac{产品销售成本}{存货平均余额} \times 100\%$$

存货周转率反映存货周转的次数,用来说明存货的流动性。存货周转率与企业的获利情况密切有关,在营利的企业里,存货周转越快,利润越大。

$$应收账款周转率 = \frac{赊销净额}{平均应收账款余额} \times 100\%$$

应收账款周转率说明年度内应收账款转为现金的平均次数,体现应收账款的变现速度和企业收账的效率。如果应收账款周转次数高,表明企业收款速度快,坏账损失少,企业偿债能力强。其中赊销净额＝销售收入－现销收入,由于赊销净额比较难以取得,在实际计算中用产品销售收入来代替赊销净额。

$$生产能力利用率=\frac{实际生产量}{设计生产能力}\times100\%$$

生产能力利用率主要从实际产量达到设计生产能力的角度来考察资产运用效率。

六、盈利能力分析

了解近三年主要产品产量、质量、成本费用、销售收入、税后利润及创汇等情况,分析影响盈利的原因,评估盈利能力。

(一)利润表的趋势分析

利润表的趋势分析,可以按绝对数进行比较,也可以化成百分比,按相对数进行比较。用百分比来对比时,可以横向对比,也可以纵向对比。通过比较两年的利润表可以看出收入、费用、利润的变化趋势,对于变化幅度较大的要查明其原因。

(二)盈利能力比率分析

盈利能力指标反映企业获取利润的能力,它是用来衡量企业的盈利能力和投资效率的指标,主要包括销售利润率、投资利润率等指标。在股份制企业,还应考虑每股获利额、市盈率等指标。

七、现金流量分析

了解借款人近三年现金流入和流出量,在计算现金净流量的基础上,比较、判断借款人近年来的现金净流量的变化情况以及影响现金流量的主要变量,分析借款人的还款能力及还款来源。

八、信用状况评估

了解借款人的基本账户开立、信用等级等情况;近三年短期借款和长期借款本息的偿还情况;银行对借款人全部存量贷款的风险度状况;借款人的商业信用、与银行的业务合作现状;存货比率、销售款归还率及银行贷款占比等。

九、发展前景综合评估

上述八个方面对借款人的现状分析,是相互关联的整体,在评估分析中应结合借款人所在行业的特点、发展方向及中长期发展规划,综合评估借款人的发展前景。

第三节 项目建设和生产条件评估

项目建设和生产条件评估,即审查分析拟建项目是否具备建筑施工条件和生产经营条件,也就是对项目实施的可能性和项目投产或交付使用后能否顺利生产经营的可靠性进行技术经济评估。其主要内容包括项目建设必要性评估、建设和生产条件评估、环境保护评估等方面内容。

一、项目建设必要性评估

项目建设必要性评估,就是针对所确定的企业目标,运用定量和定性分析方法,重点分析、审查和评估拟建项目方案是否有必要。一般包括以下几方面的内容:

(1)项目建设是否符合国民经济平衡发展的需要,不属重复建设;

(2)项目建设是否符合地区和行业发展规划;

(3)项目贷款是否符合银行信贷政策和行业指导意见要求;

(4)项目建设应符合企业发展的要求;

(5)产品是否有市场,产品是否有竞争能力。

二、项目建设条件评估

项目建设条件评估主要是对项目的厂址选择进行评估。主要内容包括:

(1)据工程地质、水文地质、原材料、燃料来源、产品销售市场、生产生活环境等情况,分析厂址选择是否合理;

(2)分析厂址的总体布局是否符合城镇规划、国土管理的要求和规定;

(3)分析厂址选择是否符合防震要求;

(4)对于新建项目和大型技术改造项目,必须从国民经济全局出发,按照项目布局的经济规律、自然规律和技术发展规律的要求分析利弊得失;

(5)对于一般技术改造项目,一般只审查是否符合市政规划要求,是否尽量利用原有厂房,不搞或少搞土建工程,投产后的生产条件是否具备等。

三、项目生产条件评估

项目生产条件评估包括满足生产经营所需的资源条件评估、原材料供给条件评估、燃料和动力条件评估及交通运输条件评估。

(1)资源条件评估必须从资源的分布、储量、品位、开采利用的可能性和经济合理性等方面,实事求是地进行评估,主要包括矿山、森林、农业等资源。

(2)原材料供应条件评估主要对其稳定性进行评估,同时重点分析技术规格、供应规模、合理储备以及原材料的价格和运费,尽可能就地、就近取材。

(3)燃料和动力条件评估分析项目所需的燃料、动力和种类、需求量和可供量,审查和评估项目工业用水供应条件、电力供应条件,分析和评估所选燃料、动力的合理利用程度。

(4)交通运输条件评估主要评估和分析项目的外部运输条件,即分析项目所选运输方式和运输设备的选择以及运输过程中的装、运、卸、储各个环节是否协调。

对新建项目的厂址选择、工程地质、水文地质等情况可直接引用有权部门对项目方案的定型意见。

四、项目环境保护评估

在进行环境保护评估论证时,一般要审查项目可行性研究报告或有关部门环境评估报告,着重以下方面:

(1)调查建设项目周围地区的环境状况,生产、生活、生态保护现状和要求;

(2)分析预测拟建项目和拟采用的生产工艺可能造成的对环境的不利影响,包括项目投入物料、整个生产过程产生的有害物质、项目产出物三个方面;

(3)审查拟建项目计划采取的环境保护和"三废"治理的方案及预计达到的效果;

(4)分析针对环保措施和"三废"治理的设备筹资及运行成本。

第四节 项目工艺技术与设备评估

一、项目工艺技术条件评估

工艺技术条件评估包括设计方案评估、工艺技术评估和工艺设备评估三个部分。

(一)设计方案评估

设计方案评估是指对产品方案和项目规模的分析和评估。产品方案分析包括市场的寿命周期分析和产品的质量分析。前者是指产品从投入市场开始到该产品被淘汰停产为止所经历的投入期、成长期、成熟期和衰退期四个时间阶段分析;后者是指产品适合一定用途、满足市场需要所具备的自然属性分析。项目规模分析是指分析和评估项目确定的规模是否能够满足一定的技术、工艺要求,且能取得最佳经济效益和社会效益。

(二)工艺技术评估

工艺技术评估是指项目产品拟采用的生产工艺流程和产品制造方法的评估。项目的工艺技术应先进适用,同时应注意以下几个方面的问题:

(1)拟采用的工艺技术是否能满足产品生产的需要;

(2)拟采用的工艺技术是否适应所选用原料和技术条件的需求;

(3)拟采用的工艺技术是否具备先进的技术经济指标;

(4)拟采用的工艺技术是否已经通过有权部门正式工业生产鉴定。科技开发项目应说明小试、中试及样机鉴定情况。

(三)工艺设备评估

工艺设备评估包括设备来源分析、设备配套性分析、设备与建筑设施协调分析以及设备与经营条件的分析。评估时应遵循以下原则:

(1)综合考虑技术先进性和经济合理性;

(2)考虑整个生产工序生产能力平衡和设备匹配性;

(3)尽量少用非标设备,多用通用性强的设备;

(4)综合考虑购买价格和使用中的修理费用。

第五节 项目市场评估

项目评估还必须掌握市场调查、市场预测的基本方法,独立地全面地进行项目市场评估,以便银行贷款决策建立在占有客观的、全面的、公正的市场信息基础上,从而避免决策失误,提高信贷资产质量。

项目市场评估包括市场调查、市场预测和市场竞争能力评估三个方面。

一、市场调查内容和方法

市场调查,是对商品或劳务的有关市场供求方面的资料、情报和数据所做的系统的搜集、整理和分析,是用科学的方法,通过对市场全面考查,系统地搜集、记录、整理和分析市场信息,了解市场发展变化的本质及其发展规律的一种理性认识市场的活动。

(一)市场调查的内容

市场调查内容包括产品需求、社会购买力、供应量、竞争能力、政策因素等五个方面。

(1)产品需求调查。包括用户对产品现有及潜在的需求,包括对品种、质量、价格、数量四方面的需求状况。

(2)社会购买力调查。根据目前货币投放政策以及国家企业、投资、融资、消费政策的变化,调查消费者收支构成、消费结构、社会集团的消费需求和变化。

(3)供应量调查。与需求调查相同,但重点在数量调查。除了已有供应量外,还要调查在建项目、拟建已批项目的生产能力及进口量。

供应量=国内现有生产能力+在建项目生产能力+已批拟开工项目生产能力+进口量

通过供求调查,可求得需求不足额。

需求不足额=需求量-供应量

(4)竞争能力调查。主要分析同类企业产品品种、质量、价格、交货方式、技术服务、销售渠道、市场占有率、信誉知名度、经济实力等方面的优势与劣势,为采取相应对策提供依据。

(二)市场调查的方法

(1)抽样调查。抽样调查是指从市场母体中抽取一部分子体作为样本,对样本进行调查,然后根据样本信息,推算市场总体情况的方法。抽样调查法可分为三类:随机抽样调查法、非随机抽样调查法、固定样本持续调查法。

(2)直接调查法。也称实地调查。这是市场调查的最根本方法,是指市场调查人员实地对消费者、用户和各种工商企事业单位进行直接的调查,收集各种有关产品供求情况的信息资料,以便进行进一步的市场分析和预测。实地调查法通常有三种:询问法、观察法、实验法。其中询问法是指调查者通过口头、电讯、书面等方法向被调查者了解情况、收集资料。主要包括面谈调查、电话咨询、邮寄调查、日记调查等。询问法所得到的资料内容深、范围广、类型多,是一种比较有效的方法。实验法也称市场试销法,指一般在产品投放市场或大规模生产前,采取小规模或一定范围内的试销,进行销售试验,取得市场有关数据和资料的方法。

二、市场预测内容和方法

市场预测,是对市场未来发展情况或发展趋势的估计,是在市场调查的基础上,运用预测理论和方法,对决策者关心的市场变量未来变化趋势与可能水平作出估计与测算,为决策提供依据的过程。

(一)市场预测的内容

(1)预测生产的发展及其变化趋势。

(2)预测社会商品购买力发展趋势(包括国内市场和国际市场)、市场容量及其发展趋势。

(3)对外贸易变化的预测。分析对外贸易对国内市场供求关系、供求结构的影响。

(4)产品价格趋势的预测。价格反映着各方面的经济关系,预测时可分析生产率、成本、利润、供求关系对价格的影响。反过来也必须预测价格对商品需求量的影响。

(5)产品市场占有率预测。

(6)产品所需资源的预测。

(二)市场预测的方法

进行市场预测方法很多,据统计至少有 150 种以上,但应用范围较广、经常使用且比较有效的方法大概有 20~30 种。从性质上分,可分为定性预测和定量预测;从时间上分,可分为短期预测和中长期预测。下面只介绍定性预测和定量预测中的时间序列法、因果分析法。

1.定性预测

定性预测是根据掌握的资料,运用个人的经验和分析能力,对事物的未来发展作出性质和程度的推断。性质指发展的趋势、方向及重大转折点,程度指发展速度及幅值。该方法适用于历史资料不多、影响因素复杂、定量分析困难的场合。常用的定性预测方法有以下几种:

(1)专家意见法(德尔菲法),是指根据市场预测的目的和要求,向有关专家提供一定的背景材料,借助专家知识和经验,请他们就市场未来的发展变化作出综合分析判断,得到量的估计。其方法步骤如下:

①选定 20 名左右专家,包括市场分析、工程技术、经济分析等方面的专家。

②明确预测目标,提供现有资料,要求专家提出问题、意见和进一步分析所需的资料。

③把各位专家的第一次判断意见综合归纳,决策人提出自己的意见,然后分送各位专家,请专家提出修改意见。

④重复几次,意见趋向一致,得出最终结论。

该方法的特点是专家间背靠背提出自己的意见,消除了心理因素的影响,意见上仍具独立性。不足是时间较长,费用较高。

(2)生命周期分析法。一个产品从投放市场到退出市场大致可经历四个阶段,即导入期、成长期、成熟期和衰退期。该法是通过已取得的数据资料,来判别产品处于生命周期的哪一时期,从而决定项目是否值得建设,一般是以销售额和获利额的变化来衡量的。以销售增长率法为例,经验数据划分的阶段为:年销量增长率大于 0％ 为成长期;0.1％～10％ 为成熟期;小于零为衰退期。市场需求变化决定产品和生命周期,而市场销售量近似地体现着市场需求变化,因此可以利用有关销售量的信息资料,建立分析市场趋势的生命周期模型。

2.定量预测

(1)时间序列分析法

定量预测是根据较完备的历史统计资料,运用一定的数学方法,揭示各变量之间的内在规律。时间序列分析法是从某个指标本身的历史统计数据的变化情况,去寻找事物的演变规律,意味着未来可作为历史的延伸,也称历史引申法或外推法。此法又可细分为简单移动平均法、加权移动平均法、指数平滑法、线性回归法等。

①移动平均法。它又称滑动平均法,分为简单移动平均法和加权移动平均法。这种方法适用于稳定型数据的预测,即每个相邻的观测值有所不同,但数据的平均值在相当长一段时间内保持基本稳定。

简单移动平均法是直接将过去若干历史数据进行算术平均,并以此作为预测值的方法。只要有新的观测值出现,就可利用包括该最新观测值在内的最新几个时期来预测,以其平均数作为预测值。该平均数称为移动平均数。

加权移动平均法是指根据某种指标过去若干时期的数额,时间上不断往后移动,并按照其接近预测期的远近进行不同的加权,越近的权数越大,求其平均数的一种趋势外推预测法。

②直线趋势预测法(最小二乘法)。当预测目标的时间序列资料逐级的增量大体相等时,其长期趋势基本上呈线性关系,这时可选用直线趋势预测法进行预测。直线趋势预测法又称"线性趋势预测法",是对观察期的时间序列资料表现为近似直线的上升和下降时采用的一种预测方法。关键是求得趋势直线,以利用趋势直线的延伸求得预测值。求趋势直线的方程式是:

$$Y_t = a + bx$$

式中:x 为自变量,是指选定的任何 x 值;Y_t 为因变量,指对于选定的 x 值,相应变数 Y 的平均估计值,即第 t 预测周期的预测值;a、b 为未知参数。

线性趋势预测法的步骤为:

第一步,利用已知数据绘图,确定直线趋势。

第二步,求变动趋势直线。可以用直观法,也可以用最小二乘法。

第三步,利用变动趋势直线的延伸,确定预测值。

(2)因果分析法。这种方法是先对市场要求情况存在因果关系的因素进行定性分析,再利用实际数据建立回归方程,然后根据回归方程预测市场需求量。在实际问题中,变量之间的关系可能是线性的,可以用线性回归方程进行分析。但有时变量之间的关系是非线性的。对于某些非线性关系,要在进行线性化处理后进行回归分析。

线性回归预测法是指一个或一个以上自变量和因变量之间具有线性关系(一个自变

量时为一元线性回归,一个以上自变量时为多元线性回归),配合线性回归模型,根据自变量的变动来预测因变量平均发展趋势的方法。

三、市场竞争能力评估

(一)竞争力调查

竞争力调查是对项目产品竞争能力和企业竞争能力的调查。包括对项目产品的质量和价格等与市场上竞争力强的产品进行比较和评估;对生产同类产品的其他企业的生产水平和经营特点的调查;对成本与价格情况,如产品的技术服务、价格策略、供应方式等的调查。通过竞争调查能及时了解同类企业的优势和劣势,以利于项目的经营决策,有针对性地拟定产品营销战略。

(二)市场竞争力分析

企业的生产规模、主要产品产量、设备、技术力量、产品成本、财务成本、融资能力,以及技术服务、营销策略等是一个企业生产经营的基本要素,综合对比拟建项目的企业与主要竞争对手和潜在竞争对手的生产经营要素及产品的质量和价格、市场占有率等,即可了解借款人的市场竞争能力。

竞争战略主要指通过竞争,从对手中赢得市场占有份额。在市场已达到饱和或增长有限的情况下,还要重点分析拟建项目企业计划采取的竞争战略。当明确了项目应采取的竞争营销战略时,应力求项目在技术经济全方位或质量、价格等某个方面能胜出竞争对手一筹。

竞争战略可以细分为以下几种形式:

(1)价格或成本优势战略,即以降低销售价格的办法,把竞争对手挤出该市场,以实现项目的销售目标。

(2)技术领先战略,即利用先进的技术成果以得到提高质量、降低成本、实现赢利的目的。

(3)质量优势战略,即以加强质量和性能去争取顾客。

(4)宣传攻势战略(或商标战略),即用扩大宣传经费去增加商标的价值,选择合适的媒介推广介绍产品,使自己的产品进入名牌行列。

(5)根据地战略,即不以广大的地域作为目标市场,而是抓住本国人爱国心理或者本地人的地方情结,或者把有限的宣传经费、攻关经费和人力主要用于某些特定地区,以集中资源取得竞争效果。

第六节　项目投资估算与筹资评估

一、项目投资估算

(一)项目总投资及其构成

项目总投资是指投资项目从前期准备工作开始到项目全部建成投产为止所发生的全

部投资费用。项目总投资分为固定资产投资和流动资金两大部分。贷款评估中投资估算主要是审查工程内容和费用是否齐全,分析和投资估算中有无漏项,审查取费标准和依据,分析有无任意扩大规模或压低造价等情况。

固定资产投资总额是项目总投资中最重要的组成部分。按照现行规定,这部分投资要列入国家的固定资产投资计划和国家固定资产投资规模。

固定资产投资由工程费用、工程建设其他费用和预备费用、固定资产投资方向调节税、建设期利息等五部分构成。工程费用是构成固定资产投资的主体,它又由建筑工程费、设备购置费和安装工程费三部分构成。工程建设其他费用主要包括可行性研究费、厂址选择费、勘察设计费、土地征用费、耕地占用税、安置补助费、建设单位管理费、建设期间土地使用税等。预备费用包括基本预备费和涨价预备费。

按照国家关于对固定资产投资总额实行静态控制、动态管理的要求,固定资产投资分为静态和动态两部分。

静态部分包括建筑工程费、设备及工器具购置费、安装工程费、工程建设其他费用及基本预备费;动态部分包括涨价预备费、固定资产投资方向调查税、建设期借款利息及汇率变动费用。

固定资产投资常用的估算方法主要有扩大指标估算法(包括单位生产能力投资估算法、生产能力指数估算法、工程系数估算法)和综合指标估算法。由于前者计算精度不高,贷款评估中通常使用综合指标估算法。这是根据拟建项目的可行性研究报告或初步设计等有关资料,按照有关行业估算或概算指标、参数,按照单项工程和费用测算投资,再汇总到总投资的一种方法。

(二)工程费用的估算

1.建筑工程费、安装工程费的估算

建筑工程费与安装工程费的构成相同,都由直接费、间接费、计划利润、税金等四部分组成。

直接费由直接工程费、其他直接费、现场经费组成。其中,直接工程费是指施工过程中耗费的构成工程实体和有助于工程形成的各项费用,包括人工费、材料费、施工机构使用费;其他直接费是指直接费以外施工过程中发生的其他费用,如冬季施工增加费、夜间施工增加费、特殊工种培训费、场地清理费等;现场经费是指为施工准备、组织施工和管理所需的费用,如临时设施费、现场管理费等。

间接费由施工企业管理费和财务费用组成。施工企业管理费是指施工企业为组织施工和生产经营活动所发生的管理费用;财务费用是指施工企业为筹措资金而发生的费用。

计划利润是按规定应计入建筑安装工程造价的利润,依据工程类别实行差别利润率。

税金是指按税法规定应计入建筑安装工程造价内的营业税、城市维护建设税和教育费附加等。

建筑工程费、安装工程费估算的依据有建设项目单项工程的设计文件及附图,建筑工程结构特征及工程量一览表,设备原价,主管部门及相关部门颁发的投资估算指标,建设部及主管部门颁发的《建设工程造价费用构成及计算标准》和其他计算工程造价的文件。

2.设备购置费的估算

（1）国内设备购置费。由设备购置原价和运杂费两项构成。

设备原价即设备出厂价格,标准设备的原价,可以查阅主管部门或厂家编制的价格目录,或者通过向厂家询价的方式获得。

非标准设备原价可以运用重量估算法或成本估算法估算或按制造厂的报价计算。

设备运杂费包括运输费、包装费、装卸费、仓库保管费,根据拟建项目所在地区或行业主管部门规定,按设备原价的百分比计取。

（2）进口设备购置费。根据国外报价资料或参照已与外商签订的类似设备价格,确定设备原价,再按有关规定计取国内费用和国外费用。其计算公式为:

设备原价＝货价＋国内费用＋国外费用

确定进口设备的货价时应注意设备的交货地点,要明确设备的价格是到岸价还是离岸价。进口设备国内费用,主要有关税、增值税、银行手续费、外贸手续费、进口设备运杂费等。如果设备按离岸价格计算则国外费用还应包括海运费和海运保险费。

设备运杂费是指设备由出厂地点或发货地点(如港口)运到项目工地仓库为止所发生的运费、港口、贸易部门的手续费、包装费及采购保管费等。可用下列计算:

设备运杂费＝设备总原价×运杂费率

引进设备的运杂费率按行业主管部门规定执行,一般为5％。

(三)工程建设其他费用的估算

1.土地征用费

土地征用费是指在项目设计范围内征用和由于施工临时征用土地,按国家规定应支付的土地补偿费、安装补偿费及附着物补偿费等。取费办法按当地政府的有关政策计算。

2.建设单位管理费

建设单位管理费是指经批准设置管理机构的建设单位发生的费用。该项费用按主管部门的有关规定标准计提。

3.勘察设计费

勘察设计费是指委托设计单位为建设项目者进行可行性研究和各阶段设计时按规定应该支付的费用。取费办法按有关部门颁发的工程设计勘察费收费标准执行。

4.研究试验费

研究试验费是指为建设项目提供或验收设计数据资料所支付的必要的研究和试验费用,研究试验费按设计提出的科研试验内容和要求进行编制。

5.供电贴费

供电贴费是指按国家规定建设项目应交纳的供电工程贴费、施工临时用电贴费。它是用户申请用电时应承担的、由供电部门统一规划并负责建设的110千伏以下各级电压的外部供电工程的建设、扩充、改建等费用的总称。

(四)预备费用的估算

预备费用是指在编制投资估算和设计概算时难以预料的、在建设过程中可能发生的工程费用,以及由于物价上涨可能造成的工程造价的变化。预备费用分为基本预备费和涨价预备费。

1.基本预备费的估算

基本预备费主要用于设计修改(指施工图阶段对批准的初步设计进行局部变更和修改)、工程更改(指在施工过程中因客观条件变化对施工图需做的局部修改)、材料代用(指某种材料被其他材料替代)、隐蔽工程(指因地质条件变化所造成的基础加深等)等方面。基本预备费可用下列公式计算:

基本预备费＝(工程费用＋工程建设其他费用)×基本预备费率

根据工程类别不同,各行业规定有基本预备费率。一般规定,在项目调研阶段基本预备费率按照 10％计算,初步设计阶段基本预备费率按照 5％计算。

2.涨价预备费估算

涨价预备费指工程建设项目的建设期内设备、材料等价格上的投资增加额,评估办法规定,涨价预备费的计算对象为工程费用和工程其他费用之和,物价指数目前暂按 4％掌握,对设备价格基本确定的项目比例可适当降低。

(五)建设期利息计算

建设期利息是指在项目建设期间因固定资产投资借款而应计提的利息总额。

建设期间每年应计利息＝(年初借款本息累计＋本年借款额/2)×年利率

建设期借款利息为建设期各年应计利息之和。但在具体进行项目经济评估时应对贷款条件、发放时间、利息计算、费用情况了解清楚后再进行计息。例如有的贷款规定按年初用款计算,则在借款发生当年也要按全年计息。

(六)固定资产投资方向调节税的估算

固定资产投资方向调节税是国家为贯彻产业政策、控制投资规模、引导投资方向、调整投资结构以及项目经济规模,对项目固定资产投资额实行差别税率所征收的一种行为税。固定资产投资方向调节税的征税对象是在我国境内用于固定资产投资的各种资金,包括国家预算资金、国内外贷款、借款、赠款、各种自有资金和其他资金。固定资产投资方向调节税税率实行五个档次的差别税率,分别为 0％、5％、10％、15％和 30％。

(七)流动资金估算

流动资金估算一般有两种方法:一种是扩大指标估算法,另一种是分项详细估算法。依工作深度选用不同方法。

1.扩大指标估算法

通常采用同类企业流动资金占销售收入、经营成本、固定资产投资的比率,以及单位产量占用流动资金的比率来确定。公式为:

流动资金需要量＝年产值(年销售收入)×产值(销售收入)资金率
流动资金需要量＝年经营成本×经营成本资金率
流动资金需要量＝固定资产价值总额×固定资产价值资金率
流动资金需要量＝年生产能力×单位产量资金率

2.分项详细估算法

分项详细估算法是按流动资金在生产经营过程中的各种占用形态,分项计算资金占用量,从而估算出投资项目正常生产时需要的流动资金。该办法精确度较高。

需要分项详细估算流动资金时,可采用下列公式:

流动资金＝流动资产－流动负债

流动资金＝应收账款＋存货＋现金

流动负债＝应付账款

流动资金本年增加额＝本年流动资金－上年流动资金

二、项目资金筹措评估

(一)项目投资来源分类

项目投资资金来源主要分为自有资金和借入资金两部分。

1.自有资金

企业自有资金是指企业有权支配使用、按规定可用于固定资产投资的、不需要偿还的资金,亦即在项目投资总额中投资者缴付的出资额,包括资本金和资本溢价。

(1)资本金是指新建项目设立企业时在工商行政管理部门登记的注册资金。根据投资主体的不同,资本金可分为国家资本金、法人资本金、个人资本金及外商资本金等。资本金的筹集可以采取国家投资、各方集资或者发行股票等方面。投资者可以用现金、实物和无形资产等进行投资。

(2)资本溢价是指在资金筹集过程中,投资者缴付的出资额超过资本金的数额。最典型的是发行股票的溢价净收入。按照《企业财务通则》规定,资本溢价、法定财产重估增值以及接受捐赠的资产等一起记入资本公积金。资本公积金是一种资本储蓄形式,可按法定程度转化为资本金。

2.借入资金

借入资金可以分为国内债务资金和国外债务资金两部分。国内债务资金主要有国内银行贷款和发行企业债券两种形式,国外债务资金有外国政府贷款、国际金融机构贷款、出口信贷、商业信贷、混合贷款、补偿贸易、融资租赁和发行国际债券等形式。

(二)项目筹资评估

1.资本金来源及比例评估

主要审查项目资本金比例是否达到国家规定标准,来源是否合法、合规。对以实物、工业产权、非专利技术、土地使用权等方式投入资本金的,要审查是否经过有资格的资产评估机构进行估价,估价方法是否符合法律、法规的要求,所占比例是否符合有关规定。对以货币方式投入资本金的,要在对各投资方近三年的生产经营、资产负债及财务状况变动情况进行分析的基础上,评估各投资方的投资能力及各年度的投入量,要避免资金来源留有缺口,要审查各出资方是否出具承诺出资的文件。

2.对借入资金筹措评估

主要审查各项借入资金是否通过合法合规途径取得,对于银行贷款,主要审查是否有各金融机构的贷款承诺或贷款意向,各金融机构的贷款条件、金融方式、贷款计划及偿还方式要求,分析评估融资的可行性。

第七节　偿债能力评估

一、偿债能力评估内容与方法

在项目评估中偿债能力评估包括：一是以项目自身为评估对象的，分析项目盈利能力、偿债能力；二是以企业整体为评估对象的，综合分析企业原有效益、在建工程、拟建项目的企业总体偿债能力。项目评估以企业整体偿还能力分析为重点。

二、拟建项目财务效益预测

按照国家现行财税制度等有关规定，在分析测算项目的投资、生产期成本费用、销售收入与销售税金及附加、项目利润等数据基础上，编制"项目财务现金流量表"，计算投资利润率、财务内部收益率、投资回收期等指标，进行成本分析和财务效益预测。

(一)成本分析

产品成本费用估算是进行项目经济评估的基础，也是项目贷款评估的重点基础工作。总成本费估算按规定采用按成本项目估算的方法即"成本项目估算法"。

1.项目寿命期

项目寿命期包括建设期和生产期。建设期以工期安排预测为准；至于在评估中如何确定生产期，没有明确规定，一般等于综合折旧年限或等于主要设备的折旧年限。

2.项目折旧及摊销预测

根据资本保全的原则，当项目建设投入经营时，固定资产投资（包括固定资产投资方向调节税、建设期利息）将形成固定资产、无形资产及递延资产等三部分。

在项目财务评估中，固定资产折旧可用分类折旧法或综合折旧法计算。按其在项目生产期内前后折旧的变化性质来划分，常用的折旧方法为直线性、工作量法、双倍余额递减法、年数总和法等。

(1)直线法（平均年限法），其计算公式为：

$$年折旧率 = \frac{1 - 预计净残值率}{折旧年限} \times 100\%$$

$$年折旧额 = 固定资产原值 \times 年折旧率$$

平均年限法的优点是逐年均摊，计算简便。

(2)双倍余额递减法，其计算公式为：

$$年折旧率 = 2/折旧年限 \times 100\%$$

$$年折旧额 = 固定资产账面净值 \times 年折旧率$$

实行双倍余额递减法计提折旧，应当在其固定资产折旧年限到期以前两年内，将固定资产净值（扣除净残值）平均摊销。

(3)工作量法，又称作业量法，是以固定资产的使用情况为依据计算折旧，具体计算公式为：

按照行驶里程计算折旧：

$$单位里程折旧额 = \frac{原值 \times (1 - 预计净残值率)}{总行驶里程}$$

$$年折旧额 = 单位里程折旧额 \times 年行驶里程$$

按照工作小时计算折旧：

$$单位工作小时折旧额 = \frac{原值 \times (1 - 预计净残值率)}{总工作小时}$$

$$年折旧额 = 单位工作小时的折旧额 \times 年工作小时$$

（4）无形资产按规定期限分期摊销，没有规定期限的，按不少于 10 年分期摊销。递延资产按照不短于 5 年的期限分期摊销。

3.项目直接材料成本的预测

按原料、主要材料、能源的不同规格、来源分别填列。其价格按不含税价处理。原燃材料费用是构成项目总成本费用的主要组成部分，对其价格的确定，评估人员应分析目前市场价格、市场供需情况和价格变化情况，合理预测确定。应根据历史和同类企业的单耗和拟建项目工艺技术特点，合理确定原燃材料的消耗。

4.项目费用（总成本）的预测

（1）直接人工费：指直接参加产品生产的工人的工资及职工福利费。

在实际评估中，为简化运算，可将项目新增职工工资及福利费全部计入该项。

$$新增职工工资 = 人均工资 \times 新增职工总数$$

职工福利费按照职工工资总额的 14％提取。

（2）制造费用：指各生产单位（生产车间）为组织和管理生产而发生各项间接费用。包括车间管理人员的工资和福利费、折旧费、修理费、办公费、水电费、机物料消耗、劳动保护费等。

（3）管理费用：指企业行政管理部门为组织和管理生产经营活动而发生的各种费用。具体包括的项目有：工会经费、职工教育经费、业务招待费、税金、技术转让费、无形资产摊销、开办费摊销、坏账损失、公司经费等。在管理费用列支的税收有：房产税、车船使用税、土地使用税、印花税等。

同上的理由，可以将管理费用简化为：

$$管理费用 = 摊销费用 + 其他管理费用$$

（4）财务费用：指企业筹集生产经营所需资金而发生的费用，具体包括利息净支出、汇兑净损益。

在实际评估中，可以不考虑利息收入。长期借款利息在项目未竣工前计入总投资，竣工后计入财务费用。

（5）销售费用：指企业在销售产品等过程中发生的各项费用以及专设销售机构的各项费用。

在评估时,一般都将包装物等费用列入直接材料估算,而拟生产产品价格是以出厂价为准,一般不考虑运杂费用的因素,因此在评估中估算的销售费用一般是指推销费用。一般是按销售收入销售费用率来估算销售费用。销售费用率可以参照本企业的历史水平和同类企业同期水平来确定,同时应注意项目所生产产品的特点。

(6)固定成本:指那些与产品产量增减没有直接关系的费用。评估中一般包括:直接工资、制造费用、管理费用。可变成本:指那些与产品产量增减有直接关系的费用。在评估中,一般包括:直接材料、财务费用、销售费用。

(7)经营成本。经营成本是项目财务评估中的一个专用术语,主要用于项目现金流量分析。现金流量计算与成本核算(会计方法)不同,按照现金流量的含义,只计算现金收支,不计算非现金收支。折旧、摊销只是项目系统内部的现金转移,而非现金支出,因此经营成本中不包括折旧、摊销。

经营成本＝总成本费用－折旧费－摊销费－利息支出

全部投资的现金流量分析所要计算的,是全部投资都用自有资金时项目的盈利能力。这是一种假设,因为实际投资时一般都含借款,而且借款比例一般都不低。但是这个假设非常重要,它排除了不同资金构成对项目产生的不同影响,从而可以判断项目本身的盈利性。

(二)财务效益预测

财务效益预测包括产品销售收入预测、销售税金及附加预测和利润预测。

1.项目销售收入

在评估中,一般假定,产品产量即为产品销售量。因此,应根据项目的设计能力、达产进度和市场开拓情况,合理确定各年的产品产量。产品销售价格要做有根据的分析和预测。销售价格按不含税价处理。

2.销售税金及附加

销售税金及附加包括消费税、营业税、资源税、城市维护建设税及教育费附加。

(1)增值税。增值税是指就加工服务进程中新增加的价值额计算征收的税款。增值税为价外税,采用三档税率即基本税率(17%)、低税率(13%)和零税率。除国家另有规定外,一般货物增值税征收率为17%或13%。由于评估所采用的燃料、原材料及产品销售价格是不含税价,应而需再扣除增值税。

按现行税收政策,在财务测算中,计算应纳增值税额的目的是依此计算城市维护建设税、教育费附加等。

年应纳增值税额＝年销项税额－年进项税额
年销项税额＝年销售收入×增值税率

在测算中,为简化计算,一般情况下,可只计算外购原、辅材料,外购动力、燃料所支付的进项税额。

(2)消费税。消费税是在对商品普遍征收增值税的基础上,选择少数消费品再征收一道消费税,它是价内税,主要为调整消费结构,引导消费方向,保证国家财政收入。消费税征收的品目有烟、酒及酒精、化妆品、贵重首饰、汽油、汽车轮胎、摩托车、小汽车等14种。

(3)营业税。纳税人销售应税劳务或不动产、转让无形资产,应根据销售额按照规定的税率计算应纳营业税额。应税劳务是指交通运输业、建筑业、金融保险业、邮电通信业、文化体育业、娱乐业、代理业、旅店业、仓储业、租赁业、广告业务及其他服务业所提供的劳务。但公司事业中的水、热、气、电和加工、整理、修配所提供的劳务不包括在内。

$$应纳营业税额 = 计税销售额 \times 适用税率$$

(4)城市维护建设税。城市维护建设税以本期应纳的增值税、消费税和营业税为纳税依据,分别乘以适用的税率来计算。

$$应纳城市维护建设税 = 应纳增值税、消费税、营业税 \times 适用税率$$

城市维护建设税税率,按建设项目所在地区建制性质划分,市区税率为7%,县城、镇(建制镇)税率为5%,不在市区、建制镇的税率为1%。

(5)资源税。资源税是为了促进合理开发利用资源、调节资源级差收入而对资源产品征收的一个税种。盐税并入资源税。资源税的征税范围包括所有的矿产资源。

$$应纳税额 = 课税数量 \times 单位税率$$

(6)教育费附加。教育费附加是国家为了加快教育事业的发展,扩大中小学教育经费的来源而向单位和个人征收的附加费用。教育费附加是以实际缴纳的增值税、消费税、营业税的税额为计征依据,乘以教育费附加率计算的。教育费附加费率为4%,对从事生产卷烟和烟叶产品的企业减半征收。

3.利润总额、净利润

根据项目寿命期内各年的销售收入、销售税金及附加、总成本费用的预测数测算各年的利润总额、所得税和净利润。

$$利润总额 = 销售收入 - 销售税金及附加 - 总成本费用$$
$$净利润 = 利润总额 - 所得税$$

(三)项目清偿能力分析

项目清偿能力分析主要是考察项目计算期内一定期限的财务状况及偿债能力。主要计算贷款偿还期。

贷款偿还期是指按国家财税制度及有关规定,以项目建成投产后可用于还款的利润、固定资产折旧费、无形资产及递延资产摊销费及其他还款的利润、固定资产折旧费、无形资产及递延资产摊销费及其他还款资金偿还固定资产贷款本金和利息所需要的时间(年)(包括项目建设期)。贷款偿还期计算公式为:

$$贷款偿还期 = 贷款偿还后开始出现盈余年份 - 贷款开始支用年份 + \frac{当年偿还贷款数}{当年可用于还款的资金数}$$

三、企业整体偿债能力分析

企业整体偿债能力评估,其评估对象从项目本身的盈利能力转到企业整体偿债能力的评估,即以借款人为对象评估贷款的安全性。

(一)在建工程投入产出分析

分析在建工程的投入产出情况,其目的是为了综合考虑企业的偿债能力。一般情况下,需分析在建工程投入的情况和在建工程需要继续投入和产出的情况。在实际评估中其重点是:

(1)分析在建工程的投入、效益、费用情况,其分析方法和拟建项目基本一致,且可视市场情况作适当调整。

(2)在借款人不能提供在建工程有关资料的情况下,可按谨慎原则,只考虑在建工程负债的偿还,不考虑在建工程建成后的效益。但应注意在建工程后续投入对拟建项目资金平衡的影响。

(二)原企业投入产出分析

原企业投入产出分析是指假设不进行拟建项目和在建工程不再继续投入的情况下,分析原企业发展变化趋势,目的是分析企业整体的偿债能力。原企业的费用、效益分析方法同拟建项目。

(三)借款人综合效益评估

根据借款人前三年资产负债和损益变化趋势,综合考虑借款人生产发展纲领、财务规划及拟建项目和其他在建项目因素,预测借款人计划贷款期内(借款人原有及预测、拟建项目预测和在建工程预测)资产负债和经营效益变化情况。

1.资产负债表预测方法、步骤(拟建项目部分)

(1)资产负债表依据会计平衡原理"资产＝负债＋所有者权益"编制。

(2)累计盈余资金。包括银行存款和其他货币资金,其各年数据可根据"借款人长期负债偿还预测表"中数据填列。

(3)在建工程。在建工程反映项目建设期内各年所占用的资金,其数据应按"项目总投资来源及支出预测表"中数据逐年累计填列,直到项目建成。

(4)固定资产净值。其数据根据"项目折旧及摊销预测表"中新增固定资产年折旧额逐年递减计算填列。

(5)无形及递延资产净值,其数据根据"项目折旧及摊销预测表"中新增无形及递延资产年折旧额逐年递减计算填列。

(6)应付账款。根据流动资金估算填列。

(7)短期、长期借款。根据"项目总投资来源及支出预测表"中相应的短期、长期借款填列。

(8)实收资本。根据"项目总投资来源及支出预测表"中相应的短期、长期借款填列。

(9)盈余公积。根据"借款人利润及利润分配预测表"中的盈余公积逐年累计填列。

(10)未分配利润。根据"借款人损益及利润分配预测表"中年末未发配利润逐年累计填列。

2.利润表预测方法、步骤(拟建项目部分)

(1)产品销售收入和产品销售税金及附加。各年数值来源于"项目销售收入、税金及利润预测表"的销售收入、销售税金及附加。

(2)产品销售成本。各年数据来源于"项目总成本费用预测表"中的直接材料、直接人工和制造费用之和。

（3）产品销售费用，以及当期管理费用、财务费用。各年数值来源于"项目总成本费用预测表"中的销售费用、管理费用和财务费用。

（4）利润总额。按照如下公式计算：

$$利润总额 = 产品销售收入预测 - 产品销售成本 - 产品销售费用 - 产品销售税金及附加 + 其他$$
$$业务利润 - 管理费用 - 财务费用 + 投资收益 + 营业外净收入$$

（5）所得税。应注意，计算所得税时应以"应纳税所得额"为基础乘以税率。

（6）净利润

$$净利润（税后利润） = 利润总额 - 所得税$$

（7）可供分配利润。按照我国《公司法》规定，当年的税后利润分配顺序是：

①应当提取利润的 10% 列入公司法定公积金，并提取利润的 $5\% \sim 10\%$ 列入公司法定公益金。当公司法定公积金累计额为注册资本的 50% 以上的，可不再提取。

②公司的法定公积金不足以弥补上一年度公司亏损的，在依照前款规定提取法定公积金和法定公益金之前，应当先用当年利润弥补亏损。

③公司在从税后利润中提取法定公积金后，经股东会决议，可以提取任意公积金。

④公司弥补亏损和提取公积金、法定公益金后所余利润，有限责任制公司按照股东持有的股份比例分配。

（8）盈余公积金。盈余公积金是指按国家规定从利润中提取的公积金。盈余公积金可用于弥补亏损或者用于转增资本金，但转增资本金后，企业的法定盈余公积金一般不得低于注册资本的 25%。

（9）应付利润，即向投资者分配的利润。项目可供分配利润应在提取盈余公积金、公益金后，才能向投资者分配利润。

（10）未分配利润

$$未分配利润 = 可供分配利润 - 盈余公积金 - 应付利润$$

3.借款人综合效益评估

将借款人现有经营部分、在建工程项目和拟建项目损益情况三部分的预测数据加工整理，测算出借款人综合效益及利润分配情况的预测数据，以此分析评估借款人综合销售利润率等指标。

（四）借款人综合偿债能力

借款人综合偿债能力就是在借款人综合效益评估的基础上，分析评估借款人综合资产负债状况和借款人综合固定资产债务偿还期。通过计算分析借款人综合资产负债率、流动比率、速动比率等重要经济指标，评估借款人综合财务状况、偿付流动负债和全部负债的能力；通过计算借款人长期负债偿还期及偿债保证比，分析评估借款人综合筹资能力、筹资来源、偿付长期债务能力及其保证程度。

一般情况下，固定资产性质的长期负债是用逐年提取的折旧、进入成本的摊销、税后部分利润和其他资金来源偿还的。在长期债务偿还时，应先考虑已到期贷款的偿还，然后按合同约定期限考虑未到期贷款的偿还,在满足上述条件后,测算新增贷款的偿还,新增贷款可以按比例偿还的原则测算偿还期。

1.长期负债偿还方式

长期负债偿还方式,在评估测算中可分类按约定偿还(含等额偿还)和非约定偿还两种情况。约定偿还是在按约定计划偿还债务的前提下,计算当年偿债保证比和偿还期总的偿债保证比,评估其偿还计划的可行性。非约定偿还,按有多少偿债来源还多少债务的原则,计算长期负债偿还期,评估其偿债能力。

2.长期负债偿还期

长期负债偿还期是指还清项目新增贷款所需的期限。这一期限计算时精确到月。

3.当年偿债保证比

当年偿债保证比,是指当年能用于偿债的资金来源(含上年度资金结余)对当年计划需偿还的债务(含上年度计划偿还而无法偿还的结转额)的保证程度。

$$当年偿债保证比 = \frac{当年偿债资金来源}{当年应偿还的全部债务}$$

4.借款期总的偿债保证比

如借款期总的偿债保证比大于1,表示在约定期内有能力偿还约定偿还的债务,否则表示无能力偿还债务。保证比越大,偿还能力越强。

第八节　项目效益评估

一、项目效益评估定义

项目效益评估是指在基础财务数据测算与分析的基础上,根据国家现行财税制度及有关规定,计算评估指标,考察项目的盈利能力等财务状况,据以判别项目的财务可行性。

二、项目盈利能力分析

项目盈利能力分析在于考察投资项目的盈利水平,应计算财务内部收益率和财务收益净现值指标。根据项目的特点和实际需要,也可计算投资利润率、投资利税率和资本金利润率等指标。

(一)财务内部收益率(FIRR)

财务内部收益率是指项目在计算期内各年差额净现金流量现值累计等于零时的折旧率,它反映项目所占用资金的盈利率。其表达式为:

$$\sum_{t=1}^{n}(CI - CO)_t(1 + FIRR)^{-t} = 0$$

式中:CI——现金流入量;CO——现金流出量;$(CI - CO)_t$——第 t 年的净现金流量;$\sum_{t=1}^{n}$——项目计算期总和;n——计算期。

一般情况下,项目的财务内部收益率只有大于或等于项目综合平均资金成本率时,项目才可以考虑接受。

(二)财务收益净现值(FNPV)

财务收益净现值是指按规定的折现率,将项目寿命期内各年的净现金流量折现到项目实施初期(即基准年)的现值之和。计算式为:

$$FNPV = \sum_{t=1}^{n}(CI - CO)_t \cdot a_t$$

式中:a_t——与折现率(i)对应的第 t 年的折现系数。

计算财务收益净现值时,折现率一般按项目综合加权平均资金成本率,加上 $1\%\sim 2\%$ 的风险系数计算。为计算方便,也可按项目所使用的银行贷款的实际贷款利率加上 $1\%\sim 2\%$ 的风险系数替代计算。

(三)投资利润率

投资利润率指项目建成投产后,生产经营期各年利润总额的年平均数与项目总投资之比率。计算公式为:

$$投资利润率 = \frac{年平均利润额}{总投资额} \times 100\%$$

上式中:

$$总投资额 = 固定资产投资 + 流动资金投资$$

$$年平均利润总额 = \frac{生产经营期内各年利润总额}{生产经营年数}$$

(四)投资利税率

投资利税率是指项目建成投产后,生产经营期各年利税总额的年平均数与项目总投资之比率。计算公式为:

$$投资利税率 = \frac{年平均利税额}{总投资额} \times 100\%$$

上式中:

$$总投资额 = 固定资产投资 + 流动资金投资$$

$$年平均利税总额 = \frac{生产经营期各年利税总额}{生产经营年数}$$

三、项目银行效益评估

项目银行效益评估包括流动性评估和相关效益评估。

(一)流动性评估

1.存货比率

$$存贷比率 = \frac{企业存款}{固定资产贷款 + 流动资金贷款} \times 100\%$$

企业存款是指借款企业在贷款银行的企业存款,它包括结算户存款和其他存款。结算户存款一般按销售收入的一定比例测算;其他存款按企业正常年份的折旧和未分配利润两项的滞留额(企业计划以后年份使用部分)估算。

存贷比率越大,表明以贷引存效果越好。

2.银企资金相向流动现值比

$$银企资金相向流动现值比 = \frac{回流银行资金现值}{流出银行资金现值} \times 100\%$$

式中:回流银行资金现值为项目寿命期内固定资产贷款回收、流动资金贷款回收、企业存款、贷款利息回收的现值和;流出银行资金现值为项目寿命期内固定资产贷款、流动资金贷款、企业存款支用、存款利息支出的现值和。

该比值大于1,表明从项目投资的起始时点看,其流动性呈现"正反馈"效果;

该比值为0.8~1,表明流动性效果一般;

该比值小于0.8,表明流动性效果较差。

(二)银行相关效益评估

银行贷款相关效益反映银行从贷款项目中获得的间接好处,评估内容主要包括:调查分析项目建设是否有利于银行掌握行业的动态经济信息;是否有利于密切银行与地方政府和主管部门的关系;是否有利于扩大其他业务发展和机构网点建设;是否有利于提高银行社会知名度和业务竞争能力。

四、项目社会效益评估

项目社会效益评估是分析计算项目建成投产以后,给国民经济发展带来的间接经济效益和辅助经济效益。评估项目社会效益方法有定性分析和定量分析。

(一)定性效益评估

主要分析项目建成投产后,对环境保护和生态平衡的影响,对提高地区和部门科学技术水平的影响,产品质量提高对产品用户的影响,对提高人民物质文化生活及社会福利的影响,对城市整体改造的影响,对提高资源综合利用率的影响,对项目建设地区的产业结构与经济发展的影响。

(二)定量效益评估

主要分析计算投资就业效果指标。

就业效果为单位投资创造的新就业机会(只计算项目直接就业率),其计算公式为:

$$就业效果 = \frac{新增就业人数}{新增总投资}$$

在劳动力充足条件下,企业应尽可能以一定数量的资金创造更多的就业机会。

第九节 贷款风险性评估

一、贷款风险性评估

贷款风险性评估是指对避免贷款风险的保证措施进行调查分析,它包括贷款风险度评估、贷款信用担保评估、贷款抵押物价值评估。

(一)贷款风险度测算与评估

贷款风险度测算与评估是从债权人的角度出发,从贷款方式的选择和贷款对象的选择两个方面,综合考虑对信贷资产风险度的影响。贷款风险度是贷款方式对信贷资产安全的影响系数(即贷款方式基础系数)与贷款对象对信贷资产安全的影响系数(即企业信用等级系数)两者的乘积。计算公式为:

$$贷款风险度 = 企业信用等级变换系数 \times 贷款方式基础系数$$

贷款风险度数值越小,表明贷款的风险性越小。

(二)贷款信用担保评估与审查

贷款信用担保评估与审查内容包括:

(1)信用担保企业的担保资格审查,主要对企业性质、经营实力、财务状况、企业法人营业执照等进行评审,确认信用担保资格,测算担保能力。担保能力的计算公式为:

$$担保能力 = \frac{企业负债总数 + 担保总额}{企业资产总额} \times 100\%$$

企业担保能力数值越小,表明担保企业的担保能力越强。

(2)担保企业信用情况评估。对担保企业近两年的贷款按期偿还、贷款按期承付及经济合同如期履行情况进行综合评估。

(三)贷款抵押评估与审查

贷款抵押评估与审查内容包括:

(1)调查分析抵押对象(借款人或第三方保证人)是否具有法人资格。

(2)评估审查贷款抵押物是否符合国家有关文件的规定要求,选择易于保管、转让、变卖(兑现)及适销适用、质量完好的资产作为抵押物。

(3)评估抵押物价值。根据国家有关规定,考虑抵押资产价值、净值、新旧程度等因素,采用清算价格计算抵押物价值。

(4)进行抵押率分析。抵押率的计算公式为:

$$抵押率 = \frac{贷款本息总额}{抵押物价值额} \times 100\%$$

二、不确定性分析

项目评估所采用的数据,大部分来自预测和估算,而且变化着的经济因素较多,存在一定程度的不确定性。为了分析不确定因素对项目评估指标的影响,需进行不确定性分析,以确定项目承担风险的能力。通常运用盈方平衡法进行分析。

(一)盈亏平衡分析的定义

盈亏平衡分析又称保本点分析或本量利分析法,是根据产品的业务量(产量或销量)、成本、利润之间的相互制约关系的综合分析,用来预测利润、控制成本、判断经营状况的一种数学分析方法。一般说来,企业收入=成本+利润,如果利润为零,则有收入=成本=固定成本+变动成本,而收入=销售量×价格,变动成本=单位变动成本×销售量,这样由销售量×价格=固定成本+单位变动成本×销售量,可以推导出盈亏平衡点的计算公式为:

$$盈亏平衡点(销售量)=\frac{固定成本}{每计量单位的贡献差数}$$

企业利润是销售收入扣除成本后的余额;销售收入是产品销售量与销售单价的乘积;产品成本是包括工厂成本和销售费用在内的总成本,分为固定成本和变动成本。

变动成本指总额随产量的增减而成正比例关系变化的成本,主要包括原材料和计件工资,就单件产品而言,变动成本部分是不变的。

固定成本是指总额在一定期间和一定业务量范围内不随产量的增减而变动的成本,主要是指固定资产折旧和管理费用。

(二)盈亏平衡分析的作用

盈亏平衡分析法即本量利分析法,它是一种通过分析产品成本、销售量和销售利润这三个变量之间的关系,掌握盈亏变化的临界点(保本点)而进行选择的方法。

盈亏平衡分析可以对项目的风险情况及项目对各个因素不确定性的承受能力进行科学判断,为投资决策提供依据。传统盈亏平衡分析以盈利为零作为盈亏平衡点,没有考虑资金的时间价值,是一种静态分析,盈利为零的盈亏平衡实际上意味着项目已经损失了基准收益水平的收益,项目存在着潜在的亏损。把资金的时间价值纳入到盈亏平衡分析中,将项目盈亏平衡状态定义为净现值等于零的状态,便能将资金的时间价值考虑在盈亏平衡分析内,变静态盈亏平衡分析为动态盈亏平衡分析。由于净现值的经济实质是项目在整个经济计算期内可以获得的、超过基准收益水平的、以现值表示的超额净收益,所以,净现值等于零意味着项目刚好获得了基准收益水平的收益,实现了资金的基本水平的保值和真正意义的"盈亏平衡"。动态盈亏平衡分析不仅考虑了资金的时间价值,而且可以根据企业所要求的不同的基准收益率确定不同的盈亏平衡点,使企业的投资决策和经营决策更全面、更准确,从而提高项目投资决策的科学性和可靠性。

(三)盈亏平衡分析模型与方法

1.盈亏平衡分析模型

$$I = S-(C_v\times Q+F)$$
$$= P\times Q-(C_v\times Q+F)$$
$$= (P-C_v)Q-F$$

式中:I 为销售利润;P 为产品销售价格;F 为固定成本总额;C_v 为单件变动成本;Q 为销售数量;S 为销售收入。

2.盈亏平衡分析方法

第一步：

计算总成本、总收入：

总成本 $C = F + C_v \times Q$

总收入 $S = P \times Q$

第二步：

列出盈亏平衡方程：

$C = S$

$P \times Q = F + C_v \times Q$

第三步：

计算盈亏平衡点：

$$Q = \frac{F}{P - C_v}$$

本章小结

1.贷款项目评估是指在可行性研究的基础上，根据国家有关部门颁布的政策、法规、方法等，从项目(或企业、国民经济、社会)角度出发，由银行或有关机构对拟建投资项目建设的必要性、建设条件、生产条件、产品市场需求、工程技术、财务效益、经济效益和社会效益等进行全面分析、论证、评估，进而判断项目是否可行的风险评估体系。

2.贷款项目评估的基本原则：坚持客观、公正的科学态度，严谨、求实的工作作风，尊重客观事实，据实分析问题，不受主观偏好和其他任何因素的干扰；对原始数据、资料等基础信息搜集整理应坚持真实性原则；对数据资料的选取及费用、效益的界定应遵循谨慎原则；评估报告反映的信息应遵循重要性原则，对重点问题要充分揭示，客观评估。

3.贷款项目评估的依据为：

(1)国家产业、产品的布局政策，财政税收政策，行业发展规划，国家和行业的可行性研究设计标准及参数。

(2)中央银行和商业银行信贷政策及贷款管理规定，项目评估规定和参数。

(3)政府有权部门对项目立项的批准文件，项目可行性研究报告及有权部门的论证意见。

(4)借款人生产经营等有关资料。

(5)中央和地方政府有关的城市建设规划、环境保护、消防、安全卫生、运输、劳动保护等有关法规和规定。

4.对借款人的评估主要包括：借款人概况、经营者素质、经济技术实力、资产负债、资产运用效率、盈利能力、现金流量、信用状况及发展前景等9个方面。借款人分析是整个贷款项目评估的重要环节，是其他评估内容的基础。

5.对项目建设和生产条件评估，是审查分析拟建项目是否具备建筑施工条件和生产经营条件，也就是对项目实施的可能性和项目投产或交付使用后能否顺利生产经营的可靠性进行技术经济评估。主要内容包括项目建设必要性评估、工艺技术评估、建设和生产条件评估、生产规模规定、环境保护等方面内容。

6.市场调查是对商品或劳务的有关市场供求方面的资料、情报和数据所做的系统的搜集、整理和分析,是用科学的方法,通过对市场全面考查,系统地搜集、记录、整理和分析市场信息,了解市场发展变化的本质及其发展规律的一种理性认识市场的活动。市场调查内容包括产品需求、社会购买力、产品供应量、竞争能力、政策因素等五个方面。

7.市场预测是对市场未来发展情况或发展趋势的估计,是在市场调查的基础上,运用预测理论和方法,对决策者关心的市场变量未来变化趋势与可能水平作出估计与测算,为决策提供依据的过程。市场预测的内容:预测生产的发展及其变化趋势;预测社会商品购买力发展趋势(包括国内市场和国际市场)、市场容量及其发展趋势;分析对外贸易对国内市场供求关系、供求结构的影响;预测产品价格趋势,价格反映着各方面的经济关系,预测时可分析生产率、成本、利润、供求关系对价格的影响(反过来也必须预测价格对商品需求量的影响);预测产品的市场占有率;预测生产产品所需资源的供给情况。

8.项目评估中投资估算主要是审查工程内容和费用是否齐全,分析投资估算中有无漏项,审查取费标准和依据,分析有无任意扩大规模或压低造价等情况。

9.筹资评估

(1)对资本金来源及比例评估。主要审查项目资本金比例是否达到国家规定标准,来源是否合法、合规。

(2)对借入资金筹措评估。主要审查各项借入资金是否通过合法合规途径取得,对于银行贷款,主要审查有无各金融机构的贷款承诺或贷款意向,分析各金融机构的贷款条件、金融方式、贷款计划及偿还方式要求,进而分析评估融资的可行性。

10.借款人综合偿债能力分析就是在借款人综合效益评估的基础上,分析评估借款人综合资产负债状况和借款人综合固定资产债务偿还期。通过计算分析借款人综合资产负债率、流动比率、速动比率等重要经济指标,评估借款人综合财务状况、偿付流动负债和全部负债的能力;通过计算借款人长期负债偿还期及偿债保证比,分析评估借款人综合筹资能力、筹资来源、偿付长期债务能力及其保证程度。

11.项目评估中财务效益评估是指在基础财务数据测算与分析的基础上,根据国家现行财税制度及有关规定,编制财务效益评估报表,计算评估指标,考察项目的盈利能力、清偿能力等财务状况,据以判别项目的财务可行性。

12.项目评估中贷款风险性评估是指对项目避免贷款风险的保证措施进行调查分析,包括贷款风险度评估、贷款信用担保评估、贷款抵押物价值评估。

练习题

一、名词解释

1.项目　　　　　　　　　　6.偿债能力

2.贷款项目评估　　　　　　7.贷款风险性

3.市场调查　　　　　　　　8.项目效益

4.市场预测   9.敏感性分析

5.市场竞争力   10.盈亏平衡分析

二、单项选择题

1.(   )是整个贷款项目评估的重要环节,是其他评估内容的基础。

A.偿债能力评估   B.借款人分析

C.市场评估   D.工艺技术与设备评估

E.项目建设和生产条件评估   F.投资估算与筹资评估

2.以下不属于项目生产条件评估的是(   )。

A.资源条件评估   B.原材料供应条件评估

C.燃料和动力条件评估   D.交通运输条件评估

E.工艺技术与设备评估

3.以下不属于信用状况评估内容的是(   )。

A.借款人的基本账户开立、信用等级等情况

B.近三年短期借款和长期借款本息的偿还情况

C.银行对借款人全部存量贷款的风险度状况

D.借款人的商业信用及其与银行的业务合作现状

E.借款人的生产经营状况

4.以销售增长率法为例,经验数据划分的阶段为:年销量增长率(   )为成熟期。

A.大于 0%   B.0.1%～10%   C.小于 0%

5.评估报告在下达评估通知后(   )个月内完成。

A.1   B.2   C.3   D.4

三、多项选择题

1.项目评估的原则包括(   )。

A.真实性原则   B.谨慎原则

C.重要性原则   D.防范风险、提高效益原则

2.项目评估的依据(   )。

A.国家产业、产品的布局政策,财政税收政策,行业发展规划,国家和行业的可行性
   研究设计标准及参数。

B.中央银行和商业银行信贷政策及贷款管理规定,项目评估规定和参数。

C.政府有权部门对项目立项的批准文件,项目可行性研究报告及有权部门的论证意
   见。

D.借款人生产经营等有关资料。

E.中央和地方政府有关的城市建设规划、环境保护、消防、安全卫生、运输、劳动保护
   等有关法规和规定。

3.项目评估内容包括(   )。

A.项目借款人的基本评估   B.工艺技术与设备评估

C.市场评估   D.项目建设和生产条件评估

E.投资估算与筹资评估   F.偿债能力评估

G.项目效益评估　　　　　　　　　H.贷款风险评估

4.市场调查内容包括(　　　)。

A.产品需求　　　　B.社会购买力　　　　C.竞争能力　　　　D.政策因素

5.项目评估中贷款风险性评估是指对项目避免贷款风险的保证措施进行调查分析,包括(　　　)。

A.贷款抵押物价值评估　　　　　　　B.贷款信用担保评估

C.贷款风险度评估　　　　　　　　　D.贷款偿债能力评估

四、判断题

1.贷款评估中投资估算主要是审查工程内容和费用是否齐全,分析投资估算中有无漏项,审查取费标准和依据,分析有无任意扩大规模或压低造价等情况。(　　　)

2.综合对比拟建项目的企业与主要竞争对手和潜在竞争对手的生产经营要素及产品的质量和价格、市场占有率等,即可了解借款人的市场竞争能力。(　　　)

3.通过敏感性分析,可以找出项目的敏感因素,并确定这些因素变化后,对评价指标的影响程度,使决策者能了解项目建设中可能遇到的风险,从而提高投资决策的准确性。(　　　)

4.对借入资金筹措评估,主要是审查各项借入资金是否通过合法合规途径取得;对于银行贷款,主要审查是否有各金融机构的贷款承诺或贷款意向。(　　　)

5.固定资产投资由工程费用、工程建设其他费用和预备费用、固定资产投资方向调节税构成。(　　　)

五、计算题

1.某公司 2012 年利润表数据如下:

销售收入(1 000 件)　　　　　　600 000 元

销售成本　　　　　　　　　　　　400 000 元

销售毛利　　　　　　　　　　　　200 000 元

销售及管理费用　　　　　　　　　220 000 元

利润　　　　　　　　　　　　　　 20 000 元

财务部门对相关成本进行了成本特性分析:销售成本中 70% 为变动成本,30% 为固定成本;销售及管理费用中 60% 为变动成本,40% 为固定成本。

要求:

(1)计算单位售价、单位变动成本、固定成本;

(2)计算该公司盈亏平衡点的销售量和销售额。

2.随机选取 15 家销售公司,由营业报告中查出其上年度的广告费 x(占总费用的百分比)及盈利额 y(占销售总额的百分比)列表如下:

广告费 x	1.5	0.8	2.6	1.0	0.6	2.8	1.2	0.9	0.4	1.3	1.2	2.0	1.6	1.8	2.2
盈利额 y	3.1	1.9	4.2	2.3	1.6	4.9	2.8	2.1	1.4	2.4	2.4	3.8	3.0	3.4	4.0

试根据上述资料:

(1)画出散点图;

(2)计算出这两组变量的相关系数;

(3)在显著水平 0.01 的条件下,对变量 x 与 y 进行相关性检验;

(4)如果变量 x 与 y 之间具有线性相关关系,求出回归直线方程;

(5)已知某销售公司的广告费占其总费用的 1.7%,试估计其盈利净额占销售总额的百分比。

六、问答题

1.贷款项目评估有什么意义?

2.贷款项目评估要遵循什么原则?

3.借款人非财务评估内容有哪些?

4.项目建设条件评估主要内容有哪些?

5.简述市场调查内容和方法。

6.如何对项目市场竞争能力进行评估?

7.如何对项目偿债能力进行评估?

8.项目效益评估指标如何计算?

9.如何对项目贷款风险性进行评估?

10.如何对项目进行盈亏平衡分析?

第8章 个人信贷业务

导入案例

银行个人汽车消费贷款 为普通大众实现拥有汽车的梦想

小李大学毕业后一直供职于一家国有企业，现在月薪为 8 000 元，手头上小有积蓄 4 万元。和许多人一样，上班族小李家和户口均在外地，现在上海租房住，为了节省开支，住的地方离工作单位比较远。能够拥有一辆代步车一直是小李的渴望，然而小李看中的长安福特嘉年华价格在 8 万元多一些，现在手上还缺 4 万元，加上上海车牌照费用 5 万多元，一共有 9 万多元的缺口。一直很独立的小李不愿意伸手问父母要钱，也不好意思向朋友借钱，于是他也和众多购车人一样尝试去咨询了一下汽车贷款。

小李先上网查了查相关资料，发现一般选择车贷的方式有两种：一种是选择传统银行的个人汽车消费贷款，另外一种是通过汽车金融公司贷款。为了更好地了解产品，小李特意上了一些专门讨论车贷的论坛，发现大家都说汽车金融公司放贷的利率相比银行信贷低一些，而且银行信贷一般都需要本地市民担保、房产证明等一系列烦琐的证明，这些小李都没有。而有的汽车金融公司提供更具弹性的信贷服务。于是他先去汽车金融公司进行咨询。在咨询时他发现汽车金融公司放贷标准相比银行而言较宽松，可以依据申请人的信用申请，也不需要一定是本市户口；申请周期也很快，一般 3 天左右完成，且不用交手续费、抵押费、律师费等费用。但是汽车金融公司的服务人员很委婉地告诉他该服务不提供车牌照的贷款,于是沮丧的小李到一家银行咨询银行提供的个人汽车消费贷款服务。经一番咨询后,小李发现有一款个人汽车消费贷款产品正好适合像自己这样的消费人群申请。

该银行提供的这款个人汽车消费贷款产品有以下特点:首先,申请资格更为简单,在当地具有稳定的职业和收入,和在现单位工作满3个月的证明便可提出贷款申请。而且申请手续便捷,在贷款资料齐全的情况下,最快4个工作日贷款就可以发放到借款人账户。这项贷款产品的另一个优势就是使用灵活。贷到的款项可以用在任何合理的个人或家庭消费,包括可以购买车牌照。对于年轻一族来说,这种方式为他们的消费规划提供了许多便利。另外,值得一提的是这款个人汽车消费贷款产品贷期可长达4年,大大降低了客户每月的还款压力。以贷款9万元为例,如果贷款期为4年,则月还款额仅为2 278.31元。而且采用的是固定利率,在市场利率不断上升的情况下,可以锁定利率风险,让用户享受到额外的优惠。于是小李很开心地选择了这款个人汽车消费贷款产品。

上述案例介绍了上班族小李利用银行个人汽车消费贷款实现自己拥有汽车的梦想。那么,现在商业银行提供的个人贷款产品种类都有哪些?个人贷款用途有哪些?具体对象是什么人?申请贷款需要具备哪些条件?商业银行个人贷款的业务操作流程有哪些步骤?本章结合当前商业银行提供的个人贷款产品作一介绍。

个人贷款是指商业银行向符合条件的自然人发放的用于个人消费、生产经营等用途的本外币贷款。随着我国国民经济的不断发展和金融市场的日益活跃,商业银行个人贷款业务发展迅猛,目前,商业银行个人贷款数量日益增加,品种日益多样化。

第一节 个人住房贷款

个人住房贷款是指银行向借款人发放的用于购买自用普通住房的贷款。借款人申请个人住房贷款时必须提供担保。目前,个人住房贷款主要有商业性个人住房贷款、个人住房公积金贷款和个人住房组合贷款以及个人住房装修贷款等。下面主要介绍商业性个人住房贷款、个人住房公积金贷款。

一、商业性个人住房贷款

(一)商业性个人住房贷款概述
商业性个人住房贷款是以银行信贷资金为来源向购房者个人发放的贷款。
1.贷款用途及对象
个人住房贷款是指用于支持个人用于购买自用普通住房的贷款。
贷款对象为具有完全民事行为能力的自然人。
2.贷款条件
(1)借款人必须同时具备下列条件:
①有合法的身份;
②有稳定的经济收入,信用良好,有偿还贷款本息的能力;

③有合法有效的购买、建造、大修住房的合同、协议以及贷款行要求提供的其他证明文件；

④有所购住房全部价款30%以上的自筹资金（对购买自住住房且套型建筑面积90平方米以下的,自筹资金比例为20%）,并保证用于支付所购住房的首付款；

⑤有贷款行认可的资产进行抵押或质押,或有足够代偿能力的法人、其他经济组织或自然人作为保证人；

⑥贷款行规定的其他条件。

（2）申请贷款应提交的资料

①身份证件复印件（居民身份证、户口簿、军官证、护照、探亲证、返乡证等居留证件或其他身份证件）；

②贷款行认可的借款人偿还能力证明资料；

③合法有效的购买（建造、大修）住房合同、协议及相关批准文件；

④借款人用于购买（建造、大修）住房的自筹资金的有关证明；

⑤房屋销（预）售许可证或楼盘的房地产权证（现房）（复印件）；

⑦贷款行规定的其他文件和资料。

3.贷款额度、期限、利率

贷款最高额度为所购（建造、大修）住房全部价款或评估价值（以低者为准）的80%；贷款期限一般最长不超过30年。贷款利率按照中国人民银行和中国银行业监督管理委员会的相关利率政策执行。

4.还款方式

贷款期限在一年以上的房屋贷款还款方式一般有等额本息还款和等额本金还款两种。

（1）等额本息还款法

等额本息还款法是指在贷款期限内每月以相等的还款额来偿还贷款本金和利息。每月等额偿还贷款本息是个人住房抵押贷款中最常见的一种还款方式。每月还款额可以直接通过财务计算器进行计算,也可通过下列公式：

$$每月还款额 = \frac{贷款本金 \times 月利率 \times (1+月利率)^{还款期数}}{(1+月利率)^{还款期数}-1}$$

该方式适用于收入处于稳定状态的人群,如公务员、教师等,也是目前绝大多数个人客户采用的还款方式。其优点在于借款人还款操作相对简单,等额支付月供也方便安排每月收支来减少利息支出的借款人。

例：张先生于2012年3月28日贷款40万用于购买房子,期限20年,月利率4.2‰,采用等额本息法还款。假设今后利率不变。

根据公式可得：

$$每月还款（本息）额 = \frac{400\ 000 \times 4.2‰ \times (1+4.2‰)^{240}}{(1+4.2‰)^{240}-1}$$
$$= 2\ 648.75（元）$$

（2）等额本金还款法

等额本金还款法是指,在贷款期限内按月偿还贷款利息和本金,其中每月所还本金相等。其计算公式如下:

$$每月还款额 = \frac{贷款本金}{还款期数} + (贷款本金 - 累计已还本金) \times 月利率$$

该种还款方式适用于目前收入较高但预计将来收入会减少的人群,如面临退休的人,或还款初期还款能力较强,并希望在还款初期归还较大款项来减少利息支出的借款人。其特点是本金在整个还款期内平均分摊,利息则按贷款本金余额逐日计算,每月还款额逐渐减少,但偿还本金的速度是保持不变的。使用本方法,开始时每月还款额比等额本息还款要高,在贷款总额较大的情况下,相差甚至可达千元,但随着时间推移,还款负担会逐渐减轻。

例:李先生向银行申请 20 年期 30 万元的贷款,利率为 5.508%,采用等额本金还款法还款。

根据公式可得:

$$第一月还款额 = \frac{300\,000}{240} + (300\,000 - 0) \times \frac{5.508\%}{12} = 2\,627(元)$$

$$第二月还款额 = \frac{300\,000}{240} + (300\,000 - 1\,250) \times \frac{5.508\%}{12} = 2\,621(元)$$

······

$$最后一个月还款额 = \frac{300\,000}{240} + (300\,000 - 298\,750) \times \frac{5.508\%}{12} = 1\,264(元)$$

(二)商业性个人住房贷款操作流程

1.借款人提出申请

借款人申请个人住房按揭贷款应先填写《个人购房借款申请表》(见表 8-1),并提交资料。

表 8-1 个人购房借款申请表

_____银行_____分行_____支行 　　　　　　编号:_____

一、申请人情况					
姓　　名		性　　别		出生年月	
证件名称		证件号码		婚姻状况	
工作单位				户口所在地	
单位地址				邮　　编	
现家庭住址				联系电话	
文化程度		职　　称		职　　务	
家庭基本情况	配偶姓名		证件名称及号码		
	工作单位及地址			供养人数	

续表

二、借款情况		
拟借款金额	拟借款期限	
担保方式	□以所购房屋抵押　□质押　□第三人保证　□其他	

三、还款资金及还款计划		
个人年收入	家庭月收入	
易变现资产	每月归还贷款所占家庭收入比例	％

四、还款方式(请打"√")	□等额本息还款　□等额本金还款　□一次性还款

五、拟购房屋情况			
楼盘名称			
所购房屋地址			
房屋建筑面积	购房总价	首付款	
购房合同编号	首付款占比		
借款申请人声明	以上填写内容完全属实,本人愿意承担由此产生的一切法律责任,银行可以就此实行审查。无论银行是否批准贷款,银行均有权保留此申请。 借款人签名:　　　　　年　月　日		
借款人配偶声明	本人_____(身份证号码为_____)是借款人_____的配偶,同意其向你行申请个人住房按揭借款,同意其以本申请书中所列的拟购房屋进行抵押,并承担共同还款责任。 声明人签名:　　　　　年　月　日		

借款人提交资料清单

序号	材料名称	打"√"或"×"
1	商品房购房合同正本原件及复印件	
2	首付款发票原件及复印件	
3	申请人及其配偶的身份证、户口簿原件及复印件(户口簿复印件含住址页、本人登记页、变更页)	
4	婚姻状况证明(结婚证原件及复印件)	
5	借款人及其配偶的收入证明或完税证明	
6	借款人如为私营业主,则需提供申请人单位已年检的营业执照副本和近期的会计报表原件及复印件(复印件需加盖单位公章)	
7	其他财产证明(如存折复印件、房产证复印件、汽车权属证明复印件)	
8	银行要求提供的其他材料	

2.银行受理审核

银行受理借款人申请后,经办信贷员审核借款人提交材料的真实有效性、借款人资格、还款能力等,查实按揭额度使用情况,填写《银行借款人资信状况调查表》(见表8-2),并填写《个人贷款审批书》,签注具体明确的意见后按规定的授信授权规定报批。

表8-2　××银行借款人资信状况调查表

调查人:　　　　　　　时间:　　　　　　　编号:

一、借款人基本情况					
姓　　名		性　　别		出生年月	
户　　籍		家庭结构		学　　历	
职　　业		职　　务		工作年限	
家庭住址				住宅电话	
证件名称		证件号码		工作单位	
单位地址				邮政编码	
联系电话	手机	传　　呼		办公电话	
家庭情况	配偶姓名		证件名称		证件号码	
	工作单位及地址				邮政编码	
	联系方式	手机	办公电话		供养人数	
二、借款人收入支出情况					
家庭收入情况	□借款人年平均收入			年收入:	
	□配偶年平均收入			年收入:	
	□租赁收入　　　出租物:			年租金:	
	□投资收入　　　投资品种:			年收益:	
	□其他收入			年收益:	
家庭资产状况	□家庭金融资产			万元	
	□家庭其他资产			万元	
家庭支出情况	□归还借款			年支出:	
	□家庭生活必须支出			年支出:	
	□子女教育支出			年支出:	
	□旅游、保险开支			年支出:	
	□投资			年支出:	
	□其他家庭开支			年支出:	
保障能力	□养老保险　　□医疗保险　　□住房公积金　　□意外伤害险				

续表

三、拟购房屋情况					
楼盘名称			是否与银行签约	□是	□非
所购房屋地址					
房屋建筑面积		购房总价		首付款	
购房合同编号				首付款占比	
四、借款情况					
借款金额		借款期限		借款利率	
购房总价		首付款		按揭成数	
担保方式	□以所购房屋抵押		□质押	□第三人保证	□其他
还款方式	□等额本息还款		□等额本金还款	□一次性还款	
每月还款金额			月供占家庭月收入比		%

3.银行审查、审批

贷款由信贷部门经理、行长逐级按照授信授权规定审查批准。

4.签订借款合同

贷款获批后,借款人(抵押人)、开发商(保证人)与银行(抵押权人)三方签订《个人住房抵押借款合同》(含委托扣款协议内容)。如抵押房产权利证书的权利人为一人以上的,必须要求权利证书所登记的共有人在合同的财产共有人栏签字确认。

5.抵押登记及保险

借款人要到房屋坐落地区的房屋产权管理部门办理房产抵押登记手续及保险手续。

6.贷款发放

签署借据,并由信贷人员审核权限、按揭额度及合同填写、抵押登记及保险手续。银行会计部门凭《个人贷款审批表》复印件和借款借据、《借款合同》办理贷款发放手续,并将贷款金额全数一次性划入发展商在银行开设的售楼专户。银行及时向开发商收执购房发票。

7.收回贷款

贷款到期,收回到期贷款,注销抵押登记。

二、个人住房公积金贷款

(一)住房公积金概述

1.住房公积金定义

住房公积金是单位及其在职职工缴存的长期住房储金,住房公积金制度是住房分配货币化、社会化和法制化的主要形式。住房公积金制度是国家法律规定的重要的住房社会保障制度,具有强制性、互助性、保障性。单位和职工个人必须依法履行缴存住房公积金的义务。职工个人缴存的住房公积金以及单位为其缴存的住房公积金,实行专户存储,归职工个人所有。单位包括国家机关、国有企业、城镇集体企业、外商投资企业、城镇私营企业及其他城镇企业、事业单位、民办非企业单位、社会团体。

2.住房公积金的性质

（1）保障性。建立职工住房公积金制度,旨在为职工较快、较好地解决住房问题提供保障。

（2）互助性。建立住房公积金制度能够有效地建立和形成有房职工帮助无房职工的机制和渠道,在资金方面为无房职工提供了帮助,体现了职工住房公积金的互助性。

（3）长期性。每一个城镇在职职工自参加工作之日起至退休或者终止劳动关系的这一段时间内,都必须缴纳个人住房公积金,职工所在单位也应按规定为职工补助缴存住房公积金。

3.住房公积金的特点

（1）普遍性。城镇所有在职职工,无论其工作单位性质如何、家庭收入高低、是否已有住房,都必须按照《住房公积金管理条例》的规定缴存住房公积金。

（2）强制性（政策性）。单位不办理住房公积金缴存登记或者不为本单位职工办理住房公积金账户设立的,住房公积金管理中心有权责令限期办理;逾期不办理的,可以按《条例》的有关条款进行处罚,并可申请人民法院强制执行。

（3）专用性。《住房公积金管理条例》明确规定,职工住房公积金应当用于职工购买、建造、翻建、大修自住住房,任何单位和个人不得挪作他用。

（4）福利性。除职工缴存的住房公积金外,单位也要为职工交纳一定的金额,而且住房公积金贷款的利率低于商业性贷款。

（5）返还性。职工离休、退休或完全丧失劳动能力并与单位终止劳动关系,户口迁出或出境定居等,缴存的住房公积金将返还职工个人。

（二）个人住房公积金贷款

个人住房公积金贷款是指住房资金管理中心运用住房公积金委托商业银行发放的个人住房贷款。住房公积金贷款是政策性的个人住房贷款,具体如下特点:一是利率低;二是为中低收入的公积金缴存职工提供贷款。

1.贷款对象及用途

（1）贷款对象:只有参加住房公积金制度的职工才有资格申请住房公积金贷款。没有参加住房公积金制度的职工不能申请住房公积金贷款。

（2）贷款用途:住房公积金贷款用途仅限于购买具有所有权的自住住房,而且所购买的住房应当符合市公积金管理中心规定的建筑设计标准。职工购买使用权住房的,不能申请住房公积金贷款。

2.贷款条件

个人要申请住房公积金贷款还必须符合以下条件:

（1）申请贷款前连续缴存住房公积金的时间不少于6个月。因为,如果职工缴存住房公积金的行为不正常,时断时续,说明其收入不稳定,发放贷款后容易产生风险。

（2）配偶一方申请了住房公积金贷款,在其未还清贷款本息之前,配偶双方均不能再获得住房公积金贷款。因为,住房公积金贷款是满足职工家庭住房基本需求时提供的金融支持,是一种"住房保障型"的金融支持。

(3)贷款申请人在提出住房公积金贷款申请时,除必须具有较稳定的经济收入和偿还贷款的能力外,没有尚未还清的数额较大、可能影响住房公积金贷款偿还能力的其他债务。当职工有其他债务缠身时,再给予住房公积金贷款,风险就很大,违背了住房公积金安全运作的原则。

(4)住房公积金贷款申请人应当有相当于购买住房价格的20%或以上的自筹资金(各地规定各不相同)。

(5)住房公积金贷款申请人应同意办理贷款担保。

3.贷款额度、期限及利率

大部分城市都规定了单笔住房公积金贷款的最高额度,比如成都个人单笔住房公积金贷款最高额度为40万元,广州市住房公积金贷款个人最高额度为50万元,北京市住房公积金贷款额度最高是80万。一般住房公积金贷款额度最高不超过房款总额的70%。

住房公积金贷款额度计算公式:

$$\frac{\text{贷款申请人及配偶公积金个人月缴存额之和}}{\text{实际缴存比例}}×12(月)×0.45(还款能力系数)×贷款期限(最长可贷年限)$$

若夫妻双方缴存比例不一致的,按比例较高的一方确定实际缴存比例。

申请公积金贷款还应满足月还款/月收入不大于50%(其中:月还款包括已有负债和本次负债每月还款之和)这一条件。

4.还款方式

住房公积金个人购房贷款的还款方式有每月等额本息还款法和每月等额本金还款法两种(参考商业性个人住房贷款部分)。

5.贷款操作流程

(1)借款人提出申请

借款人申请住房公积金贷款需到银行提出书面申请,填写《住房公积金贷款申请表》并如实提供下列资料:

申请人及配偶住房公积金缴存证明;

申请人及配偶身份证明(指居民身份证、常住户口簿和其他有效居留证件),婚姻状况证明文件;

家庭稳定经济收入证明及其他对还款能力有影响的债权债务证明;

购买住房的合同、协议等有效证明文件;

用于担保的抵押物、质物清单、权属证明以及有处置权人同意抵押、质押的证明,有关部门出具的抵押物估价证明;

公积金中心要求提供的其他资料。

(2)银行受理审查

对资料齐全的借款申请,银行及时受理审查,并及时报送公积金中心。

(3)审批贷款

公积金中心负责审批贷款,并及时将审批结果通知银行。

(4)签订借款合同

银行按公积金中心审批的结果通知申请人办理贷款手续,由借款人夫妻双方与银行签订借款合同及相关的合同或协议,并将借款合同等手续送公积金中心复核,公积金中心核准后即划拨委贷基金,由受托银行按借款合同的约定按时足额发放贷款。

(5)办理抵押登记

以住房抵押方式担保的,借款人要到房屋坐落地区的房屋产权管理部门办理房产抵押登记手续,抵押合同或协议由夫妻双方签字,以有价证券质押的,借款人将有价证券交公积金中心收押保管。

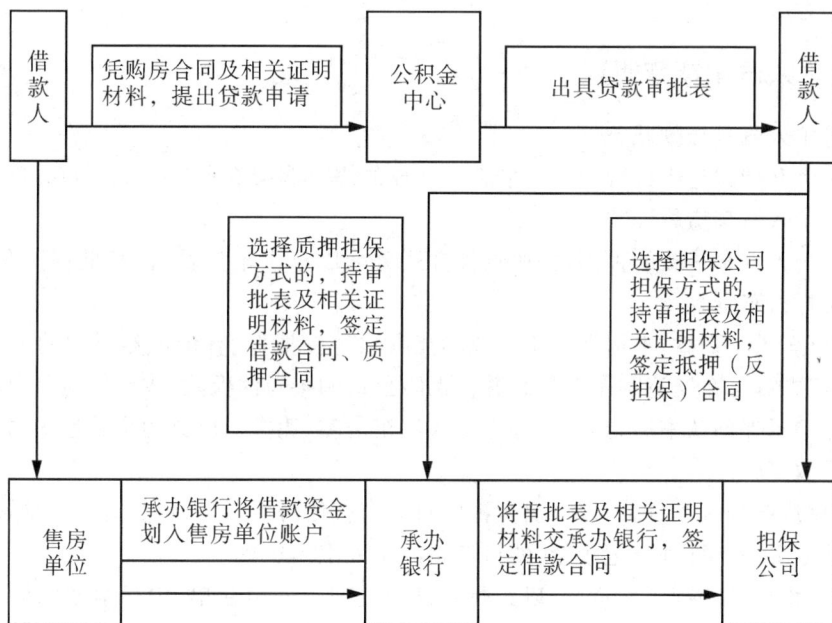

图 8-1 住房公积金贷款流程

三、其他个人住房贷款简介

(一)个人住房组合贷款

个人住房组合贷款是指以住房公积金存款和信贷资金为来源向同一借款人发放的用于购买自用普通住房的贷款,是商业性个人住房贷款和个人住房公积金贷款的组合。

(二)个人商业用房贷款

个人商业用房贷款是银行向借款人发放的用于购买商业用房的贷款。

(三)个人二手房贷款

个人二手房贷款是银行向借款人发放的用于购买在住房二级市场购买二手房的贷款。

(四)个人住房装修贷款

个人住房装修贷款是指商业银行向个人客户发放的用于装修自用住房的人民币担保贷款。贷款的用途可用于支付家庭装潢和维修工程的施工款、相关的装潢材料款、厨卫设备款等。

第二节 个人汽车贷款

随着我国经济的飞速发展、人民生活水平和质量的不断提高,汽车已经迅速进入百姓家庭。但对一个普通家庭来说,一次性拿出一二十万来买车,确实不太容易,因此,利用银行贷款购车,对于那些想买车但又难以一次性付清全部车款的人来说,无疑是提早圆汽车梦的最好方法。

一、个人汽车贷款概述

(一)个人汽车贷款概念

个人汽车贷款是指银行向个人借款人发放的用于购买汽车(含二手车)的贷款。

(二)个人汽车贷款种类

目前个人汽车贷款的种类,按照抵押方式分为以车供车贷款、住房抵押汽车贷款、有价证券质押汽车贷款。

(1)以车供车贷款:申请者如不愿或不能采取房屋抵押、有价证券质押的形式申请个人汽车贷款的,可在交清购车首付款并向保险公司购买履约保险,收到保险公司出具的履约保证保险承保确认书后,到银行办理个人汽车贷款,凭银行出具的贷款通知书到汽车经销商处提取车辆。

(2)住房抵押汽车贷款:以已出契证的自有产权住房作抵押,提交有关申请资料,交齐首期款并办妥房产抵押登记手续,便可获得的个人汽车贷款。

(3)有价证券质押汽车贷款,以银行开具的定期本外币存单、银行承销的国库券或其他有价证券等作质押申请的个人汽车贷款。

二、贷款用途及对象

1.贷款用途

借款人用于购买汽车(含二手车)。

2.贷款对象

中华人民共和国公民,或在中华人民共和国境内连续居住一年以上(含一年)的港、澳、台居民及外国人。

三、贷款条件

借款人申请个人汽车贷款,应当同时符合以下条件:

(1)中华人民共和国公民,或在中华人民共和国境内连续居住一年以上(含一年)的港、澳、台居民及外国人;

(2)具有有效身份证明、固定和详细住址且具有完全民事行为能力;

(3)具有稳定的合法收入或足够偿还贷款本息的个人合法资产;

(4)个人信用良好;

(5)能够支付规定的首期付款；

(6)银行要求的其他条件。

四、贷款期限、利率和额度

(一)贷款期限

个人汽车贷款期限最长不超过 5 年(含 5 年)。

(二)贷款利率

个人汽车贷款利率按照中国人民银行规定的同期贷款利率执行。

(三)贷款额度

借款人的借款额应符合以下规定：

(1)以质押方式申请贷款的，或银行、保险公司提供连带责任保证的，首期付款额不得少于购车款的 20%，借款额最高不得超过购车款的 80%。

(2)以所购车辆或其他不动产抵押申请贷款的，首期付款额不得少于购车款的 30%，借款额最高不得超过购车款的 70%。

(3)以第三方保证方式申请贷款的(银行、保险公司除外)，首期付款额不得少于购车款的 40%，借款额最高不得超过购车款的 60%。

五、贷款担保

个人汽车贷款的贷款担保要注意以下事项：

(1)借款人向银行申请汽车贷款，必须提供担保。借款人可以采取抵押、质押或以第三方保证等形式进行担保。担保当事人必须签订担保合同。

(2)按照规定办理抵押物登记。以抵押形式申请汽车贷款的，借款人在获得贷款前，必须按照《中华人民共和国担保法》第 41、42 条的规定办理抵押物登记。借款人以所购汽车作为抵押物的，应以该车的价值全额抵押。

(3)重新提供担保。保证人失去保证能力、保证人破产或保证人分立的，借款人应及时通知银行，并重新提供担保，否则银行有权提前收回贷款。

(4)抵押物、质物处理。借款人在还款期限内死亡、失踪或丧失民事行为能力后无继承人或受遗赠人，或其法定继承人、受遗赠人拒绝履行借款合同的，银行有权依照《中华人民共和国担保法》的规定处理抵押物或质物。

(5)抵押或质押登记注销。借款人偿还贷款本息后，借款合同自行终止。银行在借款合同终止 30 日内办理抵押或质押登记注销手续，并将物权或质权证明等凭证退还借款人。

(6)抵押物、质物的评估、保险、登记、公证等费用由借款人承担。

六、贷款保险

借款人应当根据银行的要求办理所购车辆保险，保险期限不得短于贷款期限。在抵押期间，借款人不得以任何理由中断或撤销保险。在保险期内，如发生保险责任范围以外的损毁，借款人应及时通知银行，并提供其他担保，否则银行有权提前收回贷款。

七、违约责任

借款人有下列情形之一的,银行有权按中国人民银行《贷款通则》的有关规定,对借款人追究违约责任:

(1)借款人不按期归还贷款本息的;

(2)借款人提供虚假或隐瞒重要事实的文件或资料,已经或可能造成贷款损失的;

(3)未按合同规定使用贷款,挪用贷款的;

(4)套取贷款相互借贷牟取非法收入的;

(5)未经银行同意,借款人将设定抵押权或质押权财产或权益,拆迁、出售、转让、赠与或重复抵押或质押的;

(6)借款人拒绝或阻挠银行监督检查贷款使用情况的;

(7)借款人用于抵押、质押的财产不足以偿还贷款本息,或保证人因意外情况不能偿还贷款本息,而借款人未按要求重新落实抵押、质押或保证的。

八、贷款操作流程

拟贷款购车的借款人,可以通过两种途径来获得分期偿还贷款进行购车。一是直接贷款,二是间接贷款。

直接贷款也称买者贷款,是消费者直接向银行申请贷款并从银行取得贷款。

间接贷款也称卖者贷款,是指借款者向汽车零售商提出借款申请并与其商定贷款条件,然后由零售商将已商定的贷款协议交由银行审批,银行批准后按照事先商定的条件向零售商发放贷款,由零售商再将贷款提供给消费者。

(一)直接贷款操作流程

1.咨询

客户到银行营业网点进行咨询,网点为用户推荐已与银行签订《个人汽车贷款合作协议书》的特约经销商。

2.选购汽车

到经销商处选定拟购汽车,与经销商签订购车合同或协议。

3.贷款申请

到银行网点提出贷款申请,必需的资料有:贷款申请书;有效身份证件;职业和收入证明以及家庭基本状况;购车协议或合同;担保所需的证明或文件;购车协议或合同;担保所需的证明或文件;银行规定的其他条件。借款人应当对所提供材料的真实性和合法性负完全责任。

4.资信调查

银行在受理借款申请后有权对借款人和保证人的资信情况进行调查,对不符合贷款条件的,银行在贷款申请受理后 15 个工作日内通知借款人;对符合贷款条件的,银行将提出贷款额度、期限、利率等具体意见,及时通知借款人办理贷款担保手续,签订《汽车消费借款合同》。

5.办理保险

借款人在银行指定的保险公司预办抵押物保险,并在保单中明确第一受益人为银行,保险期限不得短于贷款期限。

6.贷款通知

银行向经销商出具《个人汽车贷款通知书》,借款人同时将购车首期款支付给经销商。

7.领取牌照

经销商在收到《个人汽车贷款通知书》及收款凭证后,协助借款人到相关部门办理缴费及领取牌照等手续,并将购车发票、各种缴费凭证原件及行驶证复印件直接移交到银行。

8.凭证保管

借款人以所购汽车作抵押的,其保险单、购车发票等凭证在贷款期间由银行保管。在合同期内,银行有权对借款人的收入状况、抵押物状况进行监督,对保证人的信誉和代偿能力进行监督,借款人和保证人应提供协助。

(二)间接贷款操作流程

1.客户咨询与资格初审

客户咨询时,经销商须向客户提供个人汽车贷款购车须知、购车常识、个人汽车贷款实际操作问答、车辆价格明细表、消费贷款购车费用明细表、汽车分期付款销售计算表、客户个人资料明细表和客户登记表等。当客户决定采用消费贷款形式购车时,需要填写消费贷款购车表、复审意见表、消费贷款购车申请表等。经销商对客户的消费贷款购车进行初步的资格审查并签署意见。

2.资格复审与银行初审

经销商对客户进行资格复审时,客户需要填写消费贷款购车资格审核调查表、银行的个人汽车贷款申请书。资格复审结束时,经销商需要对消费贷款购车表、复审意见表签署复审意见,并将经过复审客户的相关材料提交银行进行初审鉴定。

客户文件交银行初审后,经销商需要在消费贷款购车资格审核调查表、个人汽车贷款申请书等文件上的审批栏内签署意见。

3.签订购车合同书

银行初审鉴定后,经销商与客户签订购车合同书,通知客户交付首期购车款,并为客户办理银行户头和银行信用卡,客户填写车辆验收交接单。

4.经销商与客户办理抵押登记手续及各类保险、公证

在对合同协议进行公证时,需要填写经济事务公证申请表、公证处接洽笔录等。办理保险时,需要填写汽车保险投保单、汽车分期付款售车信用保险或保证保险投保单及其问询表,需要为保险公司准备相关的客户文件。

5.银行终审

将填写的个人消费贷款保证合同、委托付款授权书、委托收款通知书、个人消费贷款借款合同等所有相关文件报银行终审。

6.车辆申领牌照与交付使用

上述程序履行完以后,银行将贷款划拨经销商。经销商协助为车辆申领牌照,并将车辆交由客户使用。经销商应留下购车发票、车辆购置附加费发票、车辆合格证以及车辆行驶证复印件等。

第三节 个人助学贷款(国家助学贷款)

个人助学贷款包括国家助学贷款与商业助学贷款。下面主要介绍国家助学贷款。

一、国家助学贷款定义

国家助学贷款,是由政府主导、财政贴息,银行、教育行政部门与高校共同操作的专门帮助高校贫困家庭学生的银行贷款。借款学生不需要办理贷款担保或抵押,但需要承诺按期还款,并承担相关法律责任。

二、国家助学贷款的对象与用途

(一)贷款对象

中华人民共和国境内的(不含香港和澳门特别行政区、台湾地区)全日制普通本专科生(含高职生)、研究生和第二学士学位学生。

(二)贷款的用途

借款学生通过学校向银行申请贷款,用于弥补在校学习期间学费、住宿费和生活费的不足,毕业后分期偿还。

三、贷款额度、期限与利率

(一)贷款额度

学生应根据实际情况申请国家助学贷款额度,全日制普通本专科学生(含第二学士学位、高职学生、预科生,下同)每人每年申请贷款额度由不超过 8 000 元提高至不超过 12 000元;全日制研究生每人每年申请贷款额度由不超过 12 000 元提高至不超过 16 000元。国家助学贷款承办银行要加强贷款及其使用范围审查,合理确定学生助学贷款金额。

(二)贷款期限及还本宽限期

贷款期限从学制加 13 年、最长不超过 20 年调整为学制加 15 年、最长不超过 22 年;助学贷款还本宽限期从 3 年延长至 5 年。

(三)贷款利率

2020 年 1 月 1 日起,新签订合同的助学贷款利率按照同期同档次贷款市场报价利率(LPR)减 30 个基点执行。

四、贷款条件

(1)家庭经济困难的本专科生(含高职生)、第二学士学位学生和研究生;

(2)具有中华人民共和国国籍,年满 16 周岁的需持有中华人民共和国居民身份证;

(3)具有完全民事行为能力(未成年人申请国家助学贷款须由其法定监护人书面同意);

(4)诚实守信,遵纪守法,无违法违纪行为;

（5）学习努力，能够正常完成学业；

（6）因家庭经济困难，本人及其家庭所能筹集到的资金，不足以支付其学习期间的学习和生活基本费用。

五、贷款操作流程

（一）银行与院校签订合同

商业银行与大专院校签订《国家助学贷款合作协议》。

（二）学生提出申请

贷款学生备齐贷款材料，到商业银行贷款经办网点提出申请，填写助学贷款申请书，见示例8-1。

贷款学生要提供的申请材料有：

（1）借款人有效身份证件的原件和复印件；

（2）借款人学生证或入学通知书的原件和复印件；

（3）乡、镇、街道、民政部门和县级教育行政部门关于其家庭经济困难的证明材料；

（4）借款人同班同学或老师共两名见证人的身份证复印件及学生证或工作证复印件；

（5）《国家助学贷款申请表》（见表8-3）；

（6）《督促还款承诺书》；

（7）银行要求的其他资料。

示例 8-1

国家助学贷款申请书

××银行××市分行：

　　我于　　年　　月考进××学院　　　系　　　班　　　专业就读，是　　科学生，身份证号码为　　　　，毕业时间为　　　年　　　月。因为家庭经济困难，难以支付本人在校期间的学费，为了能顺利完成学业，特向贵行申请国家助学贷款，贷款202　至202　学年的学费人民币　　　　元整（　　　元），202　至202　学年的学费人民币　　　　　元整（　　　元），202　至202　学年的学费人民币　　　　　元整（　　　元），202　至202　学年的学费人民币　　　　元整（　　　元），202　至202　学年的学费人民币　　　　元整（　　　元），以上合计人民币　　　　元整（　　　元）。贷款期限从202　年　月至202　年　月，最迟不超过毕业后第六年。

　　我承诺：获得国家助学贷款后，努力学习，积极上进，较好地完成自己的学业.并信守诺言，在年月日前还清贷款；毕业后及时将工作单位或详细的联系方式告知贵行，做一名守信用的当代大学生。

　　我家的详细联系地址是：　　　省　　　市　　　县　　　镇　　　村

　　邮政编码是：　　　　　　联系电话是：

申请人：

年　　月　　日

(三)贷款审查与审批

1.学校初审

学校在全国学生贷款管理中心下达的年度借款额度及控制比例内,组织学生申请借款,并接受学生的借款申请。

学校对学生提交的国家助学贷款申请材料进行资格审查,对其完整性、真实性、合法性负责,初审工作将在收到学生贷款申请后20个工作日内完成。

此项工作完成后,学校进行为期5天的公示,并对有问题的申请进行纠正。

初审工作无误后,学校在10个工作日内,在审查合格的贷款申请书上加盖公章予以确认,将审查结果通知学生,并编制《国家助学贷款学生审核信息表》。

2.银行审批

经办银行在收到学校统一提交的借款合同及借据后的15个工作日内完成签署工作,并在5个工作日内将签署完毕的借款合同送达学校。学校在收到借款合同及借据后,5日内发还给借款学生本人保管。

表8-3 ××银行国家助学贷款申请审批表(样表)

借款人姓名	张三	性别	√男 □女	出生日期	1996年2月	照片
就读学校	大学	身份证号码		年级	2014级	
学院	管理学院	专业	行政管理	宿舍电话		
学制	学历	√本(√四年 □五年) □专 □研(□博 □硕)				
学号		中行银行卡号	(如未办理,可不填)			
申请贷款金额	总额 21 600元	其中:学杂费贷款 16 800元 住宿费贷款 4 800元 生活费贷款 0元				
贷款期限	贷款期限120个月 自 年 月 日至 年 月 日					
家庭详细住址: 省 市 乡 村 队 (提供详细地址) 邮编: 电话: 父亲姓名: 职业: 父亲身份证号码: 母亲姓名: 职业: 母亲身份证号码: 家庭月均收入: 元	本人保证以上填写内容真实无误,并予以认可。 借款申请人签字: 年 月 日 借款申请人系我院就读学生,表内所填资料属实,特此证明。 学院负责人签字: (盖章) 年 月 日					
学校审核意见	经审核,同意贷款 负责人签字: (盖章) 年 月 日					

续表

信贷员 意见	年　　月　　日
科长意见	年　　月　　日
有权批准 人意见	年　　月　　日
备　注	

注：本表一式两份，学校和银行各留存一份。

(四)签订合同

贷款申请被批准后，学校根据经办银行提供的借款学生名册，在10个工作日内完成组织学生填写、签署借款合同及借据的工作，并提交经办银行。

经办银行在收到学校统一提交的借款合同及借据后的15个工作日内完成签署工作，并在5个工作日内将签署完毕的借款合同送达学校。

(五)发放贷款

贷款的具体发放是由银行为每名学生办理一张借记卡或活期存折。贷款实行一次申请、一次授信、分期发放的方式，即学生可以与银行一次签订多个学年的贷款合同，但银行要分年发放。一个学年内的学费、住宿费贷款，银行应一次性发放；一个学年内的生活费贷款，银行(或学校)按10个月逐月发放给学生。

贷款学生有下列行为之一，银行可以停止发放贷款并要求清偿贷款本金：

(1)未按合同规定的用途使用贷款的；

(2)有违法乱纪行为，受校方行政处分或有关部门刑事处罚的；

(3)中途退学、被校方开除或取消学籍的；

(4)学习成绩差，无法完成学业的；

(5)出国留学或定居的；

(6)被宣告失踪、死亡、丧失完全民事行为能力或劳动能力的。

(六)贷款偿还

借款学生使用助学贷款完成学业后，应重视自身信用，按时归还贷款。

每年毕业离校60日前，学校组织借款学生与经办银行办理还款确认手续，经办银行会派人上门服务，为借款学生讲解还款有关事宜，并解答借款学生的咨询。

相关知识

国家助学贷款简介

贷款学生在校期间利息全部由财政补贴,其中,考入中央部属高校的学生,其贷款贴息由中央财政承担。考入地方高校的学生,跨省就读的,其贷款贴息由中央财政承担;在本省就读的,其贷款贴息由地方财政负担。贷款学生毕业后利息全部由学生及家长(或其他法定监护人)负担。

为引导和鼓励高校毕业生面向西部地区和艰苦边远地区基层单位就业,减轻家庭困难学生的还款负担,从 2006 年起,中央部门所属普通高等学校中全日制本专科生(含高职)、研究生、第二学士学位的应届毕业生,自愿到西部地区和艰苦边远地区基层单位就业,服务期达到 3 年以上(含 3 年)的,其在校学习期间获得的国家助学贷款本金及其全部偿还之前产生的利息,由国家代为偿还。

借款学生毕业后,自己需全额支付贷款利息。经办银行允许借款学生根据就业和收入水平,自主选择毕业后 24 个月内的任何一个月起开始偿还贷款本金。具体还贷事宜,由借款学生在办理还款确认手续时向经办银行提出申请,经办银行进行审批。

1.还款方式

(1)学生毕业前,一次或分次还清;

(2)学生毕业后,由其所在的工作单位将全部贷款一次垫还给发放贷款的部门;

(3)毕业生见习期满后,在 2~5 年内由所在单位从其工资中逐月扣还;

(4)毕业生工作的所在单位,可视其工作表现,决定减免垫还的贷款;

(5)对于贷款的学生,因触犯国家法律、校纪,而被学校开除学籍、勒令退学或学生自动退学的,应由学生家长负责归还全部贷款。

2.违约责任

(1)国家助学贷款的借款学生如未按照与经办银行签订的还款协议约定的期限、数额偿还贷款,经办银行应对其违约还款金额计收罚息。

(2)经办银行将已毕业学生的个人基本信息和还款情况录入中国人民银行的个人信用信息基础数据库,以供全国各金融机构依法查询。如国家助学贷款毕业学生违约情况严重,将影响其向金融机构申请办理其他个人消费信贷。

(3)按还款协议进入还款期后,对于连续拖欠还款行为严重的借款人,有关行政管理部门和银行将通过新闻媒体和网络等信息渠道公布其姓名、公民身份号码、毕业学校及具体违约行为等信息。

(4)违约人承担相关法律责任。

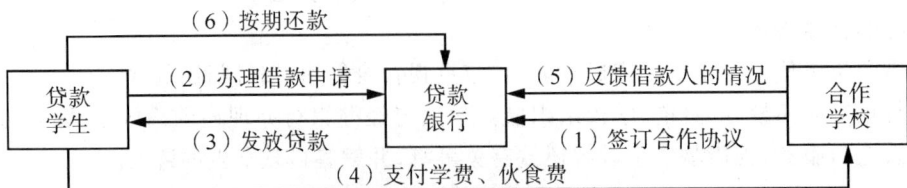

图 8-2 国家助学贷款流程图

国家助学贷款的发展历程

1999年,国家助学贷款试点工作正式在北京、上海、天津、重庆、武汉、沈阳、西安、南京等8个城市启动。

2000年2月和8月,国家对该政策进行了两次调整,将贷款范围扩大到全国高校,承办银行扩大到工、农、中、建4家国有独资商业银行,贷款对象扩大到研究生和攻读双学位的全日制学生,并将担保贷款改为信用贷款。

2003年下半年,国家助学贷款出现了下滑现象,面临停顿的危险。教育部、财政部、中国人民银行、银监会4部门对国家助学贷款政策和机制进行了重大改革,建立了以风险补偿机制为核心的新政策、新机制。

2004年6月28日,新机制颁布实施后,实行贷款学生在校期间贷款利息全部由财政补贴、还款年限延长至毕业后6年。

2006年9月初步启动的国家助学贷款代偿机制等,为完善以国家助学贷款为主体的高校经济困难学生资助体系奠定了良好基础。

2020年7月21日记,教育部等四部门调整完善国家助学贷款政策,助学贷款还本宽限期由3年延长至5年。

2021年9月1日,国务院常务会议决定强化国家助学贷款支持,完善国家助学贷款政策,提高国家助学贷款额度。一是2021年秋季学期起提高贷款额度,将本专科生每生每年最高贷款额度由8 000元提高至12 000元,研究生由12 000元提高至16 000元。各高校要引导学生勤俭节约,努力向学、学以致用,增强就业和报效国家、服务社会能力。二是设立生源地信用助学贷款风险补偿金制度,明确了风险补偿金比例和风险补偿金具体管理办法。生源地信用助学贷款工作继续以国家开发银行为主承办,鼓励其他银行业金融机构开展生源地信用助学贷款业务。

生源地助学贷款和国家助学贷款有什么区别?

生源地信用助学贷款由学生或其合法监护人,向家庭所在地的农村信用社、银行等金融机构申请办理,不需要担保或抵押,但需要承诺按期还款,并承担相关法律责任。

2007年,国家在江苏、湖北、重庆、陕西、甘肃5省市试点开办生源地信用助学贷款业务。目前,有关部门正在研究制订进一步扩大生源地信用助学贷款覆盖范围的办法。学生可向当地县级教育行政部门咨询具体办理生源地信用助学贷款的相关事宜。

从大的方面来说,上学期间由国家贴息的助学贷款都是国家助学贷款。在就读高校办理的叫高校助学贷款,在户籍所在地向经办银行申请的助学贷款称生源地助学贷款。它们之间没有什么区别,最终都是为了帮助贫困家庭学生解决学费和住宿费。开学前和开学后申请都可以。考上本省高校的学生主要推荐生源地助学贷款。

生源地助学贷款申请条件

(1)家庭经济困难的本专科生(含高职生)、第二学士学位学生和研究生;

(2)具有中华人民共和国国籍,年满16周岁的需持有中华人民共和国居民身份证;

(3)具有完全民事行为能力(未成年人申请国家助学贷款须由其法定监护人书面同意);

(4)诚实守信,遵纪守法,无违法违纪行为;

(5)学习努力,能够正常完成学业;

(6)因家庭经济困难,本人及其家庭所能筹集到的资金,不足以支付其学习期间的学习和生活基本费用。

生源地助学贷款申请条件同上并附加一条:

(7)学生本人入学前户籍、其父母(或其他法定监护人)户籍均在本县(市、区)。

第四节　银行卡

一、银行卡概述

(一)银行卡定义

银行卡是由经授权的金融机构(主要指商业银行)向社会发行的具有消费信用、转账结算、存取现金等全部或部分功能的信用支付工具。

(二)银行卡分类

银行卡按信用不同分为信用卡和借记卡。

1.信用卡按是否向发卡银行交存备用金分为贷记卡、准贷记卡两类。

(1)贷记卡是指发卡银行给予持卡人一定的信用额度,持卡人可在信用额度内先消费、后还款的信用卡。

(2)准贷记卡是指持卡人须先按发卡银行要求交存一定金额的备用金,当备用金账户余额不足支付时,可在发卡银行规定的信用额度内透支的信用卡。

2.借记卡按功能不同分为转账卡(含储蓄卡)、专用卡、储值卡、联名/认同卡。借记卡不具备透支功能。

(1)转账卡是实时扣账的借记卡。具有转账结算、存取现金和消费功能。

(2)专用卡是具有专门用途、在特定区域使用的借记卡。具有转账结算、存取现金功能。专门用途是指在百货、餐饮、饭店、娱乐行业以外的用途。

(3)储值卡是发卡银行根据持卡人要求将其资金转至卡内储存,交易时直接从卡内扣款的预付钱包式借记卡。

(4)联名/认同卡是商业银行与盈利性机构/非盈利性机构合作发行的银行卡附属产品,其所依附的银行卡品种必须是已经中国人民银行批准的品种,并应当遵守相应品种的业务章程或管理办法。发卡银行和联名单位应当为联名卡持卡人在联名单位用卡提供一定比例的折扣优惠或特殊服务;持卡人领用认同卡表示对认同单位事业的支持。

另外,银行卡按币种不同分为人民币卡、外币卡;按发行对象不同分为单位卡(商务卡)、个人卡;按信息载体不同分为磁条卡、芯片(IC)卡。

我国信用卡的范围与国际有所不同。我国信用卡广义指贷记卡和准贷记卡;狭义指贷记卡。即我国狭义上的信用卡与国际上所指的信用卡一致。

贷记卡、准贷记卡与借记卡三者之间的区别是:贷记卡持有人不必在账户上预先存款就可以透支消费,之后按银行规定还款就行了,可以享受一定时间的免息期;借记卡是一种储蓄卡,需要先存款后消费,不能透支;准贷记卡是在社会诚信体系不完善的环境下,通过某种担保或预存保证金才可以有条件、有限度透支消费的信用卡,这种具有"中国特色"的信用卡目前正在退出金融领域。

案例

中国工商银行信用卡——牡丹人民币贷记卡

牡丹人民币贷记卡(金卡)　　　　　牡丹人民币贷记卡(银卡)

牡丹人民币贷记卡是中国工商银行发行的,采用国际通行的循环透支消费方式,发卡机构根据持卡人的资信状况给予持卡人授信额度,持卡人在信用额度内先消费、后还款的信用卡。对于信用额度内的消费透支,持卡人在对账单规定的还款日期前全部还款,即可享受最短25天、最长56天的免息还款期;若选择最低还款额方式还款,信用额度按还款金额恢复。牡丹人民币贷记卡可在工商银行网点和特约商户——带有"银联"标识的特约商户和自动取款机使用。还可在香港、澳门、韩国、泰国、新加坡等海外带有"银联"标识的特约商户和自动取款机使用,以人民币结算,具有透支消费、转账结算、存取现金等功能。

资料来源:http://www.icbc.com.cn/

二、信用卡分期付款消费

信用卡分期付款类似于小额信贷,申请的手续简便,而且不需要抵押物,只凭持卡人的信用记录即可。目前,我国的银行推出的信用卡分期付款主要有商户分期。

信用卡商户分期又称商场分期(一个商场是由很多个商户组成)。又称POS分期。即持卡人在与发卡行有合作关系的商场购物后,在结账前对营业员表明该笔消费需要分期付款,并选择分期期数后,由营业员在专门的POS机上刷卡的一种提前消费方式。持卡人在分期后根据对账单上金额按期支付,直至全部分期金额还清为止。

案例

兴业银行信用卡商户分期

兴业银行信用卡免息分期商户已经遍及 36 个城市,超过 400 家店面,持卡客户在制定商场内分期付款购买商品,无需一次性支付总款,可均分成若干月按月还款,提前享受精品生活。

使用商店分期付款的消费会在每月账单日出账后计算积分,逐月累计。只有在兴业银行商店分期付款特约商户,通过专用 POS 机才能进行商店分期付款。商店分期付款的手续费是兴业银行在客户分期付款购物时从其信用卡账户中一次性收取的业务处理费,具体的金额为商品最后的成交价格乘以相应比例。具体费率详见特约商户店内公告,或请咨询店员。通过商店分期付款购买的商品,持卡人可到商户要求退货。购物当日退货,则额度立即返还,且消费及退货均不会体现在持卡人的账单上;非当日退货,兴业银行会在收到商户退款后第一时间将款项退回持卡人的账户。

提前还款:逾期还款的滞纳金按未还部分的 5% 的收取,最低 20 元。利息按消费总额的 5% 复利计算,收取超限费。无违约金,电话申请即可。

信用额度占用:申请消费分期付款业务的交易金额须为该单笔交易的全部金额,持卡人不可选择就该笔交易的部分金额申请分期付款。持卡人需在持卡消费前申请分期付款。超过信用额度用卡的,银行将对超过信用额度部分计收超限费。

分期期数和手续费率:3 期 1.5%、6 期 2.5%、12 期 4.5%,具体某个商店分期付款的期数和金额会根据兴业银行和商户的约定进行调整。

申请办法:只需在付款时提示收银员,要求使用兴业信用卡分期付款。交易成功后,在签购单上签字即可,与一般刷卡消费一样。

特约商户:苏宁电器、永乐家电、迪信通和协亨手机连锁。

最低消费额:一般情况下 1 500 元以上即可分期。

资料来源:兴业银行,http://www.cib.com.cn/netbank/cn/index.html

案例分析

信用卡商户分期的优势:

(1)选择分期业务的持卡人需支付的手续费率较低,可以节省一笔资金;

(2)有分期消费需求的持卡人只需在付款时提示收银员要求分期即可,交易成功后,在签购单上签字即可,与一般刷卡消费一样,省事省力;

(3)办理过分期业务的持卡人可随时退货,兴业银行会当即退回所有款项,不会给持卡人带来较多的麻烦;

(4)与兴业银行合作的商户多,可满足持卡人的各种消费需求;

(5)有提前还款需求的持卡人提前还款的话,无需支付违约金,提前还款更自由。

信用卡商户分期的局限性:

(1)持卡人逾期还款的话,需缴纳滞纳金和利息,这些费用有些银行是不收取的;

(2)持卡人分期消费的额度超过其信用额度时,需缴纳一定的超限费作为惩罚;

(3)只有在兴业银行商店分期付款特约商户,通过专用 POS 机才能进行商店分期付款,限制了商户分期业务的使用。

信用卡分期付款流程

(1)客户向银行申请信用卡;

(2)银行核准发卡(包括持卡人身份验证、资信调查以及评分决策过程);

(3)持卡人用卡消费(经由发卡行或中心授权);

(4)特约商户向持卡人提供商品或劳务;

(5)特约商户向收单行提交持卡人签名的签购单;

(6)收单行向特约商户付款;

(7)收单行与发卡行的资金清算;

(8)发卡银行向持卡行发送付款通知书;

(9)持卡人向发卡银行归还信用卡贷款。

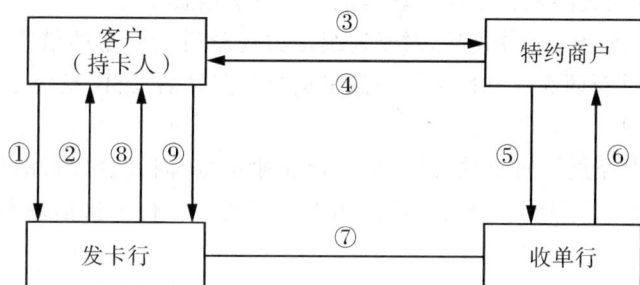

图 8-3 信用卡业务操作流程图

本章小结

1.个人住房贷款是指银行向借款人发放的用于购买自用普通住房的贷款。借款人申请个人住房贷款时必须提供担保。目前,个人住房贷款主要有商业性个人住房贷款、个人住房公积金贷款和个人住房组合贷款三种。

2.贷款还款方式:

(1)等额本金还款,是在还款期内把贷款数总额等分,每月偿还同等数额的本金和剩余贷款在该月所产生的利息。

(2)等额本息还款,是在还款期内,每月偿还同等数额的贷款(包括本金和利息)。

3.住房公积金是单位及其在职职工缴存的长期住房储金,是住房分配货币化、社会化和法制化的主要形式。住房公积金制度是国家法律规定的重要的住房社会保障制度,具有强制性、互助性、保障性。单位和职工个人必须依法履行缴存住房公积金的义务。职工个人缴存的住房公积金以及单位为其缴存的住房公积金,实行专户存储,归职工个人所有。

4.个人住房公积金贷款是指住房资金管理中心运用住房公积金委托商业性银行发放的个人住房贷款。住房公积金贷款是政策性的个人住房贷款,它的特点:一是利率低;二是为中低收入的公积金缴存职工提供贷款。

5.个人汽车贷款是指银行向个人借款人发放的用于购买汽车(含二手车)的贷款。目前个人汽车贷款的种类,按照抵押方式分为以车供车贷款、住房抵押个人汽车贷款、有价证券质押个人汽车贷款。

6.个人助学贷款是由政府主导、财政贴息,银行、教育行政部门与高校共同操作的专门帮助高校贫困家庭学生的银行贷款。借款学生不需要办理贷款担保或抵押,但需要承诺按期还款,并承担相关法律责任。

7.国家助学贷款的违约责任:

(1)国家助学贷款的借款学生如未按照与经办银行签订的还款协议约定的期限、数额偿还贷款,经办银行应对其违约还款金额计收罚息。

(2)经办银行会将已毕业学生的个人基本信息和还款情况录入中国人民银行的个人信用信息基础数据库,以供全国各金融机构依法查询。如国家助学贷款毕业学生违约情况严重,将影响其向金融机构申请办理其他个人消费信贷。

(3)按还款协议进入还款期后,对于连续拖欠还款行为严重的借款人,有关行政管理部门和银行将通过新闻媒体和网络等信息渠道公布其姓名、公民身份号码、毕业学校及具体违约行为等信息。

8.银行卡是由经授权的金融机构(主要指商业银行)向社会发行的具有消费信用、转账结算、存取现金等全部或部分功能的信用支付工具。银行卡按信用不同分为信用卡和借记卡。

练习题

一、名词解释

1.个人住房贷款　　　　　　　6.个人住房组合贷款

2.住房公积金　　　　　　　　7.个人汽车贷款

3.个人住房公积金贷款　　　　8.个人助学贷款

4.等额本金还款　　　　　　　9.生源地助学贷款

5.等额本息还款　　　　　　　10.信用卡

二、单项选择题

1.申请商业性个人住房贷款,借款人必须具备条件之一:有所购住房全部价款(　　　)以上的自筹资金。

A.20%　　　　　B.30%　　　　　C.40%　　　　　D.50%

2.商业性个人住房贷款,贷款期限一般最长不超过(　　　)年。

A.10　　　　　B.20　　　　　C.30　　　　　D.40

3.个人汽车贷款期限最长不超过(　　　)年。

A.1　　　　　B.3　　　　　C.5　　　　　D.10

4.国家助学贷款按照每人每学年最高不超过(　　　)元的标准,总额度按正常完成学业所需年度乘以学年所需金额确定,具体额度由借款人所在学校按本校的总贷款额度、学费、住宿费和生活费标准以及学生的困难程度确定。

　　A.3 000　　　　　　B.4 000　　　　　　C.5 000　　　　　　D.6 000

　　5.免息还款期是指对非现金交易,从银行记账日起至到期还款日之间的日期为免息还款期。免息还款期最短 20 天,最长(　　)天。

　　A.30　　　　　　　B.40　　　　　　　C.50　　　　　　　D.60

三、多项选择题

　　1.借款人申请个人住房按揭贷款应先填写《个人购房借款申请表》,并提交如下资料:(　　)。

　　A.购房人及房产权利证书所登记共有人的身份证明及户口本的原件及复印件

　　B.已付首期款的发票或收据原件

　　C.与开发商签订的《房地产买卖(预售)合同》原件

　　D.收入证明原件(或纳税税单)

　　2.国家助学贷款的用途用于弥补学生在校学习期间(　　)的不足。

　　A.学费　　　　　　B.住宿费　　　　　　C.生活费　　　　　　D.高消费

　　3.借记卡按功能不同分为(　　)。

　　A.转账卡　　　　　B.专用卡　　　　　C.储值卡　　　　　D.联名/认同卡

　　4.信用卡风险种类有(　　)。

　　A.信用风险　　　　　　　　　　　　B.欺诈风险

　　C.特约商户风险　　　　　　　　　　D.利率、汇率风险

　　5.(　　)是一种由商业银行授予持卡人一定的信用额度,持卡人在授信的信用额度内"先消费、后还款"的一种信用支付工具。

　　A.贷记卡　　　　　B.准贷记卡　　　　　C.借记卡　　　　　D.准借记卡

四、判断题

　　1.个人住房公积金贷款以住房抵押方式担保的,借款人要到房屋坐落地区的房屋产权管理部门办理房产抵押登记手续,抵押合同由夫妻单方签字即可。(　　)

　　2.个人汽车贷款中以所购车辆或其他不动产抵押申请贷款的,首期付款额不得少于购车款的 20%,借款额最高不得超过购车款的 80%。(　　)

　　3.个人汽车贷款中抵押物、质物的评估、保险、登记、公证等费用由借款人承担。(　　)

　　4.借记卡具有消费信用、转账结算、存取现金等全部功能。(　　)

　　5.个人住房贷款的发放是由银行会计部门凭《个人贷款审批表》复印件和借款借据、《借款合同》办理贷款发放手续,并将贷款金额全数一次性划入个人在银行开设专户。(　　)

五、计算题

　　王先生欲购买 100 平方米的房子,目前市面上房子价格是 10 000 元/平方米,则购买 100 平方米的房子所需要的费用为 100 万。假设按揭 70%,贷款期限 10 年,贷款年利率 8%,采取等额本息还款。问:

　　1.需要支付的首期款是多少?

　　2.需要支付的贷款数额是多少?

　　3.每月需支付的还贷额是多少?

六、问答题

1.个人住房贷款借款人必须具备哪些条件?

2.个人住房公积金贷款具有哪些性质与特点?

3.试述个人住房公积金贷款操作流程。

4.目前个人汽车贷款的种类有哪些?

5.申请个人助学贷款应当具备哪些条件?

6.国家助学贷款借款人违约要承担哪些责任?

7.信用卡风险种类有哪些?

8.信用卡风险如何防范?

第9章

公司信贷业务

学习目的与要求

了解流动资金贷款概念和种类；

掌握流动资金贷款的条件和操作流程；

了解固定资产贷款概念和种类；

掌握固定资产贷款的条件和操作流程；

了解银团贷款概念和种类；

掌握银团贷款的条件和操作流程；

了解房地产开发贷款概念和种类；

掌握房地产开发贷款条件和操作流程；

了解出口退税账户质押贷款、法人账户透支概念和操作流程。

导入案例

流动资金贷款支付审核

2010年3月，中国银行某一级分行批复同意为某高科技电子有限公司核定500万元授信总量，授信品种为短期流动资金贷款，用于采购原材料，期限1年，由担保公司、借款人实际控制人提供连带责任保证担保。

3月24日，借款人向中行提出300万元贷款提款申请。该一级分行辖内支行按照授信批复要求落实了授信前提条件。进入支付审核阶段时，发放审核人员在合同审核过程中发现，其中两份商务合同标的金额较高（超过100万元），支付对象、时间明确。根据了解的情况，审核人员将授信合同金额、支付对象、商务合同金额、商务合同履行进度、结算方式等五大审核要素进行对比分析，并电话联系客户，核实其资金需求及交易的真实性，将支付审核与客户实际提款需求相结合，最终认为贷款资金支付应采取受托支付和自主支付相结合的方式，以有效进行资金监控。于是，在借款合同及提款申请书中约定了两种支付方式和受托支付起点金额（100万元），并采用受托支付方式分两笔支付220.9万元，剩余79.1万元通过自主支付方式支付。

发放审核人员运用"五匹配、一结合"的流动资金贷款审核方法，重点核实交易背景真实性和有关交易资金结算情况,仔细评估各审核要素间的逻辑关系与客户实际提款需求的合理性,协助业务人员确定贷款支付方式和受托支付起点金额,在满足合规的前提下,有效防范授信风险。

资料来源:《人民日报》2010 年 6 月 18 日

上述案例介绍了中国银行一级分行辖内支行在对某高科技电子有限公司发放流动资金贷款时,发放审核人员运用"五匹配、一结合"的审核方法有效地防范了授信风险。那么,当前商业银行可以向公司客户提供哪些融资服务?提供融资的金融产品有哪些?公司客户申请要具备哪些条件?业务如何办理?业务流程有哪些步骤?本章主要介绍商业银行向公司客户提供的融资业务基础知识。

第一节　流动资金贷款

一、流动资金贷款定义与种类

(一)流动资金贷款定义

流动资金贷款是商业银行为满足企(事)业法人或国家规定可以作为借款人的其他组织在生产经营过程中临时性、季节性的资金需求,保证生产经营活动的正常进行而发放的本外币贷款。

(二)流动资金贷款种类

1.按贷款币种划分

可分为人民币流动资金贷款和外币流动资金贷款。

2.按贷款期限划分

可分为临时流动资金贷款、短期流动资金贷款和中期流动资金贷款。

(1)临时流动资金贷款:期限在 3 个月(含)以内,主要用于企业一次性进货的临时性资金需要和弥补其他支付性资金不足。

(2)短期流动资金贷款:期限 3 个月至一年(不含三个月,含一年),主要用于满足企业正常生产经营周转资金需要。

(3)中期流动资金贷款:期限一年至三年(不含一年,含三年),主要用于满足企业正常生产经营中经常占用资金需要。

3.按偿还方式划分

可分为循环贷款和整贷零偿贷款。

(1)循环贷款:客户可在核定的贷款额度内,根据需要随时提款、循环使用的贷款。

(2)整贷零偿贷款:客户可一次提款、分期偿还的贷款。

二、流动资金贷款条件

(一)借款人申请流动资金贷款具体条件

(1)借款人应是经工商行政管理机关(或主管机关)核准登记注册、具有独立法人资格的企业,其他经济组织和个体工商户;

(2)遵守国家的政策法规和银行的信贷制度,在国家政策允许的范围内生产、经营;

(3)经营管理制度健全,财务状况良好,资产负债率符合银行的要求;

(4)具有固定的生产、经营场地,产品有市场,生产经营有效益,不挤占挪用信贷资金,恪守信用;

(5)在银行开立了基本账户或一般存款账户,并领有当地人民银行核发的"贷款卡",经营情况正常,资金运转良好,具有按期偿还贷款本息的能力;

(6)应经过工商部门办理年检手续;

(7)除国务院规定外,有限责任公司和股份有限公司对外股本权益性投资累计额未超过其净资产的50%。

(二)申请中期流动资金贷款的企业还须同时具备以下条件

(1)信用等级标准评定为A级以上的企业;

(2)规模较大,生产经营活动正常,资产负债率低于70%;

(3)产品有市场,近三年产销率在95%以上;生产经营有效益,近三年不亏损;信誉好,不拖欠利息,贷款能按期归还;

(4)不挤占挪用流动资金搞固定资产投资。

三、流动资金贷款操作流程

(一)贷款申请

借款人提出贷款申请,填写《借款申请书》,并按银行提出的贷款条件和要求提供有关资料(若为新开户企业,应按有关规定,先与银行建立信贷关系)。银行应与借款人约定明确、合法的贷款用途,一般情况下,银行要求提供的重要资料有:

(1)借款人及保证人的基本情况;

(2)经会计(审计)部门核准的上年度财务报告及申请借款前一期的财务报告;

(3)企业资金运用情况;

(4)抵押、质押物清单,有处分权人同意抵押、质押的证明及保证人;

(5)拟同意保证的有关证明文件;

(6)项目建议书和可行性报告;

(7)银行认为需要提供的其他资料。

银行对流动资金贷款申请材料的方式和具体内容提出要求,并要求借款人恪守诚实守信原则,承诺所提供材料真实、完整、有效。

(二)贷款调查

银行收到贷款申请和有关资料后,对借款人的合法性、财务状况的真实性、借款用途等进行调查,调查采取现场与非现场相结合的形式,并形成书面调查报告,贷款调查人员对调查内容的真实性、完整性和有效性负责。调查内容包括：

(1)借款人的组织架构、公司治理、内部控制及法定代表人和经营管理团队的资信等情况；

(2)借款人的经营范围、核心主业、生产经营、贷款期内经营规划和重大投资计划等情况；

(3)借款人所在行业状况；

(4)借款人的应收账款、应付账款、存货等真实财务状况；

(5)借款人营运资金总需求和现有融资性负债情况；

(6)借款人关联方及关联交易等情况；

(7)贷款具体用途及与贷款用途相关的交易对手资金占用等情况；

(8)还款来源情况，包括生产经营产生的现金流、综合收益及其他合法收入等；

(9)对有担保的流动资金贷款，还需调查抵(质)押物的权属、价值和变现难易程度，或保证人的保证资格和能力等情况。

(三)贷款评估

1.评定客户信用等级

银行采用科学合理的评级和授信方法，评定客户信用等级，建立客户资信记录。

2.测算其营运资金需求

银行根据借款人经营规模、业务特征及应收账款、存货、应付账款、资金循环周期等要素测算其营运资金需求，综合考虑借款人现金流、负债、还款能力、担保等因素，合理确定贷款结构，包括金额、期限、利率、担保和还款方式等。

3.评估流动资金贷款的风险

流动资金贷款风险是指借款人不能按期偿还和付清流动资金贷款本息的可能性，银行应根据借款人经营管理具体情况进行流动资金贷款的风险评估。

(四)贷款审查

银行了解借款人在本行业相关业务数据，核实借款人提供的担保形式是否可靠，预测借款人按期还本付息的能力，并在3个月内完成贷款的评估、审查工作，根据贷审分离、分级审批的原则，进行流动资金贷款评审，审批人员在授权范围内按规定流程审批贷款，贷款审批后，向申请人做出正式答复。

(五)签订借款合同

银行同意贷款后，根据借款人经营规模、业务特征及应收账款、存货、应付账款、资金循环周期等要素测算其营运资金需求，在综合考虑借款人现金流、负债、还款能力、担保等因素基础上，合理确定贷款金额、期限、利率、担保和还款方式等贷款要素，并与借款人签订借款合同。

保证贷款还应由保证人与商业银行签订保证合同，或保证人在借款合同上写明与商业银行协商一致的保证条款，加盖保证人的法人公章，并由保证人的法定代表人或其授权代理人签署姓名；抵(质)押贷款应当以书面的形式由抵(质)押人与商业银行[抵(质)押权人]签订抵(质)押合同。

(六)贷款发放与支付

银行设立独立的责任部门或岗位,负责流动资金贷款发放和支付审核,按照合同约定通过银行受托支付或借款人自主支付的方式对贷款资金的支付进行管理与控制,监督贷款资金按约定用途使用,并根据借款人的行业特征、经营规模、管理水平、信用状况等因素和贷款业务品种,合理约定贷款资金支付方式及银行受托支付的金额标准。

1.受托支付方式

具有以下情形之一的流动资金贷款,原则上应采用银行受托支付方式:

(1)与借款人新建立信贷业务关系且借款人信用状况一般;

(2)支付对象明确且单笔支付金额较大;

(3)银行认定的其他情形。

2.自主支付方式

借款人自主支付的,银行应按借款合同约定要求借款人定期汇总报告贷款资金支付情况,并通过账户分析、凭证查验或现场调查等方式核查贷款支付是否符合约定用途。

贷款支付过程中,借款人信用状况下降、主营业务盈利能力不强、贷款资金使用出现异常的,银行应与借款人协商补充贷款发放和支付条件,或根据合同约定变更贷款支付方式、停止贷款资金的发放和支付。

(七)贷后管理

银行贷后管理内容:

1.通过现场检查与非现场监测,分析影响借款人偿债能力的风险因素

银行应针对借款人所属行业及经营特点,通过定期与不定期现场检查与非现场监测,分析借款人经营、财务、信用、支付、担保及融资数量和渠道变化等状况,掌握各种影响借款人偿债能力的风险因素。

2.掌握借款人资金回笼账户资金进出情况

银行通过借款合同的约定,要求借款人指定专门资金回笼账户并及时提供该账户资金进出情况。可根据借款人信用状况、融资情况等,与借款人协商签订账户管理协议,明确约定对指定账户回笼资金进出的管理。同时,应关注大额及异常资金流入流出情况,加强对资金回笼账户的监控。

3.关注借款人经营、管理、财务及资金流向等重大预警信号

银行应动态关注借款人经营、管理、财务及资金流向等重大预警信号,根据合同约定及时采取提前收贷、追加担保等有效措施,防范化解贷款风险。根据法律法规规定和借款合同的约定,参与借款人大额融资、资产出售以及兼并、分立、股份制改造、破产清算等活动,维护银行债权。流动资金贷款形成不良贷款的,应对其进行专门管理,及时制定清收处置方案。对借款人确因暂时经营困难不能按期归还贷款本息的,银行可与其协商重组。对确实无法收回的不良贷款,银行按照相关规定对贷款进行核销后,应继续向债务人追索或进行市场化处置。

4.流动资金贷款展期

流动资金贷款需要展期的,银行应审查贷款所对应的资产转换周期的变化原因和实际需要,决定是否展期,并合理确定贷款展期期限,加强对展期贷款的后续管理。

资料

流动资金贷款需求量的测算

流动资金贷款需求量应基于借款人日常生产经营所需营运资金与现有流动资金的差额(即流动资金缺口)确定。一般来讲,影响流动资金需求的关键因素为存货(原材料、半成品、产成品)、现金、应收账款和应付账款。同时,还会受到借款人所属行业、经营规模、发展阶段、谈判地位等重要因素的影响。银行业金融机构根据借款人当期财务报告和业务发展预测,按以下方法测算其流动资金贷款需求量:

一、估算借款人营运资金量

借款人营运资金量影响因素主要包括现金、存货、应收账款、应付账款、预收账款、预付账款等。在调查基础上,预测各项资金周转时间变化,合理估算借款人营运资金量。在实际测算中,借款人营运资金需求可参考如下公式:

营运资金量=上年度销售收入×(1−上年度销售利润率)×(1+预计销售收入年增长率)/营运资金周转次数

其中:

营运资金周转次数=360/(存货周转天数+应收账款周转天数−应付账款周转天数+预付账款周转天数−预收账款周转天数)

周转天数=360/周转次数

应收账款周转次数=销售收入/平均应收账款余额

预收账款周转次数=销售收入/平均预收账款余额

存货周转次数=销售成本/平均存货余额

预付账款周转次数=销售成本/平均预付账款余额

应付账款周转次数=销售成本/平均应付账款余额

二、估算新增流动资金贷款额度

将估算出的借款人营运资金需求量扣除借款人自有资金、现有流动资金贷款以及其他融资,即可估算出新增流动资金贷款额度。

新增流动资金贷款额度=营运资金量−借款人自有资金−现有流动资金贷款−其他渠道提供的营运资金

三、需要考虑的其他因素

(1)各银行业金融机构应根据实际情况和未来发展情况(如借款人所属行业、规模、发展阶段、谈判地位等)分别合理预测借款人应收账款、存货和应付账款的周转天数,并可考虑一定的保险系数。

(2)对集团关联客户,可采用合并报表估算流动资金贷款额度,原则上纳入合并报表范围内的成员企业流动资金贷款总和不能超过估算值。

(3)对小企业融资、订单融资、预付租金或者临时大额债项融资等情况,可在交易真实性的基础上,确保有效控制用途和回款情况下,根据实际交易需求确定流动资金额度。

(4)对季节性生产借款人,可按每年的连续生产时段作为计算周期估算流动资金需求,贷款期限应根据回款周期合理确定。

案例

某生产型公司申请新增授信 200 万元

某生产型公司主要经营燃气具、气体调压器、汽车配件、摩托车配件、压铸件、机电产品、五金配件等产品生产、销售,行业属通用设备制造业,经营规模较小,且处于成长阶段,根据公司今年实际经营情况,新拓展了部分下游客户,并取得订单,分别给予公司应收账款、存货和应付账款考虑了一定的保险系数,具体指标如下:

财务数据简表

单位:万元

科 目	2012-12-31	2013-12-31	保险系数
应收账款	785.62	773.07	1.2
预付账款	153	250	1
存货	236.53	303.65	1.2
应付账款	420.31	353.57	1.1
预收账款	20	20	1
产品销售收入	3 510.56	4 091.24	
产品销售成本	3 132.14	3 680.23	
所有者权益合计	1 689.78	1 855.18	
长期负债			
固定资产净值	1 334.54	1 439.91	

根据《流动资金贷款管理暂行办法》中流动资金贷款需求量测算参考公式测算结果如下:

应收账款周转天数＝360/销售收入/平均应收账款余额×保险系数
＝360/4 091.24/(785.62+773.07)/2×1.2＝82.29(天)
预收账款周转天数＝360/销售收入/平均预收账款余额×保险系数
＝360/4 091.24/20×1＝1.76(天)
存货周转天数＝360/销售成本/平均存货余额×保险系数
＝360/3 680.23/(263.53+303.65)/2×1.2＝33.28(天)
预付账款周转天数＝360/销售成本/平均预付账款余额×保险系数
＝360/3 680.23/(153+250)/2×1＝19.71(天)
应付账款周转天数＝360/销售成本/平均应付账款余额×保险系数
＝360/3 680.23/(420.31+353.57)/2×1.1＝41.64(天)
营运资金周转次数＝360/(存货周转天数＋应收账款周转天数－应付账款周转天数＋
预付账款周转天数－预收账款周转天数)

$$=360/(33.28+82.29-41.64+19.71-1.76)=3.92(次)$$

营运资金量＝上年度销售收入×(1－上年度销售利润率)×(1＋预计销售收入年增长率)/营运资金周转次数

$$=4\,091.24×(1-10.04\%)×(1+20\%)/3.92$$

$$=1\,126.68(万元)$$

借款人自有资金＝目前企业所有者权益＋企业长期负债－企业固定资产净值－企业流动资产中长期占用部分

$$=1\,855.18+0-1439.91-0=415.27(万元)$$

新增流动资金贷款额度＝营运资金量－借款人自有资金－现有流动资金贷款－其他渠道提供的营运资金

$$=1\,126.68-415.27-500-0=211.41(万元)$$

根据测算结果 211.41 万元,取整为 200 万元,与公司实际申请的新增 200 万元相符。

第二节　固定资产贷款

一、固定资产贷款定义与种类

(一)固定资产贷款定义

固定资产贷款是指银行向企(事)业法人或国家规定可以作为借款人的其他组织发放的用于借款人新建、扩建、改造、开发、购置等固定资产投资项目的本外币贷款。

(二)固定资产贷款种类

按照贷款的不同用途,固定资产贷款可分为基本建设贷款、技术改造贷款、科技开发贷款、商业网点贷款。

1.基本建设贷款

基本建设贷款是指用于经国家有权部门批准的基础设施、市政工程、服务设施和以外延扩大再生产为主的新建或扩建生产性工程等基本建设而发放的贷款。

2.技术改造贷款

技术改造贷款是用于现有企业以内涵扩大再生产为主的技术改造项目而发放的贷款。

3.科技开发贷款

科技开发贷款是指用于新技术和新产品的研制开发、科技成果向生产领域转化或应用而发放的贷款。

4.商业网点贷款

商业网点贷款是指商业、餐饮、服务企业,为扩大网点、改善服务设施、增加仓储面积等所需资金,在自筹建设资金不足时,而向银行申请的贷款。

二、固定资产贷款条件

借款人申请固定资产贷款应具备以下条件:

(1)借款人依法经工商行政管理机关或主管机关核准登记;

(2)借款人信用状况良好,无重大不良记录;

(3)借款人为新设项目法人的,其控股股东应有良好的信用状况,无重大不良记录;

(4)国家对拟投资项目有投资主体资格和经营资质要求的,符合其要求;

(5)借款用途及还款来源明确、合法;

(6)项目符合国家的产业、土地、环保等相关政策,并按规定履行了固定资产投资项目的合法管理程序;

(7)符合国家有关投资项目资本金制度的规定;

(8)贷款人要求的其他条件。

三、固定资产贷款操作流程

(一)受理

银行办理贷款业务的县、区支行及其以上机构的公司业务部门均可受理借款人固定资产贷款申请。客户的申请一般由客户的开户行受理和初审,并由该行对受理的贷款提出初步意见。

(二)初审

固定资产贷款初审阶段主要审查内容是:下级行申请报告;项目批准文件;借款申请;借款人近期报表情况;项目贷款条件。

(三)评估

企业固定资产贷款项目的评估一般由银行信贷评估部门组织进行。根据贷款"三性"原则要求,运用定量与定性相结合的方法,对贷款进行全面和系统的评价,为贷款决策提供客观、公正和准确的依据。对需由总行公司业务部出具有条件承诺函的,公司业务部在出具有条件贷款承诺函的同时提交信贷评估部评估,不需要公司业务部出具有条件承诺函的,由总行信贷管理部提交信贷评估部评估。

1.评估的依据

(1)国家产业和布局政策,财政税收政策,行业发展规划,国家和行业的可行性研究设计标准及参数;

(2)中央银行和银行的信贷政策管理规定,银行的评估规定和参数;

(3)政府有权部门对项目立项的批准文件,项目可行性研究报告及有权部门的论证意见;

(4)借款人生产经营等有关资料;

(5)中央和地方政府有关的城市建设规划、环境保护、消防、安全卫生、运输、劳动保护等有关法规和规定。

2.评估应具备的基本条件

(1)符合国家产业、产品布局和投资项目审批程序,可行性研究经权威部门论证;

(2)符合国家产业布局政策、财政税收政策、行业发展规划以及国家和行业的可行性研究设计标准和参数;

(3)符合人民银行和银行信贷管理规定、银行评估参数;

(4)借款人的主要财务指标、项目资本金来源及比例符合国家和银行规定;

(5)具备以下基本资料:借款人营业执照,公司章程,贷款证,借款申请书,借款人(出资人)最近三年的审计报告原件及随审计报告附送的资产负债表、损益表和现金流量表及其报表附注,借款人现有负债清单及信用状况,贷款担保意向或承诺,担保人营业执照、财务报表、或有负债状况,抵押(质押)物的情况说明等。

3.评估的范围

凡申请银行固定资产贷款人民币 500 万元(含)以上、外汇贷款 100 万美元(含)以上的项目,均应进行评估;科技开发贷款不论贷款额大小,原则上都要进行评估;追加贷款额超过原承诺贷款 30% 的应重新进行评估。但符合以下条件之一的贷款可以不评估,只要提供贷款调查报告即可:

(1)项目贷款总额在人民币 500 万元、外汇 100 万美元以下的;

(2)以存款、可转让国家债券或金融券全额质押的项目贷款;

(3)经具有相应审批权限的贷款审查委员会特批的。

(四)审查审批

项目贷款评估报告完成后,评估咨询部门要认真审查评估报告,并以部门文件的形式提交信贷管理部门和信贷政策委员会;信贷管理部门依据评估报告等资料进行贷款的审查审批。银行应按照审贷分离、分级审批的原则,规范固定资产贷款审批流程,明确贷款审批权限,确保审批人员按照授权独立审批贷款。

(五)签订借款合同

贷款发放前,经办行与借款人订立书面借款合同。借款合同由经办行与借款人协商订立。

在签订合同之前,借款人应当承诺以下要求:

(1)使用银行统一的借款合同文本;

(2)提供合法有效的担保,并根据需要办理或督促担保人办理登记或公证手续;

(3)准予银行参与项目设备和工程招标等工作;

(4)在还清银行的全部借款之前,向第三人提供担保的,应事先征得银行同意;

(5)借款合同履行期间,发生合并、分立、合资、股份制改造等产权变更或承包、租赁等经营方式改变的,应事先征得银行同意,并在落实贷款债务和提供相应担保后方可实施。

(六)贷款发放和支付

1.贷款支付方式

银行通过银行受托支付或借款人自主支付的方式对贷款资金的支付进行管理与控制。

(1)银行受托支付,是指银行根据借款人的提款申请和支付委托,将贷款资金支付给符合合同约定用途的借款人交易对手。

采用银行受托支付的,银行应在贷款资金发放前审核借款人相关交易资料是否符合合同约定条件。银行审核同意后,将贷款资金通过借款人账户支付给借款人交易对手,并应做好有关细节的认定记录。单笔金额超过项目总投资5%或超过500万元人民币的贷款资金支付,应采用银行受托支付方式。

(2)借款人自主支付,是指银行根据借款人的提款申请将贷款资金发放至借款人账户后,由借款人自主支付给符合合同约定用途的借款人交易对手。

采用借款人自主支付的,银行应要求借款人定期汇总报告贷款资金支付情况,并通过账户分析、凭证查验、现场调查等方式核查贷款支付是否符合约定用途。

2.贷款支付过程注意事项

固定资产贷款发放和支付过程中,银行应确认与拟发放贷款同比例的项目资本金足额到位,并与贷款配套使用。

在贷款发放和支付过程中,借款人出现以下情形的,银行应与借款人协商补充贷款发放和支付条件,或根据合同约定停止贷款资金的发放和支付:

(1)信用状况下降;

(2)不按合同约定使用贷款资金;

(3)项目进度落后于资金使用进度;

(4)违反合同约定,以化整为零方式规避贷款人受托支付。

(七)贷后管理

贷后管理主要内容:

1.监控贷款风险

银行应定期对借款人和项目发起人的履约情况及信用状况、项目的建设和运营情况、宏观经济变化和市场波动情况、贷款担保的变动情况等内容进行检查与分析,建立贷款质量监控制度和贷款风险预警体系。出现可能影响贷款安全的不利情形时,银行应对贷款风险进行重新评估并采取针对性措施。

2.监控担保情况

项目实际投资超过原定投资金额,银行经重新风险评估和审批决定追加贷款的,应要求项目发起人配套追加不低于项目资本金比例的投资和相应担保。对抵(质)押物的价值和担保人的担保能力建立贷后动态监测和重估制度。

3.监测借款人的整体现金流

银行应对固定资产投资项目的收入现金流以及借款人的整体现金流进行动态监测,对异常情况及时查明原因并采取相应措施。合同约定专门还款准备金账户的,银行应按约定根据需要对固定资产投资项目或借款人的收入现金流进入该账户的比例和账户内的资金平均存量提出要求。借款人出现违反合同约定情形的,银行应及时采取有效措施,必要时应依法追究借款人的违约责任。

4.不良贷款固定资产贷款管理

固定资产贷款形成不良贷款的,银行应对其进行专门管理,并及时制定清收或盘活措施。对借款人确因暂时经营困难不能按期归还贷款本息的,银行可与借款人协商进行贷款重组。对确实无法收回的固定资产不良贷款,银行按照相关规定对贷款进行核销后,应继续向债务人追索或进行市场化处置。

第三节 银团贷款

一、银团贷款的定义与特点

(一)银团贷款的定义

银团贷款是指由两家或两家以上银行基于相同贷款条件,依据同一贷款协议,按约定时间和比例,通过代理行向借款人提供的本外币贷款或授信业务。银团贷款对贷款银行的最大好处在于能够分散风险。当借款人无力偿债时,各个贷款银行只对其贷款额承担风险。同时各国商业银行向某一借款人提供贷款的数额,往往受各国商业银行法的限制,因此,可能使其资金得不到充分利用。而通过国际银团贷款的形式,既能满足借款人对巨额资金的需求,又有利于贷款银行充分利用资金。此外,国际银团贷款使一些受资金供给制能力限制的中小银行得以参加比较大项目的融资,有利于提高他们的地位和声望。

(二)银团贷款的特点

与传统的双边贷款相比,银团贷款具有以下特点:

(1)所有成员行的贷款均基于相同的贷款条件,使用同一贷款协议。

(2)牵头行根据借款人、担保人提供的资料编写信息备忘录,以供其他成员行决策参考,同时聘请律师负责对借款人、担保人进行尽职调查,并出具法律意见书,在此基础上,银团各成员行进行独立的判断和评审,作出贷款决策。

(3)贷款法律文件签署后,由代理行统一负责贷款的发放和管理。

(4)各成员行按照银团协议约定的出资份额提供贷款资金,并按比例回收贷款本息;如果某成员行未按约定发放贷款,其他成员行不承担责任。

二、银团贷款的组织结构

在实践中,银团的成员行的称谓有很多种,如牵头行、安排行、包销行、联合安排行、高级经理行、经理行及参与行等。但无论称谓如何,实质上,按照在银团贷款筹组过程中的主动与被动、安排与参加、包销与认购,银团成员行主要有:

(一)牵头行

牵头行是指经借款人同意、发起组织银团、负责分销银团贷款份额的银行,是银团贷款的组织者和安排者。牵头行只保证其承诺部分的贷款的分销,可以由一家银行担任,也可以由几家银行联合担任。单家银行担任牵头行时,其承贷份额原则上不少于银团融资总金额的 20%;分销给其他银团贷款成员的份额原则上不低于 50%。

牵头行的主要职责是:

(1)发起和筹组银团贷款,并分销银团贷款份额;

(2)对借款人进行贷前尽职调查,草拟银团贷款信息备忘录,并向潜在的参加行推荐;

(3)代表银团与借款人谈判确定银团贷款条件;

(4)代表银团聘请相关中介机构起草银团贷款法律文本;

（5）组织银团贷款成员与借款人签订书面银团贷款协议；

（6）协助代理行进行银团贷款管理；

（7）银团协议确定的其他职责。

(二)参加行

参加行，即接受牵头行邀请参加贷款银团，并按照协商确定的份额提供贷款的银行。其主要职责是：

（1）参加银团会议，按照约定及时足额划拨资金至代理行指定的账户；

（2）在贷款续存期间应了解掌握借款人的日常经营与信用状况的变化情况，对发现的异常情况应及时通报代理行。

(三)代理行

代理行是指银团贷款协议签订后，按相关贷款条件确定的金额和进度归集资金向借款人提供贷款，并接受银团委托按银团贷款协议规定的职责对银团资金进行管理的银行。代理行通常由牵头行或其分支机构担任，也可以由各成员行通过协商确定。其主要职责包括：

（1）审查、督促借款人落实贷款条件，并提供贷款或办理其他授信业务；

（2）办理银团贷款的担保抵押手续，并负责抵（质）押物的日常管理工作；

（3）制作账户管理方案，开立专门账户管理银团贷款资金，对专户资金的变动情况进行逐笔登记；

（4）根据约定用款日期或借款人的用款申请，按照银团贷款协议约定的承贷份额比例，通知银团贷款成员将款项划到指定账户；

（5）划收银团贷款本息和代收相关费用，并按承贷比例和银团贷款协议约定及时划转到银团贷款成员指定的账户；

（6）负责银团贷款贷后管理和贷款使用情况的监督检查，并定期向银团贷款成员通报；

（7）密切关注借款人财务状况，特别是贷款期间发生企业并购、股权分红、对外投资、资产转让、债务重组等影响借款人还款能力的重大事项时，代理行应在获得借款人通知之日起三个营业日内按银团贷款协议约定以专项报告形式通知各银团贷款成员；

（8）借款人出现违约事项时，代理行应及时组织银团贷款成员对违约贷款进行清收、保全、追偿或其他处置；

（9）组织召开银团会议，协调银团贷款成员之间的关系；

（10）接受各银团贷款成员不定期的咨询与核查，办理银团会议委托的其他事项等。

三、银团贷款的操作流程

(一)确定牵头银行

借款人提出投资意向，包括贷款总额、贷款用途、贷款偿还安排，开出初步的贷款价格和条件等；与若干家银行联系，从各银行提出的贷款方案中选择对其最有利的担任牵头银行；牵头银行要与借款人就贷款协议的主要条款谈判协商，审核借款用途，研究借款人提供的可行性报告，向借款人提出贷款条件的方案，设计贷款的期限、利率、担保、费用等。

(二)借款人向牵头银行出具委托

借款人向牵头银行代其物色贷款银行组成银团出具委托授权证。一般要说明金额、货币种类、利率、还款期限、约定事项、签订贷款协议的贷款先决条件等各项有关条款。

(三)组织银团

牵头银行收到借款人的委托后,即拟定贷款计划草案,并将其发送至有意参加银团的银行,作为考虑是否参加银团贷款的决策依据。贷款备忘录主要提供贷款的基本结构、借款人法律地位、经营和财务状况、贷款条件等信息资料。贷款银行同意参加银团之后,牵头银行要与贷款银行协商确定其承担贷款份额。

(四)准备和商谈贷款协议等贷款文件

牵头银行要与借款人反复谈判,商定贷款协议的各项条款。在直接式银团贷款方式下,要将贷款协议的文件提交给贷款银行征询意见,直至借贷双方同意。

(五)贷款协议签订和生效

贷款双方达成贷款协议后,正式签订银团贷款协议。当贷款协议书规定条件具备时,银团贷款便正式生效,有关各方按照各自的权力与义务,履行自己的职责。

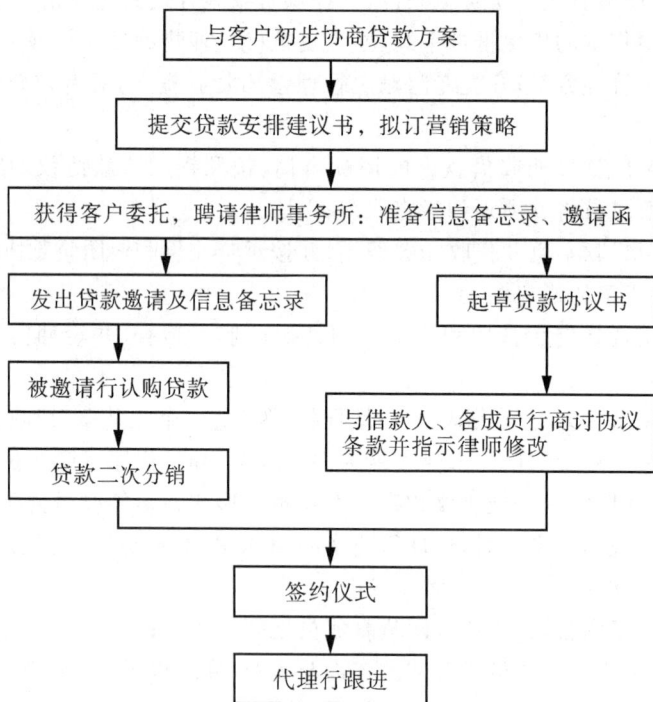

图 9-1　银团贷款操作流程图

四、银团贷款利率与费用

(一)贷款利率

银团贷款的利率绝大多数采用浮动利率。

贷款利率由两部分组成:基本利率和加息率。

(1)基本利率,一般多以三个月或六个月的伦敦银行同业拆放利率(LIBOR)为基准协商确定。

(2)加息率,主要根据贷款金额大小、期限长短、市场资金供求特别是借款人的资信状况确定。

(二)贷款费用

银团贷款的借款人,除按贷款利率支付利息外,还需要支付各项费用。费用主要有:

(1)管理费,是支付给牵头银行和经理银行作为组织银团贷款的报酬。

(2)代理费,是支付给代理银行的费用。包括电报费、电传费、办公费用等。

(3)承诺费,贷款银行按贷款协议筹措资金备付借款人使用,但若借款人没有按期使用贷款而使资金闲置则须付承诺费。

(4)杂费,是指牵头银行从与借款人联系协商到贷款协议签订为止所发生的有关费用,如差旅费、律师费等。

第四节 房地产开发贷款

一、房地产开发贷款概述

(一)房地产开发贷款定义

房地产开发贷款是适用于土地整理储备、房地产开发与经营的各类融资品种,用于开发、建造向市场销售、出租等用途的房地产贷款,其授信对象包括土地储备机构、房地产开发与经营企业。

(二)房地产开发贷款种类

房地产开发贷款种类主要有土地储备贷款、住房开发贷款和商用房开发贷款。

(三)房地产开发贷款对象

土地储备贷款的申请对象为受政府主管部门委托负责土地的征用、收购、整理、储备和出让的机构或企业。

住房开发贷款的申请对象为开发建造向市场租售的经济适用住房或各档次商品住宅的房地产开发企业。

商用房开发贷款的申请对象为开发建造向市场租售的用于商业和商务活动的写字楼、办公楼、商场、商铺等商用房的房地产开发企业。

(四)房地产开发贷款条件

1.申请土地储备贷款的条件

(1)借款申请人已取得企(事)业法人资格,已在相关部门办理营业执照并办理年检手续;

(2)借款申请人所在地政府已建立土地储备管理制度,当地政府能够通过统一收购、统一征用和统一交易实现对土地一级市场的垄断和管理,土地收购、储备、出让、房地产评

估等行业的市场行为较为规范;

(3)借款人从事土地收购、储备、出让等经营活动符合国家和地方法律、法规和政策,有较为完善的工作规章制度和财务管理制度;

(4)借款申请人具备一定的资本金,有一定的抗风险能力,能够从土地转让收益中提取一定比例的留存收益或采用其他方式补充资本金;

(5)贷款拟收购、征用、储备的土地的利用总体规划和年度利用计划已基本明确。

(6)已办理当地人民银行颁发的有效的贷款卡/证;

(7)贷款须与具体地块相对应,土地储备贷款应落实抵押担保及其他必要的担保方式,贷款金额不超过所收购土地评估价值的70%,贷款期限最长不超过2年;

(8)在银行开立存款账户,并在银行办理一定量的存款和结算业务。

2.申请住房或商用房开发贷款的条件

(1)经国家房地产业主管部门批准设立,在工商行政管理机关注册登记,取得企业法人营业执照并通过年检,取得行业主管部门核发的房地产开发企业资质等级证书的房地产开发企业;

(2)开发项目与其资质等级相符;

(3)已办理当地人民银行颁发的有效的贷款卡/证;

(4)贷款用途符合国家产业政策和有关法规;

(5)具有健全的经营管理机构、合格的领导班子及严格的经营管理制度;

(6)企业经营、财务和信用状况良好,具有偿还贷款本息的能力;

(7)落实银行认可的担保方式;

(8)在银行开立存款账户,并在银行办理一定量的存款和结算业务;

(9)项目开发手续文件齐全、完整、真实、有效,应取得土地使用权证、建设用地规划许可证、建设工程规划许可证、开(施)工许可证,按规定缴纳土地出让金及动工,土地使用权终止时间不早于贷款期终止时间;

(10)项目的实际功能与规划用途相符,能有效满足当地住宅市场的需求,有良好的市场租售前景;

(11)项目的工程预算、施工计划符合国家和当地政府的有关规定,工程预算总投资能满足项目完工前由于通货膨胀及不可预见等因素追加预算的需要;

(12)项目自有资金(指所有者权益)应达到项目预算总投资的30%,并须在银行贷款到位之前投入项目建设。

(五)房地产开发贷款期限

商品房(含经济适用房)开发贷款期限一般为1~3年(含);高等院校学生公寓建设贷款最长为10年;商业用房开发贷款一般为1~5年(含)。

(六)房地产开发贷款定价

贷款利率及结息方式,应根据中国人民银行和各商业银行的有关定价政策确定,并在借款合同和借据中载明,对高档商品住房和商业用房贷款,贷款利率应适当上浮。

二、房地产开发贷款操作流程

(一)借款人提出借款申请

借款人持有关资料到银行及各级分支行的公司业务部门提出借款申请,同时提供银行认可的足额担保(包括保证、抵押、质押)。

贷款所需材料:

1.基本材料

(1)法人营业执照(原件及复印件)和建设管理部门核准的资质证明;

(2)法人代码证书(原件及复印件);

(3)税务登记证(原件及复印件);

(4)企业贷款卡;

(5)财政部门或会计(审计)事务所核准的前三个年度财务报表和审计报告,成立不足三年的企业提交自成立以来的年度审计报告和近期报表;

(6)公司章程(原件及复印件);

(7)验资报告(原件及复印件);

(8)法定代表人证明、签字样本;

(9)企业董事会成员和主要负责人、财务负责人名单和签字样本;

(10)若客户为有限责任公司、股份有限公司、合资合作企业或承包经营企业,要求提供董事会或发包人同意的决议或文件(原件);

(11)贷款由被委托人办理的需提供企业法定代表人授权委托书(原件);

(12)其他所需材料。

2.贷款项目材料

(1)国有土地出让合同;

(2)国有土地使用证;

(3)中标通知书;

(4)付清土地出让金凭证;

(5)建设用地规划许可证;

(6)建设工程规划许可证;

(7)建筑工程施工许可证;

(8)建筑总承包合同;

(9)项目总投资测算及建筑资金缺口证明;

(10)项目可行性报告;

(11)其他相关材料。

3.担保材料

按保证、抵押或质押的不同要求提供材料。

(二)受理借款申请进行贷款调查

(1)经银行公司业务部门初审合格后受理借款申请;

(2)银行公司业务部门信贷人员调查了解借款人是否符合贷款条件,对工程项目的可行性和概预算情况进行评估,测定贷款的风险度,提出贷或不贷、贷款额度、期限、利率和担保方式意见。

(三)房地产开发贷款审查、审批

银行审查人员对调查人员提供的调查报告、评估报告及所依据的资料、文件进行审查核实,提出审查意见。在调查、审查的基础上,按照审批权限审批贷款。

1.土地储备贷款审查要点

(1)是否具备从事土地储备资格,其批准或授权文件是否齐全、合法、有效;

(2)拟申请贷款收购及前期开发、整理的土地是否已取得土地收购、征用合法性资料,是否符合经法定程序审定的土地利用总体规划、城市规划和土地利用年度计划,是否取得合法性文件,如建设用地规划、房屋拆迁有效批件、建设规划许可证、施工许可证等;

(3)审查储备土地的性质、权属关系、契约限制、在城市整体综合规划中的用途与预计开发计划是否相符等;

(4)合理确定贷款金额,审查承贷能力,落实还款来源;

(5)审查与所经营的土地相匹配的资本金或专用基金筹措情况,实行统收统支的土地储备结构是否已经当地政府同意,能够从土地转让收益中提取一定比例的留存收益或采用其他方式补充资本金或专用基金的可行性;

(6)注意不得对资本金或专用基金没有到位或资本金严重不足、经营管理不规范的借款人发放土地储备贷款。

2.住房或商用房开发贷款审查要点

(1)借款人所提供的《国有土地使用证》《建设用地规划许可证》《建设工程规划许可证》《建筑工程施工许可证》《商品房屋销(预)售许可证》是否真实、合法、有效、完整。

(2)借款人项目用地出让、转让手续是否办妥,土地出让款是否已全部缴清,注意不得向房地产开发企业发放用于缴交土地出让金的贷款。严禁对擅自变更土地规划用途、非法圈占土地、超出合同约定动工开发日期满2年及未动工开发等违规房地产开发项目发放贷款。

(3)借款人开发项目与借款申请书中的用途是否一致。

(4)借款人近三年开发量、竣工量、开发产品质量。

(5)借款人目前的规划项目、在建项目的开发规模、开发进度。

(6)借款人在同行业中所处的竞争地位及竞争能力。

(四)签订借款合同

(1)贷款申请经审查通过后,双方就借款合同、抵押合同、担保合同的条款达成一致意见,签署合同;

(2)借款人办理合同约定的抵押登记等有关手续。

(五)借款人提款、用款

(1)借款人提出提款申请;

(2)银行资金到账,借款人用款。

第五节 其他信贷品种

一、内保外贷

(一)内保外贷定义

内保外贷是指银行为境外投资企业提供的融资性对外担保,银行以保函或者备用信用证形式对外出具担保,为境外投资企业融资提供的本息偿还担保。

内保外贷业务的担保人为经批准的境内银行,被担保人(借款人)为内地企业的境外投资企业,即境内母公司在境外注册的全资附属企业和参股企业。受益人(银行)为提供贷款等境外融资服务的境外机构,反担保人为借款人的境内母公司或其他具备担保资质的境内外企业和机构。

内保外贷分两部分:一是"内保",二是"外贷"。"内保"就是境内企业向境内分行申请开立担保函,由境内分行出具融资性担保函给离岸中心;"外贷"即由离岸中心凭收到的保函向境外企业发放贷款。

(二)内保外贷的对象

内保外贷的对象为境内外两地母子公司或关联公司从事经营活动需取得跨境融资的企业客户,并必须:

(1)属于《关于调整境内银行为境外投资企业提供融资性对外担保管理方式的通知》中所称的境外投资企业;

(2)已在境外依法注册(包括境内机构在境外注册的全资附属企业和参股企业);

(3)已向外汇局办理境外投资外汇登记手续;

(4)符合《境内机构对外担保管理办法》的具体规定;

(5)能够获得境内母公司等反担保人出具的等额反担保;

(6)有健全的组织机构和财务管理制度;

(7)符合银行的各项授信条件。

(三)内保外贷的条件

内保外贷业务所支持的项目应符合下列条件:

(1)有真实、合法的建设项目、投资项目或贸易背景;

(2)融资用途应符合借款人及项目所在地的法律、法规有关规定;

(3)银行和担保人要求的其他条件。

(四)内保外贷的功能

(1)有效解决境外公司的融资需求。如境内企业驻港公司的实力不足或不具备以独立身份直接在香港银行取得融资的,可通过"内保外贷"的方式,解决驻港公司的资金需求。

(2)降低资金成本,提高财务收益。由于境内本外币资金规模紧张,企业通过内保外贷的融资性保函业务,在境外借到利率较低的外汇资金,亦可坐享内外息差。

(3)获得有利的结算时间,规避汇率风险。内保外贷可获得较有利的结算时间,满足出口企业提前收汇或进口企业延迟付汇的目的,在当前人民币升值的背景下可规避汇率风险。

(五)内保外贷审查重点

(1)是否有真实、合法的建设项目、投资项目或贸易背景;

(2)融资用途是否符合借款人及项目所在地的法律、法规有关规定;

(3)是否已向外汇局办理境外投资外汇登记手续;

(4)是否能够获得境内母公司等反担保人出具的等额反担保,符合银行的授信条件。

(六)内保外贷业务操作流程(以中国银行法兰克福分行内保外贷业务为例)

(1)申请人与中国银行法兰克福分行公司业务部门联系,提出贷款申请并提供要求的资料;

(2)中国银行法兰克福分行对借款人的申请材料进行审核;

(3)中国银行法兰克福分行与相关中国银行的中国境内分行或其他商业银行联系,出具贷款意向书;

(4)收到中国银行中国境内分行或其他商业银行开具的合格的备用信用证或担保保函;

(5)审核通过后,双方签署《贷款协议》;

(6)借款人在中国银行开立贷款账户,提取贷款。

二、出口退税账户质押贷款

(一)出口退税账户质押贷款定义

出口退税账户质押贷款是指银行为满足出口企业因出口退税款未能到账而出现的短期资金需要,在对符合条件的出口企业的退税专用账户进行托管的前提下,向其提供以退入该账户的出口退税款作为还款保障的短期流动资金贷款。

(二)出口退税账户质押贷款的对象与条件

申请人为具有法人资格的进口经营权的贸易企业和有自营进出口权或经批准可享受出口退税政策的生产企业,必须具备如下条件:

(1)在当地工商部门注册,具有法人资格并拥有进出口业务经营权;

(2)出口业务稳定并具有一定规模,属当地骨干外贸出口企业;

(3)符合出口退税条件,在银行开立唯一的出口退税专业账户,并交银行托管;

(4)资信可靠、信誉良好、财务健全,无不良信用记录,无非法逃套汇和偷骗税行为;

(5)经营状况良好,管理水平较高。

(三)出口退税账户质押贷款期限

贷款期限应根据企业的生产经营情况和出口退税周期合理确定,原则上每笔贷款期限不超过该笔贷款对应的企业应退税款的计划退款期,一般为半年,最长不超过一年。

(四)出口退税账户质押贷款担保

(1)以申请人的出口退税托管账户质押,也可根据申请人实际情况确定是否需要其他担保。

(2)如申贷企业属当地企业,则每笔贷款比例原则上最高不得超过申贷企业应得退税款(以国税部门核定的金额为准)的70%。

(3)如申贷企业应得退税额为超出国税部门核定的基数部分,并且不属当地退税企业,则贷款比例原则上不得高于申贷企业应得退税款的55%。

(五)出口退税账户质押贷款业务受理

企业提出贷款申请须提供如下材料:

(1)《出口退税托管账户质押贷款申请书》;

(2)出口许可证、出口退税登记证或出口货物退(免)税认定表等可证明企业出口退税资格的证明文件;

(3)国税部门出具的企业应退未退出口税款的书面证明文件;

(4)出口货物退税申报明细表及汇总表、海关出口货物报关单(出口退税联)、出口收汇核销单(出口退税联)、增值税发票或出口发票以及其他国税部门要求的必要单据,并检验原件,留存复印件。

(六)出口退税账户质押贷款调查与审查

银行收到申请人提供的资料后,除按照一般流动资金贷款企业调(审)查申请人资信实力外,还需重点调(审)查:

(1)审核确认企业的出口退税资格。查验企业的出口许可证、出口货物退(免)税认定表或出口退税登记证、办税员证,以及经国税部门验证核查的企业出口退税资格;

(2)调查了解企业资信,调查其出口的规模和稳定性,以及出口退税记录,包括有无欠税、缓税以及骗税、逃税等情况;

(3)通过当地海关审查企业提交的海关出口货物报关单的真实性和有效性,并通过当地外汇管理部门审查企业出口收汇核销单的真实性和有效性;

(4)根据企业《出口退税托管账户质押贷款申请书》以及国税部门有关企业应退未退税证明资料,审核企业提交的出口额和对应的应退税金额的真实性。了解企业申报进程和出口退税专户情况;

(5)核实出口退税的真实有效性,并以经国税部门确认的退税金额为依据,按照一定比例核定贷款金额,每笔贷款应与明确的应收出口退税款项一一对应。

(七)出口退税账户质押贷款贷后管理

(1)随时掌握和分析申请人的经营情况、出口情况,监控有无影响企业出口退税及综合还款能力的不利事项发生,监控担保人资信变化或担保物价值变化情况。

(2)随时了解和掌握当地财政部门的出口退税政策变化,密切跟踪了解国税部门对申请人出口退税的偿付情况,了解企业出口退税专户是否有其他开户情况,有无账户转移,有无存在退税权益被司法冻结扣收的情况。

(3)出口退税款项到账,即视同贷款自动提前到期,会计部门应于款项到账当日扣收相应的出口退税托管账户质押贷款本息并通知业务部门。

(4)退税款不能如期到账或到账金额不足,或根据已知情况判断退税款将不能如期到账或到账金额不足,经办人员应督促申请人按合同规定及时筹措资金,清偿银行贷款本息。

资料

出口退税账户质押贷款缓解企业资金困境

2009-01-08

青岛市是全国、全省重要的口岸城市,2007年出口267.8亿美元,分别占全国、全省的2.2%和35.6%,在15个副省级城市中排名第五。由于受退税材料收集审核流程烦琐、出口退税周期过长等因素影响,应退税款积压较多,使企业的资金周转产生一定困难。为缓解企业资金压力,2007年,人民银行青岛市中心支行与青岛市外经贸局、青岛市国税局联合出台了《关于开展出口退税账户质押贷款业务有关问题的通知》,明确了出口退税账户质押贷款的操作流程、贷款方式、账户管理等要求。

按照新的运作模式,出口退税账户质押贷款实行账户封闭管理。办理质押贷款的出口退税账户具有唯一性、专用性、封闭性的特点,不得提取现金,专项用于质押贷款还款,在贷款本息完全还清之前企业不得更改账户,贷款银行可直接从质押账户扣收贷款本金和利息。

如此一来,贷款流程变得简便。企业持外经贸部门出具的"申请办理出口退税账户质押贷款企业基本情况申报证实书"到银行申请办理贷款,由银行到人民银行进行账户备案和国税部门核实后,马上就可放款,平均放款时间不超过一周。

实行出口退税账户质押贷款后,企业申请贷款占其应得退税款的最高比例为90%,有效满足了企业流动资金需求。同时融资成本明显降低。出口退税账户质押贷款利率在同期商业银行基准贷款利率基础上适当下浮,降低了企业的融资成本。贷款银行原则上不得再要求企业提供担保或办理资产抵押手续。

由于贷款方式灵活,银行在限定额度内对企业进行综合授信,方便了企业根据融资需求合理选择融资方式。

据悉,人民银行青岛市中心支行、外经贸和国税部门密切配合、分工协作,由外经贸部门对企业出口及应退未退税额情况进行证实,人民银行对企业的出口退税质押贷款专用账户进行备案,保证账户的唯一性,国税部门根据人民银行的审核凭证确定企业的退税账户并将退税款直接拨付到该账户,有效地控制了银行贷款风险。

资料来源:青岛新闻网,http://ribao.qingdaonews.com/html/2009-01/08/content_1512573.htm

三、法人账户透支

(一)法人账户透支定义

法人账户透支是指银行为解决法人客户生产经营过程中的临时性资金需要,根据客户申请,事先核定账户透支额度,允许其在结算账户存款不足以支付时,在核定的透支额度内直接透支,并可随时归还的一种借贷方式。

与一般的流动资金贷款相比,法人账户透支业务的最大特点在于客户可自主地通过透支方式,随时将银行的信贷资金用于临时性资金需要,而不需要在每次透支前向银行提出贷款申请。

(二)法人账户透支操作流程

1.向银行提交申请审批所需的资料。

2.银行的有关受理部门对客户资料的真实性、合规性、准确性进行初步调查。

3.对符合银行法人账户透支业务初步审查条件的客户,进行内部评估程序;对不符合条件的申请人,及时予以回复并退还有关资料。

4.经内部评估通过,由受理部门与客户商谈透支的期限、利率等具体事宜。

5.签订法人账户透支协议。

银行的信贷调查、审查部门(岗位)对法人账户透支业务除了按短期流动资金贷款要求进行调查、审查外,还要重点调查和审查以下几点:

(1)客户是否符合规定的账户透支条件;

(2)客户申请的透支额度是否包含在最高综合授信额度之内;

(3)提供低风险担保的,其担保条件和范围是否符合文件中规定的低风险担保方式,保证人保证能力是否充足,质物能否随时变现。

(三)法人账户透支业务的透支额度、期限、利率、计息和费用

1.法人账户透支业务透支额度

法人账户透支业务透支额度一般不超过审批日前 12 个月内客户在银行日均存款余额的 50%,确需超过时,须报上级部门审查同意。

各一级(直属)分行对客户核定的透支额度总额,一般控制在各分行年初 AA-(含)以上客户流动资金贷款余额的 20%之内,由分行申报,总行核批,随贷款限额一并下达,纳入流动资金贷款限额管理。

2.法人账户透支业务透支期限

客户透支额度一般一年一定,有效期最长不超过 1 年,从透支协议生效之日起计算。透支额度在有效期内可循环使用。对符合透支条件需要连续办理账户透支业务的客户,在上一期透支额度有效期届满前须办妥下一期透支额度审批手续。

对不再续做账户透支业务的客户,透支额度有效期满后不得再发生新的透支。尚未偿还的透支款可给予 1 个月的宽限期。宽限期满后尚未收回的透支款作逾期处理,按不良贷款进行管理。

透支期限是客户实际透支的具体期限,最长不得超过 3 个月。超过 3 个月的透支款,作逾期处理,按不良贷款进行管理。

3.法人账户透支业务透支利息

透支利息按照中国人民银行规定的 1 年期贷款基准利率上浮 10％～30％执行。透支期限在 1 个月以内(含)的,透支利率上浮 10％;在 2 个月以内(含)的,透支利率上浮 20％;在 3 个月以内(含)的,透支利率上浮 30％;透支款超过 3 个月的,按照逾期贷款利率执行。账户透支按日计算计息积数,根据实际透支时间确定执行利率,利随本清。

4.法人账户透支业务透支费用

透支承诺费的确定:

$$透支承诺费＝核定的透支额度×透支承诺费年费率$$

透支承诺费年费率最高不超过 0.3％,与客户签订账户透支协议后一次性收取。

(四)法人账户透支业务的风险控制与防范

客户有关账户发生透支,开户行会计部门应于次日上午将透支情况书面通知信贷部门,并按月将客户透支清单送交信贷部门。开户行信贷部门要根据会计部门的通知和提供的透支清单及有关资料做好贷后管理,随时掌握客户结算账户资金变化情况,发现异常情况应及时采取相应的措施控制风险发生。

针对法人账户透支业务风险,银行应采取以下控制与防范措施:

1.深入调查,严格审查,切实选择好的透支对象。在选择业务对象时,银行一定要严格按照《贷款通则》的相关规定认真选择。在核实透支人及保证人的条件符合基本条件后,必须对透支人及保证人的信用等级进行评估,选择资信好的客户办理业务。为了防范风险,银行的选择及资信评估均不能由一人操作,而应相互监督。

2.完善各项法律手续,防范法律风险。所有有关的法律文书,都必须由专业人士审核把关。

3.建立健全银行内部的法人透支账户操作流程,防止操作性风险。针对法人透支账户的办理情况,商业银行可制定一套操作流程,从业务对象的选择、资信调查、资信评级、透支额度审批、法律手续审核等,均制定相应规范,以建立权责分明、管理科学的管理体制。

本章小结

1.流动资金贷款作为一种高效实用的融资手段,具有贷款期限短、手续简便、周转性较强、融资成本较低的特点,因此成为深受广大客户欢迎的银行业务。

2.流动资金贷款是为满足借款人在生产经营过程中的短期资金需求,保证生产经营活动正常进行而发放的贷款。按贷款期限可分为一年期以内的短期流动资金贷款和一年至三年期的中期流动资金贷款;按偿还方式可分为循环贷款和整贷零偿贷款。

3.流动资金贷款流动性强,适用于有中、短期资金需求的工、商企业客户。在一般条件下,银行根据"安全性、流动性、盈利性"的贷款经营方针,对客户信用状况、贷款方式进行调查审批后,作出贷或不贷、贷多贷少和贷款期限、利率等决定。

4.固定资产贷款是银行为解决企业固定资产投资活动的资金需求而发放的贷款,主要用于固定资产项目的建设、购置、改造及其相应配套设施建设的中长期本外币贷款。

5.固定资产贷款项目和贷款计划的安排,必须以国家批准的项目计划和信贷计划为依据,根据规定的程序和授权,先评估,后决策。固定资产贷款项目的选择必须符合国家产业政策和金融政策,向有利于促进国民经济持续、快速、健康发展和各项社会事业全面进步的基础产业、支柱产业以及具有较大竞争力和发展潜能的新兴产业倾斜,增强市场观念,提高投资效益。

6.出口退税账户质押贷款业务的推出,有效缓解了中小外贸企业短期流动资金困难,支持了企业发展。项目贷款是指为某一特定工程项目而融通资金的方法,也被称为项目融资,或项目筹资,是以项目本身具有比较高的投资回报可行性或者第三者的抵押为担保的一种融资方式。

7.内保外贷是指银行为境外投资企业提供的融资性对外担保,银行以保函或者备用信用证形式对外出具担保,为境外投资企业融资提供本息偿还担保。

8.法人账户透支业务是指银行为解决法人客户生产经营过程中的临时性资金需要,根据客户申请,事先核定账户透支额度,允许其在结算账户存款不足以支付时,在核定的透支额度内直接透支,并可随时归还的一种借贷方式。目前,国内几乎所有的商业银行都可为其客户提供这项服务。

练习题

一、名词解释

1.流动资金贷款　　　　　　　6.土地储备贷款

2.固定资产贷款　　　　　　　7.住房开发贷款

3.银团贷款　　　　　　　　　8.出口退税账户质押贷款

4.银行受托支付　　　　　　　9.内保外贷

5.房地产开发贷款　　　　　　10.法人账户透支

二、单项选择题

1.临时流动资金贷款期限是在(　　　)以内,主要用于企业一次性进货的临时性资金需要和弥补其他支付性资金不足。

A.3 个月　　　　B.6 个月　　　　C.2 个月　　　　D.1 个月

2.在银团贷款中,单家银行担任牵头行时,其承贷份额原则上不少于银团融资总金额(　　　)。

A.15%　　　　B.20%　　　　C.25%　　　　D.30%

3.法人账户透支利息按照中国人民银行规定的 1 年期贷款基准利率上浮 10%～30%执行。透支期限在 1 个月以内(含)的,透支利率上浮(　　　)。

A.15%　　　　B.10%　　　　C.25%　　　　D.5%

4.申请住房或商用房开发贷款,项目自有资金(指所有者权益)应达到项目预算总投资的(　　　)。

A.30%　　　　B.25%　　　　C.35%　　　　D.15%

5.出口退税申贷企业贷款比例原则上不得高于申贷企业应得退税款的(　　)。

A.35%　　　　　　B.15%　　　　　　C.55%　　　　　　D.10%

三、多项选择题

1.流动资金贷款操作流程包括(　　)。

A.贷款申请　　　B.贷款调查　　　C.贷款审查　　　D.贷款评估

2.银团贷款的组织结构中银团成员行主要有(　　)。

A.牵头行　　　　B.参加行　　　　C.发起行　　　　D.代理行

3.银团贷款的借款人,除按贷款利率支付利息外,还需要支付各项费用。费用主要有(　　)。

A.管理费　　　　B.代理费　　　　C.承诺费　　　　D.差旅费

4.固定资产贷款按照贷款的不同用途,可分为(　　)。

A.基本建设贷款　　　　　　　　B.技术改造贷款

C.科技开发贷款　　　　　　　　D.商业网点贷款

5.贷款发放和支付后还需进行贷后管理,其主要内容包括(　　)。

A.监控贷款风险　　　　　　　　B.检查申贷资料

C.监测借款人的整体现金流　　　D.不良贷款固定资产贷款管理

四、判断题

1.借款人申请流动资金贷款,应是经工商行政管理机关(或主管机关)核准登记注册、具有独立法人资格的企业、其他经济组织和个体工商户。(　　)

2.法人账户透支额度一般一年一定,有效期最长不超过2年。(　　)

3.借款人申请流动资金贷款须在银行开立基本账户或一般存款账户。(　　)

4.法人账户透支期限是客户实际透支的具体期限,最长不得超过1个月。(　　)

5.银团贷款的利率绝大多数采用浮动利率。(　　)

五、计算题

××企业向银行申请流动资金贷款,银行需测算该企业的流动资金贷款合理需求量。企业部分财务数据如下表所示。

企业部分财务数据

单位:万元

科　　目	期初余额	期末余额
货币资金	6 000	7 000
应收账款	16 000	18 500
预付款项	4 000	5 000
存货	10 900	21 500
流动资产合计	36 900	52 000
短期借款	1 200	1 000

续表

科 目	期初余额	期末余额
应付账款	16 500	15 000
预收账款	5 500	6 000
应交税款	1 400	1 300
一年内到期的非流动负债	4 300	3 000
流动负债合计	28 900	26 300

其他资料如下：

1.贷款申请年度企业的销售收入总额为 10 亿元,销售成本为 7 亿元,销售利润率约为 30%；

2.企业当年净利润为 7 000 万元,计划分红 2 100 万元；

3.企业预计第二年的销售收入年增长率为 10%；

4.企业未分配利润中用于营运资金周转的部分为 2 000 万元；

5.企业股东投资中用于营运资金周转的部分为 2 000 万元；

6.企业当年固定资产折旧为 800 万元；

7.企业近期内有一笔 500 万元的短期贷款需要归还；

8.企业目前主要是通过银行贷款来筹措营运资金。

要求：

1.估算营运资金周转次数,完成下表即营运资金周转次数测算表。

营运资金周转次数测算表

单位:万元

科目	期初余额	期末余额	平均余额	周转次数	周转天数
应收账款	16 000	18 500	17 250		
预付账款	4 000	5 000	4 500		
存货	10 900	21 500	16 200		
应付账款	16 500	15 000	15 750		
预收账款	5 500	6 000	5 750		

2.估算借款人营运资金量。

3.估算借款人可用自有资金。

4.估算新增流动资金贷款额度。

六、问答题

1.什么是流动资金贷款？申请流动资金贷款的企业应具备什么条件？

2.什么是固定资产贷款？按照贷款的不同用途分为哪几类贷款？

3.什么是出口退税账户质押贷款？

4.在办理出口退税账户质押贷款时,银行应重点调(审)查申请人提供的哪些资料？

5.什么是银团贷款？办理银团贷款的条件是什么？

6.什么是房地产开发贷款？种类有哪些？房地产开发企业应具备什么条件申请贷款？

7.什么是法人账户透支业务？针对法人账户透支业务风险应采取什么措施予以控制与防范？

第10章
外汇贷款

了解进出口信贷概念和主要形式；

掌握买方信贷、卖方信贷业务特点及操作流程；

了解福费廷概念和办理福费廷业务申请条件；

掌握福费廷业务的申办程序；

了解银团贷款概念和种类；

掌握保理业务的功能；

了解打包贷款概念；

掌握打包贷款的受理原则和办理业务条件；

了解汇款融资、提货担保概念和业务特点。

导入案例

中国银行出口买方信贷

某公司是国内著名的电信设备制造商，海外市场是其重要战略市场。2009年4月，中国银行为该客户的境外买方——某电信运营商提供出口买方信贷，得到客户好评。在全球金融市场流动性趋紧的情况下，出口买方信贷扩大了进口商的融资渠道，同时由于出口买方信贷有中国信保的保险，风险对价低，使得融资成本远低于海外市场商业贷款的成本，中国银行向该电信运营商提供出口买方信贷融资成为国内电信设备制造商成功获得海外订单的重要原因。2009年以来，中国银行把支持中国企业"走出去"作为落实科学发展观的重要工作内容，并将出口买方信贷业务作为支持中国企业"走出去"的重要金融产品。

资料来源：中国银行网，http://www.boc.cn/cbservice/cb2/cb22/200806/t20080630_793.html

出口买方信贷是出口国为了支持本国机电产品、成套设备、对外工程承包等资本性货物和服务的出口，由出口国银行在本国政府的支持下给予进口商或进口商银行的中长期融资便利。通过上述案例我们可以了解到中国银行为国内著名电信设备制造商的境外买方——国外某电信运营商提供的出口买方信贷业务具有以下特点：(1)出口国政府支持，加强本国产品在国际市场上的竞争力。(2)优化出口商资产负债结构。由于出口买方信贷是对进口方(进口商或进口商银行)的融资，出口商无须融资负债，并且有利于出口商的收汇安全，加快资金周转。(3)节约了进口商融资成本。那么，当前商业银行提供的外汇贷款种类都有哪些？具体的业务申请要具备哪些条件？如何办理？业务流程有哪些步骤？本章将一一予以介绍。

第一节　进出口信贷

一、进出口信贷定义

进出口信贷是一种国际信贷方式，是一国为了支持和扩大本国大型机械、成套设备、大型工程项目等的出口，加强国际竞争能力，以对本国企业的出口给予利息补贴并提供信贷担保的办法，鼓励本国的银行解决本国出口商资金周转的困难，或满足国外进口商对本国出口商支付货款需要的一种融资方式。进出口信贷是促进资本货物出口的一种手段。

二、进出口信贷的主要形式

(一)卖方信贷

出口卖方信贷是出口方银行向本国出口商提供的商业贷款。出口商(卖方)以此贷款为垫付资金，允许进口商(买方)赊购自己的产品和设备。出口商(卖方)一般将利息等资金成本费用计入出口货价中，将贷款成本转移给进口商(买方)。

1.卖方信贷业务操作流程

(1)出口商(卖方)以延期付款的方式与进口商(买方)签订贸易合同，出口大型机械设备；

(2)出口商(卖方)向所在地的银行借款，签订贷款合同，以融通资金；

(3)进口商随同利息分期偿还出口商的货款后，出口商再偿还银行贷款。

2.卖方信贷业务特点

(1)相对于打包放款、出口押汇、票据贴现等贸易融资方式，出口卖方信贷主要用于解决本国出口商延期付款销售大型设备或承包国外工程项目所面临的资金周转困难，是一种中长期贷款，通常贷款金额大，贷款期限长。如中国进出口银行发放的出口卖方信贷，根据项目不同，贷款期限可长达10年。

(2)出口卖方信贷的利率一般比较优惠。一国利用政府资金进行利息补贴，可以改善本国出口信贷条件，扩大本国产品的出口，增强本国出口商的国际市场竞争力，进而带动本国经济增长。所以，出口信贷的利率水平一般低于相同条件下资金贷放市场利率，利差由出口国政府补贴。

(3)出口卖方信贷的发放与出口信贷保险相结合。由于出口信贷贷款期限长、金额大,发放银行面临着较大的风险,所以一国政府为了鼓励本国银行或其他金融机构发放出口信贷贷款,一般都设有国家信贷保险机构,对银行发放的出口信贷给予担保,或对出口商履行合同所面临的商业风险和国家风险予以承保。在我国主要由中国出口信用保险公司承保此类风险。

(二)买方信贷

出口买方信贷是出口国政府支持出口方银行直接向进口商或进口商银行提供信贷支持,以供进口商购买技术和设备,并支付有关费用。出口买方信贷一般由出口国出口信用保险机构提供出口买方信贷保险。出口买方信贷主要有两种形式:一是出口商银行将贷款发放给进口商银行,再由进口商银行转贷给进口商;二是由出口商银行直接贷款给进口商,由进口商银行出具担保。

1.买方信贷业务操作流程

(1)进口商(买方)与出口商(卖方)洽谈贸易,签订贸易合同后,买方先缴15%的现汇定金;

(2)签订合同至预付定金前,买方银行与卖方所在地的银行签订贷款协议,该协议虽然以前述贸易合同为基础,但在法律上具有相对独立性;

(3)买方银行以其借得的款项,转贷予买方,使买方以现汇向卖方支付货款;

(4)买方银行根据贷款协议分期向卖方所在地银行偿还贷款;

(5)买方与卖方银行间的债务按双方商定的办法在国内清偿结算。

2.买方信贷办理原则

(1)接受买方信贷的进口商所得贷款仅限于向提供买方信贷国家的出口商或在该国注册的外国出口公司进行支付,不得用于第三国;

(2)进口商利用买方信贷,仅限于进口资本货物,一般不能以贷款进口原料和消费品;

(3)提供买方信贷国家出口的资本货物限于本国制造的,若该项货物系由多国部件组装,则本国部件应占50%以上;

(4)贷款只提供贸易合同金额的85%,船舶为80%,其余部分需支付现汇,贸易合同签订后,买方可先付5%的定金,一般须付足15%或20%现汇后才能使用买方信贷;

(5)贷款均为分期偿还,一般规定半年还本付息一次,还款期限根据贷款协议的具体规定执行。

3.买方信贷申请条件

(1)商务合同项下进口方应支付15%的预付款;

(2)贷款金额最高不超过商务合同价的80%～85%;

(3)借款人需向保险公司投保出口信用险;

(4)由借款国的中央银行或财政部出具贷款担保。

案例

中国建设银行项目融资业务

项目融资是指银行接受客户的委托,以不同方式为项目提供融资的活动,主要包括境外筹资转贷、搭桥贷款、融资租赁、债务重组、我国出口买方信贷及其他与境外中长期融资相关的产品开发等。

(一)银行项目融资业务发展情况

从1987年至1997年末,中国建设银行共为150多个建设项目对外签约353笔,筹资88.5亿美元。其中包括一批国家大中型企业重点项目,如上海三十万吨乙烯工程、武汉钢铁厂"三炼钢"项目、攀枝花钢铁厂冷轧薄板项目、宝钢三期工程、茂名三十万吨乙烯项目、天津乙烯项目、天津聚酯二期工程、辽化二期工程、邮电部程控交换机和光纤通信项目、马鞍山钢铁厂H型钢项目、铁道部引进机车、江苏江阴长江大桥和山西阳城电厂等,对这些大项目的筹资金额约占全行境外筹资总额的75%。

建行多次为国内航空公司的飞机融资租赁安排、组织国际银团贷款。前后六次在欧洲、美国和亚洲资本市场上发行债券,通过境外发行债券筹集资金近9亿美元。1996年,建行作为安排行和主牵头行,成功地为伊朗德黑兰地铁项目组织了由国内19家金融机构参加的、金额达2.7亿美元的国内银团贷款,这也是迄今为止参加银行数目最多、金额最大的国内银团贷款。近两年来,抓住市场机遇,及时对北京乙烯、天津乙烯等项目的日元债务进行重组,取得了显著的经济效益和社会效益。

到目前为止,建行与世界上近百家商业银行、投资银行及国际金融组织签订了金融协议;与国际上一流的律师事务所、会计师事务所和一些咨询机构保持着良好的合作;取得了美国穆迪投资者服务公司和标准普尔公司的评级,为建行境外筹资业务的发展创造了较好的外部环境。

(二)银行项目融资业务种类

境外筹资转贷——银行根据项目单位的委托,以自己的名义与境外金融机构签订对外借款协议,并与项目单位签订相对应的对内转贷款协议,为项目引进设备、技术和服务等提供融资的一种信贷活动。包括政府贷款、贴息贷款、出口信贷、商业贷款、境外发行债券等。

搭桥贷款——由于金融协议或市场原因导致商业贷款或境外发行债券不能按计划提款,而项目又急于用款,项目单位向银行申请的一种临时性贷款。

融资租赁——在飞机、船舶等大型设备的融资租赁业务中,银行作为安排行、牵头行、贷款参加行或担保行向客户提供的一揽子金融服务。

债务重组——运用国际金融工具包括借低还高以及掉期(货币或利率掉期),对中长期外债进行债务调整,达到保值、避险及降低成本的目的。

我国出口买方信贷——在大型机器设备或成套设备贸易中,由建设银行给国外进口商或进口商银行以融资便利的信贷方式。

资料来源:中国建设银行,http://www.sdgh.net/elprbo/ly/zhengzhi.files/no6.1/ccb/qyfw/31.files/operation1.html

第二节　福费廷

一、福费廷业务概述

（一）福费廷业务定义

福费廷业务是一项与出口贸易密切相关的新型贸易融资业务产品，是指银行或其他金融机构无追索权地从出口商那里买断由于出口商品或劳务而产生的应收账款。在福费廷业务中，将国际贸易中的票据作为买卖的对象，票据原债权人出口商作为卖方通过背书转让的形式，将票据权利转让给包买银行，包买银行购买票据，支付票据款给出口商，成为票据的正当持有人。

（二）福费廷业务的特点

（1）福费廷业务中的远期票据产生于销售货物或提供技术服务的正当贸易，包括一般贸易和技术贸易。

（2）福费廷业务中的出口商必须放弃对所出售债权凭证的一切权益，做包买票据业务后，将收取债款的权利、风险和责任转嫁给包买商，而银行作为包买商也必须放弃对出口商的追索权。

（3）出口商在背书转让债权凭证的票据时均加注"无追索权"字样（without recourse），从而将收取债款的权利、风险和责任转嫁给包买商。包买商对出口商、背书人无追索权。

（4）传统的福费廷业务，其票据的期限一般在 1～5 年，属中期贸易融资。但随着福费廷业务的发展，其融资期限扩充到 1 个月至 10 年不等，时间跨度很大。

（5）福费廷融资采取固定利率。贴现率高低根据进口国的综合风险系数、融资期限长短、融资货币的筹资成本等因素确定，通常以 LIBOR 加一个利差表示，LIBOR 反映银行的筹资成本，利差反映银行所承担的风险和收益。

（6）福费廷业务拥有活跃的二级市场。近年来，福费廷业务的持续增长，使得福费廷二级市场逐渐形成，进而使福费廷的交易方式日益灵活，交易金额日益增加，票据种类也不断扩大。二级市场的存在使得包买银行在出现资金短缺时，可以通过转让购入的票据来回笼资金，增加了包买银行的灵活性，这一特点也使得越来越多的银行和其他金融机构都加入到提供福费廷业务的行列。

（三）国际福费廷协会

国际福费廷协会（IFA）是福费廷业务领域最大的国际组织，其宗旨是促进福费廷业务在全球的发展，制订福费廷业务的惯例规则，便利成员间的业务合作。目前，该协会拥有 140 多家成员，主要为遍布全球的国际性银行和专业福费廷公司。

二、福费廷业务的费率

福费廷业务的报价应根据出口货物、合同金额、付款期限、市场行情和各银行资金成本等因素确定，主要包括：

(一)贴现率

1.直接贴现法报价

一般以直接贴现法报价。直接贴现法的计算公式为:

$$贴现净额 = 面值 - 面值 \times 贴现率(年率) \times \frac{贴现天数}{360}$$

贴现天数:从贴现付款日(含该日)起至票据到期日(含该日)止。

贴现利率可参考同档次出口押汇融资利率确定。

2.复利贴现法报价

若贴现票据/单据是为了在二级市场上卖出,也可用复利贴现法报价。半年复利贴现法的计算公式为:

$$贴现净额 = \frac{面值}{\left(1 + R\% \times \frac{180}{360}\right)^{n} \times \left(1 + R\% \times \frac{剩余天数}{360}\right)}$$

$R\%$:以年利率表示的半年复利贴现率;n:180 天一期的期数。

(二)承诺费

每月按 0.5‰ 收取,最低人民币 150 元。不足一个月,按一个月计收。计费天数从签署之日起(含该日),至银行贴现付款之日或出口商取消福费廷交易之日止(含该日)。

(三)罚款

如果出口商不能长期向包买人交出规定的票据,出口商还要按约定缴纳一定数目的罚金。

三、福费廷业务的申请条件

(1)企业须具有法人资格和进出口经营权;

(2)在包买商处开立本币或外币账户,与包买商保持稳定的进出口结算业务往来,信誉良好,收付汇记录正常(商业银行或银行附属机构);

(3)融资申请具有真实的贸易背景,贸易合同必须符合贸易双方国家的有关法律规定,取得进口国外汇管理部门的同意;

(4)利用这一融资方式的出口商应同意进口商以分期付款的方式支付货款,以便汇票、本票或其他债权凭证按固定时间间隔依次出具,以满足福费廷业务的需要;

(5)除非包买商同意,否则债权凭证必须由包买商接受的银行或其他机构无条件地、不可撤销地进行保付或提供独立的担保;

(6)银行要求的其他条件。

四、办理福费廷业务的申请资料

出口商向包买商申请办理福费廷业务时,需提供下列资料:

(1)出口商经工商局年检的企业法人营业执照复印件;

(2)进口商情况介绍;

(3)交货情况及进口许可证(若需要);

(4)信用证及其项下全部修改、贸易合同副本、全套出口单据及签字、文件真实性的证明等文件;

(5)保函或银行本票副本及《转让书》;

(6)银行要求的其他资料。

五、福费廷业务的操作流程

(1)签订进出口合同与福费廷合同,同时进口商申请银行担保;

(2)出口商发货,并将单据和汇票寄给进口商;

(3)进口商将自己承兑的汇票或开立的本票交给银行要求担保。银行同意担保后,担保函和承兑后的汇票或本票由担保行寄给出口商;

(4)出口商将全套出口单据(物权凭证)交给包买商,并提供进出口合同、营业执照、近期财务报表等材料;

(5)收到开证行有效承兑后,包买商扣除利息及相关费用后贴现票据,无追索权地将款项支付给出口商;

(6)包买商将包买票据经过担保行同意后向进口商提示付款;

(7)进口商付款给担保行,担保行扣除费用后把剩余贷款交给包买商。

第三节 保理

一、国内保理业务

(一)银行保理业务概述

保理业务 19 世纪起源于欧洲,是银行为贸易双方在赊销方式下产生的应收账款设计的一种连续的综合性金融服务。服务内容包括应收账款融资、应收账款账户管理、应收账款催收和信用担保等服务。

(二)保理业务分类

(1)买断式保理,是指银行受让供应商应收账款债权后,即放弃对供应商追索的权利,银行独力承担买方拒绝付款或无力付款的风险。买断式保理又称为无追索权保理。

(2)非买断式保理,是指银行受让供应商应收账款债权后,如果买方拒绝付款或无力支付,银行有权要求供应商回购应收账款。非买断式保理又称为有追索权保理。

(3)融资保理,是指银行承购供应商的应收账款,给予资金融通,并通过一定方式向买方催还欠款。

(4)到期保理,是指银行在保理业务中不向供应商提供融资,只提供资信调查、应收账款催收以及销售分户账管理等非融资性服务。

(5)承购所有应收账款的保理。

(6)承购特定应收账款的保理。

(三)保理业务的功能

(1)贸易融资,即企业向银行转让应收账款,提前实现销售资金回笼,获得融资便利。

(2)销售账户管理,即银行提供应收账款账户的回收、逾期以及信用额度变化情况登记服务,协助企业进行销售账户的分户账管理。

(3)应收账款的催收,即银行拥有专业人员和专职律师为企业提供应收账款的催收服务。

(4)信用风险控制与坏账担保,即银行对企业在信用额度内发货所产生的应收账款提供100%的坏账担保。

(四)保理业务操作流程

(1)企业向银行提出保理业务申请,按规定提供申请材料,银行在尽职调查的基础上决定是否叙做保理业务,如获批准,则按照规定程序审批保理业务授信额度;

(2)企业根据商务合同完成商品或服务交易,供应商向买方开出发票,并附带《应收账款转让通知书》,说明发票所代表的债权转让予银行,要求买方必须直接向银行付款;

(3)供应商在开出发票的同时将发票副本送交银行;

(4)银行根据发票金额按事先商定的比例,向供应商提供应收账款融资服务(若企业无融资需求则无此步骤),并从中扣除所应收取的保理费用;

(5)银行负责向买方催收账款,并向供应商提供合同规定的销售分户账管理;

(6)待买方付款后,银行向企业支付余下的款项。

(五)申请保理业务的条件

(1)必须是工商登记注册的企业单位;

(2)在银行开立一般结算账户;

(3)经营状况良好,近三年的销售额稳定增长,连续三年盈利;

(4)经营的商品有相当的市场需求,产品质量有保证;

(5)无不良银行信用记录和商业信用记录;

(6)符合银行规定的其他条件。

(六)国内保理业务的优势

1.对于卖方来说

(1)运用保理业务,卖方能够获得无须担保、手续简便的融资;

(2)采用赊销方式,提高了产品竞争力,有利于卖方对新市场和新客户的培养;

(3)采用保理业务,可借助银行了解客户的资信及销售状况,并且由于银行的介入,贷款收回的可能性大大增加;

(4)在无追索权的保理业务中,卖方不仅可以将应收账款的风险转嫁给银行,还可优化财务报表;

(5)对于银行提供账务管理和账款催收服务的保理业务,可减轻企业业务负担,节约财务费用。

2.对于买方来说

(1)由于是信用销售,避免了开立银行承兑汇票、申请贷款的费用及相关担保问题,并省却了烦琐的手续;

(2)由于卖方给予买方一定的赊销期限,买方可以在转售货物后再付款,扩大其现有支付能力下的购买力;

(3)无须支付货款,即可得到货物,减少了资金占用,降低了购货成本和财务成本;

(4)开展保理业务,有利于稳定买卖双方赊销关系,保证了买方稳定的供货来源。

案例

青岛××公司有追索权国内保理业务

一、企业概况

青岛××公司主要经营沿海煤炭、沙土运输销售,为青岛××发电厂主要供应商,青岛××发电厂50%的煤炭由该公司供应。青岛××发电厂目前隶属于大唐集团,担负着青岛地区主要发电任务,公司实力雄厚。

二、业务情况及需求

青岛××公司与青岛××发电厂签订了煤炭采购合同,青岛××公司每次发货验收合格后,青岛××发电厂支付30%的货款,剩余部分6个月内支付。青岛××公司因此产生的应收款基本维持在6 000万元左右,一定程度上造成了流动资金紧张。

三、产品方案设计

经过调查,青岛××发电厂在收到青岛××公司供应的煤炭,验收合格后3个月内支付30%的货款,6个月内付清余款。青岛××发电厂现为大唐集团控股的公司,实力雄厚,担负着青岛地区一半以上的发电量。两公司业务合作多年,从未出现结算问题。针对这种情况,银行为青岛××公司设计了有追索权国内保理业务,以该公司应收青岛××发电厂的应收账款质押为其发放流动资金贷款。该方案既解决了该客户缺乏担保融资问题,也解决了公司流动资金紧张的问题,得到了客户的认可。

四、业务操作效果

青岛××公司通过与银行的上述合作,解决了流动资金紧张的困难,解决了第三方担保不足的问题,扩大了采购和供应能力,盈利水平实现了较快增长。

二、国际保理业务

(一)国际保理业务概述

近20年来,在国际贸易结算方式上,信用证方式的贸易结算逐渐减少,而赊销(O/A)和跟单托收承兑交单(D/A)方式项下的贸易结算不断上升。国际保理业务(international factoring)正是基于这种变化趋势发展起来的新兴结算方式,它能够提供买方信用担保、贸易融资、账务管理和收取应收账款服务,同传统贸易结算方式相比,独具优势。因此,在美国、欧盟等发达国家,国际保理业务的结算量已超过信用证业务的结算量,成为主要的国际贸易结算方式。

我国已跻身于世界前十大贸易国之列,出口规模逐年扩大,出口产品遍及全球,因此,国际保理业务在我国具有广阔的发展前景。国际保理业务是指在国际贸易中出口方以赊销(O/A)、承兑交单(D/A)等信用方式向进口方销售货物时,由出口保理商和进口保理商共同提供的一项集资信调查、应收账款催收与管理、信用风险承担和贸易融资等于一体的综合性金融服务。

商业银行提供的国际保理服务,在台湾地区称为"国际应收账款管理服务"、"应收账款收买业务"或"账务代理";在香港地区称为"出口销售保管服务";在新加坡称为"客账融资"。

(二)国际保理业务的功能

在赊销(O/A)、承兑交单(D/A)等贸易方式下,出口商销售商品或提供劳务后将产生应收账款,出口商可将应收账款的债权转让给银行,由银行及相关的金融机构来承担进口商的信用风险,并提供催收货款、账务管理及资金融通服务。具体是:

1.风险转移。当进口商破产、倒闭或无力支付货款时,银行会在约定期限内代偿货款,帮助出口商承担信用交易风险。

2.催收贷款服务。出口商的账款到期时,银行会透过国外的合作金融机构提醒进口商支付货款,可节省出口商因催款所需花费的人力、时间与金钱,同时可避免出口商与进口商之间因催收货款而发生不愉快,影响后续的交易。

3.账务管理。透过银行的专业人员和账务管理系统,可帮助出口商完成繁杂恼人的收款和对账工作,节省出口商的人事成本开销。

4.资金融通。有别于出口商在银行取得的融资额度(可能需要担保、抵押),国际保理业务为出口商开辟了另一条取得流动资金的渠道,在不影响出口商的银行融资额度的前提下,又多了一条融资渠道,让出口商的生意更加顺畅。

(三)国际保理业务优点

1.国际保理业务对出口商和进口商的益处

(1)增加营业额。对于新的或现有的客户提供更有竞争力的 O/A、D/A 或 D/P 付款条件,以拓展海外市场,增加营业额,利用 O/A、D/A 或 D/P 优惠付款条件,以有限的资本,购进更多货物,加快资金流动,扩大营业额。

(2)风险保障。进口商的财务风险转由保理商承担,出口商可以得到 100% 的收汇保障,单纯凭借公司的信誉和良好的财务表现而获得买方的信贷,无须抵押。

(3)节约成本。资信调查、账务管理和追收账款都由保理商处理,减轻业务负担,节约管理成本,省却了开信用证和处理繁杂文件的费用。

(4)简化手续。免除了一般单项交易的繁琐手续,在批准信用额度后,购买手续简化,进货快捷。

2.国际保理业务与其他付款方式相比较的优势

国际保理业务的好处是使出口商在避免信用风险的同时,能够提供更灵活的付款方式,增加出口商的竞争能力。见表10-1。

表 10-1 出口保理与其他付款方式比较表

	出口保理	D/A	D/P	信用证
债权信用风险保障	有	无	无	有
进口商费用	无	有	有	有
出口商费用	有	有	有	有
增加营业额	较高	较高	一般	较低

3.国际保理业务与出口信用保险相比较的优势

出口保险公司一般要求出口商将全部金额都要投保(即无论哪种付款方式都要投保),在国际上,最高保险费可达全部出口金额的 40%,一般来说,保险服务要比保理服务费用高得多。

另外,进口商信用风险一般由保险公司和出口商共同分担,在出现坏账时,保险公司一般只赔偿 70%~90%,而且索赔手续烦琐、耗时。保理公司则承担全部信用风险。见表 10-2。

表 10-2 出口保理与出口信用保险比较表

	出口保理	出口信用保险
最高信用保障(在批准信用额度内)	100%	70~90%
赔偿期限(从贷款到期日起)	90 天	120~150 天
进口商资信调查和评估	有	有
财务信用风险保障	有	有
财务管理与追收	有	无
账目记录管理	有	无
提供贸易融资	有	无

(四)出口商办理国际保理情况

(1)因部分海外进口商不能或不愿开出信用证,致使出口交易不能达成,限制了出口量的提高;

(2)部分现有进口商因出口商不愿提供信用付款方式而转往其他供应商;

(3)准备采用信用付款方式,但对海外进口商的财务信用存有疑虑;

(4)为了更有效地拓展市场,决定在有关的海外市场聘任销售代理,因此而必须提供信用付款方式;

(5)希望解除账务管理和应收账款追收的烦恼,避免坏账损失。

(五)出口商向银行申请办理国际保理业务须具备的条件

(1)具有进出口经营权;

(2)在银行开立有人民币或外币账户;

(3)在银行预留公章、财务印章、合同专用章和相关有权签字人印鉴;

（4）信用品质优良，无欺诈、不按时按规定履行合同等不良记录；

（5）出口商办理国际保理的业务应有真实贸易背景，签署合法、真实、有效的贸易合同。

（六）出口商办理国际保理业务的操作流程（见图 10-1）

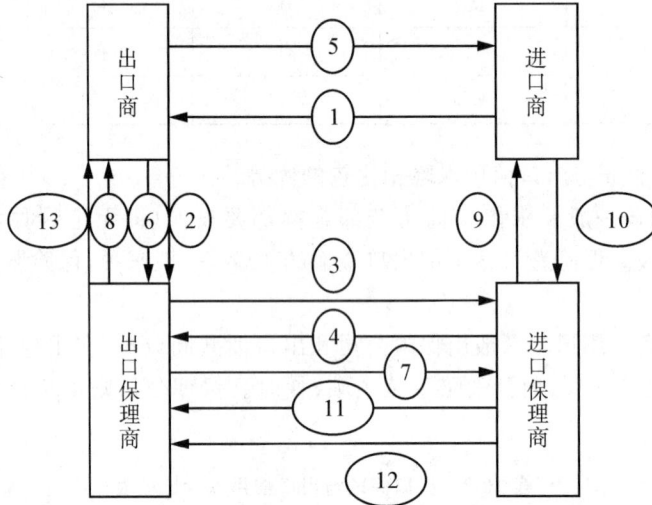

图 10-1　国际保理业务操作流程图

（1）出口商寻找有合作前途的进口商；

（2）出口商向出口保理商提出叙做保理的需求并要求为进口商核准信用额度；

（3）出口保理商要求进口保理商对进口商进行信用评估；

（4）如进口商信用良好，进口保理商将为其核准信用额度；

（5）如果进口商同意购买出口商的商品或服务，出口商开始供货，并将附有转让条款的发票寄送进口商；

（6）出口商将发票副本交出口保理商；

（7）出口保理商通知进口保理商有关发票详情；

（8）如出口商有融资需求，出口保理商付给出口商不超过发票金额的80％的融资款；

（9）进口保理商于发票到期日前若干天开始向进口商催收；

（10）进口商于发票到期日向进口保理商付款；

（11）进口保理商将款项付出口保理商；

（12）如果进口商在发票到期日90天后仍未付款，进口保理商做担保付款；

（13）出口保理商扣除融资本息（如有）及费用，将余额付出口商。

（七）出口商在办理国际保理业务时应注意的事项

（1）保理业务不同于信用证以单据为依据付款，而是在商品与合同相符的前提下保理商才承担付款责任。如果由于货物品质、数量、交货期等方面的纠纷而导致进口商不付款，保理商不承担付款的风险，故出口商应严格遵守合同。

（2）保理商承担的是信用额度内的风险担保，超额度发票的金额不予担保，因此出口商要协调好出口计划。

第四节 打包放款

一、打包放款

(一)打包放款定义

打包放款是银行在授信额度内,根据信用证受益人的申请,以信用证为控制手段,以信用证项下的出口收汇作为主要的还款来源,为其提供资金融通,用于组织出口货源的业务。打包贷款期间,受益人应将正本信用证存放银行,货物出口后,出口交单也应通过银行办理。

(二)打包放款受理的原则

(1)打包放款的申请人应为该信用证的受益人;

(2)融资需求既可以打包放款解决又可以一般流动资金贷款满足时,应优先发放打包放款;

(3)打包放款只能用于该信用证项下出口商品的采购、生产或流转的资金需要;

(4)如信用证规定允许分批装运,除非申请人需一次性采购,分批使用,分批生产,分批出运,否则,应根据申请人分批出运的计划,分批放款,以便监控贷款的使用及还款。

(三)打包放款的条件

(1)在本地区登记注册、具有独立法人资格、实行独立核算、有进出口经营权、在银行开有人民币账户或外汇账户的企业;

(2)出口商应是独立核算、自负盈亏、财务状况良好、领取贷款证、信用等级评定 A 级以上;

(3)申请打包放款的出口商,应是信用证的受益人,并已从有关部门取得信用证项下货物出口所必需的全部批准文件;

(4)信用证应是不可撤销的跟单信用证,并且信用证的结算不能改为电汇或托收等其他的结算方式,开证行应该是具有实力的大银行;

(5)信用证条款应该与所签订的合同基本相符;

(6)最好能找到另外企业提供担保,或提供抵押物;

(7)出口的货物应该属于出口商所经营的范围;

(8)信用证开出的国家的政局稳定;

(9)如果信用证指定了议付行,该笔打包放款应该在议付行办理;

(10)信用证类型不能为:可撤销信用证、可转让信用证、备用信用证、付款信用证等;

(11)远期信用证不能超过 90 天。

二、打包放款业务操作

(一)打包放款业务受理

客户申请办理打包放款业务时应提交:

(1)银行规定格式《打包放款申请书》；

(2)正本信用证及所有修改；

(3)出口商务合同、国内购货合同(或生产计划)、发货安排；

(4)如属限制出口的商品,还应提交出口许可证的复印件并查看原件。

(二)打包放款业务的金额、期限

(1)最高金额为信用证金额的80%；

(2)期限不超过信用证有效期后的15天,一般为三个月,最长不超过半年；

(3)展期:当信用证出现修改最后装船期、信用证有效期时,出口商不能按照原有的时间将单据交到银行那里,出口商应在贷款到期前10个工作日向银行申请展期；

(4)展期所需要提供的资料:贷款展期申请书、信用证修改的正本。

(三)打包放款的业务操作流程(详见图10-2)

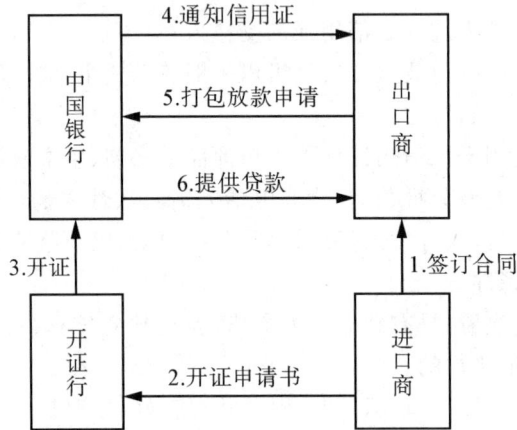

图 10-2　打包放款业务操作流程图

三、打包放款审批要点

(一)申请人基本情况

(1)申请人近两年出口业务基本情况,包括生产经营、组织或生产出口商品的能力,资金周转情况,出口业务量,出口收汇与结汇情况；

(2)申请人是否在外汇管理部门公布的出口收汇风险企业名单中；

(3)申请人的签章必须与其留存在银行的预留印鉴相符；

(4)申请人近年来在银行和他行办理的打包放款业务量和在银行的结算往来情况。

(二)信用证项下贸易背景

(1)出口贸易背景的真实性,外销、内购合同的交货、付款条件是否与信用证一致；

(2)出口商品的市场价格变动情况,市场销售有无明显的淡、旺季,交货期是否为商品销售的旺季；

(3)出口商品生产、交货时间与信用证装船期是否能匹配,信用证是否能按时执行；贷款的期限是否为出口货物备货出口的合理期限；

（4）出口商品是否在批准的出口经营范围之内，是否需要出口配额或属于限制出口商品等。

（三）信用证及其条款

（1）申请人提交的信用证是否真实。

（2）信用证必须是不可撤销的跟单信用证，物权单据能否有效控制。

（3）信用证不能有限制他行议付及不利于银行收汇的软条款。

（4）信用证受益人的名称及地址与授信申请人是否相符；信用证的装船期、交单期、效期是否已过期或与申请打包放款的发放日临近。

有下列情况之一的，除非申请人实力雄厚，具备足够的还款能力，且资信良好，否则不予办理打包放款：

①开证行资信差，有挑剔或无故拖延付款的先例，且无银行认可的第三家银行加具保兑；

②开证行或付款行所在地、货运目的地位于局势动荡、战乱频繁的国家或地区或当地发生经济危机、外汇短缺、外管较严等情况，收汇无保障的，且无银行认可的第三家银行加具保兑；

③信用证限制由其他银行议付、付款、承兑、延期付款，或存在含混不清、无法履约的条款，或信用证中隐含着影响收汇安全的软条款，且信用证无法进行相应修改；

④经转让的信用证，转让行不承担独立付款责任的。

第五节 其他信贷品种

一、提货担保

（一）提货担保定义

提货担保是指在货物先于信用证项下提单或其他物权凭证到达的情况下，为便于进口商办理提货，尽快实现销售和避免货物滞港造成的费用和损失，银行根据开证申请人的申请向船公司出具书面担保。银行在担保书中承诺日后补交正本提单，换回有关担保书。

（二）提货担保业务操作流程

（1）开证申请人（进口商）向银行（开证行）提出办理提货担保业务的申请，并填写《提货担保申请书》；

（2）开证申请人向银行提供近期财务报表、提单复印件等材料，必要时提供保证金等担保措施；

（3）银行向签发提单的承运人或其代理人出具提货担保书；

（4）扣保提货后，一旦收到所需单据，立即凭正本提单到提货所在地将银行担保书换回并退还银行。

（三）提货担保业务特点

1.提货担保由信用证开证银行签发或者由银行加签

对于非由银行自己开出的信用证,银行拒绝叙做信用证项下的提货担保业务。银行自己开出进口信用证后,由于正本提单的流转在自己控制下,而且银行对进口商的信用在开立信用证时已经做过全面审查,对这种信用证交易的真实贸易背景以及贷款支付环节比较有把握,从而减少了提货担保业务的风险。在担保函的形式方面,由银行加保的情形最常见。

2.进口商凭提单副本等文件向银行提出申请

进口商须向银行提供提货担保申请书及提货担保保函(样本)以及相关资料,如发票复印件或传真件、提单副本或正本、提单复印件或传真件或运输公司的到货通知书、箱单复印件或传真件、进口付汇核销单等。经审核查实通过后,银行将提货担保保函交客户提货。

3.大部分银行要求进口商必须提供全额保证金

也有银行对不同信用证项下的提货担保的反担保措施加以区别对待。对即期信用证项下的提货担保,要求收取全额保证金。远期信用证项下可减收保证金,视情况收取一定比例的保证金。不足部分须由申请人、担保人提供抵押(质押)或第三人提供保证。

(四)提货担保业务申请条件

(1)企业应具备进出口业务经营权,且资信较好;

(2)在办理提货担保前,开证申请人须以书面形式承诺,无论单据是否存在不符点,均同意对外付款或承兑;

(3)办理提货担保项下的信用证须由办理银行开出。

二、汇款融资(T/T 融资)

(一)汇款融资定义

汇款融资是指在汇出款项下,银行凭进口商提供的全套 T/T 汇出款手续,在进口商对外付款时向其提供的短期资金融通,并由申请人按约定还本付息的业务。

(二)汇款融资的特点

(1)进口商无需以自有资金支付进口汇出款项下的款项,可从银行取得短期资金融通。

(2)银行提供最高达全部付款金额的即期融资。

(3)融资金额一般不超过该进口合同项下货物进口报关单金额;如进口合同中有预付条款,融资金额则为扣减预付款后的金额。

(三)申请进口汇出款融资的基本条件

(1)进口商品必须是申请人主营范围内的商品,市场销售前景良好;

(2)必须具有真实的贸易背景,符合国家外汇管理的有关规定;

(3)申请人必须获得银行授予的进口汇出款融资授信额度,并在额度内提出融资申请;

(4)申请人必须以书面形式向银行提出申请,并签订进口汇出款融资合同;

(5)申请人必须提供融资需要的相关单证。

(四)汇款融资业务操作流程

(1)向银行提交汇出汇款项下有效凭证、商业单据及银行要求的其他资料,并填写《汇出汇款融资业务申请书》;

(2)银行对客户提交的资料进行审核,确定是否符合办理条件;

(3)客户与银行办理签订贷款合同、填写借据等相关手续;

(4)银行代付对外支付该笔贷款。

本章小结

1.进出口信贷是一种国际信贷方式,是一国为了支持和扩大本国大型机械、成套设备、大型工程项目等的出口,加强国际竞争能力,以对本国的出口给予利息补贴并提供信贷担保的办法,鼓励本国的银行对本国出口商资金周转的困难,或满足国外进口商对本国出口商支付贷款需要的一种融资方式。

2.出口卖方信贷是出口方银行向本国出口商提供的商业贷款。

3.出口买方信贷一般由出口国出口信用保险机构提供出口买方信贷保险。

4.国内保理业务为国内贸易中的信用销售(特别是赊销方式)而设计的一项综合性金融服务。

5.打包放款是银行在授信额度内,根据信用证受益人的申请,以信用证为控制手段,以信用证项下的出口收汇作为主要的还款来源,为其提供资金融通,用于组织出口货源的业务。

6.提货担保是指在货物先于信用证项下提单或其他物权凭证到达的情况下,为便于进口商办理提货,尽快实现销售和避免货物滞港造成的费用和损失,银行根据开证申请人的申请向船公司出具书面担保。

7.汇款融资是在汇出款项下,银行凭进口商提供的全套 T/T 汇出款手续,在进口商对外付款时向其提供的短期资金融通,并由申请人按约定还本付息的业务。

练习题

一、名词解释

1.卖方信贷	5.打包放款
2.买方信贷	6.提货担保
3.福费廷	7.汇款融资
4.保理	

二、单项选择题

1.买方信贷申请,商务合同项下进口方应支付( )的预付款。

A.10% B.15% C.5% D.20%

2.进口商在发票到期日( )天后仍未付款,进口保理商做担保付款。

A.60 B.90 C.30 D.120

3.打包放款业务的最高金额为信用证金额的（   ）。

A.75%　　　　　　B.50%　　　　　　C.80%　　　　　　D.65%

4.远期信用证不能超过（   ）天。

A.90　　　　　　B.30　　　　　　C.60　　　　　　D.15

5.在国际保理业务中,（   ）于发票到期日前向进口保理商付款。

A.进口商　　　　　　B.出口商　　　　　　C.进口保理商　　　　　　D.出口保理商

三、多项选择题

1.福费廷业务的报价应根据（   ）等因素确定。

A.进口货物　　　　B.合同金额　　　　C.付款期限　　　　D.市场行情

2.国际保理业务的优点包括（   ）。

A.增加营业额　　　B.安全性高　　　　C.手续简化　　　　D.节约成本

3.客户申请办理打包放款业务时应提交（   ）。

A.打包放款申请书　　　　　　　　B.正本信用证

C.出口商务合同　　　　　　　　　D.资金安排

4.打包放款业务的期限一般为（   ）。

A.不超过信用证有效期后的 15 天　　　B.一般为三个月

C.最长不超过半年　　　　　　　　　　D.配置资金阶段

5.打包放款业务操作中,参与方包括（   ）

A.进口商　　　　B.开证行　　　　C.出口商　　　　D.出口保理商

四、判断题

1.进出口信贷是促进资本货物出口的一种融资手段。（   ）

2.买方信贷贷款金额最高不超过商务合同价的 80%～85%。（   ）

3.出口商在背书转让债权凭证的票据时均加注"无追索权"字样（Without Recourse）,从而将收取债款的权利、风险和责任转嫁给包买商。（   ）

4.传统的福费廷业务,其票据的期限一般在 1～5 年。（   ）

5.出口卖方信贷的利率一般比较优惠。（   ）

五、问答题

1.什么是进出口信贷？进出口信贷的主要形式是什么？

2.什么是福费廷？福费廷业务有哪些特点？

3.什么是银行保理业务？保理业务有哪些功能？

4.什么是打包放款？打包放款的受理原则有哪些？

5.什么是提货担保？

6.什么是汇款融资？

第11章
贷款风险管理

学习目的与要求

了解贷款风险的概念、特征；

掌握贷款风险分类的概念、五类贷款的定义与特征；

了解贷款风险分类的意义与作用；

掌握贷款风险分类的步骤；

掌握贷款风险分类的方法；

掌握不良贷款管理方法。

导入案例

红星啤酒厂贷款风险分类

(一)借款人的基本情况

借款人红星啤酒厂,成立于1982年,是海滨市的第一家啤酒生产企业,在20世纪80年代,生产销售量占到本市啤酒销售的25%,成为市里的重点企业和利税大产。1996年,该厂为进一步提高产品质量,扩大销售,于1996年6月,向A银行申请了一笔技术改造贷款,贷款金额1 200万元,期限三年(1996年7月15日—1999年7月15日),按季归还贷款本息,还款来源为固定资产折旧和销售收入。由海滨市东方房地产公司提供700万元的担保,并用红星啤酒厂的一套价值700万元的生产设备作为抵押。

(二)第一次分类时借款人的情况(分类时间:1997年1月)

借款人严格按照贷款合同的规定使用了贷款,并能按期偿还贷款的本息,还款记录良好;

通过对借款人1996年末的财务报表资料(略)分析:

其财务状况良好,销售收入和经营利润稳中有升,现金净流量为正值;

经过技术改造,产品质量有所提高,产、销量稳中有升;管理层在严格产品质量管理的同时,积极开拓销售市场,市场占有率从上年同期的25%,上升到32%;

通过对借款人行业、经营、管理等方面非财务因素的分析,发现不存在影响借款人未来还款能力的不利因素;担保抵押情况没有不利的变化。

(三)第一次分类结果与理由

分类结果为正常类贷款。

理由：

财务分析表明，借款人的财务状况良好；

现金流量分析表明，现金净流量为正值，有正常、充足的还款来源；

非财务因素分析表明，还款意愿良好，不存在影响未来还款能力和还款可能性的明显不利因素。

借款人本身的历史财务状况良好，可预见的未来还款能力正常，所以为正常类贷款。此时也要考虑信用支持的状况。

（四）第二次分类时借款人的情况（分类时间：1998 年 1 月）

借款人能按期偿还贷款本息；

借款人的财务状况是可以接受的，但经营利润有所下降，应收账款回收期变慢；现金净流量仍为正值，但较去年同期有所下降；

经进一步的调查、分析，海滨市在 1997 年度，有三家新的啤酒厂投产，其中，一家中外合资企业，生产、销售一种世界名牌啤酒，市场竞争十分激烈，借款人的市场份额已经下降到 19％；而同时，由于国家大幅度调整农副产品价格，啤酒的原材料成本上涨。

（五）第二次分类结果及理由

分类结果为关注类贷款。

理由：

借款人的财务分析和现金流量分析表明，目前的还款能力没有问题；但主要的财务比率和现金净流量有下降趋势，在市场竞争和原材料成本方面存在一些影响借款人未来经营情况的不利因素，如果不利因素持续下去，将影响借款人的还款能力。

（六）第三次分类时借款人的情况（分类时间：1999 年 1 月）

借款人在还本付息方面出现三次延迟现象，其中一次拖欠利息达两个多月；

借款人 1998 年度的财务报表分析显示，从 1998 年 9 月开始，经营利润明显下降，年度利润仅为 20 万元；而现金净流量为－30 万元。

受市场竞争和原材料成本上升的持续影响，借款人的生产经营状况较不理想；在 1998 年年末，一位负责生产管理的副厂长被合资啤酒厂高薪聘任为厂长，企业的产品质量不断出现问题，销售量大幅下降，市场份额只有 8％，产品出现积压，有大量的货款被拖欠。

受目前大的经济环境的影响，房地产行业十分不景气，海滨市房地产业出现亏损。

（七）第三次分类结果和理由

分类结果为次级类贷款。

理由：

现金流量为负值，主营业务收入已不足以归还贷款的本息，借款人的还款能力出现了明显问题。

此时对贷款进行担保的房地产业也出现了亏损现象，不能足额偿还贷款。

通过上述红星啤酒厂贷款风险分类过程，我们可以了解到，在信贷资金运动中，从贷款的发放到收回存在着一个贷款的生命周期，由于多种无法事先预料的不确定性因素，借款人在经营过程中可能会面临经营失败或经营风险,这些风险又通过信贷资金运动传导到商业银行,使商业银行不能按期收回贷款或收不回贷款。本章主要介绍贷款风险的概念、特征,贷款风险分类意义、作用、步骤与方法。

第一节　贷款风险概述

一、贷款风险

(一)贷款风险定义

贷款风险是指造成贷款损失或不利的可能性。数量上的可能性表现为贷款能否全部收回,时间上表现为能否按期收回。商业银行作为经营货币信用业务的特殊企业,本身就是高风险行业,承担风险是商业银行不可避免的事,如果一家商业银行以避免一切风险作为经营的原则,那么这家商业银行将无生意可做,也无收益可言。但是,如果承担太多风险,或者不知道风险的存在,或知道风险存在却不知道程度有多大,都是危险的。

信贷资金安全地投放出去,又安全地收回来,这是信贷资金良性循环的表现。但是,在信贷资金运动过程中,总会由于这样或那样的原因,使得贷款不能按期、如数收回,这种可能性就是我们通常所说的贷款风险,因此,贷款风险存在是客观的,分析贷款风险的目的,就是在于如何将这种损失的可能性降到最低,保障商业银行信贷资产的安全。

(二)贷款风险与信用风险

贷款风险与信用风险是既有联系又有区别的两个概念。信用风险又称违约风险,指借款者不能按照合同要求偿还贷款本息而导致银行贷款遭受损失。信用风险主要来自客户的信用状况,其产生主要有两种原因:一是由于银行信贷员在发放贷款前对客户的信用状况缺乏认真细致的调查与分析;二是发放贷款后客户经营状况的恶化。信用风险是商业银行贷款业务面临的主要风险。信用风险存在于一切信用活动中,不仅银行信用有信用风险,国家信用、商业信用、消费信用以及民间信用都存在信用风险,对贷款人来说,贷款风险最主要的是信用风险,但贷款风险除了信用风险之外,还有利率风险、流动性风险、操作风险等。

1.流动性风险

流动性风险是指商业银行掌握的可用于即时支付的流动性资产不足以满足存款提现的要求,从而使商业银行丧失清偿能力的可能性。

2.利率风险(市场风险)

利率风险是指在市场利率波动时,由于银行的资产和负债的期限结构不平衡、形式不协调引起的利率收入和支出变动不一致而给银行带来损失的可能性。利率风险是现代商业银行面临的基本风险。

3.汇率风险(市场风险)

汇率风险又称外汇风险,是指由于汇率的波动而使银行外汇贷款蒙受损失或丧失预期收益的可能性。随着商业银行业务中外汇业务量的不断增加,外汇风险的影响也显得越来越重要。

4.国家风险

国家风险即国家信用风险,是指由于借款国政治、经济、社会环境的变化使该国不能按约偿还债务本息的可能性。国际银行业务的扩大,使国家风险问题日益突出。国家风险形成以后,银行的催收能力十分有限,而且国家风险还有连锁效应,即一国债务危机会影响其他国家偿还外债的能力,甚至会引发全球性的金融危机。

5.竞争风险

竞争风险是指金融业激烈的同业竞争造成银行贷款客户流失、市场占有份额下降、银行利差缩小从而增大银行总风险,威胁银行安全的可能性。

6.法律风险

法律风险是指商业银行在开展银行业务过程中,因合同不能履行、发生争议诉讼或其他法律纠纷,而给银行带来经济损失的风险。法律风险主要表现为:

(1)合同可能依法撤销或者确认无效;

(2)合同可能被依法变更,且变更的结果不利于银行;

(3)因违约、侵权或者其他事由被提起诉讼或者申请仲裁,依法可能承担赔偿责任;

(4)知识产权受到侵犯;

(5)业务活动违反法律、法规等的规定,依法可能承担行政责任或者刑事责任。

7.操作风险

操作风险是指由不完善或有问题的内部程序、员工和信息科技系统,以及外部事件所造成的商业银行损失的风险。

(三)贷款风险与风险贷款

贷款风险与风险贷款也是有区别的。我们常说的风险贷款实际上有两种含义:一种是指不良贷款,亦即非正常贷款或有问题贷款,贷款本息的回收已经发生困难甚至根本不可能收回;另一种是指高风险贷款,如科技贷款,这种贷款本息回收的不确定性很大,贷款人在承担了较大的贷款风险的同时,有可能取得较大收益。

二、贷款风险来源

从信贷资金运动过程来看,从贷款的发放到贷款的收回存在着一个生命周期,如图11-1所示。

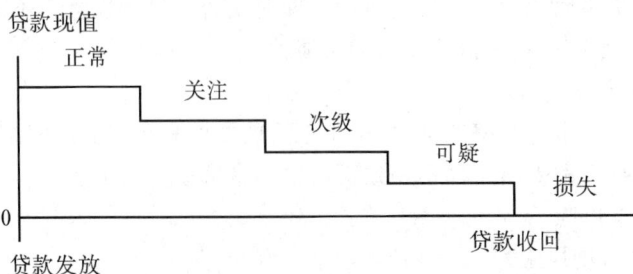

图 11-1 贷款生命周期图

贷款风险是指由于一些不确定性因素造成信贷资金损失的一种可能性,这种可能性在信贷资金运动过程中不一定会成为现实,因此,贷款风险并不等于贷款损失。贷款损失是商业银行贷款资金运动结果的一种表现,只有在贷款到期无法收回的后果出现后,才是真正意义上的损失。贷款风险有转变为贷款损失的可能性,但没有必然性,只有认识这一点,才能正确地对待风险、处置风险。商业银行经营者不重视风险的预测和防范,乱发贷款不行;但过于害怕风险变成损失,患得患失地采取消极的态度不发贷款也不行。

三、控制贷款风险策略

(一)风险回避策略

回避就是不予贷款。回避不能一概而论,因为贷款是银行运用资金的主要途径,也是银行利润的主要来源,不贷款的银行是不存在的。对贷款人来说,切实可行而且不得不进行的回避是指对风险较大的借款申请人不予贷款,为此,贷款人必须对借款申请人进行信用分析,根据信用分析的结果来决定是否回避,换句话说,信用分析是回避的前提,只有在信用分析基础上进行的回避才不是盲目的回避,而是必要的回避。

(二)风险分散策略

分散策略是贷款人管理贷款信用风险的一种常用而且有效的策略。贷款分散化分散了贷款风险,最终能达到降低贷款风险的目的。贷款越分散,根据概率论中独立事件的乘法法则,所有贷款同时成为呆账的概率就越小,而且贷款越分散,每一笔贷款的金额就越小,即使某一笔贷款成为呆账,对贷款人冲击也不大;相反,如果贷款非常集中,某一笔大额贷款的损失都有可能使贷款人倒闭。

(三)风险转嫁策略

贷款风险的转嫁策略是指贷款人以某种特定的方式将贷款信用风险转嫁给他人承担的一种策略。风险转嫁策略在风险管理中运用得相当广泛,它包括保险转嫁和非保险转嫁两种方式。

1.贷款风险的保险转嫁策略

贷款人通过直接或间接投保的方式,将贷款风险转嫁给承保人承担,这种通过保险公司开办贷款保险转嫁风险的方式对贷款人来说是非常有效的。但所有贷款都由保险公司进行保险是不现实的,一是因为保险公司没有全面承保贷款风险的能力,二是因为银行从来都是而且应该是贷款风险的管理者和保险者。但是这并不等于说贷款风险的保险转嫁就不可能。

从国内外实践来看,贷款风险的保险转嫁途径有两条:一是对有些贷款的风险可由借款人或贷款人以向保险人投保的方式转嫁给保险人,如出口信贷大都有出口信用保险机构提供的出口信用保险作支持,国际信贷中的国家风险特别是其中的政治风险也可以由保险人承保;二是借款人将其在生产经营过程中面临的各种可保风险都向保险公司投保,从而使贷款人面临的贷款风险间接地转嫁给保险公司,因为贷款风险是借款人面临的风险转嫁而来的。贷款人可以要求借款人投保,或以投保作为先决条件,特别是借款人的财产(包括抵押财产和非抵押财产)更应在保险公司投保财产保险。

2.贷款风险的非保险转嫁策略

贷款风险的非保险转嫁主要是将贷款风险转嫁给除保险人之外的第三人,通常是指贷款人以保证贷款的方式发放贷款。所谓保证贷款,是指按《中华人民共和国担保法》规定的保证方式以第三人承诺在借款人不能偿还贷款时,按约定承担一般保证责任或连带责任而发放的贷款。保证贷款的回收多了保证人这一道安全保障,而且保证人通常都是信用较好的单位或个人,所以保证贷款的安全性比信用贷款要高。但由于保证人通常是以其信誉为借款人提供保证的,当借款人不能履行债务时,一旦保证人也不能或不愿履行保证责任,对贷款人来说等于是贷款风险没有转嫁出去,所以保证贷款的安全性较抵押贷款和质押贷款要低。

目前,保证贷款在我国银行贷款中所占的比重越来越高,但保证贷款的安全性并不很高,保证贷款存在很多问题,如草率保证、"人情保证"、"连环保证";保证人无代偿债务能力或有代偿债务能力而不愿履行保证义务,甚至连三岁娃娃也成了保证人,等等。所以,需要花大力气提高保证贷款的有效性和安全性。

(四)风险控制策略

贷款风险的控制策略是指贷款人在贷前、贷时和贷后采取相应措施,防止或减少贷款信用风险损失的策略。从这个意义上说,风险控制包括了风险分散和风险转嫁。除了风险分散和风险转嫁之外,贷款信用风险的控制还有其他许多措施,其中主要有以下几种:建立健全审贷分离制度,提高贷款决策水平;推广抵押贷款和质押贷款,提高抵押贷款和质押贷款的有效性和安全性;加强贷后检查工作,积极清收不良贷款。

(五)风险补偿策略

对贷款人来说,贷款信用风险只可能减少,不可能消除,贷款人必须承担一定的风险损失。所谓风险补偿,就是指贷款人以自身的财力来承担未来可能发生的保险损失的一种策略。风险补偿有两种方式:一种是自担风险,即贷款人在风险损失发生时,将损失直接摊入成本或冲减资本金;另一种是自保风险,即贷款人根据对一定时期风险损失的测算,通过建立贷款呆账准备金以补偿贷款呆账损失。

第二节　贷款风险分类

一、贷款风险分类定义

贷款风险分类是指商业银行的信贷分析人员和管理人员或监管当局的检查人员,综合能获得的全部信息,并运用最佳判断,根据贷款风险程度对贷款质量作出评价。贷款风险分类不但包括结果也包括过程。

贷款风险分类就是把信贷资产划分为不同类别,从微观上来看贷款如何分类、分几类,是商业银行信贷风险管理的一项重要工作。商业银行自身要生存和发展,稳健经营,客观上就要求商业银行根据审慎的原则和风险管理的需要,定期对信贷资产进行审查,并将审查结果分门别类,这种做法就是贷款分类。从宏观上来看,贷款分类的档次与标准是衡量贷款内在风险的一种价值尺度,它是一种公共商品,由政府提供才具有权威性和广泛的可接受性。因此,要求监管当局制定和发布统一的贷款分类标准,作为衡量贷款内在风险的统一价值尺度。

二、贷款风险分类目标、原则及标准

贷款信用风险是我国银行业面临的最主要风险,完善的贷款风险分类制度是有效防控贷款信用风险的前提。1998年,中国人民银行发布《贷款风险分类指导原则》(银发〔1998〕151号),提出了五级分类概念。2007年,原银监会发布《贷款风险分类指引》(银监发〔2007〕54号),进一步明确了五级分类监管要求。

《贷款风险分类指引》所指的贷款分类,其实质是判断债务人及时足额偿还贷款本息的可能性。

(一)贷款分类应达到的目标

1.揭示贷款的实际价值和风险程度,真实、全面、动态地反映贷款质量。

2.及时发现信贷管理过程中存在的问题,加强贷款管理。

3.为判断贷款损失准备金是否充足提供依据。

(二)贷款分类应遵循的原则

1.真实性原则。分类应真实客观地反映贷款的风险状况。

2.及时性原则。应及时、动态地根据借款人经营管理等状况的变化调整分类结果。

3.重要性原则。对影响贷款分类的诸多因素,要根据本指引第五条的核心定义确定关键因素进行评估和分类。

4.审慎性原则。对难以准确判断借款人还款能力的贷款,应适度下调其分类等级。

(三)贷款风险分类标准

商业银行应按照指引要求,至少将贷款划分为正常、关注、次级、可疑和损失五类,后三类合称为不良贷款。

1.正常类:借款人能够履行合同,没有足够理由怀疑贷款本息不能按时足额偿还。

2.关注类:尽管借款人目前有能力偿还贷款本息,但存在一些可能对偿还产生不利影响的因素。

3.次级类:借款人的还款能力出现明显问题,完全依靠其正常营业收入无法足额偿还贷款本息,即使执行担保,也可能会造成一定损失。

4.可疑类:借款人无法足额偿还贷款本息,即使执行担保,也肯定要造成较大损失。

5.损失类:在采取所有可能的措施或一切必要的法律程序之后,本息仍然无法收回,或只能收回极少部分。

拓展阅读

《商业银行金融资产风险分类暂行办法(征求意见稿)》

一、制定背景

近年来,我国商业银行金融资产的风险特征发生了较大变化,风险分类实践面临诸多新情况和新问题,暴露出现行风险分类监管制度存在的不足。2017年,巴塞尔委员会发布了《审慎处理资产指引——关于不良暴露和监管容忍的定义》,明确了不良资产和重组资产的认定标准和分类要求,以增强全球银行业资产风险分类标准的一致性和结果的可比性。

借鉴国际最新要求并结合国内监管实践,促进商业银行准确评估信用风险,真实反映资产质量,2019年4月30日中国银行保险监督管理委员会起草了《商业银行金融资产风险分类暂行办法(征求意见稿)》(以下简称《暂行办法》),并向社会公开征求意见。以取代现行《贷款风险分类指引》。

二、核心内容

《暂行办法》共六章48条,要求商业银行遵循真实性、及时性、审慎性和独立性原则,对承担信用风险的金融资产开展风险分类。与现行《指引》相比,《暂行办法》拓展了风险分类的资产范围,提出了新的风险分类核心定义,强调以债务人为中心的分类理念,明确把逾期天数作为风险分类的客观指标,细化重组资产的风险分类要求。同时,《暂行办法》针对商业银行加强风险分类管理提出了系统化要求,并明确了监督管理有关要求。

《暂行办法》除总则和附则外,主要包括四方面内容。一是提出金融资产风险分类要求。明确金融资产五级分类定义,设定零售资产和非零售资产的分类标准,对债务逾期、资产减值、逃废债务、联合惩戒等特定情形,以及分类上调、企业并购涉及的资产分类等问题提出具体要求。二是提出重组资产的风险分类要求。细化重组资产定义、认定标准以及退出标准,明确不同情形下的重组资产分类要求,设定重组资产观察期。三是加强银行风险分类管理。要求商业银行健全风险分类治理架构,制定风险分类管理制度,明确分类方法、流程和频率,开发完善信息系统,加强监测分析、信息披露和文档管理。四是明确监督管理要求。监管机构定期对商业银行风险分类管理开展评估,对违反要求的银行采取监管措施和行政处罚。

三、分类标准

《暂行办法》将金融资产按照风险程度分为五类,分别为正常类、关注类、次级类、可疑类、损失类,后三类合称不良资产。

1.正常类:债务人能够履行合同,没有客观证据表明本金、利息或收益不能按时足额偿付,资产未出现信用减值迹象。

2.关注类:虽然存在一些可能对履行合同产生不利影响的因素,但债务人目前有能力偿付本金、利息或收益,且资产未发生信用减值。

3.次级类:债务人依靠其正常收入无法足额偿付本金、利息或收益,资产已经发生信用减值。

4.可疑类:债务人已经无法足额偿付本金、利息或收益,资产已显著信用减值。

5.损失类:在采取所有可能的措施后,只能收回极少部分金融资产,或损失全部金融资产。

前款所称信用减值指根据所适用的会计准则,因债务人信用状况恶化导致的资产估值向下调整。

四、逾期天数

商业银行开展风险分类的核心是准确判断债务人偿债能力恶化程度,逾期天数长短是反映资产恶化程度的重要指标。然而,现行《指引》对逾期天数与分类等级关系的规定不够清晰,导致一些银行以担保充足为由,未将全部逾期90天以上的债权纳入不良。《暂行办法》明确规定,金融资产逾期后应至少归为关注类,逾期 90 天以上应至少归为次级类,逾期 270 天以上应至少归为可疑类,逾期 360 天以上应归为损失类。《暂行办法》实施后,逾期 90 天以上的债权,即使抵押担保充足,也应归为不良。同时,考虑到非零售债务人逾期 90 天以上所反映出的风险严重程度,规定同一债务人在所有银行的债务中逾期 90 天以上债务已经超过 5% 的,各银行均应将其债务归为不良。

资料来源:《中国银保监会有关部门负责人就〈商业银行金融资产风险分类暂行办法(征求意见稿)〉答记者问》,http://www.cbirc.gov.cn/cn/view/pages/ItemDetail.html? docId＝217298&itemId＝917&generaltype＝0;《中国银行保险监督管理委员会关于〈商业银行金融资产风险分类暂行办法(征求意见稿)〉公开征求意见的公告》,http://www.cbirc.gov.cn/cn/view/pages/ItemDetail.html? docId＝217263&itemId＝925&generaltype＝0。

三、贷款风险分类的必要性与分类的意义

(一)贷款风险分类的必要性

1.贷款的特性要求对贷款资产进行分类

要了解为什么要对贷款分类,首先要明白贷款的特性。贷款的特性表现在以下三个方面:一是贷款具有内在风险。从商业银行角度来讲,存款到期要支付,而贷款到期不一定能全部收回。也就是说贷款从发放之日起,就面临着坏账风险。而商业银行的资产负债表却不能完全反映贷款的真实价值或者贷款的内在风险,因此,必须通过贷款分类,了解每笔贷款的内在风险及真实价值。二是贷款无法按市场价格定值。由于贷款本身没有市场,也就没有市场价格,而从商业银行信贷管理角度来讲,又必须了解贷款的真实价值有多少。三是贷款信息的不对称。借款人比商业银行更了解自己所处的市场环境、财务状况及还款意愿。商业银行不可能消除这种信息的不对称,但是可以通过贷款分类减少信息不对称所带来的危害。

2.贷款分类是商业银行稳健经营的需要

商业银行具有与生俱来的风险,商业银行要在风险中生存、发展,必须稳健经营,商业银行要稳健经营不仅要化解已经发生的风险,而且还要及时识别和弥补那些确实存在但尚未实现的风险,即内在风险。贷款分类就能帮助我们识别贷款的内在风险。同时在贷款分类的过程中,我们可以发现信贷管理、内部控制等方面存在的问题,有利于提高商业银行信贷管理水平。

3.贷款分类是中央商业银行监管的需要

监管当局对金融机构实行有效的监管,必须通过非现场检查,对金融机构的信贷资产进行连续监控,并通过现场检查独立对金融机构信贷资产质量进行评价,这些都离不开统一的贷款分类标准。

4.统一的贷款分类标准是利用外部审计师力量进行金融监管的需要

外部审计师是帮助金融机构防范金融风险的一个不可缺少的外部社会力量,统一规范的贷款分类方法,才能保证外部审计师在信贷资产质量和专项审计及全面常规审计方面的工作质量。

5.统一贷款分类标准是利用市场机制处理问题金融机构的必要条件

当一家金融机构出现问题面临重组,需要被收购或兼并的时候,潜在的投资者需要了解该机构的净值,为此要对投资对象进行清产核实,这样,就需要一个统一的价值尺度来进行。

(二)贷款风险分类的意义

贷款风险分类法就是指商业银行在对信贷资产进行分类时,以该笔贷款遭受风险程度的大小来判断其内在风险和贷款真实价值,并依据定义将贷款归于适当的类别,对不同类别的贷款实施不同的管理方法。采用贷款风险分类法,不仅在于通过分类获得贷款质量的数据,而且对商业银行信贷管理提出了更高要求,因此,贷款风险分类法的推行又有助于培养健康的信贷文化,从而有助于在我国建立规范的商业银行信贷管理制度。实施贷款风险分类方法对商业银行的信贷管理有着很大的好处,主要表现在:

1.风险分类法可以克服因信息不对称对商业银行信息管理所造成的影响

借款人对自己还款能力的了解超过商业银行,具体经办信贷员对贷款的了解也超过其他部门和高层管理者,而这两者都有隐瞒贷款信息的动机。风险分类法要求信贷员、信贷管理者、高层管理人员全面、动态、准确地了解与贷款有关的全部定性和定量信息,并建立管理信息系统,使贷款信息分类结果得到及时共享和反馈。这样就可消除信息不对称对信贷管理造成的危害。

2.风险分类法有助于扭转信贷管理的落后行为

风险法产生的结果不直接来源于会计数据,不能简单地从账本和电脑中获得,而是要通过综合分析以及各种财务、非财务因素信息,通过规范、标准的程序产生,因此可以扭转信贷管理中过于重视客户背景,以信用评级代替分类结果等落后行为。风险分类法将主营收入作为第一还款来源,改变过去过于重视利润而忽视现金流量经营思维方法,向国际惯例靠拢。风险分类法覆盖了从贷款发放到从账面消失的整个生命周期,有助于从流量上减少不良贷款的发生。

3.风险法有助于商业银行提高自身信贷管理水平

风险法提供了统一的信贷分析框架和信贷语言,帮助信贷分析人员和检查人员透过各种繁杂的表面现象,发现影响贷款质量最直接、最本质的因素。风险法有助于克服信贷管理中的道德危害,分清不良贷款质量恶化的原因和责任,帮助商业银行认识自身信贷管理中存在的问题。风险法提供了一种自然选择机制,有助于从制度上提高从业人员的素质。风险法的知识含量很高,要求信贷人员必须具备起码的专业知识。有了风险法的硬性专业标准,就为优胜劣汰的用人机制提供了一种可参考的依据。

第三节　贷款风险分类的程序

贷款风险分类的程序如图 11-2 所示。

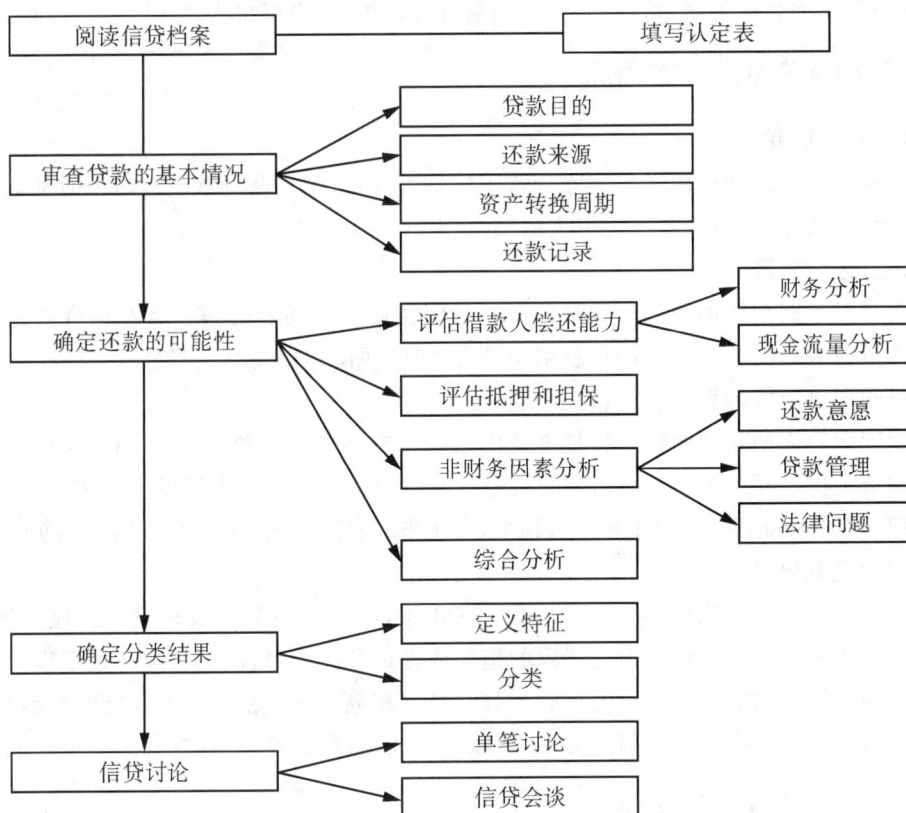

图 11-2 贷款风险分类程序图

一、阅读信贷档案

信贷档案是商业银行发放、管理、收回贷款这一完整过程的真实记录,信贷档案应至少覆盖以下六个方面内容:

(1)客户基本情况,包括:借款人的名称,地址,企业类型及所处行业,业务经营范围及主营业务;组织结构,业主和高级管理人员的情况及其附属机构的情况;借款人的经营历史,信誉评级,以及保证人的基本情况。

(2)借款人和保证人的财务信息,包括:借款人的资产负债表,损益表,现金流量表,外部审计师报告,借款人的其他财务信息;保证人资产负债表,损益表,外部审计师报告和其他财务信息。

(3)重要文件,包括:借款人贷款申请;商业银行信贷调查报告和审批文件,包括长期贷款的可行性报告,上级行的立项文件、批准文件;贷款合同,贷款额度或授信书;贷款担保的法律文件,包括贷款合同,保证书,抵押品评估报告,财产所有权证等;借款人还款计划或还款承诺。

(4)往来信函,包括信贷员走访考察记录,备忘录。

(5)借款人还款记录和商业银行催款通知。

(6)贷款检查报告,包括定期、不定期信贷分析报告、内审报告。

二、审查贷款的基本情况

(一)贷款目的

贷款合同上最初的用途与实际贷款用途是否一致,是判断贷款正常与否的基本标志,贷款一旦被挪用,就意味着产生更大的风险。

(二)还款来源

还款时合同约定的还款来源是什么?目前偿还贷款的资金是什么?在贷款分类中,分析人员应判断借款人约定的还款来源是否合理,风险程度是高还是低。

(三)资产转换周期

资产转换周期是商业银行信贷资金由金融资本转化为实物资本,再由实物资本转换为金融资本的过程。资产转换周期的长短是商业银行确定贷款期限的主要依据。因此一家管理有方的商业银行在审批贷款过程中,往往非常重视对贷款对象资产转换周期的研究。

(四)还款记录

还款记录对于贷款分类的确定具有特殊作用,一方面还款记录直截了当地告诉我们贷款是在正常还本付息还是发生严重的拖欠或被部分注销;贷款是否经历过重组;本息逾期的时间;是否已挂账停息,以及应收未收利息累积额。这些信息基本上能够帮助我们很快地对贷款作出基本判断。另一方面,还款记录还是判断借款人还款意愿的重要依据。

三、确定还款的可能性

(一)财务分析

在贷款分类中,借款人经营状况是影响其偿还可能性的基本因素,其财务状况的好坏是评估借款人偿还能力的关键。通过财务分析,可以评价企业资本收益率能力,评价企业财务稳健性,是否具有流动性,是否具有清偿债务能力,企业未来的发展前景如何,从而对贷款分类作出较准确的判断。

(二)现金流量分析

贷款风险分类,主要考虑借款人的内在风险程度,即贷款偿还可能性,这主要取决于借款人的还款能力。还款能力的主要标志是借款人现金流量是否充足。

(三)评估抵押和担保

通过财务分析和现金流量分析,我们对企业第一还款来源有了清楚认识,当借款人财务状况出现变化时,就要分析抵押和担保状况,抵押和担保作为第二还款来源能够降低商业银行的受损程度,但不能改变借款人的信用状况。

(四)非财务因素分析

除了上述财务因素和抵押担保状况对还款可能性会产生很大影响,其他的一些非财务因素如行业环境、企业管理、还款意愿、商业银行信贷管理等因素都会对还款能力产生影响,通过对非财务因素进行分析,能够帮助信贷分析人员进一步判断贷款偿还可能性,使贷款分类结果更加准确。

(五)综合分析

确定还款可能性时,最主要的是对影响还款可能性的所有因素进行综合分析。分析的思路如下:借款人目前的财务状况怎样? 现金流量是否充分? 是否有能力还款? 借款人过去的经营业绩和记录如何? 是否具有还款意愿? 借款人目前和潜在的问题是什么? 对贷款的偿还会有什么影响? 借款人未来的经营状况会是怎样? 如何偿还贷款?

五类贷款的主要特征见表 11-1。

表 11-1　五类贷款的主要特征

	主 要 特 征
正常	借款人有能力履行承诺,并且对贷款的本金和利息进行全额偿还,没有有问题的贷款。
关注	1.净现金流量减少; 2.借款人销售收入、经营利润在下降,或净值开始减少,或出现流动性不足的征兆; 3.借款人的一些关键财务指标低于行业平均水平或有较大下降; 4.借款人经营管理有较严重问题,借款人未按规定用途使用贷款; 5.借款人的还款意愿差,不与商业银行积极合作; 6.贷款的抵押品、质押品价值下降; 7.商业银行对抵押品失去控制; 8.商业银行对贷款缺乏有效的监督。
次级	1.借款人支付出现困难,并且难以按市场条件获得新的资金; 2.借款人不能偿还对其他债权人的债务; 3.借款人内部管理问题未解决,妨碍债务的及时足额清偿; 4.借款人采取隐瞒事实等不正当手段套取贷款。
可疑	1.借款人处于停产、半停产状态; 2.固定资产贷款项目处于停缓状态; 3.借款人已资不抵债; 4.商业银行已诉诸法律来收回贷款; 5.贷款经过了重组,仍然逾期,或仍然不能正常归还本息,还款状况没有得到明显改善。
损失	1.借款人无力偿还,抵押品价值低于贷款额; 2.抵押品价值不确定; 3.借款人已彻底停止经营活动; 4.固定资产贷款项目时间很长,复工无望。

注:这里对各类特征只是作了提示性的归纳。在实际贷款的发放过程中,影响某些贷款偿还的特征可能远比此处列举的复杂。

在最后作出判断时,关键是要抓住每个类别的核心定义,它集中体现了每个类别的还款保证程度,从而反映了贷款的内在风险。从上述可以看出各类贷款风险的程度和损失呈现出逐步递增或恶化的趋势。

四、确定分类结果

根据上述还款可能性分析,依据《贷款风险分类指导原则》分类的标准及定义写出风险评级的理由,确定分类结果。

五、信贷讨论

信贷讨论是指检查人员就被查行贷款管理情况与其信贷管理人员或信贷人员进行的讨论，目的是为了进一步获得有用信息，并将贷款分类评级结果与被查行内部的分类结果进行比较，从而找出两者之间的差异，以及两者之间是否能够转化，以完成对贷款的综合评级。

第四节 贷款风险分类的方法

贷款风险分类的主要方法有借款人财务分析方法、现金流量分析方法、担保分析方法、非财务因素分析方法。以下主要介绍现金流量分析、担保分析、非财务因素分析在贷款风险分类中的运用。

一、现金流量分析

(一)现金流量分析的目的

通过财务分析，我们已经对企业的资产负债状况、财务状况、经营管理情况、偿债能力和利润情况有了详细的了解，但是，财务分析不能直接说明企业是否有现金、是否能还债。而企业的现金流量表却能告诉我们企业借款的原因和还款的来源，因此，对企业现金流量分析就成了信用分析的重要一环。

现金流量分析的目的是取得和了解企业现金收入及其来源，现金支出及其用途，以及企业投资和筹资活动方面的信息。分析和评价：企业未来产生净现金流量的能力；企业偿还债务及支付股利的能力；企业净收益与营业活动所产生的净现金流量发生差异的原因；现金和非现金投资和筹资活动对财务状况的影响。

现金流量分析最大的优点是可弥补通货膨胀对财务报表分析的偏差，直接以现时购买力来衡量企业资源的侵蚀程度，且容易被报表使用者理解。

(二)现金流量分析在贷款风险分类中运用

评价借款人偿还能力大小，除了财务分析以外，还有一个重要的方面就是对借款企业现金流量的分析。一个企业盈利能力大小对其偿还贷款有重要的影响，利润是偿还贷款的来源，但不能直接偿还贷款，偿还贷款最可靠的来源是现金。虽然一般情况来讲盈利企业比亏损企业偿还贷款的可能性大，但有时也会出现一家盈利企业因没有现金偿还贷款而面临清算，而一家亏损企业却因为有现金还款而继续经营，也就是说盈利与还款虽然有密切联系但还是有一定差别的。因此，除了对借款企业进行财务分析之外，还要对其现金流量进行分析，将两者结合起来评估借款企业的还款能力。

现金流量如同维持企业生存的血液，企业现金流量分析对企业财务状况来讲至关重要，而且现金流量分析的最大优点是可弥补通货膨胀对财务报表分析的偏差。它直接以现时购买力来衡量企业资源被侵蚀的程度，容易被报表使用者所理解。

在贷款风险分类中运用现金流量分析，主要分三个方面来看：一是借款人能否还款；

二是借款人如果能还款,还款的来源是什么,其来源是否稳定;三是如果借款企业不能还款,是由哪一种活动现金流量减少所造成的。在贷款风险分类中运用现金流量分析的步骤如下:

1.根据不同借款人确定分析的起点和重点

不同的行业或处于资产转换循环不同阶段的企业,现金流量的特点是不同的。以制造企业为例,一方面,在开发新产品或引进生产线时,借款人不仅没有销售,而且要为购进设备、原材料、招募员工而支付大量现金,所以经营活动现金流量为负,投资活动现金流量也为负,全部靠外部融资;随着产品上市,开始有销售收入,但是为了扩大销售量和市场份额,要给购买者一定折扣,给客户更长的信用优惠期,垫支较多的应收账款。另一方面,由于与原材料供应商未建立长久的业务关系,还要购买更多的存货防止经营中断,又不能获得自发性的融资。这样销售所得现金不足以支付销售所付现金,经营活动现金流量为负。在这一阶段,企业仍然要增加资本投资来扩大再生产,投资活动现金净流量仍然为负,所以借款人仍需外部融资支持。当产品处于成熟阶段,借款人市场份额趋于稳定时,现金流量开始变化,经营活动现金净流量稳定上升,除折旧外,投资活动不需现金支出,此时,企业不仅没有外部融资要求,而且会出现现金净流量开始偿还开发期和成长期的贷款。在产品衰退期,销售下降,借款人经营活动现金净流量减少甚至为负,靠出售投资维持生产,投资活动现金净流量为正,但由于偿还到期贷款而使筹资活动的现金净流量为负值。如果是流通企业或服务性企业,其现金流量的构成与上述企业会有较大差异,比如投资现金支出比例小,在不同的阶段现金流量都相对稳定。

由于不同行业或企业处于资产转换循环不同的阶段的现金流量特点是不同的,因此,在分析的时候就要确定不同的分析起点和重点。以上述制造企业为例,在产品开发期就不需要考虑经营活动现金流量,而要重点关注融资活动现金流入,分析其融资目的、融资规模、期限结构是否合理,是否与生产经营规模相适应,以此判断借款人未来还款的可能性大小。同时分析投资活动的现金流出是否满足资本循环的需要,能否有效地支持生产经营循环。产品上市后,要关注经营投资是否合理,借款人是否最大限度减少应收账款和存货的增加,扩大应付账款,同时分析资本循环引起的融资活动现金流出是不是在借款人充分利用现有设备后发生的。在产品成熟期我们分析的重点就是经营活动是否最大限度地产生了现金。另外,考察借款企业融资活动的现金流出是否合理,是否过多地分配股利而影响了偿还贷款。

2.考察借款人经营管理状况对现金流量的影响

借款人经营管理直接影响其现金流量,现金流量反过来会影响经营管理。分析借款人经营管理与现金流量的关系,不仅有助于从总体上把握其现金流量和还款能力,而且有助于判断其持续发展潜力或发现经营管理中存在的问题。

(1)从销售方面来看,考察借款人在行业中的市场份额如何,其营销手段如何,是否为顾客提供了比同行业其他企业更短的信用,有助于我们对其现金流量、还款能力和贷款档次与同行业其他借款人比较。要注意分析借款人销售是在增长还是下降,是加速还是平稳增长或下降,借款人如何根据外部因素的变化调整销售战略,销售增长引起的融资需求对现金流量和还款能力有何影响,现金不足或剩余时,借款人是怎样调整销售的。

（2）从费用方面主要是要看借款人成本控制是否有效，它对企业利润率的影响如何，融资成本是否低于其利润，销售环节是否合理，销售费用是上升还是下降，人员配置是否合理，管理人员是否多过生产人员。

（3）从经营循环方面要看借款企业应收账款如何变化，其周转率在上升还是下降，存货是否合理，周转率如何，借款人如何融资来满足营运投资需要，营运投资对借款人盈利能力和现金流量产生什么影响。

（4）从资本循环角度则要看，借款人如何根据客观经济环境的变化调整其厂房、设备等长期资产的投资，借款人经营活动产生的现金在扣除折旧后能否还款，折旧是否用于维修和重置固定资产，资本循环是否与经营循环相适应，其现金支出是否能带来相应的现金流入。

3.根据现金流量判断借款人的还款能力

（1）从总量上分析，得出借款人还款能力大小的初步结论

如果未来现金净流量为正数，表明借款人能够偿还贷款。因为现金净流量为正数意味着三种活动产生的现金收入足以支付三种活动所需的现金支出，而偿还贷款属于融资活动现金流出的一部分，所以，这种情况下借款人能够偿还贷款。

如果现金净流量为负值，并不意味着借款人不能还款。现金净流量为负值意味着现金流入小于现金流出总量，但由于偿还贷款只是现金流出的一部分，所以当现金净流量为负值时，借款人能否还款需进一步分析。

（2）从结构和流出顺序分析，判断借款人能否还款和还款来源

借款企业在正常经营情况下，经营活动的现金流入首先要满足经营活动现金流出的需要，如支付应付账款、购货付现、支付工资、销售费用、管理费用、支付利息、缴纳税金等，而不能先用于还款。

当经营活动现金净流量大于零，净利润大于零时，需要分配股利。当投资活动净现金流量大于零，经营活动产生的现金在分配股利后偿还贷款；如果不足，可用投资活动的剩余现金补足；仍然不足，则需借新还旧。如果投资活动净现金流量为负数，经营活动产生的现金分配股利后，首先要弥补投资活动的现金需求，然后再偿还贷款。这时的借款来源要么是经营活动，要么是融资活动。

当经营活动净流量为正数，净利润为负数时，借款人不需分配股利，而可以直接还款或弥补活动现金不足。

当经营活动现金净流量小于零，净利润小于零时，如果投资活动现金净流量大于零，那么首先要弥补经营活动现金流出，然后才能还款，不足时就需要融资，这时的还款要么是投资活动，要么是融资活动。如果投资活动现金净流量小于零，那么借款人必须融资来弥补经营活动和投资活动的现金流出，这时的还款来源只能是融资活动。

当经营活动现金净流量小于零，净利润大于零时，借款人处境更严峻，因为他还要面临分配股利。

4.确定贷款分类档次

在不考虑其他因素条件下：

如果借款人用经营活动产生的现金还款，而且现金流量稳定，那么贷款属于正常类。

如果借款人用经营活动产生的现金还款,但现金流量在减少,那么贷款档次为关注。

如果借款人不能用经营活动产生的现金还款,而要通过出售投资或减少投资支出甚至对外融资还款,那么贷款档次至少为次级。

如果对外融资产生的现金流入仍不足以还款,那么贷款档次至少为可疑。

如果出售无形资产、固定资产产生的现金,甚至转让股利所得现金都不足以还款,那么贷款档次应为损失。

二、担保分析

贷款担保是指商业银行为提高贷款偿还的可能性,降低商业银行资金损失的风险,由借款人或第三人对贷款本身的偿还提供的一种保证。商业银行在贷款业务经营中,风险存在是客观的,为了尽量避免或减少贷款风险,商业银行除了对借款人严格审查外,还必须采取防范风险的预防措施,贷款担保就是防范风险最有效的形式。贷款担保可分为信用担保和物权担保两大类。商业银行在贷款业务中设定担保纯属一种防御性措施,但是贷款担保并不是可有可无的,贷款担保为商业银行提供了一个可以影响或控制的潜在还款来源,从而最终增加了贷款偿还的可能性。贷款担保作为偿还贷款的第二还款来源,在一定条件下,担保就会变成现实的还款来源。贷款担保虽然不是可有可无的,但也不是万能的,在贷款业务中不能过分地依赖它。因为担保不能取代借款人信用状况,只是一种保证手段,取得担保并不一定能保证贷款的如数偿还,即使再好的抵押品也不会将一笔贷款生意由坏变好。相反,一旦商业银行不得不行使抵押权和质权,向保证人追索贷款,它花费的成本和精力将会使一笔贷款由盈利变为亏损,或者造成更大的损失。因为抵押物、质物在处分时具有处置风险,当你不得不拍卖、出售或转让某种物品和权利时,变现是有困难的,即使变现,这种被迫出售也会使资产价值降低。

在贷款风险分类中进行担保分析,核心就是判断贷款担保对还款能力的影响,发现贷款管理中存在的问题。

(一)抵押和质押的分析

在检查贷款质量,对贷款进行分类时,检查人员应对抵押物进行独立分析,审查抵押物是否为商业银行拥有,是否可识别,是否有合适的市场,以及其价值是否能够保证贷款的全部清偿。

通过抵押变现来偿还贷款,往往是不得已的手段,检查人员需要重点审查商业银行是否集中于对借款人财务状况的监测,发现企业经营中存在的问题,而在必要时再考虑处置抵押物来还款。对抵押的分析和评估主要包括以下几个方面的内容:

1.商业银行对抵押物的占有和控制情况

商业银行对抵押物占有权及其控制程度,直接影响到商业银行的第二还款来源,从控制风险的程度来讲,商业银行应取得第一抵押权,抵押必须是合法、有效的,并且要对抵押物实行有效的管理和控制。

2.抵押物的流动性

抵押物的流动性即变现能力大小,在借款人失去了第一还款来源后,它将直接影响到贷款本息的及时偿还和偿还程度。抵押物稳定,流动性强,商业银行贷款安全保障程度就高;反之亦然。

3.抵押物的价值及变现价值

在发放抵押贷款时商业银行应掌握抵押物的价值,发放贷款后要对其价值不断进行检查,不要因为抵押物价值下降而使贷款安全保障程度下降。从控制风险的角度来讲,商业银行应对抵押物价值的评估持谨慎和保守的态度。抵押物变现价值及抵押物出售时能够实现的价值取决于抵押物的品质、抵押物的保险、抵押物的损耗、变现原因、变现时的经济状况、市场情况等多种因素,同时贷款种类、贷款期限、变现所花费的时间和费用都对变现价值有影响。

4.抵押率确定是否合理

贷款到期时借款人无力偿还贷款,需用处理抵押物的价款来清偿贷款本息,这时抵押物的处理价款能否足够清偿贷款就取决于抵押率的确定是否妥当。抵押率的确定受抵押物类型、流动性、市场条件、贷款期限、通货膨胀、抵押物估价等多种因素影响且这些因素都是不确定的,因此要视具体情况而定。抵押率的高低也反映了商业银行对抵押贷款风险所持的态度。

质押的分析与抵押分析十分相似,在检查质押的有效性时应着重注意质物与贷款种类是否相适应;质物和质押行为是否符合法律规定;质物是否已投保并受到良好的维护;对质物的估价是否合理等。

(二)保证的分析

贷款保证的目的是为借款人按约、足额偿还贷款提供支持,在对贷款保证分析时,主要关心的是保证的有效性。

1.保证人的资格审查

我国《担保法》第七条对保证人资格有明确的规定,只有符合资格的保证人,才有签署保证的权力,商业银行的利益才能受到法律的保护。

2.评估保证人的财务实力

保证人的财务实力是保证人履约的基础,仅有履约的愿望而无财务实力的保证人,并不能真正履行保证责任。由于影响保证人偿债能力的因素和影响借款人偿债能力的因素基本一致,因而分析保证人财务实力的方法与分析借款偿债能力的方法相同。

3.评估保证人的保证意愿

在考察保证人保证意愿时着重考察保证人履约记录,在以往保证中表现的保证能力。

4.考察保证人的履约经济动机及其与借款人的关系

在贷款中充当保证人的都是与借款人有密切联系的关系人,如股东、合伙人、母公司或有业务往来的公司,两者之间往往存在着不同程度的经济利益关系,因此要了解保证人对贷款的关心程度和履约的经济动机是什么。

担保是影响贷款质量的重要风险因素,在贷款分类中对担保贷款进行分类时首先要看第一还款来源,然后判断贷款担保在多大程度上增加了还款能力。

(三)判断贷款类别

如果抵押物价值开始下降,商业银行对抵押物失去控制,保证人财务出现问题,虽然目前对借款人还款能力没有太大影响,但这些因素如果继续存在,将可能影响贷款归还,贷款应为"关注"类。

如果必须通过履行担保还款,只要抵押物变现或保证人财务实力能够归还贷款本息,这些贷款应划为"次级"类。

如果以担保来还款,贷款本息仍然无法足额偿还,以致一定会发生一部分损失,贷款应为"可疑"类。

另外,对于担保贷款,如果能确定贷款某一部分极可能得到偿还,而其他部分的偿还前景不确定,可对该笔贷款使用拆分法,这样更准确地反映贷款损失程度。在实际操作中,如果以足额现金、国库券作为质押的贷款等同有充分的还款保证,归入"正常"类,这是一种特例。

三、非财务因素分析

借款人的行业风险因素、经营风险因素、管理风险因素、自然社会因素、还款意愿、商业银行信贷管理等非财务因素均对贷款偿还的可能性产生影响。因此,为了更加全面、动态地分析贷款遭受风险的程度大小,对贷款质量进行准确的评价,除了对借款企业进行财务分析、现金流量分析之外,还要分析非财务因素对还款可能性的影响。

对借款人经营风险的分析,主要从借款企业供、产、销三个环节进行。对借款人采购环节中风险的分析重点是原材料价格风险、购物渠道风险、购买量的风险。对借款人生产环节风险的分析重点在于分析生产的连续性、生产技术更新的敏感性、抵御灾难的能力、环保因素、劳资关系。对借款人销售环节风险的分析主要考虑企业的销售范围、促销能力、销售的灵活性等因素。

对借款人还款意愿的分析可以从借款人以往的信用记录、还款记录、结算记录的方面去分析。

对商业银行信贷管理的分析是从商业银行(债权人)这一方面考察商业银行信贷管理对贷款偿还的影响。贷款不归还,有的是因为商业银行贷款发放违反有关法律、法规,因此得不到法律有效保护;有的是因为违反内部信贷规定和操作规程,在贷款发放初期就留有隐患;有的是因为商业银行缺乏有效的贷款监督机制,影响贷款的及时足额归还;有的是因为商业银行贷款到期催收不力、导致客户随意拖欠,影响贷款偿还;也有的是因为贷款过于集中,对有问题贷款疏于管理等原因导致贷款质量下降。

案例

7亿余元骗贷案开庭 北京农商行8名高管受贿千万

2010-08-24

通过向银行高管行贿,以虚假按揭等方式骗贷7.08亿元。今天上午,北京华鼎信用担保公司董事长胡毅涉嫌骗贷案在北京市第二中级人民法院开庭审理,包括原北京农村商业银行商务中心区支行行长、十八里店、大郊亭支行行长、副行长在内的8名银行高级管理人员一同受审,据悉,这8名银行工作人员共收受贿赂近千万元。

2002年,胡毅成立了北京九鼎泰和信用担保有限责任公司,从事担保、拍卖等业务经营。2007年2月,这家拍卖担保公司"改头换面",更名为华鼎担保,胡毅自任董事长。

2007年12月至2008年12月间,该公司董事长胡毅、股东李京晶指使被告人张威、汤斌、白剑晶、杨洪伟、安冬等人,以虚构二手房交易、虚构公司需要流动资金等事实,采取冒用借款人员身份从北京农村商业银行骗取贷款250余笔,共计人民币4.47亿余元。

2008年9月至2009年2月间,被告人胡毅、李京晶指使被告人张威从社会上购买无真实经营背景的"北京欣悦创达装饰工程有限公司"、"三寿科技(北京)有限公司"等40余家公司营业执照或借用其他公司的营业执照,由被告人张威、汤斌、白剑晶、杨洪伟使用上述公司营业执照,虚构公司需要流动资金等事实,采取虚假担保等手段,从北京农村商业银行十八里店支行骗取贷款45笔,共计人民币2.61亿余元。

2008年至2009年2月间,为谋取违法骗取上述巨额贷款等不正当利益,被告人胡毅先后给予时任北京农村商业银行商务中心区支行行长田军、行长助理刘利华、授信审批部经理闫雪松、授信审批部副经理张嘉、北京农村商业银行十八里店支行行长朱立国、副行长史振勇、北京农村商业银行大郊亭支行行长孙建华、副行长李欢现金人民币、港币、轿车、手表等款物,合计人民币478万元、港币145万元(折合人民币126.9万余元),物品共计价值人民币360余万元。

检察院以被告人胡毅涉嫌贷款诈骗罪、对非国家工作人员行贿罪;被告人李京晶、张威、汤斌、白剑晶、杨洪伟、安冬涉嫌贷款诈骗罪;被告人常浩涉嫌贷款诈骗罪、敲诈勒索罪;被告人田军、刘利华、张嘉、朱立国、史振勇、孙建华、李欢涉嫌违法发放贷款罪、非国家工作人员受贿罪;被告人闫雪松涉嫌违法发放贷款罪、非国家工作人员受贿罪、窝藏罪,掩饰、隐瞒犯罪所得罪;被告人许克昌涉嫌窝藏罪,掩饰、隐瞒犯罪所得罪;被告人胡伟涉嫌掩饰、隐瞒犯罪所得罪提起公诉。

资料来源:法制网,http://www.legalinfo.gov.cn/index/content/2010-08/24/content_2256299.htm

四、贷款风险分类与呆账准备金制度

贷款损失与贷款总额的比率是商业银行分析贷款质量时经常使用的指标。为了判断商业银行贷款呆账准备金能否弥补贷款可能发生的损失,商业银行的管理者要对贷款进行一定的分类,贷款分类是计提贷款呆账准备金的基础,计提充足的呆账准备金是贷款分类的目标之一,两者互为因果。

贷款分类过程实质上是对贷款内在损失的认定过程,或者说是对贷款实际价值的估计过程。贷款分类的结果,按风险程度加权,就得出贷款风险价值,贷款风险价值与账面价值的差额,就是对商业银行所面临的信用风险量化的结果。这种风险损失虽没有实际发生,但却是客观存在的,根据审慎会计原则的要求,银行应针对每笔贷款的风险程度计提专项呆账准备金,弥补和抵御已识别的风险,对于可以认定和无法收回的贷款,则要计提100%呆账准备金。经过所有程序,仍然无法收回的贷款则要冲销。

计提和评估呆账准备金的充足性是贷款分类的目标之一,贷款分类是计提和评估呆账准备金的基础。

在各国的实践中,一般计提以下三种呆账准备金:第一种是普通呆账准备金,即按照贷款余额的一定比例计提;第二种是专项呆账准备金,即按照资产分类的结果,对各类别的贷款按照一定的风险权重计提;第三种是特别呆账准备金,是针对某一地区、行业或某一类贷款专门计提的,为防范国家风险而计提的呆账准备金就属于这一类。各国监管当局要求银行提取充足的呆账准备金。但一般不对准备金计提的比例作出统一规定,而是允许商业银行自主决定。监管当局内部对呆账准备金计提比例设定参考值(详见表 11-2),作为评价商业银行准备金是否充足的依据。

表 11-2　专项呆账准备金计提比例参考值

(%)

	美国	香港	匈牙利
正常	0～1.5	0	0
关注	5～10	2	0～10
次级	20～35	25	11～30
可疑	50～75	75	31～70
损失	100	100	71～100

按 1988 年的《巴塞尔协议》,普通呆账准备金可作为银行的二级资本,计算资本充足率,而专项呆账准备金则要从银行的资本组成中扣除。

商业银行的贷款风险分类是以还款可能性为核心,贷款的内在风险和损失程度不同,还款可能性也不同,贷款风险分类是从贷款可能性出发,将贷款划分为不同的档次,以此来揭示贷款的真实价值。同时贷款分类过程实质上是对贷款内在损失的认定过程,或者说是对贷款实际价值的估价过程;计提呆账准备金是对贷款内在损失的反映,或者说是对贷款实际价值的反映。通过评价呆账准备金,可以更准确地反映银行资产质量的实际状况,加深对商业银行风险识别和风险管理情况的了解。

资料

××商业银行贷款"五级"分类及贷款呆账准备金计提情况

20××年 6 月 30 日　　　　　　　　(单位:人民币万元)

	金　额	占　比(%)
正常贷款	42 132 104	98.81
其中:正常类贷款	41 310 259	96.88
关注类贷款	821 845	1.93
不良贷款	508 330	1.19
其中:次级类贷款	249 559	0.59
可疑类贷款	167 920	0.39
损失类贷款	90 851	0.21
贷款合计	42 640 434	100

第五节 不良贷款管理

一、不良贷款概述

(一)不良贷款定义

不良贷款是指由银行承担风险的到期未收或预计难以收回的信贷资金本金及孳生的利息。

(二)不良贷款范围

不良贷款主要包括各类表内不良贷款本金(含贴现)及其欠息(含应收利息、催收利息及挂账利息)。

(三)不良贷款划分标准

根据借款人及时足额归还贷款本息的可能性,把贷款分为正常、关注、次级、可疑和损失五类,后三类合称为不良贷款。

(1)次级贷款,是指客户的还款能力出现明显问题,完全依靠其正常营业收入无法保证足额偿还本息,即使执行担保,也可能会造成一定损失。

(2)可疑贷款,是指客户无法保证足额偿还本息,即使执行抵押和担保,也必然造成较大损失。

(3)损失贷款,是指在采取所有可能的措施和一切必要的法律程序之后,本息仍然无法收回,或只能收回极少部分。

二、不良贷款管理方法

不良贷款形成的原因多种多样,应针对不同类别不良贷款的实际情况,在确定采取切实有效的经营、盘活和处置方案前,首先应追究保证人的担保责任并及时处分抵(质)押物。只有在确认保证人已经丧失担保能力及抵(质)押物不足以清偿债权的情况下,才可采取处理手段,处理不良贷款。不良贷款管理方法主要有经济手段和法律手段。

(一)企业资产重组

建议和要求有关部门对企业进行兼并收购、托管、联营、合并或破产等资产重组手段,落实信贷债权,处理不良贷款。

(二)调整担保方式

即对没有担保、原有担保能力不足即将或已经丧失担保效力的不良贷款,通过增加和改变担保方式和金额,达到降低信贷资产损失的可能性和损失程度。

(三)增加信贷投入

即对由于信贷投入不足、生产经营或项目建设资金存在缺口而形成的不良贷款,通过增加新的信贷投入使客户生产经营或项目建设转为正常,从而提高经济效益和还本付息能力。

(四)债权转股权

对列入国家经贸委推荐名单且符合银行"债转股"条件的企业贷款,采取将银行债权转为企业股权(或资本)的方式盘活不良贷款。

(五)法律手段

通过采取仲裁、依法起诉、强制执行等方法,依靠法律手段保护和收回债权,有效保全银行信贷资产。

(六)以物偿债

通过协商或法律诉讼,取得客户的财产所有权,收回不良贷款。

(七)呆账核销

对确实无法收回的不良贷款,按照国家有关规定审核认定,经规定程序批准冲销,但债权银行仍然保留对债务的追索权。

(八)其他

如催讨追索、委托经营、抵贷返租、债务重组、资产置换、出售和变卖等方法。

三、资产重组手段

资产重组是指资产所有者或资产经营者对其所有或经营资产的总量和结构进行调整和重新组合的活动,它实际上属于存量调整的资本流动,它所涉及的范围不仅包括企业产权的重组,而且也包括产权重组所涉及的企业债务的重组。

利用企业资产重组手段盘活不良贷款,是指在企业资产重组中,落实银行债权,防止信贷资产流失。

(一)企业兼并

1.企业兼并

企业兼并是指一个企业购买其他企业的产权,使其失去法人资格或改变法人实体的行为。企业兼并主要形式包括:

(1)承担债务式兼并,指被兼并方的资产与债务等价的情况下,兼并方以承担被兼并方的债务为条件接收其资产。

(2)购买式兼并,指兼并方出资购买被兼并方企业的资产而实现对后者的兼并。

(3)吸收股份式兼并,指被兼并方企业的所有者将被兼并方企业的净资产作为股金投入兼并方,成为兼并方企业的一个股东,从而实现兼并方对被兼并方的控制。

(4)控股式兼并,指一个企业通过购买其他企业的股权,达到控股,从而实现兼并。

2.政策优惠

在列入《全国企业兼并破产计划》的国有企业资产重组中,主要是通过破产、兼并和资产重组的方式,对此国家给予一定优惠政策,即优势企业(包括国有控股企业)兼并连续3年亏损的企业,经银行核准,可免除被兼并企业原欠贷款利息,被兼并企业原欠贷款本金分5年还清。按国发〔1997〕10号文件规定,如5年内还本仍有困难,可给予1~2年的宽限期。

(二)收购

收购是指企业或个人通过公开购买一家上市公司的股份而获得对该公司的控股权的

行为。

收购的主要形式包括：

(1)买壳上市,是指收购企业通过收购已上市公司,再以反方向兼并的方式注入收购企业自身的有关业务及资产,最终达到间接上市的目的。

(2)借壳上市,不同于买壳上市之处在于收购方本身是一家上市公司的控股方,不需要通过证券市场收购一家公司再进行注资改造,而是有关政府部门、行业协会、集团总公司对其所属的一些上市公司注入优质资产达到"搭船出海"的目的。

(3)杠杆收购,是指通过增加公司的财务杠杆去完成的收购交易,从实质上看,就是收购公司通过举债来获得另一个公司的控股权,又从后者的现金流量中偿还负债的收购方式。

(三)企业托管

企业托管是针对我国目前有相当一批效益不佳的中小型国有企业,兼并、破产、收购都存在一定的困难而提出的一种新的资产重组方式。所谓托管,是指企业的产权所有者或其代表将企业或企业的一部分委托给其他的企业或个人经营管理,并以委托经营中的资产保值增值或减亏为考核依据的资产重组活动。

(四)联营

根据《民法通则》的规定,联营是指企业之间、企业与事业单位之间的联合生产、联合经营。联营有三种形式：

1.法人型联营

即企业之间或者企业、事业单位之间联营,组成新的经济实体,独立承担民事责任,具备法人条件,经主管部门核准登记,取得法人资格。

2.合伙型联营

即企业之间或者企业、事业单位之间联营,共同经营,不具备法人条件的,由联营各方按出资比例或者协议的约定,以各自所有的或者经营管理的财产承担民事责任。依照法律的规定或者协议的约定负连带责任的,承担连带责任。

3.合同型联营

即企业之间或者企业、事业单位之间联营,按照合同的约定独立经营的,它的权利和义务义务由合同约定,各自承担民事责任。

(五)公司合并与分立

公司合并是指两个或以上公司之间为了一定的经济目的,合并在一起进行生产经营活动。公司分立是指一个公司分成两个具有法人资格的公司,独立进行生产经营活动。

四、调整担保方式

调整担保方式是指对那些没有担保、原有担保能力不足、即将或已经丧失担保效力的不良贷款,通过调整担保方式予以处理的一种手段。其适用条件：

(1)客户还本付息能力大幅度下降,现有的贷款担保方式可能使信贷资产造成损失;

(2)第三方保证人代偿能力大幅度下降,已无力履行保证责任;

(3)抵押物大幅度贬值或持续贬值,已低于或将低于所担保的信贷额度。

经批准后,银行与客户签订新的担保合同,办理担保手续,按信贷审批程序和权限重新办理贷款手续。

五、增加信贷投入

增加信贷投入处理不良信贷是指对那些通过增加新的信贷投入而使客户的生产经营或项目建设转为正常,从而提高经济效益和还本付息能力,盘活和处理不良信贷的一种手段。其适用条件[客户同时具备下列(1)、(2)、(5)或(1)、(3)、(5)或(1)、(4)、(5)项条件]:

(1)建设项目、生产经营符合国家的产业政策;

(2)由于所需流动资金不足,使生产经营不能正常进行,造成银行信贷不能按期偿还,形成的不良贷款;

(3)建设项目已经建成,但由于没有充足的配套流动资金,而无法正常运行,达到预期经济效益,造成银行信贷不能按期偿还,形成的不良贷款;

(4)建设项目已经基本建成,但主要由于客观因素形成资金缺口,而无法竣工投产,达到预期经济效益,造成银行信贷不能按期偿还,形成的不良贷款;

(5)增加新的信贷投入后,能使不良贷款转为正常。

经批准后,银行对客户发放新的信贷,按信贷审批程序和权限重新办理贷款手续。

六、法律手段追索

利用法律手段追索是指按照我国法律的规定,通过采取向法院起诉、强制执行等法律强制手段,保护银行信贷资产安全,是商业银行对信贷资产保全的一种重要手段。

(一)依法起诉

起诉是银行为维护自己的合法权益向人民法院提出诉讼请求的诉讼法律行为。当客户不能按照合同约定偿还信贷本息时,银行可以向人民法院依法起诉。向法院起诉的基本条件是:

(1)提起诉讼的主体必须是签订信贷合同的经办行;

(2)有明确的被告;

(3)有具体的诉讼请求和事实、理由;

(4)向有管辖权的法院起诉;

(5)在法律规定的两年诉讼时效内起诉。

(二)申请财产保全

财产保全是银行在诉讼以前或在诉讼进行中,为保证将来判决得以执行,对债务人的财产申请采取临时性保护强制措施的诉讼行为。财产保全分为诉前保全和诉讼保全两种。财产保全的基本条件是:

(1)经办行在起诉前或诉讼中,由于情况紧急可能导致信贷资产遭受难以弥补的损害,或是因当事人一方的行为及其他原因,使判决不能执行或者难以执行;

(2)诉前保全必须提供担保;

(3)诉前保全必须在人民法院采取保全措施后 15 日内起诉。

(三)申请支付令

申请支付令是银行根据我国民事诉讼法督促程序的规定,对债务人请求给付金钱、有价证券的一种诉讼行为。申请支付令由于其简便易行,能很快进入执行阶段,免去了调查、庭审等不必要的诉讼程序,能节省大量人力、物力,应大力倡导与推行。申请支付令必须符合两个条件:

(1)经办行与债务人没有其他债务纠纷;

(2)支付令能够送达债务人的。

(四)申请强制执行

强制执行是银行对已经发生法律效力的判决、裁定、调解书、仲裁机构发生法律效力的裁决及公证机关赋予强制执行力的债权文书,对方当事人不予履行的,申请人民法院强制扣款或查封、冻结或拍卖被执行人的财产,以偿还信贷本息的诉讼行为。强制执行的基本条件是:

(1)具有申请执行的法律依据;

(2)信贷客户对生效的法律文书有能力履行而不履行;

(3)必须在申请执行时效内申请。申请执行的期限,双方或一方当事人是公民的为一年,双方是法人或者其他组织的为六个月。

(五)申请破产还债

破产还债是银行依据破产法和民事诉讼法的有关规定,对债务人因严重亏损、无力清偿到期债务,向人民法院申请宣告债务人破产,将债务人的破产财产进行依法分配的诉讼行为。申请破产还债的基本条件是:

(1)债务人有到期不偿还经办行信贷的事实;

(2)债务人确实因严重亏损,无力清偿到期债务。

七、呆账核销

呆账核销是指对按国家有关规定审核认定的,确实无法收回的利用信贷资金发放的各类本外币贷款本金,依照有关规定通过审查批准,进行冲销。呆账核销是银行的内部行为,银行对已呆账核销的借款人仍有追索权,应继续追索信贷资金。

借款人以及担保人如符合财政部规定的下列条件之一的,其不良信贷可认定为呆账贷款:

(1)经依法宣告破产,进行清偿后未能还清的贷款;

(2)借款人死亡,或者依照《民法通则》的规定,宣告失踪或宣告死亡,以其财产或遗产清偿后,未能还清的贷款;

(3)遭受重大自然灾害或意外事故,损失巨大且不能获得保险补偿,确实无法偿还的部分或全部贷款,或者以保险赔偿清偿后,未能还清的贷款;

(4)借款人被依法撤销、关闭、解散,并终止法人资格,在财产清偿并追究保证人责任后,未能还清的贷款;

(5)根据国家有关规定,列入《全国企业兼并破产和职工再就业工作计划》的企业,因实施破产、兼并等,给银行造成的贷款损失;

（6）经国务院专案批准核销的贷款。

八、以物抵债

以物抵债是指银行的债权到期或债权虽未到期,但债务人已出现严重经营问题,无力用货币资金偿还债务,且担保人也无力以货币资金代为偿还债务,经银企双方或三方协商同意或人民法院依法裁定,债务人或其担保人以物抵偿银行债权的行为。以物抵债是处理不良贷款的重要手段之一。

（一）抵债物的来源

抵债物是债务人、担保人提供的抵偿其债务的物资、财产权利。抵债物必须自身具有价值和使用价值,法律允许流通且偿债人拥有所有权或处分权的财产。抵债物的来源一般有:

（1）协议抵债,即经银企双方协商同意,债务人或担保人以其属己的资产折价,抵偿银行债权。

（2）担保物抵债,即抵押或质押贷款到期未偿还,银行同意债务人或担保人以其担保物折价抵偿所欠债务。不包括通过处置担保物获取的货币资金回收银行债权的情况。

（3）法院判决或裁定抵债,即银行依法诉讼或债务人破产清算,经人民法院终审判决或裁定后,债务人或担保人以其属己的资产,抵偿银行债权。

（二）选择抵债物原则

（1）合法性原则。偿债人对抵债物拥有明确的所有权或处分权,银行与偿债人之间存在合法有效的债权债务、担保关系,银行通过合法途径取得对抵债物的处分权。

（2）流通性原则。抵债物品易于流通和转让,容易变现。

（3）安全性原则。在可能条件下,应选择易于保管、没有危险、不易毁损变质的物品作抵债物,应区分抵债物的不同性质采取相应的保管方法,资产保全部门应加强对抵债物品的安全检查工作。

（4）及时性原则。银行应在一年的时间内及时处分抵债物,以减少和避免损失。

（三）抵债物的种类

1.可用作抵债物的财产

（1）偿债人所有的或有权处分的房屋或其他地上定着物;

（2）偿债人所有的或有权处分的机器设备、交通运输工具;

（3）偿债人所有的或有权处分的原料、燃料、半成品、产成品、商品;

（4）偿债人有权处分的国有土地使用权,荒山、荒沟、荒滩等荒地的使用权;

（5）偿债人所有的上市股票、仓单、提单等权利凭证;

（6）偿债人所有或有权处分的著作权、专利权、商标权等知识产权和工业产权;

（7）偿债人有处分权的专营权等专有权利;

（8）其他具有财产价值、可以变现的财产和财产权利。

2.不宜作抵债物的财产

（1）易燃、易爆、易腐烂变质的财产;

（2）水塔、电网、供水供电管线等公益设施;

(3)价值不大的市场淘汰物品设备;

(4)特殊行业不易变现的物品设备;

(5)文物、麻醉品等限制流通物品;

(6)估价不实的物品;

(7)其他价值不稳、难以变现的物品。

3.不能作抵债物的财产

(1)所有权、处分权不明或有争议的财产;

(2)依法被查封、冻结、扣押、监管的财产;

(3)军火、毒品、土地所有权、采矿权等法律明令禁止流通的财产;

(4)易腐烂变质,难以保管的财产、物品;

(5)没有价值、无法流通的财产、物品;

(6)需注入超过原债务本息总额的 20％的资金才能办妥产权手续,且作价额小于新旧总债务与相关费用之和的 80％的物品财产;

(7)银行实物抵债物管理办法认为不能作抵债物的其他财产物品。

本章小结

1.贷款风险是指由于一些不确定性因素造成信贷资金损失的一种可能性。

2.贷款风险分类是指商业银行的信贷分析人员和管理人员或监管当局的检查人员,综合能获得的全部信息,并运用最佳判断,根据贷款风险程度对贷款质量作出评价。贷款风险分类不但包括结果也包括过程。

3.贷款风险分类标准:

(1)正常类贷款是指借款人能够履行合同,有充分把握按时足额偿还本息的贷款。

(2)关注类贷款是指尽管借款人目前有能力偿还贷款本息,但存在一些可能对偿还产生不利影响的因素的贷款。

(3)次级类贷款是指借款人的还款能力出现了明显的问题,依靠其正常经营收入已无法保证足额偿还本息的贷款。

(4)可疑类贷款是指借款人无法足额偿还本息,即使执行抵押和担保,也肯定要造成一部分损失的贷款。

(5)损失类贷款是指在采取所有可能的措施和一切必要的法律程序之后,本息仍然无法收回,或只能收回极小部分的贷款。

前两类属于正常贷款,后三类合称不良贷款。

4.贷款风险分类的程序包括:

(1)阅读信贷档案;

(2)审查贷款的基本情况;

(3)确定还款的可能性;

(4)确定分类结果;

(5)信贷讨论。

5.确定还款的可能性的方法：

(1)财务分析

在贷款分类中，借款人经营状况是影响其偿还可能性的基本因素，其财务状况的好坏是评估借款人偿还能力的关键。通过财务分析，可以评价企业资本收益率能力，评价企业财务稳健性，是否具有流动性，是否具有清偿债务能力，企业未来的发展前景如何，从而对贷款分类作出较准确的判断。

(2)现金流量分析

贷款风险分类，主要考虑借款人的内在风险程度，即贷款偿还可能性，这主要取决于借款人的还款能力。还款能力的主要标志是借款人现金流量是否充足。

(3)评估抵押和担保

通过财务分析和现金流量分析，我们对企业第一还款来源有了清楚认识，当借款人财务状况出现变化，就要分析抵押和担保状况，抵押和担保作为第二还款来源能够降低商业银行的受损程度，但不能改变借款人的信用状况。

(4)非财务因素分析

除了上述财务因素和抵押担保状况对还款可能性会产生很大影响，其他的一些非财务因素如行业环境、企业管理、还款意愿、商业银行信贷管理等因素都会对还款能力产生影响，通过对非财务因素进行分析，能够帮助信贷分析人员进一步判断贷款偿还可能性，使贷款分类结果更加准确。

6.在贷款风险分类中运用现金流量分析，主要分三个方面来看：一是分析借款人能否还款；二是分析借款人如果能还款，还款的来源是什么，其来源是否稳定；三是分析如果借款企业不能还款，是因为哪种活动现金流量减少所造成的，借款企业经营存在着什么问题。

7.在贷款风险分类中对抵押物进行分析和评估，主要包括以下几个方面的内容：

(1)商业银行对抵押物的占有和控制情况；

(2)抵押物的流动性；

(3)抵押物的价值及变现价值；

(4)抵押率确定是否合理。

8.在贷款风险分类中对贷款保证进行分析和评估，主要分析以下几个方面的内容：

(1)保证人的资格；

(2)保证人的财务实力；

(3)保证人的保证意愿；

(4)保证人的履约经济动机及其与借款人的关系。

9.在贷款风险分类中对非财务因素进行分析和评估，主要分析以下几个方面的内容：

(1)对借款人经营风险的分析，主要从借款企业供、产、销三个环节进行。对借款人采购环节中风险的分析重点是原材料价格风险、购物渠道风险、购买量的风险。对借款人生产环节风险的分析重点在于分析生产的连续性、生产技术更新的敏感性、抵御灾难的能力、环保因素、劳资关系。对借款人销售环节风险的分析主要考虑企业的销售范围、促销能力、销售的灵活性等因素。

(2)对借款人还款意愿的分析可以从借款人以往的信用记录、还款记录、结算记录去分析。

(3)对商业银行信贷管理的分析是从商业银行(债权人)这一方面考察商业银行信贷管理对贷款偿还的影响。贷款不归还,有的是因为商业银行贷款发放违反有关法律、法规,因此得不到法律有效保护;有的是因为违反内部信贷规定和操作规程在贷款发放初期就留有隐患;有的是因为商业银行缺乏有效的贷款监督机制,影响贷款的及时足额归还;有的是商业银行贷款到期催收不力、导致客户随意拖欠,影响贷款偿还;也有的是贷款过于集中,对有问题贷款疏于管理等原因导致贷款质量下降。

练习题

一、名词解释

1.风险　　　　　　　　11.资本风险

2.风险管理　　　　　　12.法律风险

3.信用风险　　　　　　13.操作风险

4.流动性风险　　　　　14.声誉风险

5.利率风险　　　　　　15.正常贷款

6.汇率风险　　　　　　16.关注贷款

7.投资风险　　　　　　17.次级贷款

8.国家风险　　　　　　18.可疑贷款

9.竞争风险　　　　　　19.损失贷款

10.经营风险

二、单项选择题

1.借款人能够履行合同,有充分把握按时足额偿还本息的贷款,属于(　　)。

A.正常贷款　　　B.可疑贷款　　　C.关注贷款　　　D.损失贷款

E.次级贷款

2.借款人的还款能力出现了明显的问题,依靠其正常经营收入已无法保证足额偿还本息的贷款,属于(　　)。

A.正常贷款　　　B.可疑贷款　　　C.关注贷款　　　D.损失贷款

E.次级贷款

3.借款人无法足额偿还贷款本息,即使执行抵押或担保,也肯定发生一定损失的贷款,属于(　　)。

A.正常贷款　　　B.可疑贷款　　　C.关注贷款　　　D.损失贷款

E.次级贷款

4.如果必须通过履行担保还款,只要抵押物变现或保证人财务实力能够归还贷款本息,这些贷款应划为(　　)。

A.正常类　　　B.可疑类　　　C.关注类　　　D.损失类

E.次级类

5.在实际操作中,如果以足额现金、国库券作为质押的贷款等同有充分的还款保证,归入( )。

A.正常类　　　　B.可疑类　　　　C.关注类　　　　D.损失类

E.次级类

三、多项选择题

1.贷款风险处理方法主要有( )。

A.消除风险　　　B.规避风险　　　C.预防风险　　　D.分散风险

E.转移风险

2.在贷款风险分类中对贷款保证进行分析和评估,主要分析以下几个方面的内容:( )。

A.保证人的资格

B.保证人的财务实力

C.保证人的保证意愿

D.保证人的履约经济动机及其与借款人的关系

3.下列属于不良贷款的是( )。

A.正常贷款　　　B.可疑贷款　　　C.关注贷款　　　D.损失贷款

E.次级贷款

4.属于关注类贷款特征的有( )。

A.净现金流量减少

B.借款人销售收入、经营利润在下降,或净值开始减少,或出现流动性不足的征兆

C.借款人内部管理问题未解决,妨碍债务的及时足额清偿

D.借款人经营管理有较严重问题,借款人未按规定用途使用贷款

E.借款人支付出现困难,并且难以按市场条件获得新的资金

F.贷款的抵押品、质押品价值下降

5.在贷款风险分类中对抵押物进行分析和评估,主要包括以下几个方面的内容:( )。

A.商业银行对抵押物的占有和控制情况

B.抵押物的流动性

C.抵押物的价值及变现价值

D.抵押率确定是否合理

四、判断题

1.反映借款人还款能力的主要标志是借款人现金流量是否充足。( )

2.如果现金净流量为负值,则意味着借款人不能还款。( )

3.如果借款人用经营活动产生的现金还款,而且现金流量稳定,那么贷款属于关注类。( )

4.如果必须通过履行担保还款,只要抵押物变现或保证人财务实力能够归还贷款本息,这些贷款应划为"可疑"类。( )

5.财务分析不能直接说明企业是否有现金、是否能还债,而企业的现金流量表却能告

诉我们企业借款的原因和还款的来源。（　　）

五、问答题

1.商业银行风险的特征主要表现在哪些方面？

2.分析我国商业银行风险的来源。

3.简述商业银行风险管理步骤。

4.商业银行风险处理的方法主要有哪些？

5.何谓贷款风险分类？贷款风险分类步骤有哪些？

6.如何用现金流量分析方法、担保分析方法进行贷款风险分类？

7.贷款风险管理的方法与策略有哪些？

8.不良贷款管理的方法有哪些？

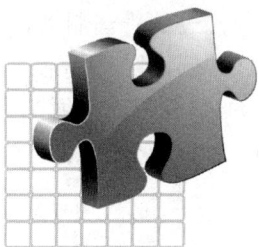

第*12*章
信贷授权、授信管理

学习目的与要求

了解商业银行一级法人体制的特征；

掌握商业银行授权的方式；

了解商业银行授权的范围；

了解当前商业银行授权管理中存在的问题；

了解商业银行授信的方式；

了解商业银行授信的范围；

了解授信工作人员责任。

导入案例

建行授信 180 亿贷款建广电网络

新成立的广东省广播电视网络股份有限公司与中国建设银行广东省分行在广州签署战略合作协议。建行将根据广东广电网络产业发展的需要，授信 180 亿元贷款用于网络基础建设和该公司业务发展。省委常委、宣传部部长林雄出席签约仪式。广东省广播电视网络股份有限公司董事长张健、中国建设银行广东省分行行长曾俭华分别在战略合作协议书上签字。中国建设银行广东省分行行长曾俭华在致辞中表示，此次签约是建行与广东省广电网络系统全面合作的新开端，双方将在资金结算、项目融资、投资银行与个人金融服务等方面开展广泛的业务合作，实现银企双方的共赢。

目前，广东省已纳入第一步整合的有线电视网络用户近 700 万户，完成整合后，全省有线电视网络用户数将超过 1 800 万户，用户总量将在全国省市中名列前茅，并且随着"三网融合"政策的推进，以电视和宽带上网、数据专线为主的增值业务将获得迅速发展。

资料来源：《南方都市报》2010 年 7 月 14 日。

以上是中国建设银行广东省分行与广东省广播电视网络股份有限公司在广州签署银企战略合作协议，授信 180 亿元贷款用于广东省广播电视网络股份有限公司的网络基础建设和该公司业务的发展。那么,什么是商业银行授权?授权的方式有哪些?授权的范围有哪些?什么是商业银行授信?授信的方式有哪些?授信的范围有哪些?本章主要探讨这些问题。

我国商业银行目前实行的是一级法人体制。一级法人体制是一种先进的管理制度,国外银行普遍采取这一制度。一级法人体制是指授权人(商业银行总行)通过授权的方式,对受权人(商业银行分支机构)的经营权力和经营行为进行规范和约束,受权人必须在法人授权的范围内依法开展业务活动,其民事责任由一级法人承担的一种授权管理制度。

第一节 授权管理

当前,商业银行在全国设点布局迅速增加,增设分支机构数量庞大,分支机构层级趋于复杂,业务经营情况不断变化,建立以统一管理、分级授权为基础的授信授权体系,合理确定授信权限,在提高审批效率的同时有效防范风险,对商业银行提高信贷经营效率具有重要意义。因此,商业银行必须在法定经营范围内对有关业务职能部门、分支机构关键业务岗位进行授权,建立法人授权管理制度。商业银行业务职能部门和分支机构以及关键业务岗位应在授予的权限范围内开展业务活动。

一、授权概念

授权,是指商业银行对其所属业务职能部门、分支机构和关键业务岗位开展业务权限的具体规定。授权当事人分为授权人和受权人,授权人指商业银行的总行。受权人指商业银行业务职能部门和商业银行分支机构。

二、授权原则

商业银行对其业务职能部门和分支机构授权遵循以下原则:

(一)逐级授权

在法定经营范围内,对其业务职能部门和分支机构实行逐级有限授权。

(二)区别授权

根据各业务职能部门和分支机构的经营管理水平、风险控制能力、主要负责人业绩等,实行区别授权。

(三)及时调整

根据各业务职能部门和分支机构的经营管理业绩、风险状况、授权制度执行情况及主要负责人任职情况,及时调整授权。

(四)权责一致

业务职能部门和分支机构超越授权,应视越权行为性质和所造成经济损失,追究主要负责人及直接责任人相应的责任。要实现权责一致。主要负责人离开现职时,必须有上级部门作出的离任审计报告。

三、授权方式

(一)按照授权的方式分

分为基本授权和特别授权。

1.基本授权

基本授权是指对法定经营范围内的常规业务经营所规定的权限。

2.特别授权

特别授权是指对法定经营范围内的特殊业务,包括创新业务、特殊融资项目以及超过基本授权范围的业务所规定的权限。

(二)按照授权的形式分

分为直接授权和转授权。

1.直接授权

直接授权是指商业银行总行对总行有关业务职能部门和管辖分行的授权。

2.转授权

转授权是指管辖分行在总行授权权限内对本行有关业务职能处室(部门)和所辖分支行的授权。授权管理在实际操作中又具体包括三个层次的内容:总行对一级分行的直接授权;一级分行对二级分行的转授权;二级分行对异地支行的再转授权。

四、授权范围

(一)基本授权的范围

(1)营运资金的经营权限;

(2)同业资金融通权限;

(3)单笔贷款(贴现)及贷款总额审批权限;

(4)对单个客户的贷款(贴现)额度审批权限;

(5)单笔承兑和承兑总额审批权限;

(6)单笔担保和担保总额审批权限;

(7)签发单笔信用证和签发信用证总额审批权限;

(8)现金支付审批权限;

(9)证券买卖权限;

(10)外汇买卖权限;

(11)信用卡业务审批权限;

(12)辖区内资金调度权限;

(13)利率浮动权限;

(14)经济纠纷处理权限;

(15)其他业务权限。

(二)特别授权的范围

(1)业务创新权限;

(2)特殊项目融资权限;

(3)超出基本授权的权限。

五、授权书

授权书内容包括:授权人全称和法定代表人姓名;受权人全称和主要负责授权期限;对限制越权的规定及授权人认为需要规定的其他内容。

商业银行的授权书应报中国人民银行同级管辖行备案。

涉及外汇业务的授权书应报外汇管理局同级管辖局备案,转授权还应同时报商业银行总行备案。

商业银行业务职能部门和各级分支机构与客户签订业务合同时,须向其出示授权书,双方应按授权书规定的授权范围签订合同。

六、授权的期限、调整与终止

商业银行总行根据总则中制定的授权、授信原则,建立对业务职能部门、分支机构和各地区及客户进行综合考核的指标体系,根据其有关指标考核情况,及时调整授权。

(一)授权的有效期

商业银行授权的有效期均为1年。

(二)授权调整与终止

如发生下列情况之一,授权人应调整乃至撤销授权:

(1)受权人发生重大越权行为;

(2)受权人失职造成重大经营风险;

(3)经营环境发生重大变化;

(4)内部机构和管理制度发生重大调整;

(5)其他不可预料的情况。

如发生下列情况之一,原授权应终止:

(1)实行新的授权制度或办法;

(2)受权权限被撤销;

(3)受权人发生分立、合并或被撤销;

(4)授权期限已满。

七、处罚规定

商业银行违反有关规定,监管部门依据《中华人民共和国行政处罚法》、《中华人民共和国商业银行法》、《全国人民代表大会常务委员会关于惩治破坏金融秩序犯罪的决定》和《金融机构高级管理人员任职资格管理暂行规定》等有关法律、法规及规章,追究其法定代表人、主要负责人及直接责任人的行政责任。构成犯罪的,依法追究其刑事责任。

监管部门督促商业银行,对受权人超越授权范围从事业务经营的行为,视越权行为的性质和造成的经济损失,对其主要负责人和直接责任人予以下列处分:

(1)警告;

(2)通报批评;

(3)限期纠正或补救；

(4)停办或部分停办业务；

(5)调整或取消授权；

(6)取消其主要负责人和直接责任人1年至终生在金融机构的任职资格。

如授权不明确,受权人未经请示擅自开展业务活动,造成经济损失的,应追究主要负责人和直接责任人的行政与经济责任。构成犯罪的,应追究有关人员刑事责任。

案例

××商业银行信贷资金业务授权书

授权人:××商业银行

行长:

受权人:××商业银行××支行

负责人:

依据中国人民银行《商业银行授权、授信管理暂行办法》和《××商业银行信贷业务授权管理办法》,授权人以本授权书的形式向受权人授予以下权限,受权人严格按所授权限开展业务。

一、资金运用权限

第一条 受权人受理贷款业务时,按本授权书规定的权限办理。

第二条 受权人可拆出资金,但仅限拆给总部;受权人可向总部拆入资金。

第三条 受权人经总部批准,可从事代理发行、代理兑付债券业务。

第四条 受权人在符合存贷款比例、资金拆入比例的规定,并留足备付金的前提下,可购买国库券和金融债券,其认购数额控制在当期存款总额的10%以内。认购时由营业部申报,总部统一组织购买和保管。

第五条 受权人须遵守人民银行有关现金管理的各项规定,50万元以内(含50万元)的现金支付由受权人审批;超过50万元的报总部计财部审批(不含储蓄存款)。

二、贷款业务权限

第六条 本行办理贷款业务严格实行"审贷分离,分级审批"制度。

第七条 本行贷款业务范围:各项中、短期贷款,个人消费贷款等。

第八条 受理人受理贷款业务时,须符合下列条件:

(一)贷款余额控制在存款余额的60%(含60%)以内,此指标按月考核;

(二)同业拆入资金总量控制在存款总量的4%(含4%)以内,此指标按月考核;

(三)原则上要求贷款人开立基本账户,开立一般账户的,须办理相应的结算业务,并达到规定的吸存比例。

第九条 符合第八条所列条件的,受权人可受理贷款,经初审符合条件的,向总部报审,经总部审查批复后,方可发放贷款,并严格做好贷后检查和到期收回工作。

第十条 不完全符合第八条所列条件的,但受权人认为有必要发放的贷款,经事先征得总部同意后依照第九条办理。

第十一条 受权人可行使下列贷款审批权:

（一）审批、发放单笔金额在 20 万元(含 20 万元)以下的用个人商品住房(暂不含房改房)抵押的贷款,其抵押率不超过 66％。

（二）审批、发放单笔金额在 20 万元以下(含 20 万元)的用本行储蓄存单(折)质押的贷款……

第二节　授信管理

专栏

中国银行保险监督管理委员会关于印发银行业金融机构
联合授信管理办法(试行)的通知
银保监发〔2018〕24 号

各银监局,各政策性银行、大型银行、股份制银行,邮储银行,外资银行,金融资产管理公司,其他会管金融机构,银行业协会:

为抑制多头融资、过度融资行为,有效防控企业杠杆率上升引发的信用风险,现将《银行业金融机构联合授信管理办法(试行)》(以下简称《办法》)印发给你们,并就联合授信试点工作提出以下要求,请认真抓好落实。

一、充分认识联合授信的重要意义

银行业金融机构开展联合授信是落实党中央、国务院关于降低企业杠杆率要求,防范化解重大金融风险的重要举措。各银监局、各银行业金融机构要充分认识联合授信机制对于提高银行业金融机构信用风险整体管控能力,有效遏制多头融资、过度融资,以及优化金融资源配置,提高资金使用效率,支持供给侧结构性改革的重大意义,把试点工作摆在重要位置,组织认真学习研究,深刻领会政策内涵和工作要求。

二、切实加强工作组织协调

各银监局要成立以主要负责人任组长的试点工作领导小组,建立完善工作机制,明确任务,强化责任,细化措施,确保试点工作有序推进。各银监局试点工作方案应于 2018 年6 月 30 日前报中国银行保险监督管理委员会备案。各银监局要指导辖内银行业协会做好会员单位的协调组织工作,加快完成统计信息系统建设,完善各项配套工作机制;要加强与各级地方政府及有关部门的沟通协调,争取支持和配合。银行业金融机构要对照《办法》要求,针对试点企业制定专门的授信政策、管理制度、业务流程,督促指导分支机构按照属地银监局要求,积极参加试点工作。

三、选好试点企业

各银监局要严格按照《办法》明确的标准,遵循差异化原则选择试点企业,确保试点企业在性质、行业、规模上具有较强代表性。各银监局辖内试点企业数量原则上不得少于

10家,计划单列市以及经济总量较小的省份可适当减少试点企业数量,但不得低于5家。各银监局应于2018年6月30日前将试点企业名单报中国银行保险监督管理委员会备案。

四、持续监测跟踪

各银监局要对试点运行情况和风险状况进行持续监测。对试点中遇到的新情况、新问题要及时报告;对涉及的重大政策事项,要主动请示报告。要及时总结试点工作经验,自2018年3季度起每季末向中国银行保险监督管理委员会报送试点工作情况。

中国银行保险监督管理委员会将适时开展试点工作评估,根据试点情况修订完善《办法》,稳妥有序推广实施联合授信机制。

2018年5月22日

银行业金融机构联合授信管理办法(试行)(节录)

第一章 总则

第一条 为进一步优化银企合作关系,提高金融资源配置效率,有效防控重大信用风险,根据《中华人民共和国银行业监督管理法》《中华人民共和国商业银行法》等法律法规,制定本办法。

第二条 本办法适用于经银行业监督管理机构批准设立的金融机构。

第三条 本办法所称联合授信是指拟对或已对同一企业(含企业集团,下同)提供债务融资的多家银行业金融机构,通过建立信息共享机制,改进银企合作模式,提升银行业金融服务质效和信用风险防控水平的运作机制。

本办法所称融资均指债务融资。

第四条 联合授信机制应坚持以下基本原则:

依法合规。联合授信机制运行中,应遵守国家有关法律法规,符合国家信贷政策。

市场导向。联合授信机制运作应充分发挥市场机制的决定性作用,注重平等协商,明晰权利义务,坚守契约精神,尊重各方合法权益。

公开透明。联合授信机制各参与主体应按照约定及时完整真实地披露信息,加强信息共享,提高信息透明度。

一、授信概念

授信是指商业银行对其业务职能部门和分支机构所辖服务区及其客户所规定的内部控制信用高限额度。具体范围包括贷款、贴现、承兑和担保等。商业银行对非自然人客户的表内外授信范围:表内授信包括贷款、项目融资、贸易融资、贴现、透支、保理、拆借和回购等;表外授信包括贷款承诺、保证、信用证、票据承兑等。

授信当事人分为授信人和受信人,授信人为商业银行业务职能部门及分支机构。受信人为商业银行业务职能部门和分支机构所辖服务区及其客户。

授信按期限分为短期授信和中长期授信。短期授信指一年以内(含一年)的授信,中长期授信指一年以上的授信。

二、授信的方式

(一)基本授信

基本授信是指商业银行根据国家信贷政策和每个地区、客户的基本情况所确定的信用额度。

(二)特别授信

特别授信是指商业银行根据国家政策、市场情况变化及客户特殊需要,对特殊项目及超过基本授信额度所给予的授信。

三、授信应遵循的原则

商业银行对其业务职能部门和分支机构所辖服务区及其客户授信,遵循以下原则:

(一)区别授信

根据不同地区的经济发展水平、经济和金融管理能力、信贷资金占用和使用情况、金融风险状况等因素,实行区别授信。

(二)因地制宜

根据不同客户的经营管理水平、资产负债比例情况、贷款偿还能力等因素,确定不同的授信额度。

(三)及时调整

根据各地区的金融风险和客户的信用变化情况,及时调整对各地区和客户的授信额度。

(四)内部掌握

在确定的授信额度内,根据当地及客户的实际资金需要、还款能力、信贷政策和银行提供贷款的能力,具体确定每笔贷款的额度和实际贷款总额。授信额度不是计划贷款额度,也不是分配的贷款规模,而是商业银行为控制地区和客户风险所实施了的内部控制贷款额度。

四、授信的范围

(一)基本授信的范围

(1)全行对各个地区的最高授信额度;

(2)全行对单个客户的最高授信额度;

(3)单个分支机构对所辖服务区的最高授信额度;

(4)单个营业部门和分支机构对单个客户的最高授信额度;

(5)对单个客户分别以不同方式(贷款、贴现、担保、承兑等)授信的额度。

各商业银行应建立对客户授信的报告、统计、监督制度,各不同业务部门和分支机构对同一地区及同一客户的授信额度之和,不得超过全行对该地区及客户的最高授信额度。

(二)特别授信范围

(1)因地区、客户情况的变化需要增加的授信;

(2)因国家货币信贷政策和市场的变化,超过基本授信所追加的授信;

(3)特别项目融资的临时授信。

商业银行业务职能部门和分支机构在基本授信范围以外的附加授信,必须事先经其总行批准。

五、授信书

授信书应包括以下内容:授信人全称;受信人全称;授信的类别及期限;对限制超额授信的规定及授信人认为需要规定的其他内容。

商业银行的授信书应报监管部门同级管辖行备案。涉及外汇业务的授信书,应报外汇管理局同级管辖局备案。

商业银行业务职能部门和各级分支机构与客户签订业务合同时,须向其出示授信书,双方应按授信书规定的授信范围签订合同。

六、授信的期限、调整与终止

在授信实施过程中,如发生下列情况,商业银行应调整直至取消授信额度:受信地区发生或潜伏重大金融风险;受信企业发生重大经营困难和风险;市场发生重大变化;货币政策发生重大调整;企业机制发生重大变化(包括分立、合并、终止等);企业还款信用下降,贷款风险增加;其他应改变授信额度的情况。

在授信有效期内,商业银行对授信进行调整或授信终止,应及时报监管部门备案,并同时将新的授信书报监管部门备案。涉及外汇业务授信的调整或终止时,应同时报外汇管理局同级机构备案。

资料

公 开 额 度 授 信 证 书

贵方_____:

按照《××银行额度授信管理办法(试行)》的规定,经过审查,银行决定授予贵方公开授信额度_____万元。

以上授信额度的有效期1年,自本证书生效之日起计。

对本公开授信说明如下:

第一,以上公开授信额度的使用范围不包括固定资产贷款、固定资产性质的房地产贷款以及境外筹资转贷款。上述信用需求需按银行规定的程序审批后发放。

第二,在以上公开授信额度的使用范围和有效期限内,在符合银行信贷业务的有关规定的前提下,银行将及时、方便地安排你方使用有关信用。

第三,每次使用信用的期限要根据其具体用途按银行相关规定执行,不受上述"有效期1年"的约束。

第四,当贵方需要使用本公开授信额度内的信用需求时,请提前5个工作日将信用需求品种、期限等通知银行。

第五,超出本公开授信额度的信用需求须经银行评估,按规定的授信审批程序发放。

第六,在本公开授信额度的有效期内,当贵方发生下列重大事项之一时,银行可以根据其产生的影响调整或取消授予贵方的公开授信额度:

(1)总投资超过客户投资前3年的税后利润之和的重大××项目；

(2)兼并、收购、分立、破产、股份制改造、资产重组等重大体制改革；

(3)诉讼标的达到净资产的30%的重大法律诉讼；

(4)对外担保额达到净资产的30%的重大对外担保；

(5)重大人事调整；

(6)重大事故和大额赔偿等重大事项。

第七，贵方一旦出现贷款逾期、欠息或造成银行被迫垫款等情况，银行可停止贵方使用公开额度授信额度。

第八，本证书加盖公章后生效，仅作贵方便利使用公开授信额度之证明，不作其他用途。

××银行

_____年____月____日

七、授信操作程序

对客户进行授信的操作程序可分为受理、调查评价、审查、审批、使用及管理环节。

(一)受理

对于要求给予其授信的客户，信贷业务经办人员应当向客户全面介绍银行的信贷政策和授信条件。

(二)调查评价

1.评价部门

经办行(经办行指商业银行的总行营业部、一级分行、二级分行、支行)的信贷业务经营部门为授信的主要调查部门。

2.评价人员

经办行信贷业务经营部门的信贷业务经办人员。

3.客户评价

对拟进行授信的客户，信贷业务经办人员要通过分析财务报表、实地调查走访等方式对客户情况进行全面评价。

对于已经作过客户评价的，了解客户近期生产经营状况是否有较大变化，如没有重大变化，并且客户评价报告在有效期内的，可将客户评价报告作为调查审批报告的附件，没有作过客户评价报告的，按照客户评价办法进行客户评价，完成的客户评价报告作为调查审批报告的附件。

4.授信额度的测算

授信实际上是商业银行在对单一的法人客户的风险和财务状况进行综合评估的基础上，确定的能够和愿意承担的风险总量，银行对该客户提供的各类信用余额之和不得超过该客户的授信额度。商业银行可以根据市场和客户的经营情况，适时审慎地调整授信额度，但授信额度一旦确定，在一定时间内应相对稳定，不能随意向上调整额度，所以确定授信额度必须慎重、科学、规范。

授信额度的准确核定是额度授信实施的关键,准确地核定授信限额需要有一套科学的风险分析方法。客户评价报告中的信用控制量提供了一个风险控制界限,它的作用是限制对客户授信过于集中的问题。

在对客户进行全面评价的基础上,综合考虑下列因素,确定对客户的授信额度。

(1)客户的客观信用需求;

(2)预计其他银行对客户的授信变动情况;

(3)银行的信贷政策。

资料

××银行授信额度的核定

总授信额度的最高限额不超过受信人账面总资产的75%或所有者权益的3倍。

单一客户总授信额度不得超过对其实行授信管理行各项贷款总余额的10%。

单一客户总授信额度等于各单项业务授信额度之和。

总授信额度中以抵押、质押为基础的部分不超过客户提供担保物变现总额的70%。

单项授信额度核定如下:

(一)短期贷款授信额度不超过客户有效资产乘以上期末资产负债率之积的50%。

(二)长期贷款授信额度不超过项目固定资产投资的70%。

(三)贴现授信、信用卡透支授信、1年期以内进口信用证业务授信视同短期贷款授信管理,纳入短期贷款授信额度之内,信用卡透支授信额度不得超过信用卡透支限额。

(四)承兑授信额度原则上不超过上期商品(材料)购进总额的30%。

(五)国内信用证、国内担保业务授信视同承兑授信管理,纳入承兑授信额度之内。

(六)对外借款担保、融资租赁担保、补偿贸易项下现汇履约担保、透支担保、1年以上延期付款担保、远期信用证业务授信视同长期贷款管理,纳入长期贷款额度之内。

(七)贸易项下履约担保业务授信根据贸易合同和客户履约能力核定。

(八)进口押汇、出口押汇、担保提货业务授信根据信用证余额核定。

5.提出授信建议

调查结束后,信贷业务经办人员应根据客户评价及授信额度估算的结果,提出授信额度建议。

经调查,对不同意给予授信额度的,信贷业务经办人员及时通知客户,并做好解释工作。从正式受理到调查评价结束的时间,一般控制在15个工作日之内。

(三)审查

1.审查内容

(1)客户的生产经营活动和授信用途是否符合国家产业政策、外汇管理政策和银行信贷政策;

(2)客户授信的资格和条件是否具备,是否为多头授信客户或集团客户;

(3)拟给予公开授信额度的客户是否符合银行规定的条件;

(4)拟授信客户是否列入贷款黑名单,是否有不良信用记录;

(5)客户和信贷业务经办部门提供的材料是否正确、完整、合规;

(6)拟授信额度测算是否准确、合理,是否超过了客户和经办行的实际信用承受能力;

(7)客户的盈利水平和偿债能力是否能保证授信额度内单笔信用使用后按时还本付息;

(8)其他需要审查的事项。

2.审查要求

(1)信贷部门送交的材料如不准确、完整或不合规,审查人员应要求其修正、补充,直至符合要求。否则,审查人员有权退还其材料。

(2)审查人员将审查结果逐项填写在贷款调查审批报告中。

审查完成后,对拟进行授信的,审查人员结合信贷规模、资金和资产负债比例管理情况,提出包括授信额度、期限和担保方式等要素的倾向性意见,签署姓名、日期后,将调查审批报告连同所列材料一起送交审批人。

审查人员对审查的完整性和合规性负主要责任。授信的审查时间一般控制在 3 个工作日之内。

(四)审批

完成合规性审查后,经办行根据信贷业务审批权限,按照规定的程序报批。

1.审批机构。

对客户的授信额度由各级行贷款审批会议审核批准。

2.审批权限。

各级行对授信额度的审批依据信贷业务授权书确定的单户信贷业务总量审批权执行。根据业务发展的需要,拟给予客户的授信额度超过按规定办法测算的授信控制量的,由各级行向上级行上报。各级行向上级行申报时,应提交以下材料:

(1)上报的正式文件。文件内容包括对该业务的倾向性决策意见(含授信额度、授信期限)、给银行带来的相关效益、存在的风险及拟采取的防范措施等;

(2)客户评价报告;

(3)授信额度申报书;

(4)经会计师(审计)事务所审计的或经同级财税部门认可的客户近 3 年的财务报告,包括资产负债表、损益表、现金流量表、利税清算表及财务情况说明书,以及申请授信额度前 1 个月的财务变动情况及其说明;

(5)上级行规定的其他材料。

上级行审批后,应及时将审批结果以书面形式反馈至经办行。

(五)授信额度使用

实行授信额度管理对于客户评价结果没有重大变化的客户无须进行大量的报批,使审批工作简捷方便,即可对原授信额度延续使用。

1.额度使用要求

授信客户需要使用授信额度内的信用时,客户应提前 5 个工作日提交申请,将信用需求的品种、金额、期限等通知银行,同时提交使用授信额度项下相关信贷品种申请材料,有关部门应在符合银行信贷业务的有关规定的前提下,尽快办理对授信客户的具体授信的审查、审批、发放,及时、方便地安排授信客户使用有关信用。

2.额度使用的审批

(1)在授信额度内发放的固定资产贷款、固定资产性质的房地产贷款以及境外筹资转贷款仍需按信贷业务授权书规定的权限审批。

(2)在授信额度内对客户办理的交存100%保证金的承兑、保证、信用证开证等表外授信业务以及银行承兑汇票的贴现由经办行信贷业务经营部门报主管行长审批后执行。

(六)授信额度日常监测、分析、调整

银行对授信额度采取日常监测管理、定期分析评价,根据客户情况随时调整授信额度的管理方式。

(1)各级行信贷业务部门要加强对辖区内分支机构授信工作的管理,掌握对客户核定授信额度的情况,负责审批在内部控制的授信额度不变的情况下授信额度的保留或调整,负责督促经办行监测、分析客户的变动情况,负责监督经办行在授信额度内按规定办理具体授信业务。

(2)对客户确定授信额度后,经办行要加强对客户的管理,及时了解客户的生产经营情况及财务状况,至少每半年对客户进行一次全面的调查分析。经办行信贷人员应对授信客户进行跟踪检查,监督客户按规定用途使用信用,一旦发现授信客户出现非正常情况应立即向上级反映,提出处理建议。

如果调查发现客户情况没有发生重大变化,并且对客户确定的授信额度不需进行调整,在听取信贷风险管理部门的风险监管意见后,对该客户的原授信额度可以延续使用,但经办行必须将调查分析情况报授信额度审批行信贷业务经营部门备案。

(3)对客户的授信额度的延续使用期限不得超过1年。对客户的授信额度至少1年必须重新审批一次。

八、授信的监管

(一)监管部门的监督管理

监管部门应监督各商业银行制定和实施授信制度的情况,监管部门的稽核监察部要加强对商业银行授信制度的检查。

(二)商业银行的监督管理

(1)商业银行的法律部门,应负责本行授信方面的法律事务。

(2)商业银行每年必须至少一次对其内部授信执行情况进行全面检查,并将检查结果报监管部门。

(3)商业银行稽核监察部门要把检查监督业务职能部门和分支机构执行授信制度作为一项重要职责,并有权对调整授权提出意见。

(4)商业银行业务职能部门和分支机构对其总行,商业银行对监管部门,每个季度应报送授权、授信实施及风险情况的报告。临时发生超越授权和重大风险情况,应及时快速上报。

九、授信工作尽职管理

为促进商业银行审慎经营,进一步完善授信工作机制,规范授信管理,明确授信工作尽职要求,中国银行业监督管理委员会依据《中华人民共和国商业银行法》《中华人民共和国银行业监督管理法》和《贷款通则》等法律法规,制定了《商业银行授信工作尽职指引》,对商业银行参与授信工作的相关人员从事客户调查、业务受理、分析评价、授信决策与实施、授信后管理与问题授信管理等各项授信业务活动,规定了最基本的尽职要求。

(一)客户调查和业务受理尽职要求

(1)商业银行应根据本行确定的业务发展规划及风险战略,拟定明确的目标客户,包括已建立业务关系的客户和潜在客户。

(2)商业银行确定目标客户时应明确所期望的客户特征,并确定可受理客户的基本要求。商业银行受理的所有客户原则上必须满足或高于这些要求。

(3)商业银行客户调查应根据授信种类搜集客户基本资料,建立客户档案。

(4)商业银行应关注和搜集集团客户及关联客户的有关信息,有效识别授信集中风险及关联客户授信风险。

(5)商业银行应对客户提供的身份证明、授信主体资格、财务状况等资料的合法性、真实性和有效性进行认真核实,并将核实过程和结果以书面形式记载。

(6)商业银行对客户调查和客户资料的验证应以实地调查为主,间接调查为辅。必要时,可通过外部征信机构对客户资料的真实性进行核实。

(7)商业银行应酌情、主动向政府有关部门及社会中介机构索取相关资料,以验证客户提供材料的真实性,并作备案。

(8)客户资料如有变动,商业银行应要求客户提供书面报告,进一步核实后在档案中重新记载。

(9)对客户资料补充或变更时,授信工作人员之间应主动进行沟通,确保各方均能够及时得到相关信息。

授信业务部门授信工作人员和授信管理部门授信工作人员任何一方需对客户资料进行补充时,须通知另外一方,但原则上须由业务部门授信工作人员办理。

(10)商业银行应了解和掌握客户的经营管理状况,督促客户不断提高经营管理效益,保证授信安全。

(11)当客户发生突发事件时,商业银行应立即派员实地调查,并依法及时做出是否更改原授信资料的意见。必要时,授信管理部门应及时会同授信业务部门派员实地调查。

(12)商业银行应督促授信管理部门与其他商业银行之间就客户调查资料的完整性、真实性建立相互沟通机制。对从其他商业银行获得的授信信息,授信工作人员应注意保密,不得用于不正当业务竞争。

(二)分析与评价尽职要求

(1)商业银行应根据不同授信品种的特点,对客户申请的授信业务进行分析评价,重点关注可能影响授信安全的因素,有效识别各类风险。

(2)商业银行应认真评估客户的财务报表,对影响客户财务状况的各项因素进行分析评价,预测客户未来的财务和经营情况。必要时应进行利率、汇率等的敏感度分析。

(3)商业银行应对客户的非财务因素进行分析评价,对客户公司治理、管理层素质、履约记录、生产装备和技术能力、产品和市场、行业特点以及宏观经济环境等方面的风险进行识别。

(4)商业银行应对客户的信用等级进行评定并予以记载。必要时可委托独立的、资质和信誉较高的外部评级机构完成。

(5)商业银行应根据国家法律、法规、有关方针政策以及本行信贷制度,对授信项目的技术、市场、财务等方面的可行性进行评审,并以书面形式予以记载。

(6)商业银行应对第二还款来源进行分析评价,确认保证人的保证主体资格和代偿能力,以及抵押、质押的合法性、充分性和可实现性。

(7)商业银行应根据各环节授信分析评价的结果,形成书面的分析评价报告。

分析评价报告应详细注明客户的经营、管理、财务、行业和环境等状况,内容应真实、简洁、明晰。分析评价报告报出后,不得在原稿上作原则性更改;如需作原则性更改,应另附说明。

(8)在客户信用等级和客户评价报告的有效期内,对发生影响客户资信的重大事项,商业银行应重新进行授信分析评价。重大事项包括:

· 外部政策变动;
· 客户组织结构、股权或主要领导人发生变动;
· 客户的担保超过所设定的担保警戒线;
· 客户财务收支能力发生重大变化;
· 客户涉及重大诉讼;
· 客户在其他银行交叉违约的历史记录;
· 其他。

(9)商业银行对发生变动或信用等级已失效的客户评价报告,应随时进行审查,及时做出相应的评审意见。

(三)授信决策与实施尽职要求

(1)商业银行授信决策应在书面授权范围内进行,不得超越权限进行授信。

(2)商业银行授信决策应依据规定的程序进行,不得违反程序或减少程序进行授信。

(3)商业银行在授信决策过程中,应严格要求授信工作人员遵循客观、公正的原则,独立发表决策意见,不受任何外部因素的干扰。

(4)商业银行不得对以下用途的业务进行授信:

· 国家明令禁止的产品或项目;
· 违反国家有关规定从事股本权益性投资,以授信作为注册资本金、注册验资和增资扩股;
· 违反国家有关规定从事股票、期货、金融衍生产品等投资;
· 其他违反国家法律法规和政策的项目。

(5)客户未按国家规定取得以下有效批准文件之一的,或虽然取得,但属于化整为零、越权或变相越权和超授权批准的,商业银行不得提供授信:

· 项目批准文件;
· 环保批准文件;
· 土地批准文件;

· 其他按国家规定需具备的批准文件。

(6)商业银行授信决策做出后,授信条件发生变更的,商业银行应依有关法律、法规或相应的合同条款重新决策或变更授信。

(7)商业银行实施有条件授信时应遵循"先落实条件,后实施授信"的原则,授信条件未落实或条件发生变更未重新决策的,不得实施授信。

(8)商业银行对拟实施的授信应制作相应的法律文件并审核法律文件的合法合规性,法律文件的主要条款提示参见《附录》中的"格式合同文本主要条款提示"。

(9)商业银行授信实施时,应关注借款合同的合法性。被授权签署借款合同的授信工作人员在签字前应对借款合同进行逐项审查,并对客户确切的法律名称、被授权代表客户签名者的授权证明文件、签名者身份以及所签署的授信法律文件合法性等进行确认。

(四)授信后管理和问题授信处理尽职要求

(1)商业银行授信实施后,应对所有可能影响还款的因素进行持续监测,并形成书面监测报告。重点监测以下内容:

· 客户是否按约定用途使用授信,是否诚实地全面履行合同;
· 授信项目是否正常进行;
· 客户的法律地位是否发生变化;
· 客户的财务状况是否发生变化;
· 授信的偿还情况;
· 抵押品可获得情况和质量、价值等情况。

(2)商业银行应严格按照风险管理的原则,对已实施授信进行准确分类,并建立客户情况变化报告制度。

(3)商业银行应通过非现场和现场检查,及时发现授信主体的潜在风险并发出预警风险提示。授信工作人员应及时对授信情况进行分析,发现客户违约时应及时制止并采取补救措施。

(4)商业银行应根据客户偿还能力和现金流量,对客户授信进行调整,包括展期,增加或缩减授信,要求借款人提前还款,并决定是否将该笔授信列入观察名单或划入问题授信。

(5)商业银行对列入观察名单的授信应设立明确的指标,进一步观察判断是否将该笔授信从观察名单中删去或降级;对划入问题授信的,应指定专人管理。

(6)商业银行对问题授信应采取以下措施:

· 确认实际授信余额;
· 重新审核所有授信文件,征求法律、审计和问题授信管理等方面专家的意见;
· 对于没有实施的授信额度,依照约定条件和规定予以终止。依法难以终止或因终止将造成客户经营困难的,应对未实施的授信额度专户管理,未经有权部门批准,不得使用;
· 书面通知所有可能受到影响的分支机构并要求承诺落实必要的措施;
· 要求保证人履行保证责任,追加担保或行使担保权;
· 向所在地司法部门申请冻结问题授信客户的存款账户以减少损失;
· 其他必要的处理措施。

(五)授信工作尽职调查要求

(1)商业银行应设立独立的授信工作尽职调查岗位,明确岗位职责和工作要求。

从事授信尽职调查的人员应具备较完备的授信、法律、财务等知识,接受相关培训,并依诚信和公正原则开展工作。

(2)商业银行应支持授信工作尽职调查人员独立行使尽职调查职能,调查可采取现场或非现场的方式进行。必要时,可聘请外部专家或委托专业机构开展特定的授信尽职调查工作。

(3)商业银行对授信业务流程的各项活动都须进行尽职调查,评价授信工作人员是否勤勉尽责,确定授信工作人员是否免责。被调查人员应积极配合调查人员的工作。

授信工作尽职调查人员应及时报告尽职调查结果。

(4)商业银行对授信工作尽职调查人员发现的问题,经过确认的程序,应责成相关授信工作人员及时进行纠正。

(5)商业银行应根据授信工作尽职调查人员的调查结果,对具有以下情节的授信工作人员依法、依规追究责任:

- 进行虚假记载、误导性陈述或重大疏漏的;
- 未对客户资料进行认真和全面核实的;
- 授信决策过程中超越权限、违反程序审批的;
- 未按照规定时间和程序对授信和担保物进行授信后检查的;
- 授信客户发生重大变化和突发事件时,未及时实地调查的;
- 未根据预警信号及时采取必要保全措施的;
- 故意隐瞒真实情况的;
- 不配合授信尽职调查人员工作或提供虚假信息的;
- 其他。

(6)对于严格按照授信业务流程及有关法规,在客户调查和业务受理、授信分析与评价、授信决策与实施、授信后管理和问题授信管理等环节都勤勉尽职地履行职责的授信工作人员,授信一旦出现问题,可视情况免除相关责任。

本章小结

1.一级法人体制是指授权人(商业银行总行)通过授权的方式,对受权人(商业银行分支机构)的经营权力和经营行为进行规范和约束,受权人必须在法人授权的范围内依法开展业务活动,其民事责任由一级法人承担的一种授权管理制度。

2.授权是指商业银行对其所属业务职能部门、分支机构和关键业务岗位开展业务权限的具体规定。授权当事人分为授权人和受权人,授权人指商业银行的总行。受权人指商业银行业务职能部门和商业银行分支机构。

3.商业银行对其业务职能部门和分支机构授权遵循以下原则:

(1)在法定经营范围内,对其业务职能部门和分支机构实行逐级有限授权。

(2)根据各业务职能部门和分支机构的经营管理水平、风险控制能力、主要负责人业绩等,实行区别授权。

(3)根据各业务职能部门和分支机构的经营管理业绩、风险状况、授权制度执行情况及主要负责人任职情况,及时调整授权。

(4)业务职能部门和分支机构超越授权,应视越权行为性质和所造成经济损失,追究主要负责人及直接责任人相应的责任。要实现权责一致。主要负责人离开现职时,必须要有上级部门做出的离任审计报告。

5.按照授权的方式,分为基本授权和特别授权两种方式。

(1)基本授权是指对法定经营范围内的常规业务经营所规定的权限。

(2)特别授权是指对法定经营范围内的特殊业务,包括创新业务、特殊融资项目以及超过基本授权范围的业务所规定的权限。

按照授权的形式分为直接授权和转授权两个层次。

(1)直接授权是指商业银行总行对总行有关业务职能部门和管辖分行的授权。

(2)转授权是指管辖分行在总行授权权限内对本行有关业务职能处室(部门)和所辖分支行的授权。授权管理在实际操作中又具体包括三个层次的内容:总行对一级分行的直接授权;一级分行对二级分行的转授权;二级分行对异地支行的再转授权。

6.授信是指商业银行对其业务职能部门和分支机构所辖服务区及其客户所规定的内部控制信用高限额度。具体范围包括贷款、贴现、承兑和担保等。

7.商业银行对非自然人客户的表内外授信范围:

表内授信包括贷款、项目融资、贸易融资、贴现、透支、保理、拆借和回购等;

表外授信包括贷款承诺、保证、信用证、票据承兑等。

8.授信的方式

(1)基本授信是指商业银行根据国家信贷政策和每个地区、客户的基本情况所确定的信用额度。

(2)特别授信是指商业银行根据国家政策、市场情况变化及客户特殊需要,对特殊项目及超过基本授信额度所给予的授信。

9.商业银行对其业务职能部门和分支机构所辖服务区及其客户授信,遵循以下原则:

(1)根据不同地区的经济发展水平、经济和金融管理能力、信贷资金占用和使用情况、金融风险状况等因素,实行区别授信。

(2)根据不同客户的经营管理水平、资产负债比例情况、贷款偿还能力等因素,确定不同的授信额度。

(3)根据各地区的金融风险和客户的信用变化情况,及时调整对各地区和客户的授信额度。

(4)在确定的授信额度内,根据当地及客户的实际资金需要、还款能力、信贷政策和银行提供贷款的能力,具体确定每笔贷款的额度和实际贷款总额。授信额度不是计划贷款额度,也不是分配的贷款规模,而是商业银行为控制地区和客户风险所实施了的内部控制贷款额度。

练习题

一、名词解释

1. 授权
2. 授权人
3. 受权人
4. 基本授权
5. 特别授权
6. 直接授权
7. 转授权
8. 授信人
9. 受信人
10. 基本授信
11. 特别授信

二、单项选择题

1. 商业银行对其业务职能部门和分支机构授权遵循一定原则,其中错误的是( )。

A.逐级授权 　　　B.区别授权 　　　C.权责一致 　　　D.风险控制

E.及时调整

2. 不属于特别授权范围的是( )。

A.利率浮动权限 　　　　　　　　B.业务创新权限

C.特殊项目融资权限 　　　　　　D.超出基本授权的权限

3. 商业银行授权的有效期均为( )年。

A.1 　　　　　B.2 　　　　　C.3 　　　　　D.5

4. 商业银行每( )必须至少一次对其内部授信执行情况进行全面检查,并将检查结果报监管部门。

A.月 　　　　　B.季 　　　　　C.年

5. 商业银行对其业务职能部门和分支机构所辖服务区及其客户授信,要遵循一定原则,其中错误的是( )。

A.区别授信 　　　B.权责一致 　　　C.因地制宜 　　　D.及时调整

E.内部掌握

三、多项选择题

1. 区别授权是商业银行根据业务职能部门和分支机构的( )等进行授权。

A.经营管理水平 　　　　　　　　B.风险控制能力

C.主要负责人业绩 　　　　　　　D.银行提供贷款的能力

2. 商业银行在确定的授信额度内,根据( )具体确定每笔贷款的额度和实际贷款总额。

A.客户的实际资金需要 　　　　　B.客户的还款能力

C.信贷政策 　　　　　　　　　　D.银行提供贷款的能力

3. 商业银行对非自然人客户的表内授信范围包括:( )。

A.贷款 　　　B.贴现 　　　C.透支 　　　D.拆借

E.项目融资 　　　F.保证

4. 商业银行对非自然人客户的表外授信范围包括:( )。

A.贷款承诺　　　　B.信用证　　　　C.票据承兑　　　　D.贴现

5.商业银行要根据各业务职能部门和分支机构的(　　),及时调整授权。

A.经营管理业绩　　　　　　　　B.风险状况

C.授权制度执行情况　　　　　　D.主要负责人任职情况

四、判断题

1.一级法人体制是指授权人(商业银行总行)通过授权的方式,对受权人(商业银行分支机构)的经营权力和经营行为进行规范和约束,受权人必须在法人授权的范围内依法开展业务活动,其民事责任由受权人承担。(　　)

2.特别授权是指商业银行对法定经营范围内的常规业务经营所规定的权限。(　　)

3.授权当事人分为授权人和受权人,受权人指商业银行的总行。授权人指商业银行业务职能部门和商业银行分支机构。(　　)

4.授权管理在实际操作中,一级分行对二级分行的授权属于直接授权。(　　)

5.转授权是指商业银行总行对总行有关业务职能部门和管辖分行的授权。(　　)

五、问答题

1.商业银行一级法人体制的特征有哪些?

2.商业银行授权的方式有哪些?

3.商业银行授权的范围有哪些?

4.当前商业银行授权管理中存在哪些问题?

5.商业银行授信的方式有哪些?授信的范围有哪些?

6.有哪些情节的授信工作人员要依法、依规追究责任?

参考文献

1.戴国强:《商业银行业务与管理基础》,上海人民出版社,2007年出版。

2.王红梅、吴军梅:《商业银行业务经营》,中国金融出版社,2007年版。

3.王弦洲:《商业银行综合业务实验教程》,中国金融出版社,2007年版。

4.王淑敏、符宏飞:《商业银行经营管理》,清华大学出版社,2007年版。

5.潘英丽:《商业银行管理》,清华大学出版社,2006年版。

6.陈红玲:《商业银行经营管理》,科学出版社,2006年版。

7.龚明华:《现代商业银行业务与经营》,中国人民大学出版社,2006年版。

8.郭福春:《商业银行经营管理与案例分析》,浙江大学出版社,2005年版。

9.岳忠宪、胡礼文:《商业银行经营管理》,中国财政经济出版社,2005年版。

10.任远、岳忠宪:《商业银行经营管理》,陕西人民出版社,2004年版。

11.李国全:《零售银行消费信贷管理》,企业管理出版社,2010年版。

12.闫红玉:《商业银行信贷与营销》,清华大学出版社,2009年版。

13.贾芳琳:《商业银行信贷实务》,中国财政经济出版社,2009年版。

14.吴慎之、陈颖:《银行信贷管理学》,武汉大学出版社,2008年版。

15.江其务、周好文:《银行信贷管理》,高等教育出版社,2004年版。

互联网

1.中国人民银行,http://www.pbc.gov.cn/

2.中国银行业监督管理委员会,http://www.cbrc.gov.cn/

3.中国银行业协会,http://www.china-cba.net/

4.中国银联,http://www.chinaunionpay.com/

5.金融时报,http://www.financialnews.com.cn/

6.中国金融网,http://www.zgjrw.com/

7.上海金融报,http://www.shfinancialnews.com/

8.中国工商银行,http://www.icbc.com.cn/

9.中国农业银行,http://www.abchina.com/

10.中国建设银行,http://www.ccb.com/

11.中国银行,http://www.boc.cn/

12.招商银行,http://www.cmbchina.com/

13.中国民生银行,http://www.cmbc.com.cn/